8·9급 공무원

영어 | 한국사

국가직 및 지방직 임용시험 대비

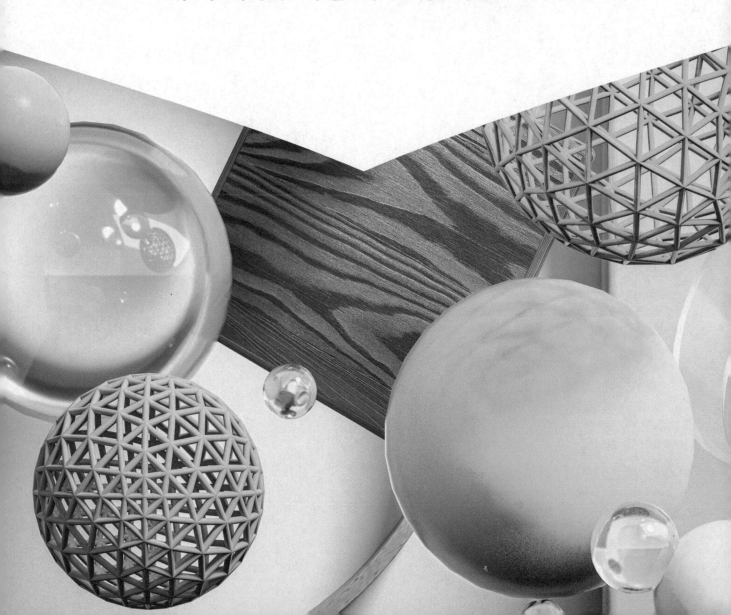

8 · 9급 공무원

영어 | 한국사

국가직 및 지방직 임용시험 대비

초판 인쇄   2023년 1월 10일
초판 발행   2023년 1월 13일

편 저 자 | 공무원시험연구소
발 행 처 | ㈜서원각
등록번호 | 1999-1A-107호
주   소 | 경기도 고양시 일산서구 덕산로 88-45(가좌동)
대표번호 | 031-923-2051
팩   스 | 031-923-3815
교재문의 | 카카오톡 플러스 친구[서원각]
영상문의 | 070-4233-2505
홈페이지 | www.goseowon.com
책임편집 | 김수진
디 자 인 | 김한울

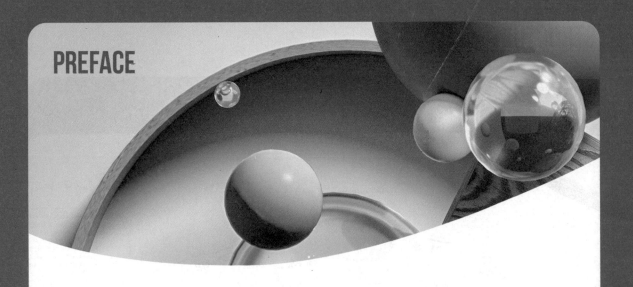

PREFACE

9급 국가직 · 지방직 임용시험은 국어, 영어, 한국사, 3개의 공통과목과 전공과목으로 구성됩니다.

학습해야 할 양이 방대하기 때문에 효율적인 학습을 위해서는 꼭 필요한 핵심 이론을 파악하고 충분한 문제 풀이를 통해 문제해결 능력을 높여야 합니다. 즉, 빈출 이론과 출제유형, 이론이 문제에 적용되는 방식과 문제를 해결하는 방법을 파악하고 이를 반복적으로 접해 완벽히 자신의 것으로 만드는 것이 중요합니다.

이에 본사는 공통과목 중 영어와 한국사의 내용을 담은 본서를 제작하였습니다.

본서는 2023년 9급 국가직 공무원 및 지방직 공무원 시험을 준비하는 수험생을 대상으로 제작된 도서로, 단기간에 최상의 학습 효과를 거둘 수 있도록 영어와 한국사의 주요 이론을 정리하고 단원별 기출문제 및 출제 예상 문제를 수록하였습니다.

▲체계적으로 정리된 이론을 학습함으로써 기본 개념을 탄탄하게 다지고, ▲최근 기출문제(2022)를 포함하여 그동안 시행된 기출문제를 통해 출제 경향을 파악한 후, ▲다양한 유형과 난도의 예상 문제를 풀어봄으로써 학습의 완성도를 높일 수 있습니다.

신념을 가지고 도전하는 사람은 반드시 그 꿈을 이룰 수 있습니다. 서원각이 수험생 여러분의 꿈을 응원합니다.

STRUCTURE

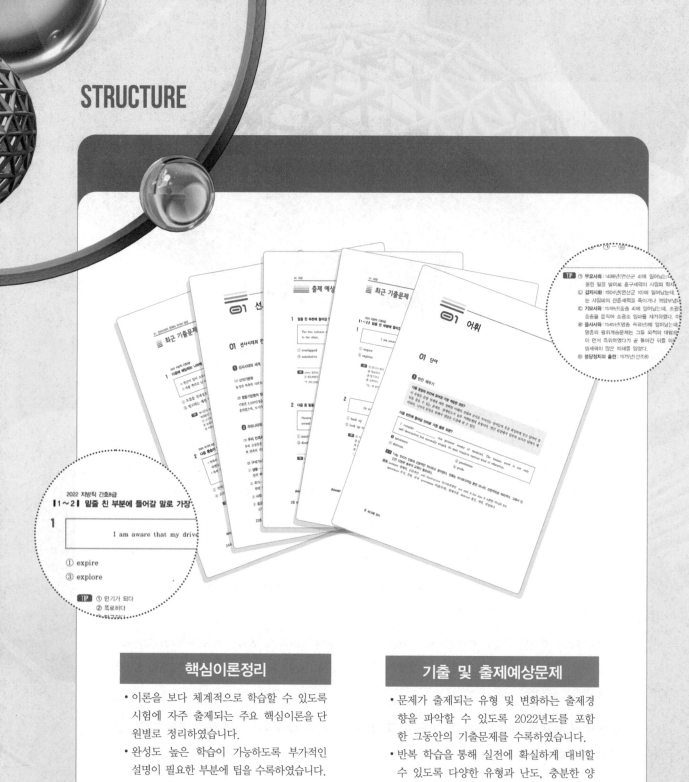

핵심이론정리

- 이론을 보다 체계적으로 학습할 수 있도록 시험에 자주 출제되는 주요 핵심이론을 단원별로 정리하였습니다.
- 완성도 높은 학습이 가능하도록 부가적인 설명이 필요한 부분에 팁을 수록하였습니다.

기출 및 출제예상문제

- 문제가 출제되는 유형 및 변화하는 출제경향을 파악할 수 있도록 2022년도를 포함한 그동안의 기출문제를 수록하였습니다.
- 반복 학습을 통해 실전에 확실하게 대비할 수 있도록 다양한 유형과 난도, 충분한 양의 예상 문제를 담았습니다.

CONTENTS

PART

01 영어

ㅁ1 어휘

01 단어

❶ 빈칸 채우기

> **다음 문장의 빈칸에 들어갈 가장 적당한 것은?**
> 이 유형은 문장 전체에 대한 정확한 이해의 선행과 보기로 주어지는 단어들의 뜻을 확실하게 알고 있어야 정답을 찾을 수 있는 문제로, 출제빈도가 높은 어휘문제의 유형이다. 빈칸 문장에서 일부의 보기가 답에서 제외되며, 나머지 문장을 통해서 정답을 도출해 낼 수 있다.

다음 빈칸에 들어갈 단어로 가장 옳은 것은?

> I consider _____ the primary enemy of mankind. The human mind is not only self-destructive but naturally stupid. So man requires various kind of education.

❶ ignorance   ② pessimism

③ distrust   ④ pride

해석 「나는 무지가 인류의 근본적인 적이라고 생각한다. 인류는 자기파괴적일 뿐만 아니라, 선천적으로 어리석다. 그래서 인간은 다양한 종류의 교육이 필요하다.」

단어 primary 첫째의, 근본적인 self-destructive 자기파괴적인 not only A but also B A뿐만 아니라 B도
ignorance 무지, 무학, 부지 pessimism 비관(주의), 염세사상 distrust 불신, 의혹, 의심하다

❷ 같은 의미의 단어 찾기

다음 밑줄 친 부분과 뜻이 같은 것은?
이 유형은 문장 전체에 대한 정확한 이해와 밑줄 친 단어의 정확한 뜻과 다양한 동의 쓰임을 제대로 알고 있어야 정답을 찾을 수 있는 문제로, 출제빈도가 높은 어휘문제의 유형이다

다음 밑줄 친 부분과 의미가 가장 가까운 것은?

> You can sense it as employers <u>quietly</u> read employee's electronic mail for controlling them.

① silently ② calmly
③ rapidly ❹ secretly

해석 「당신은 고용주가 종업원들을 통제하기 위해 은밀하게 전자메일을 읽을 때, 그것을 감지할 수 있을 것이다.」
단어 quietly(= secretly) 은밀하게, 조용하게 control 관리하다, 통제하다

❸ 단어 뜻풀이

다음 중 단어의 뜻풀이가 옳지 않은(옳은) 것은?
이 유형은 보기로 단어와 그 단어에 대한 간단한 설명이 영문으로 주어지므로 단어의 뜻을 정확하게 알고 기초적인 독해력을 필요로 하는 문제이다.

다음 중 단어의 뜻풀이가 옳은 것은?

❶ textile — any type of fabric made by weaving or knitting
② contract — the act of communicating with somebody
③ deflect — a fault in something
④ sensible — aware of and able to understand other people and their feelings

해석 「① 짜거나 뜨개질을 해서 만든 섬유의 어떤 형태
② 누군가와 연락하는 행동
③ 어떤 것에 있어서의 결점
④ 다른 사람들과 그들의 감정들을 인지하고 이해할 수 있는 것」
단어 fabric 직물, 천, 구조 weave 천을 짜다, 이야기를 꾸미다 knitting 뜨개질 aware ~한 의식이 있는, ~을 알고 있는 contract 계약, ~친교를 맺다, 병에 걸리다 deflect (탄알 등이) 빗나가다, (생각 등이) 편향하다 sensible 분별 있는
해설 ② contract→contact ③ deflect→defect ④ sensible→sensitive

02 숙어

❶ 빈칸 채우기

다음 문장의 빈칸에 들어갈 가장 적당한 것은?

이 유형은 문장 전체에 대한 정확한 이해의 선행과 보기로 주어지는 숙어가 나타내는 의미를 알고 있어야 정답을 찾을 수 있는 문제이다. 숙어는 여러 영단어들의 조합이므로 그 뜻을 추론하여 그 숙어가 만들어내는 뜻을 잘 이해할 필요가 있다. 또한 기본적인 생활영어의 숙어도 필요하다.

다음 대화에서 밑줄 친 부분에 가장 알맞은 것은?

> A : Can you _____ with this desk? I want to move it.
> B : Sure. Where are you going to put it?

① put up ② give a ring

③ give a ride ❹ give me a hand

해석 「A : 이 책상을 옮기려고 하는데 나를 좀 도와 주시겠습니까?
　　　B : 물론, 도와드리지요. 그것을 어디에 두려고 합니까?」

단어 give … a hand with ~ ~으로 …를 도와주다(= help … with ~)

❷ 같은 의미 찾기

다음 밑줄 친 부분과 뜻이 같은 것은?

이 유형은 문장 전체가 나타내는 바를 바르게 이해하고 밑줄 친 숙어의 뜻을 정확하게 알고 있어야 정답을 찾을 수 있는 문제이다. 출제빈도가 높고, 비교적 난이도가 높은 유형에 속하기 때문에 빈출 숙어를 중심으로 정확한 표현을 익혀놓을 필요가 있다.

다음 밑줄 친 부분과 의미가 가장 가까운 것은?

> The couple seemed to be taking calmly, when <u>out of the blue</u> she slapped him in the face.

❶ all of a sudden ② in no time

③ long before ④ in no way

「갑자기 그녀가 그의 얼굴을 때렸을 때, 그 부부는 침착히 얘기하고 있는 것처럼 보였다.」

calmly 온화하게, 침착히 out of the blue 갑자기 all of a sudden 갑자기 in no time 곧 long before 오래
전에 in no way 결코 ~이 아니다

❸ 밑줄 친 부분의 의미 찾기

> **다음 밑줄 친 부분의 의미가 서로 같지 않은(같은) 것으로 짝지어진 것은?**
> 밑줄 친 부분과 뜻이 같은 것을 찾는 유형에서 확장된 문제인데, 각각 다른 숙어가 포함된 여러 문장들이 보
> 기로 주어지고 그 숙어와 같은 의미를 나타내는 영단어, 또 다른 숙어, 우리말 등이 제시된다. 평소에 같은
> 의미의 단어와 숙어를 학습해둘 필요가 있다.

다음 밑줄 친 부분의 의미가 서로 같지 않은 것으로 짝지어진 것은?

① He went to Incheon <u>by way</u> of Seoul(= via).

❷ I <u>look forward to</u> seeing you soon(= think).

③ She broke the window <u>on purpose</u>(= intentionally).

④ He <u>gave up</u> smoking(= quit).

「① 그는 서울을 거쳐서 인천으로 갔다.
　　② 나는 당신을 곧 만나기를 학수고대한다.
　　③ 그녀는 고의로 유리창을 깼다.
　　④ 그는 담배를 끊었다.」

by way of ~을 지나서, ~경유로 look forward to ~을 학수고대하다, ~을 기대하다, (기대를 가지고) 기다리다
on purpose 고의로, 일부러 give up 포기하다

② look forward to -ing와 같은 의미의 단어는 anticipate이다.

❹ 문장의 의미 찾기

다음 문장 중 의도하는 바가 나머지와 다른 것은?
이 유형은 같은 의미를 나타내는 여러 숙어와 단어가 포함된 문장이 보기로 제시되고, 밑줄이 표시되는 경우와 그렇지 않을 경우에 어떤 숙어나 단어가 문제의 물음에 해당하는지 판단하는 것이 중요하다.

다음 문장 중 의미가 다른 하나는?

① You have nothing to do with this.

② This is none of your concerns.

③ None of your business.

❹ Mind and do what you are told.

해석 「① 너는 이것과는 전혀 관련이 없다.
② 이것은 네 신경 쓸 바가 아니다.
③ 네가 관여할 일이 아니다.
④ 말을 조심해라.」

해설 have nothing to do with ~와 관련이 없다.

≡ 최근 기출문제 분석 ≡

2022 지방직 간호8급

❙1～2❙ 밑줄 친 부분에 들어갈 말로 가장 적절한 것을 고르시오.

1

> I am aware that my driver's license will _____ in about two weeks.

① expire

② expose

③ explore

④ express

TIP ① 만기가 되다
② 폭로하다
③ 탐구하다
④ 표현하다
「저는 제 운전면허증이 2주 정도 후에 <u>만료된다는</u> 것을 알고 있습니다.」

2

> He studied very hard not to _____ his parents because of poor grades.

① back up

② let down

③ look up to

④ come down with

TIP ① 지지하다
② 실망시키다
③ 존경하다
④ 걸리다
「그는 나쁜 성적 때문에 부모님을 <u>실망시키지</u> 않기 위해 열심히 공부했다.」

Answer 1.① 2.②

┃3～5┃ 밑줄 친 부분의 의미와 가장 가까운 것을 고르시오.

3

> The reason you can't tickle yourself is that when you move a part of your own body, a part of your brain monitors the movement and <u>anticipates</u> the sensations that it will cause.

① blocks   ② suffers

③ expects   ④ stimulates

> **TIP** tickle 간지럽히다 monitor 감시하다 sensation 감각
> ① 막다
> ② 고통받다
> ③ 예상하다
> ④ 자극하다
> 「여러분이 스스로를 간지럽힐 수 없는 이유는 여러분 몸의 한 부분을 움직일 때, 여러분의 뇌의 한 부분은 움직임을 감시하고 그것이 일으킬 감각을 예상하기 때문입니다.」

4

> Perfect privacy is <u>attained</u> when we are completely inaccessible to others.

① rejected   ② achieved

③ imagined   ④ sacrificed

> **TIP** privacy 사생활 inaccessible 접근할 수 없는
> ① 거부하다
> ② 성취하다
> ③ 상상하다
> ④ 희생하다
> 「완벽한 사생활은 우리가 다른 사람들이 완전히 접근할 수 없을 때 얻어진다.」

Answer 3.③ 4.②

5

> If left untreated, the infection can <u>give rise to</u> many other complications.

① prefer   ② delay

③ cause   ④ eliminate

> **TIP** infection 감염   complication 합병증
> ① 선호하다
> ② 미루다
> ③ 야기하다
> ④ 제거하다
> 「치료하지 않고 방치하면, 감염은 많은 다른 합병증을 <u>일으킬 수 있다</u>.」

2022 국가직 9급
┃6～8┃ 밑줄 친 부분의 의미와 가장 가까운 것을 고르시오.

6

> For years, detectives have been trying to <u>unravel</u> the mystery of the sudden disappearance of the twin brothers.

① solve   ② create

③ imitate   ④ publicize

> **TIP** detective 형사   unravel 풀다   disappearance 실종
> ① 해결하다
> ② 창조하다
> ③ 흉내를 내다
> ④ 공표하다
> 「형사들은 몇 년 동안 쌍둥이 형제의 갑작스러운 실종에 대한 수수께끼를 <u>풀려고</u> 노력해 왔다.」

Answer 5.③ 6.①

7

Before the couple experienced parenthood, their four-bedroom house seemed unnecessarily <u>opulent</u>.

① hidden   ② luxurious

③ empty   ④ solid

> **TIP** parenthood 부모로서의 신분 unnecessarily 불필요하게 opulent 호화로운
> ① 숨겨진
> ② 호화로운
> ③ 텅 빈
> ④ 고체의
> 「그 커플이 부모가 되기 전에, 그들의 방 4개짜리 집은 불필요하게 <u>호화로워</u> 보였다.」

8

The boss <u>hit the roof</u> when he saw that we had already spent the entire budget in such a short period of time.

① was very satisfied

② was very surprised

③ became extremely calm

④ became extremely angry

> **TIP** hit the roof 몹시 화를 내다 budget 예산
> ① 매우 만족했다
> ② 매우 놀랐다.
> ③ 극도로 침착해졌다
> ④ 극도로 화가 났다
> 「사장은 우리가 그렇게 짧은 기간에 이미 전체 예산을 다 쓴 것을 보고 <u>몹시 화를 냈다</u>.」

Answer   7.②   8.④

▌9～10▌ 밑줄 친 부분에 들어갈 말로 가장 적절한 것을 고르시오.

9

A mouse potato is the computer _____ of television's couch potato : someone who tends to spend a great deal of leisure time in front of the computer in much the same way the couch potato does in front of the television.

① technician

② equivalent

③ network

④ simulation

> **TIP** mouse potato 컴퓨터광 equivalent 상응하는 couch potato TV광
> ① 기술자
> ② 등가물
> ③ 네트워크
> ④ 모의 실험
> 「마우스 포테이토는 TV의 카우치 포테이토에 상응하는 컴퓨터 용어이다 : 카우치 포테이토는 TV 앞에서 하는 것과 거의 같은 방식으로 컴퓨터 앞에서 많은 여가 시간을 보내는 경향이 있는 사람이다.」

10

Mary decided to _____ her Spanish before going to South America.

① brush up on

② hear out

③ stick up for

④ lay off

> **TIP** brush up on 복습하다
> ① 복습하다.
> ② 끝까지 듣다
> ③ 변호하다
> ④ 해고하다
> 「Mary는 남아메리카에 가기 전에 스페인어를 복습하기로 결정했다.」

Answer 9.② 10.①

11 밑줄 친 부분의 의미와 가장 가까운 것은?

For many compulsive buyers, the act of purchasing, rather than what they buy, is what leads to gratification.

① liveliness   ② confidence

③ tranquility   ④ satisfaction

> **TIP** compulsive 충동적인 rather than ~라기 보다는 gratification 만족
> ① 활기
> ② 확신
> ③ 평온
> ④ 만족
> 「많은 충동적인 구매자들에게 구매의 행위는 그들이 무엇을 사는가라기보다 만족으로 이끄는 것이다.」

┃12 ~ 14┃ 밑줄 친 부분에 들어갈 말로 가장 적절한 것을 고르시오.

12

Globalization leads more countries to open their markets, allowing them to trade goods and services freely at a lower cost with greater _____.

① extinction   ② depression

③ efficiency   ④ caution

> **TIP** globalization 세계화 trade 거래하다
> ① 소멸
> ② 불경기
> ③ 효율성
> ④ 주의
> 「세계화는 더 많은 나라들이 그들의 시장을 개방하도록 이끌어서 그들의 상품과 서비스를 더 큰 효율성과 더 낮은 가격으로 자유롭게 거래하도록 한다.」

Answer 11.④ 12.③

13

We're familiar with the costs of burnout: Energy, motivation, productivity, engagement, and commitment can all take a hit, at work and at home. And many of the _____ are fairly intuitive: Regularly unplug. Reduce unnecessary meetings. Exercise. Schedule small breaks during the day. Take vacations even if you think you can't afford to be away from work, because you can't afford not to be away now and then.

① fixes

② damages

③ prizes

④ complications

> **TIP** cost 대가 burnout 탈진 motivation 동기, 자극 productivity 생산성 engagement 약속, 업무, 참여 commitment 약속, 헌신 take a hit 타격을 입다 intuitive 직감에 의한, 이해하기 쉬운 unplug 플러그를 뽑다 afford to ~할 여유가 있다 be away from work 결근하다 now and then 때때로
> ① 고정시키다, 해결책 ② 피해, 훼손, 악영향
> ③ 상, 상품 ④ 문제
> 「우리는 번아웃에 대한 대가에 익숙하다 : 활기, 동기부여, 생산성, 참여, 그리고 헌신은 직장에서나 집에서 타격을 입을 수 있다. 그리고 대부분의 <u>해결책</u>은 꽤 이해하기 쉽다. : 주기적으로 플러그를 뽑아라. 불필요한 만남을 줄여라. 운동하라. 하루 동안 짧은 휴식을 스케줄에 넣어라. 결근할 여유가 없다는 생각이 들더라도 휴가를 떠나야 한다. 왜냐하면 당신은 때때로 자리를 비울 여유가 없을 수 있기 때문이다.」

14

The government is seeking ways to soothe salaried workers over their increased tax burdens arising from a new tax settlement system. During his meeting with the presidential aides last Monday, the President _____ those present to open up more communication channels with the public.

① fell on

② called for

③ picked up

④ turned down

> **TIP** seek 찾다 soothe 달래다, 진정시키다 salaried 봉급을 받는 burden 부담, 짐 arise from ~에서 발생하다 settlement 합의, 해결 aide 보좌관 those present 출석자들 open up 마음을 터놓다, 열다
> ① ~에 떨어지다, 돌아가다 ② ~을 요구하다
> ③ 듣게 되다, 알게 되다, ~을 알아보다 ④ 거절하다
> 「정부는 새로운 세금 결산 체계에서 발생하는 그들의 증가하는 세금 부담에 관하여 봉급을 받는 근로자들을 진정시킬 방법을 찾고 있다. 지난 월요일 대통령 보좌관들과의 회의 동안에, 대통령은 출석자들에게 대중과 더 많은 소통 창구를 열 것을 <u>요구했다</u>.」

Answer 13.① 14.②

15 밑줄 친 부분의 의미와 가장 가까운 것은?

> In studying Chinese calligraphy, one must learn something of the origins of Chinese language and of how they were originally written. However, except for those brought up in the artistic traditions of the country, its aesthetic significance seems to be very difficult to apprehend.

① encompass   ② intrude

③ inspect   ④ grasp

> **TIP** calligraphy 서예 origin 기원 except for ~을 제외하고 Chinese calligraphy 중국의 서예 bring ~ up ~을 기르다 artistic 예술의 aesthetic 심미적, 미학적, 미적인 significance 중요성 apprehend 체포하가, 파악하다
>
> ① 포함하다, 아우르다
> ② 자기 마음대로 가다, 방해하다
> ③ 점검하다
> ④ 꽉 잡다, 완전히 이해하다, 파악하다
>
> 「중국 서예를 공부할 때, 중국 언어의 기원과 그것들이 원래 어떻게 쓰였는지에 대해 배워야만 한다. 그러나 그 나라의 예술적 전통에서 길러진 사람들을 제외하고는, 그것의 미적인 중요성은 파악하기가 매우 어렵다.」

▌16 ～ 18▌ 밑줄 친 부분의 의미와 가장 가까운 것을 고르시오.

16

> Privacy as a social practice shapes individual behavior in conjunction with other social practices and is therefore central to social life.

① in combination with   ② in comparison with

③ in place of   ④ in case of

> **TIP** practice 관행 in conjunction with ~와 결합하여, 함께
>
> ① ~와 결합하여, 함께
> ② ~와 비교하여, ~에 비해서
> ③ ~ 대신에
> ④ ~의 경우에
>
> 「사회 관행으로서의 사생활은 다른 사회적 관행과 함께 개인의 행동을 형성하고 사회생활의 중심이 된다.」

Answer   15.④   16.①

17

> The influence of Jazz has been so <u>pervasive</u> that most popular music owes its stylistic roots to jazz.

① deceptive

② ubiquitous

③ persuasive

④ disastrous

> **TIP** influence 영향력 pervasive 만연하는, 스며드는
> ① 기만적인, 현혹하는
> ② 어디에나 있는, 아주 흔한
> ③ 설득력 있는
> ④ 처참한, 형편없는
> 「재즈의 영향력이 매우 <u>만연해</u> 있어서 대부분의 대중음악은 재즈에 형태적 근거를 두고 있다.」

18

> This novel is about the <u>vexed</u> parents of an unruly teenager who quits school to start a business.

① callous

② annoyed

③ reputable

④ confident

> **TIP** vexed 곤란한, 짜증이 난 unruly 제멋대로의 quit 그만두다
> ① 냉담한
> ② 짜증이 난, 약이 오른
> ③ 평판이 좋은
> ④ 자신감 있는
> 「이 소설은 사업을 시작하기 위해 학교를 그만두는 한 제멋대로인 10대의 <u>골치 아파하는</u> 부모에 관한 이야기이다.」

Answer 17.② 18.②

2021 국가직 9급

19 밑줄 친 부분에 들어갈 말로 가장 적절한 것은?

> A group of young demonstrators attempted to _____ the police station.

① line up
② give out
③ carry on
④ break into

> **TIP** demonstrato 시위자
> ① 줄 서다
> ② 배포하다
> ③ 계속하다
> ④ 침입하다
> 「한 무리의 젊은 시위대가 경찰서에 <u>침입하려고</u> 시도했다.」

2020 지방직/ 서울시 9급

20 밑줄 친 부분에 들어갈 말로 가장 적절한 것은?

> The issue with plastic bottles is that they're not _____, so when the temperatures begin to rise, your water will also heat up.

① sanitary
② insulated
③ recyclable
④ waterproof

> **TIP** heat up 뜨거워지다
> ① 위생의, 보건상의
> ② 격리된, 절연된
> ③ 재활용할 수 있는
> ④ 방수의
> 「플라스틱 병의 문제는 그것들이 <u>절연되지</u> 않는다는 것이다. 그래서 온도가 오르기 시작하면, 여러분의 물도 뜨거워질 것이다.」

Answer 19.④ 20.②

21 밑줄 친 부분의 의미와 가장 가까운 것을 고르시오.

Strategies that a writer adopts during the writing process may <u>alleviate</u> the difficulty of attentional overload.

① complement   ② accelerate

③ calculate   ④ relieve

> **TIP** strategy 전략 adopt 채택하다 alleviate 완화시키다 attentional 주의의 overload 과부하
> ① 보완하다   ② 가속화하다
> ③ 계산하다   ④ 덜어주다
> 「작가가 글쓰기 과정에서 채택하는 전략은 주의력 과부하의 어려움을 <u>완화시킬</u> 수 있다.」

22 밑줄 친 부분의 의미와 가장 가까운 것은?

After Francesca <u>made a case for</u> staying at home during the summer holidays, an uncomfortable silence fell on the dinner table. Robert was not sure if it was the right time for him to tell her about his grandiose plan.

① objected to

② dreamed about

③ completely excluded

④ strongly suggested

> **TIP** make (out) a case 주장하다 grandiose 웅장한
> ① ~에 반대하다   ② ~을 꿈꾸다
> ③ 완전히 배제되다   ④ 강력히 제안하다
> 「프란체스카가 여름휴가 동안 집에 머물겠다는 <u>주장을 한</u> 후, 저녁 식탁에는 불편한 침묵이 흘렀다. 로버트는 지금이 자신의 거창한 계획에 대해 그녀에게 말할 적기인지 확신할 수 없었다.」

Answer 21.④ 22.④

2019 서울시 9급

23 밑줄 친 부분의 의미와 가장 가까운 것은?

> At least in high school she made one decision where she finally <u>saw eye to eye</u> with her parents.

① quarreled

② disputed

③ parted

④ agreed

> **TIP** see eye to eye 의견을 같이하다
> ① 언쟁을 벌이다
> ② 반박하다, 분쟁을 벌이다
> ③ 갈라놓다
> ④ 동의하다
> 「적어도 고등학교 때 그녀는 마침내 그녀의 부모와 <u>의견을 같이하는</u> 하나의 결정을 내렸다.」

2019 서울시 9급

24 밑줄 친 부분에 들어갈 말로 가장 적절한 것은?

> Tests ruled out dirt and poor sanitation as causes of yellow fever, and a mosquito was the _____ carrier.

① suspected

② uncivilized

③ cheerful

④ volunteered

> **TIP** rule out 제외시키다, 배제하다 sanitation 위생 시설 yellow fever 황열 mosquito 모기 carrier 보균자, 전염병 매개체
> ① 미심쩍은, 의심나는
> ② 미개한
> ③ 기분 좋은, 기운찬
> ④ 자원하다, 자진하다
> 「검사 결과 황열의 원인으로 먼지와 위생 시설 부족은 제외됐고, 모기 한 마리가 <u>의심되는</u> 매개체였다.」

Answer 23.④ 24.①

25 밑줄 친 부분의 의미와 가장 가까운 것을 고르면?

> The <u>paramount</u> duty of the physician is to do no harm. Everything else – even healing – must take second place.

① chief

② sworn

③ successful

④ mysterious

> **TIP** paramount 다른 무엇보다 중요한
> ① 주된
> ② 선서를 하고 한
> ③ 성공한
> ④ 기이한
> 「의사의 가장 중요한 의무는 해를 주지 않는 것이다. 그 밖의 모든 것은 – 심지어 치료하는 것도 – 그 다음의 일이다.」

26 밑줄 친 부분의 의미와 가장 가까운 것은?

> The student who finds the state-of-the-art approach <u>intimidating</u> learns less than he or she might have learned by the old methods.

① humorous

② friendly

③ convenient

④ frightening

> **TIP** find ~라고 여기다 state-of-the-art 최신의 intimidating 위협적인, 겁나는
> ① 재미있는
> ② 친절한
> ③ 편리한
> ④ 무서운
> 「최신의 접근법이 위협적이라고 여기는 학생은 그 또는 그녀가 예전의 방법을 통해 배웠을지도 모르는 것보다 더 적게 배운다.」

Answer 25.① 26.④

27 밑줄 친 부분에 들어갈 말로 가장 적절한 것은?

Since the air-conditioners are being repaired now, the office workers have to _____ electric fans for the day.

① get rid of   ② let go of

③ make do with   ④ break up with

> **TIP** repair 수리하다 electric fan 선풍기
> ① ~을 처리하다, 없애다
> ② (쥐고 있던 것)을 놓다, ~에서 손을 놓다
> ③ ~으로 임시변통하다, 때우다
> ④ ~와 결별하다
> 「에어컨이 지금 수리 중이기 때문에, 사무실 직원들은 그날 선풍기로 임시변통해야 한다.」

28 밑줄 친 부분의 의미와 가장 가까운 것은?

Some of the newest laws authorize people to appoint a <u>surrogate</u> who can make medical decisions for them when necessary.

① proxy   ② sentry

③ predecessor   ④ plunderer

> **TIP** authorize 권한을 부여하다 appoint 임명하다 surrogate 대리자
> surrogate는 '대리인'의 의미로 ①번 proxy와 의미가 유사하다.
> ① 대리인   ② 감시인
> ③ 선배   ④ 약탈자
> 「새로운 법안 중 일부는 사람들이 필요할 때 그들을 위해 의학적 결정을 내려 줄 대리인을 임명할 수 있도록 권한을 부여한다.」

Answer   27.③ 28.①

29 밑줄 친 부분의 의미와 가장 가까운 것은?

A : He thinks he can achieve anything.

B : Yes, he needs to <u>keep his feet on the ground</u>.

---

① live in a world of his own

② relax and enjoy himself

③ be brave and confident

④ remain sensible and realistic about life

> **TIP** 밑줄 친 keep his feet on the ground는 '현실적이다'라는 의미로 보기 중 ④번이 유사하다.
> ① 그 자신만의 세계에 산다. ② 편안하게 즐기다.
> ③ 용기 있게 자신감을 갖다. ④ 삶에 관해 분별력을 갖고 현실적이다.
> 「A : 그는 모든 것을 다 이룰 수 있다고 생각해.
> B : 맞아, 그는 현실적일 필요가 있어.」

Answer 29.④

출제 예상 문제

1 밑줄 친 부분에 들어갈 말로 가장 적절한 것은?

> The two cultures were so utterly _____ that she found it hard to adapt from one to the other.

① overlapped ② equivalent

③ associative ④ disparate

....

TIP utterly 완전히

① 공통부분이 있는 ② 동등한 ③ 결합의 ④ 이질적인

「두 개의 문화는 서로 완전히 <u>달라서</u> 그녀는 하나의 문화로부터 다른 문화로 적응하는 것이 어렵다는 것을 발견했다.」

2 다음 중 밑줄 친 단어와 뜻이 가장 가까운 것은?

> Parents must not give up on kids who act <u>rebellious</u> or seem socially awkward; this is a normal stage most youngsters go through and eventually outgrow.

① passive ② delirious

③ disobedient ④ sporadic

....

TIP rebellious 반항적인

① 수동적인 ② 기뻐 날뛰는, 의식이 혼미한 ③ 반항하는 ④ 산발적인

「부모들은 사회적으로 다루기 곤란해 보이거나 <u>반항적으로</u> 행동하는 아이들을 단념해서는 안 된다. 이것은 대부분의 청소년들이 통과하고 나이가 들면 결국에는 그만두게 되는 정상적인 단계이다.」

Answer 1.④ 2.③

3 밑줄 친 부분과 의미가 가장 가까운 것은?

> There are some diseases your doctor will <u>rule out</u> before making a diagnosis.

① trace   ② exclude
③ instruct   ④ examine

TIP disease 질병   rule out 배제하다   diagnosis 진단
① 추적하다   ② 배제하다   ③ 지시하다   ④ 조사하다
「진단하기 전에 당신의 주치의가 <u>배제할</u> 몇 가지 질병이 있습니다.」

4 다음 밑줄 친 부분의 의미와 가장 가까운 것을 고르면?

> Although the work needs to be done more <u>exhaustively</u>, efforts have been made to collect the songs and ballads of the American Revolution.

① precisely   ② frantically
③ selectively   ④ thoroughly

TIP exhaustively 철저하게, 남김없이   precisely 정밀하게, 정확하게   frantically 미친듯이, 미쳐서   selectively 선택적으로
thoroughly 철저하게, 완전히
「그 일이 더 철저하게 행해질 필요가 있지만, 미국 독립혁명의 노래들과 수집하기 위한 노력들이 있어 왔다.」

Answer 3.② 4.④

❚5～6❚ 밑줄 친 부분의 의미로 가장 적절한 것을 고르시오.

5 The function of the historian is neither to love the past nor to <u>emancipate</u> himself from the past, but to master and understand it as the key to the understanding of the present.

① free

② please

③ invoke

④ emulate

⋯⋯⋯

TIP function 기능, 역할, 의식 historian 역사가, 역사 저작가 neither nor ～도 ～도 아니다 past 지나간, 과거의 emulate 겨루다, 모방하다 emancipate 해방하다, 석방하다 invoke 기원하다, 호소하다

「역사가의 일은 과거에만 집착하거나 과거에서부터 벗어나는 것이 아니라, 현재를 이해하기 위한 열쇠로서 과거를 탐구하는 것이다.」

6 A : Why do you have to be so stubborn?
B : I don't know. That's just the way I am.
   I guess <u>I'm just a chip off the old block.</u>

① I'm just like my father

② I'm just in a bad mood

③ I just have confidence in my intuition

④ I just like to have fun with old friends

⋯⋯⋯

TIP stubborn 완고한, 완강한, 다루기 힘든 a chip of[off] the old block 아버지를 꼭 닮은 아들
① 나는 나의 아버지를 꼭 닮았다.
② 나는 완전히 기분이 별로다.
③ 나는 나의 직감에 의존한다.
④ 나는 나의 오래된 친구와 함께 즐거운 시간을 보내는 게 좋아.
「A : 왜 너는 그렇게 고집이 세니?
 B : 나도 몰라. 그것은 나의 방식일 뿐이야.
   나는 내가 나의 아버지와 성격이 닮았다고 생각해.」

Answer 5.① 6.①

7 빈칸에 들어갈 말로 가장 적절한 것은?

> One bacterium that survives keeps replicating because it is not _____ to the drug treatment.

① curable

② susceptible

③ prosperous

④ reproductive

TIP replicate 모사하다, 복제하다 curable 치료할 수 있는, 고칠 수 있는 susceptible 영향을 받기 쉬운, 감염되기 쉬운 prosperous 번영하는, 순조로운 reproductive 번식하는, 복제하는

「박테리아가 개체를 유지하기 위해서는 약품에 영향을 받기 쉬우면 안 된다.」

8 다음 빈칸에 들어갈 단어로 가장 알맞은 것은?

> Avalanches not only endanger life but they block important avenues of communication and _____ commercial activity.

① deplore

② disguise

③ disrupt

④ implore

TIP avalanche 눈사태, (질문 등의) 쇄도 endanger 위태롭게 하다, 위험에 빠뜨리다 avenue 가로수 길, 큰 거리, 수단, 방법, 길 deplore (죽음·과실 등을) 비탄하다, 한탄하다, 애도하다 disguise 변장, 가장, 변장하다, 위장시키다 disrupt 찢어발기다, 붕괴시키다, 중단시키다 implore 애원하다, 간청하다, 탄원하다 erupt 분화하다, 분출하다

「눈사태는 생명을 위협할 뿐만 아니라 중요한 통신수단을 막고, 상업활동을 중단시킨다.」

┃9～10┃ 다음 밑줄 친 부분의 의미와 가장 가까운 것을 고르시오.

9 Movie studios often <u>boost</u> a new star with guest appearances on television talk show.

① promote   ② watch

③ denounce   ④ assault

TIP boost(= promote) ~에 앉히다, 모시다, 밀어 올리다, 격려하다, 후원하다, 끌어올리다   promote 진전시키다, 조장하다, 승진하다   appearance 출현, 등장
① 촉진하다
② 보다, 지켜보다
③ 탄핵하다, 고발하다
④ 강습하다, 습격하다
「영화 스튜디오는 텔레비전 토크쇼에 초대 손님으로 종종 새로운 스타를 모신다.」

10 In the autumn, the mountain are <u>ablaze</u> with shades of red, yellow, and orange.

① abloom   ② inaccessible

③ feasible   ④ radiant

TIP ablaze(= radiant) 불타는, 밝게 빛나는, 활활 타오르는   shades of 명암(색의 농도), 그늘, 그림자
① 개화하여, 꽃이 피어(= in bloom)
② 가까이 하기 어려운
③ 실행할 수 있는, 적당한(= suitable)
④ 빛나는, 찬란한
「가을에는 산이 붉고 노랗고 오렌지의 빛깔들로 불타오른다.」

Answer   9.①   10.④

11 Choose one word that is closest in meaning to the underlined word.

With the process of evolution, man <u>broke in</u> some cattle to labor.

① raised

② beat

③ fed

④ tamed

TIP process 진행, 과정 evolution 전개, 발전, 진전 break in(=tame) 길들이는, 시운전의 cattle 소, 축우

① 올리다, 끌어올리다, 승진시키다
② 치다, 두드리다, 때리다
③ 먹을 것을 주다, 먹이다
④ 간섭하다, 말참견하다, 방해하다

「발전과정에서 인간은 노동력으로 사용할 약간의 소들을 길들였다.」

12 다음 밑줄 친 부분에 주어진 말과 가장 가까운 의미는?

Many parents in my country <u>bend over backwards</u> to educate their children.

① 앞뒤 분간할 줄 모른다.

② 역효과를 낸다.

③ 발전은커녕 퇴보한다.

④ 기를 쓴다.

TIP bend over backward(s) 비상한 노력을 하다, 필사적으로 ~하려고 애쓰다(노력하다)

「내 나라에 있는 많은 부모들은 필사적으로 그들의 아이들을 교육시키기 위해서 애쓴다.」

Answer 11.④ 12.④

13 다음 밑줄 친 부분과 의미가 같은 것은?

> On the whole, the general led a <u>tranquil</u> life.

① calm   ② logical

③ sensible   ④ self-centered

TIP general 장군, 육군대장 tranquil 조용한
   ① 조용한
   ② 논리적인
   ③ 분별있는
   ④ 자기 중심의
   「전체적으로 그 장군은 조용한 생활을 이끌었다.」

14 다음 밑줄 친 부분과 의미가 가장 가까운 것은?

> Her husband is very <u>competent</u> ; he will repair the roof himself.

① capable   ② industrious

③ thrifty   ④ careful

TIP competent 적임의, 유능한(＝capable) industrious 근면한, 부지런한 thrifty 검소한, 절약하는 prudent 신중한
   「그녀의 남편은 매우 유능하다 ; 그는 혼자 지붕을 고칠 것이다.」

15 다음 문장에서 밑줄 친 부분과 같은 의미로 쓰인 것은?

> All hope <u>deserted</u> him.

① They drove home through the <u>deserted</u>, windy streets.

② She traveled across the Sahara <u>Desert</u>.

③ His appetite <u>deserted</u> him.

④ Our modern towns are concrete <u>deserts</u>.

TIP desert 사라지다, 버리다, 사막, 불모의, 황량한 deserted 황폐한 appetite 식욕 run away 도망가다

① 그들은 황폐하고 바람부는 거리를 뚫고 집으로 운전했다.
② 그녀는 사하라 사막을 가로질러 여행했다.
③ 그의 식욕은 사라졌다.
④ 우리의 현대 도시들은 콘크리트 지역이다.
「모든 희망이 그에게서 사라졌다.」

Answer 15.③

02 독해

01 글의 핵심파악

❶ 제목(title) 찾기

다음 글의 제목으로 가장 적절한 것은?

Among the first animals to land our planet were the insects. They seemed poorly adapted to their world. Small and fragile, they were ideal victims for any predator. To stay alive, some of them, such as crickets, chose the path of reproduction. They laid so many young that some necessarily survived. Others, such as the bees, chose venom, providing themselves, as time went by, with poisonous stings that made them formidable adversaries. Others, such as the cockroaches, chose the become inedible. A special gland gave their flesh such an unpleasant taste that no one wanted to eat it. Others, such as moths, chose camouflage. Resembling grass or bark, they went unnoticed by an inhospitable nature.

---

① Natural Enemies of Insects
❷ Insects's Strategies for Survival
③ Importance of Insects in Food Chain
④ Difficulties in Killing Harmful Insects

해석 「지구에 처음 착륙한 동물 중에 하나가 곤충이다. 이 곤충들은 그들의 세계에 순응하기 힘들었던 것으로 보인다. 작고 약했던 그들은 어떤 육식동물들의 이상적인 희생자들이었다. 귀뚜라미와 같은 그들 중의 일부 곤충은 생존하기 위해

번식이라는 길을 택했다. 귀뚜라미들은 아주 많은 새끼들을 낳아서 일부가 생존한다. 벌과 같은 다른 곤충들은 그들 스스로 생산하는 독을 갖게 되었고, 시간이 지나면서 그들을 무서운 곤충으로 만들어준 독침을 갖게 되었다. 바퀴벌레와 같은 다른 곤충들은 식용에 적합지 않음을 보여주었다. 특별한 땀샘은 어느 누구도 그것을 먹기를 원치 않은 불쾌한 맛과 같은 그들의 냄새를 주었다. 나방 같은 곤충은 위장에 능하다. 잔디나 나무껍질과 닮아 그들은 불친절한 자연에 의해 알아채지지 않는다.」

단어 adapt to (환경 등에) 순응하다, ~에 적응하다 fragile 체질이 허약한 predator 약탈자, 육식동물 cricket 귀뚜라미 reproduction 재생, 복사, 재현 venom 독액, 독, 독물 poisonous 유독한, 유해한 sting 찌르다 formidable 무서운, 만만찮은, 굉장한 adversary 적, 상대, 대항자 cockroach 바퀴(벌레) inedible 식용에 적합하지 않은 camouflage 위장, 속임, 변장 inhospitable 불친절한, 황량한

해설 이 문제는 귀뚜라미, 벌, 나방 등 각 곤충들이 어떠한 방법으로 생존해 나가고 있는지를 설명한 글이다.

❷ 주제(topic) 찾기

다음 글의 주제로 가장 적절한(알맞은) 것은?

주제는 글의 중심생각으로 이 유형은 그것을 묻는 문제이다. 주제는 보통 주제문에 분명하게 드러나므로 전체 글을 이해하여 주제문을 찾는 것이 중요하다. 하지만, 제목을 묻는 문제처럼 첫 문장과 마지막 문장과 같은 중요한 문장 위주로 읽는 것도 전략이 될 수 있다. 90프로 이상의 영어 지문은 첫 문장에 주제가 나오기 때문이다.

다음 글의 주제로 가장 알맞은 것은?

The Western people eat with utensils to show a high degree of prestige and sophistication ; the Chinese eat with sticks to show their cleverness of dealing with those sticks, the Saudi people eat with their hands. They say, "Why should we eat with utensils or sticks that are used by other people? They may not be as clean as our hands." They also say that they know whether their hands are clean or not and that nobody else uses them.

❶ 식사법이 다른 이유　　　　　② 식사습관의 중요성

③ 주방기구의 발전　　　　　　④ 식사법의 변천과정

해석 「서양 사람들은 높은 품위와 세련미를 나타내기 위해 도구를 가지고 음식을 먹는다 ; 중국 사람들은 총명함을 나타내기 위해 젓가락을 가지고 음식을 먹는다. (반면에) 사우디 사람들은 손으로 음식을 먹는다. 그들은 "왜 우리가 다른 사람들이 사용한 도구나 젓가락을 가지고 음식을 먹어야 하는가? 그것은 우리 손만큼 깨끗하지 못할지도 모른다."고 말한다. 그들은 또한 자기들의 손이 깨끗한지 아닌지를 알고 있으며, 아무도 그 밖의 용도로 사용하지 않는다고 말한다.」

단어 utensil 기구, 도구, 부엌세간 prestige 명성, 위신, 품위 sophistication 세련, 지적, 교양 cleverness 영리함, 재치 있음, 교묘함

해설 이 문제에는 eat with(~으로 먹다)가 반복되고 있으며 the Western people, the Chinese, the Saudi people의 예가 제시되고 있다.

❸ 요지(main idea) 찾기

> **다음 글의 요지로 가장 적절한(알맞은) 것은?**
>
> 글을 나타내는 상징성의 정도는 요지<주제<제목의 순으로 드러나는데, 이러한 유형의 문제는 우선 글의 전체 내용을 개괄적으로 파악하는 능력이 필요하다. 앞서 나온 제목과 주제처럼 요지 또한 첫 문장과 마지막 문장 위주로 읽어 가는 것도 전략이 될 수 있다.

다음 글에서 필자가 말하고자 하는 요지는?

I would certainly sooner live in a monotonous community than in a world of universal war, but I would sooner be dead than live in either of them. My heart is in the world of today, with its varieties and contrasts, its blue and green faces, and my hope is that, through courageous tolerance, the world of today may be preserved.

① Preference for a monotonous life

❷ Preservation of world peace

③ Varieties and contrasts of the world

④ The necessity of courageous tolerance

해석 「나는 확실히 세계적인 전쟁이 벌어지는 세상에 사느니 차라리 단조로운 공동체사회 속에 살고자 한다. 그러나, 그들 중 어느 한 쪽에 사느니 차라리 죽는 게 훨씬 더 낫다. 내 마음은 다양성과 상반된 것으로 가득찬, 우울하면서도 활기찬 측면을 지닌 오늘날의 세상에 머물고 있다. 그리고 내가 바라는 것은 용기있는 관용을 통해서, 현재의 세계가 유지되는 것이다.」
① 단조로운 생활을 좋아함
② 세계 평화의 유지
③ 세계의 다양함과 상반됨
④ 대담한 관용의 필요성

단어 would sooner A than B B하느니 차라리 A하는 게 훨씬 더 낫다 monotonous 단조로운, 지루한, 무미건조한 variety 다양(성), 변화, 차이, 불일치 contrast 대조, 대비 blue 우울한, 기운없는, 푸른, 학식있는 green 활기있는, 원기왕성한, 미숙한, 안색이 창백한 courageous 용기있는, 용감한, 대담한 tolerance 인내(심), 관용, 관대, 아량 preference for ~을 선호함(좋아함) preservation 보존, 유지, 보호

❹ 문단요약

> **다음 글의 요지를 한 문장으로 요약할 때 빈칸에 알맞은 것은?**
> 이 유형은 글의 요지를 파악하는 능력과 쓰기 능력을 간접적으로 평가하는 문제이므로 글의 요지와 관계되는
> 핵심어구 위주로 파악하여 하나의 압축된 문장으로 바꾸어 표현할 수 있어야 한다.

다음 글의 요지로 가장 알맞은 것은?

Research in learning suggests that getting good grades depends more on effective study skills than on a high IQ. Whereas students with high grades prepare for exams in advance, reviewing their notes periodically, students with poor grades wait until the last minute and then cram. Unfortunately, cramming does not produce the desired results. Students with high grades organize their time, planning when they will complete their assignments, while students with low grades ignore schedules and hope they will finish their work on time. Unfortunately, time usually runs out, and they don't get the work done.

① 학교에서 직업교육을 강화해야 한다.
② 사람은 능력에 따라 대접받아야 한다.
❸ 좋은 공부습관이 좋은 결과를 낳는다.
④ 공부를 잘 한다고 반드시 성공하는 것은 아니다.

해석 「학습에 대한 연구에서 보여주는 것은 좋은 점수를 얻는다는 것이 높은 지능지수보다는 효과적인 공부방식에 더 의존한다는 점이다. 높은 점수를 가진 학생들은 정기적으로 자신들이 필기한 것들을 복습하면서, 미리 시험에 대한 준비를 하는 반면, 낮은 점수를 가진 학생들은 마지막 순간까지 기다리다가는 벼락치기 공부를 한다. 불행스럽게도, 벼락치기 공부는 바람직한 결과를 낳지 않는다. 높은 점수를 가진 학생들은 자신들의 시간을 관리하여 그들이 언제 자신들의 할당된 바를 완성시킬지를 계획한다. 반면에, 낮은 점수를 가진 학생들은 계획들을 무시하면서도 자신들의 일이 정각에 끝마쳐지기를 바란다. 불행히도, 시간이란 대개의 경우 모자란 것이고, 그 결과 그들은 그 일을 끝마치도록 다하지 못하는 것이다.」

단어 IQ 지능지수(Intelligence Quotient) in advance 미리, 앞서서(= beforehand) review 복습하다, 검토하다 cram 주입식의 공부를 하다, 포식하다, 게걸스럽게 먹다 desired result 바람직한 결과 organize 구성하다, 계통을 세우다, 정리하다, 계획하다 assignment 배당, 할당, 숙제 run out 뛰어나가다, 흘러나오다, 만기가 되다

해설 일관성이 있는 글의 구성의 특징은 주제(topic)가 있고, 그를 뒷받침하는 소재(supporting sentences)들이 있다. 위의 글에서는 처음에 주어진 문장(Research in learning suggests that getting good grades depends more on effective study skills than on a high IQ)이 주제이다. Whereas 이하는 높은 점수의 학생들과 낮은 점수의 학생들을 비교하며 언급함으로써 이를 뒷받침해 주는 역할을 하는 부분이다.

02 문맥 속 어구파악

❶ 지시어 추론

> **다음 글에서 밑줄 친 대명사(this, that, it, etc.) 또는 (고유)명사가 구체적으로 가리키는 것으로 가장 알맞은 것은?**
> 이 유형은 대명사나 (고유)명사가 가리키고 있는 대상을 추론하는 문제로, 기본적인 독해능력과 함께 여러 폭 넓은 단어 학습을 필요로 하는 파트이다.

다음 밑줄 친 It이 구체적으로 가리키는 것을 고르면?

<u>It</u> is the study of relationships among plants and animals and their environment. It includes the study of the biological processes and the needs of plants and animals, as well as the effects that plants, animals and the environment have on each other.

① genetics
❷ ecology
③ biology
④ zoology

해설 「이것은 식물들과 동물들, 그리고 그들의 환경 사이의 관계에 대한 학문이다. 이것은 식물들과 동물들, 그리고 그 환경이 서로에게 미치는 영향들 뿐만 아니라 식물들과 동물들의 생물학적 과정과 필요한 요소에 대한 연구를 포함한다.」

단어 relationship 관계, 친척관계 environment 환경, 주위(의 상황) include 포함하다 biological 생물학적인 effect 효과, 영향, 결과 genetics 유전학 ecology 생태학 biology 생물학 zoology 동물학

❷ 어구의 의미파악

다음 글에서 밑줄 친 a snow job의 의미로 가장 적절한 것은?

The salesman tried to convince a group of investors that the properties he was selling would soon be worth much more money than he was asking. However, no one bought anything from him because they felt he was giving them a snow job. No one was deceived by his insincerity and exaggerated claims about the worth of the properties.

① 수입한 사치품   ❷ 과장된 거짓말

③ 적절한 수익성   ④ 위협적인 강매

해석 「그 외판원은 많은 투자자들에게 그가 팔고 있는 상품들이 곧 그가 요구하는 돈보다 더 많은 자산가치가 있게 될 것이라는 점을 확신시키려고 노력하였다. 하지만 그들은 그가 그들에게 과장된 거짓말을 하고 있다고 느꼈기 때문에 그에게서 아무것도 사지 않았다. 아무도 그 상품들의 가치에 관한 그의 불성실과 과장된 주장에 의해 속지 않았다.」

단어 salesman 점원, 판매원, 외판원 convince 확신시키다, 납득시키다 investor 투자가 property 재산, 자산, 소유물, 상품 money 돈, 화폐, 자산, 재산 snow job 과장되고 교묘한 거짓말, 권유·설득하는 말, 감언이설 deceive 속이다, 기만하다 insincerity 불성실, 위선 exaggerated 과장된, 허풍을 떠는, 지나친 claim 주장, 요구, 청구, 권리, 자격

❸ 말의 의도파악

Dick이 밑줄 친 부분과 같이 말한 의도는?

Dick was seven years old, and his sister, Catherine, was five. One day their mother took Dick into the kitchen. She gave him a nice cake and a knife and said to him, "Now here's a knife, Dick. Cut this cake in half and give one of the pieces to your sister, but remember to do it like a gentleman." "Like a gentleman?," Dick asked. "How do gentlemen do it?" "They always give the bigger piece to the other person", answered his mother at once. "Oh", said Dick. He thought about this for a few seconds. Then he took the cake to his sister and said to her, "Cut this cake in half, Catherine."

① 이 케이크를 똑같이 나누자.

② 이 케이크를 네 마음대로 잘라라.

③ 내가 이 케이크를 자르겠다.

❹ 케이크를 잘라서 내게 큰 조각을 다오.

> **해석** 「Dick은 7살이었고, 그의 누이동생 Catherine은 5살이었다. 어느날 그들의 어머니가 Dick을 부엌으로 데리고 갔다. 그녀는 그에게 맛있는 케이크와 칼을 주면서 말했다. "Dick, 여기 칼이 있다. 이 케이크를 반으로 잘라서 누이동생에게 그 조각 중의 하나를 주어라. 하지만 신사처럼 주는 것을 기억하여라." "신사처럼이요?"라고 Dick이 물었다. "신사들은 그것을 어떻게 주나요?" "그들은 항상 다른 사람에게 더 큰 조각을 준단다."라고 그의 어머니가 즉시 대답했다. "오"라고 Dick은 말했다. 그는 잠시 이것에 관해 생각했다. 그리고 나서 그는 그의 누이동생에게 케이크를 가져가서 말했다. "이 케이크를 반으로 잘라, Catherine."」
>
> **단어** in half 절반으로 for a few seconds 잠시동안
>
> **해설** Dick은 어머니가 그에게 기대한 행동을 누이동생 Catherine이 자신에게 해주기[신사처럼 주기(케이크를 반으로 잘랐을 때 항상 다른 사람에게 더 큰 조각을 주기)]를 기대하고 있다.

03 문맥의 이해

❶ 내용일치 여부의 판단

다음 글의 내용과 일치하지 않는(일치하는) 것은?

이 유형은 글의 세부적인 내용파악을 주로 요구하는 문제로, 주어지는 글보다 질문과 보기의 내용을 먼저 본 후에 질문에 해당하는 부분을 집중적으로 살펴야 한다. 이 때 중요한 것은 반드시 주어지는 글에 담긴 사실적인 내용을 근거로 판단해야 한다는 것이다. 또한, 선지가 영어로 되어 있기 때문에 기본적인 독해력이 선행되어야 한다.

다음 글의 내용과 일치하지 않는 것은?

> From the day the first motor car appeared on the streets it had to me appeared to be a necessity. It was this knowledge and assurance that led me to build to the one end — a car that would meet the wants of the multitudes.
>
> All my efforts were then and still are turned to the production of one car — one model. And year following year, the pressure was, and still is, to improve and refine and make better, with an increasing reduction in price.

① The writer asserts that cars should satisfy the wants of the multitudes.

② The writer did all his might to produce one car — one model.

❸ The writer devoted himself to the reduction of price in producing a car.

④ The writer emphasizes the improvement of a car despite a reduction in price.

해석 「최초의 자동차가 거리에 출현했던 날로부터 그것은 나에게 필수품인 것처럼 생각되어 왔었다. 그것은 내가 그 하나의 목적 – 대중들의 욕구에 부응할 차 – 을 만들도록 이끈 지식과 확신이었다.
나의 모든 노력들은 그때나 지금까지 하나의 모델 – 하나의 자동차 생산에 착수하는 데 있다. 그리고 한해 한해가 지날수록, 가격이 내려가는 속에서 성능의 향상과 세련되고 더 좋은 차를 만들어야 하는 압력이 예전이나 지금도 계속되고 있다.」
① 글쓴이는 차들이 대중들의 욕구를 만족시켜야 한다고 주장한다.
② 글쓴이는 한 가지 모델의 하나의 차를 생산하는 데 그의 모든 힘을 썼다.
③ 글쓴이는 차를 생산하는 데 있어서 가격의 절감에 몰두하였다.
④ 글쓴이는 가격인하에도 불구하고 차의 성능 향상을 강조한다.

단어 necessity 필요(불가결한 것), 필수품 assurance 확신, 보증 end 끝, 목적, 목표 multitude 다수, 군중, 대중 turn to ~(쪽)으로 향하다 year following year 해마다 improve 개량하다, 개선하다, 향상시키다 refine 순화하다, 정제하다, 정련하다, 세련되게 하다 reduction 축소, 감소, 절감 assert 단언하다, 주장하다 might 힘 devote oneself to ~에 몰두하다, 전념하다, 헌신하다 emphasize 강조하다

❷ 무관한 문장 고르기

다음 글의 전체 흐름과 관계없는 문장은?

이 유형은 글의 전체적인 일관성과 통일성을 해치는 문장을 골라내는 문제로, 주제와 그 주제를 뒷받침하지 않고 주제를 벗어나거나 서술방향이 다른 문장을 찾아야 한다. 이때 무관한 문장은 그 문장 없이도 글의 흐름이 자연스럽게 연결될 수 있다. 첫번째 문장을 주제문으로 방점을 찍고 이후의 글이 주제문과 관련성이 없거나 반대되는 내용이 답인 경우가 대부분이다.

다음 글의 흐름으로 보아 가장 관계가 먼 문장은?

Different regions of the brain have different jobs. ① If there is any damage to the part of the brain known as Broca's area, a person will have trouble pronouncing words. ② Similarly, if there is damage to the part of the brain called Wernicke's area, a person will have problems remembering certain words. ❸ There is much that scientists still do not know about the human brain. ④ The part of the brain called the cerebellum is concerned with controlling bodily position and motion.

해석 「뇌의 갖가지의 영역들은 각기 다른 일(기능)들이 있다. Broca의 영역으로 알려진 뇌의 부위에 어떤 손상이 있으면 단어를 발음하는 데에 문제가 생길 것이다. 마찬가지로 Wernicke의 영역이라 불리는 뇌의 부위에 손상이 있으면 어떤 단어를 기억하는 데에 문제가 생길 것이다. (과학자들이 인간의 뇌에 대해 여전히 잘 모르고 있는 부분이 많다) 소뇌라 불리는 부분은 신체의 자세와 동작에 관계한다.」

단어 region 지역, 영역 pronounce 발음하다, 선언하다 cerebellum 소뇌 bodily 신체(육체)의 motion 동작, 운동

해설 ①②④ 모두 주제문 Different regions of the brain have different jobs를 뒷받침하는 뇌의 각각의 영역들의 기능을 설명하고 있다.

> **다음 글의 흐름을 보아, 주어진 문장이 들어가기에 가장 적절한(알맞은) 것은?**
>
> 이 유형은 주어지는 문장이 제자리에 들어가 더 논리적이고 일관성 있는 글이 되는 문제로, 문장과 문장 사이의 관계 추론능력을 필요로 한다. 보통은 지시사, 연결사, 반복어, 대명사나 부정관사 및 정관사가 결정적인 단서가 될 때가 매우 많다. 따라서 학습하는 과정에서 조금 전에 언급한 단서들이 구체적으로 어떻게 적용이 되었는지 연습할 필요가 있다. 난도가 높은 유형에 속하는 문제이기 때문에 고득점을 받고자 한다면 꼭 정복해야 하는 유형이다.

다음 주어진 문장이 들어갈 가장 적절한 곳은?

> This is not true.

Many people think the Canary Islands were named for the canary birds that live there. ❶ The word canary comes from the Latin word canis, meaning dog. ② Early explorers of the island found many wild dogs there. ③ They named the islands "Canario," meaning "Isle of Dogs." ④ So the Canary Islands were not named for the canary birds, but the birds were named for the islands!

해석 「이것은 사실이 아니다.」

「많은 사람들은 카나리아 제도가 거기에 사는 카나리아(새)의 이름을 따서 명명되었다고 생각한다. canary라는 단어는 개를 뜻하는 라틴말 canis에서 유래한다. 그 섬의 초기 탐험가들은 그 곳에서 많은 들개들을 발견하였다. 그들은 "개들의 섬"을 의미하는 "Canario" 섬이라고 이름을 지었다. 그래서 카나리아 제도는 카나리아의 이름을 따서 이름지어진 것이 아니라, 그 새들이 그 섬의 이름을 따서 지어진 것이다!」

단어 name for ~의 이름을 따서 이름을 짓다, 명명하다 come from ~에서 유래하다, 비롯하다 explorer 탐험가 isle (작은) 섬

해설 지시어는 문장 간의 연결고리 역할을 하므로 이 문제는 주어진 문장에서 지시대명사 This가 의미하는 것에 주의해야 한다.

❹ 문장의 순서 정하기

다음 (주어진 문장에 이어질) 글의 순서로 가장 적절한(알맞은) 것은?

이 유형은 배열순서가 뒤바뀐 여러 문장들을 연결사와 지시어 등에 유의하여 문장과 문장 사이의 논리적 관계를 정확하게 파악하여 논리적으로 재배열하는 문제로, 기준이 되는 문장이 제시되기도 한다. 앞서 삽입 유형에서 언급했던 지시사, 연결사, 반복어, 대명사, 관사가 순서 맞추기 유형에서도 동일하게 적용된다. 마찬가지로 난도가 높은 유형에 속하며, 고득점으로 가기 위해서는 꼭 정복해야 하는 유형이다.

다음 주어진 문장에 이어질 글의 순서로 가장 적절한 것은?

> Free trade makes possible higher standards of living all over the globe.

(A) Free trade also makes the world economy more efficient, by allowing nations to capitalize on their strength.

(B) The case for free trade rests largely on this principle : as long as trade is voluntary, both partners benefit.

(C) The buyer of a shirt, for example, values the shirt more than the money spent, while the seller values the money more.

❶ (A) − (B) − (C) 　　　　② (B) − (A) − (C)

③ (B) − (C) − (A) 　　　　④ (C) − (A) − (B)

해석 「자유무역은 전세계의 더 높은 생활수준을 가능하게 한다(자유무역을 한다면 전세계의 생활수준은 더 높이 향상될 수 있을 것이다).」
「(A) 자유무역은 또한 국가들이 자신들의 힘을 이용할 수 있도록 하기 때문에 세계경제를 더욱 효과적이 되게 한다.
(B) 자유무역을 하는 경우에는 다음의 원칙에 주로 의존한다. 즉, 무역이 자발적으로 이루어지는 동안은 양쪽 상대국이 이익을 얻는다는 것이다.
(C) 셔츠 하나를 예로 들어보면, 구매하는 쪽은 쓰여진 돈보다도 더 그 셔츠가 중요한 것이며, 반면 판매하는 쪽은 그보다는 돈이 더 중요한 것이다.」

단어 free trade 자유무역, 자유거래 make possible 가능하게 하다 all over the globe 전세계에서 efficient 능률적인, 효과있는 capitalize 자본화하다, 이용하다 rest on ~에 의지하다 principle 원리, 원칙

❺ 전후관계추론

다음 글의 바로 앞에 올 수 있는 내용으로 가장 적절한 것은?

> People who must endure loud environments may risk more than their ears. Studies show they can suffer elevated levels of cholesterol and more stomach ulcers, high blood pressure and more heartbeat abnormalities than people who live and work in quieter environments. Loud noise triggers the body's 'fight or flight' response — a rise in the level of adrenalin, and a subsequent increase in blood pressure and contraction of muscles.

① 환경정책의 필요성
② 환경과 심장박동의 관계
❸ 소음이 귀에 미치는 영향
④ 소음이 유발시키는 질병의 종류

해석 「소란한 환경을 견뎌야 하는 사람들은 자신들의 귀보다 더 위험할 수 있다. 연구에 의하면 그들은 더 조용한 환경에서 살며 일하는 사람들보다 높은 콜레스테롤 수준과 더 많은 위궤양, 고혈압, 그리고 더 많은 심장박동 이상을 보인다. 소란한 잡음은 신체의 '공격 · 도피반응' – 아드레날린 수치의 상승과 그에 이어지는 혈압의 증가, 근육의 수축 – 을 하도록 야기시키는 것이다.」

단어 endure 참다, 인내하다 risk 위험하다, 위험에 처하다 suffer ~을 받다, 당하다 elevated 높아진, 높은 level of cholesterol 콜레스테롤 수준 stomach ulcer 위궤양 abnormality 이상(異常) trigger 일으키다, 유발하다, 자극시키다 fight or flight response(reaction) 공격 · 도피반응(스트레스에 대한 교감신경의 반응) adrenalin 아드레날린 subsequent 다음의, 그 후의, 버금가는, 이어서 일어나는 contraction 수축

04 글의 감상

❶ 글의 어조(tone) · 분위기(mood) 파악

다음 글에 나타나있는 어조 · 분위기로 가장 적절한(알맞은) 것은?
이 유형은 글 속에 명시적이거나 암시적으로 나타나있는 여러 정황들을 종합적으로 감상하는 능력을 요구하는 문제로, 글의 전체적인 분위기를 잘 드러내는 어휘들, 특히 형용사와 부사에 주목하여야 하며, 평소 글의 어조 · 분위기를 나타내는 단어를 잘 알아두어야 한다.

다음 글의 어조로 가장 알맞은 것은?

> The boss was disturbed when he saw his employees loafing. "Look," he said, "everytime I come in there I see things I'd rather not see. Now, I'm a fair man, and if there are things that bother you, tell me. I'm putting up a suggestion box and I urge you to use it so that I'll never see what I just saw!"
>
> At the end of the day, when the boss opened the box, there was only one little piece of paper in it. It read : "Don't wear rubber-soled shoes!"

① upset   ② instructive

❸ humorous   ④ critical

해석 「사장은 직원이 빈둥거리는 것을 보았을 때 혼란스러웠다. "여러분, 여기에 내가 올 때마다, 보고 싶지 않은 것을 보는데, 난 공정한 사람이니 여러분을 괴롭히는 것이 있으면 말하십시오. 의견함을 설치할테니까, 내가 방금 보았던 것을 다시는 보지 않도록 의견함을 사용해 주기 바랍니다!" 그 날 퇴근할 무렵, 사장이 의견함을 열었을 때, 그 안에는 작은 종이 한 장만 있었다. 거기에는 "고무구두창을 댄 신발을 신지 마세요!"라고 씌어 있었다.」

단어 disturb 혼란시키다, 괴롭히다, 방해하다, 어지럽히다 loaf 빈둥거리다, 놀고 지내다 fair 공정한, 올바른 suggestion box 의견함, 제안함 urge 강력히 권하다, 설득하다, 주장하다, 강조하다 rubber-soled 고무구두창을 댄 upset 화가 난, 뒤엎다, 당황하게 하다 instructive 교훈적인, 교육적인, 유익한 humorous 익살스런, 해학적인, 재미있는 critical 비판적인, 평론의, 위기의

❷ 글의 심경 · 태도 파악

다음 글에 나타나있는 필자의 심경 · 태도로 가장 적절한(알맞은) 것은?

이 유형은 글의 어조 · 분위기를 감상하는 문제와 같이 글의 종합적인 이해 · 감상능력을 요구하는 문제로, 어떤 일련의 사건들을 통해 드러나는 등장인물의 성격과 태도를 판단할 수 있으며, 평소 글의 심경 · 태도를 나타내는 단어를 잘 알아두면 유용하다. 앞서 나온 어조 유형과는 달리 심경/태도를 묻는 유형에서는 결정적인 한두 문장으로 답이 도출되는 경우가 많기 때문에 절대 틀려서는 안되는 유형이다.

다음 글에서 주인공이 처한 상황으로 가장 적절한 것은?

The taxi driver looked at his watch and grumbled that there was no time to lose. I had allowed one hour to catch my plane. We watched the flashing lights of the police car ahead. We could see that a truck had been involved in the accident and knew it would take some time to move the vehicles to the side of the road. It did fifteen minutes. Then, as we neared the airport, we were faced with another traffic jam due to a series of rear-end collisions.

① 지루하다.　　　　　　　　　　　❷ 다급하다.

③ 부끄럽다.　　　　　　　　　　　④ 후련하다.

해석 「택시기사는 시계를 보았고 지체할 시간이 없다고 불평했다. 내가 비행기를 탈 때까지 한 시간 정도의 여유가 있었다. 우리는 경찰차의 불빛이 앞에서 번쩍이는 것을 지켜봤다. 우리는 어떤 트럭이 사고에 관련되어 있었고 갓길로 차량을 옮기는 데 다소 시간이 걸린다는 것을 알았다. 과연 그랬다. 15분이 걸렸다. 그리고 나서 공항에 가까이 도착하자, 우리는 연속된 추돌사고 때문에 또 다른 교통혼잡에 직면했다.」

단어 grumble 불평하다, 투덜대다, 푸념하다, 툴툴대다　flash 번쩍이다, 빛나다　be involved in ~에 관련되다　vehicle 탈 것, 차량　near ~에 가까이 가다, 접근하다　be faced with ~에 직면하다　traffic jam 교통혼잡　due to ~ 때문에, ~로 인하여(because of)　a series of 일련의, 연속된　rear-end (차량) 후미　collision 충돌, 대립, 격돌, 불일치

해설 교통혼잡으로 비행기 시간에 늦을까봐 다급해 하는 주인공의 상황이 나타나 있다.

≡ 최근 기출문제 분석 ≡

2022 지방직 간호8급

1 **다음 글의 요지로 가장 적절한 것은?**

> Whether it's Beyonce's "Naughty Girl," Taylor Swift's "Untouchable" or Eminem's "Lose Yourself" that inspires you to work out harder, everyone knows that listening to tunes during exercise is a proven way to boost your workout performance and duration. The faster the better, right? High-tempo music—the type that equates to about 170 heartbeats per minute—reduces perceived effort and boosts cardiovascular benefits more than lower tempos, according to a new study published Sunday in the journal *Frontiers in Psychology*. Music can arouse and boost mood before exercise, dampen perceptions of pain and fatigue during a workout, and inspire bursts of effort, performance and endurance, researchers discovered.

① 운동 후에 음악을 들으면 피로감이 감소한다.
② 빠른 템포의 음악을 들으면서 운동하면 운동의 효율이 높아진다.
③ 음악은 근력 운동 시 사람의 심리 상태를 불안하게 할 여지가 있다.
④ 빠른 템포의 음악은 분당 170회의 심장 박동수에 해당하는 템포의 음악을 말한다.

> **TIP** proven 입증된 duration 기간 equate 같다 cardiovascular 심장혈관의 dampen 기를 꺾다
> 첫 문장의 "모든 사람들은 운동 중에 음악을 듣는 것이 운동 성과와 지속 시간을 향상시키는 검증된 방법이라는 것을 안다'는 내용을 통해 ②번이 정답임을 알 수 있다.
>
> 「당신이 운동을 더 많이 열심히 하도록 하는 것이 비욘세의 'Naughty Girl'이든, 테일러 스위프트의 'Untouchable'이든, 에미넴의 'Lose Yourself'이든 간에, 모든 사람들은 운동 중에 음악을 듣는 것이 운동 성과와 지속 시간을 향상시키는 검증된 방법이라는 것을 알고 있다. 빠르면 빠를수록 좋죠? 일요일에 저널 Frontiers in Psychology에 실린 새로운 연구에 따르면, 1분에 약 170회의 심장 박동에 해당하는 빠른 템포의 음악은 느린 템포보다 지각된 노력을 줄이고 심혈관 효과를 더 높인다고 한다. 음악은 운동하기 전에 기분을 북돋우며, 운동하는 동안 고통과 피로에 대한 인식을 약화시키고, 노력, 수행, 인내를 불러일으킬 수 있다는 것을 연구원들은 발견했다.」

Answer 1.②

2 다음 글의 주제로 가장 적절한 것은?

Dubai is one of the hottest and driest places on earth. In the past, there was no air-conditioning, or even electricity. How did people in Dubai survive in this severe weather? They invented a type of air-conditioning that did not require electricity: the wind tower. A wind tower stands tall above a house. It catches the wind and moves it inside. The air is cooled down when it meets cold water that flows through the underground canal in the building. This air cools the inside of the building. The buildings are made with thick walls and have small windows; these help keep cool air in and heat out. Most houses are built very close together with high walls and ceilings. This also helps create more shade and reduce heat. Although modern buildings in Dubai are air-conditioned and no longer use wind towers for cooling, wind towers still remain an important architectural symbol in Dubai.

① the history of air-conditioning systems

② different ways to build towers in Dubai

③ the difficulties of living in a dry climate

④ how houses were traditionally cooled in Dubai

TIP severe 혹독한 architectural 건축의
글의 주제를 묻는 유형에서 지문속에서 질문과 그것에 대한 답이 나오는 경우 그것은 주제와 밀접한 관련이 있다. 글의 전반부에서, "두바이 사람들은 이 혹독한 날씨에서 어떻게 살아남았을까? 그들은 전기를 필요로 하지 않는 에어컨의 일종인 풍력탑을 발명했다."라는 내용을 통해 ④번이 정답임을 알 수 있다.

① 에어컨 시스템의 역사
② 두바이에서 타워를 짓는 다양한 방법들
③ 건조한 기후에서 사는 것의 어려움
④ 두바이에서 집들이 전통적으로 어떻게 시원했는가

「두바이는 지구상에서 가장 덥고 건조한 곳 중 하나이다. 과거에는 에어컨, 심지어 전기도 없었다. 두바이 사람들은 이 혹독한 날씨에서 어떻게 살아남았을까? 그들은 전기를 필요로 하지 않는 에어컨의 일종인 풍력탑을 발명했다. 풍력탑이 집 위에 우뚝 솟아 있다. 그것은 바람을 잡아 안으로 운반한다. 공기는 건물 내 지하수도를 통해 흐르는 차가운 물을 만나면 차가워진다. 이 공기는 건물 내부를 시원하게 한다. 그 건물들은 두꺼운 벽과 작은 창문으로 만들어져 있다; 이것들은 시원한 공기를 안으로 들이고 열은 밖으로 내도록 돕는다. 대부분의 집들은 높은 벽과 천장과 함께 매우 가깝게 지어진다. 이것은 또한 더 많은 그늘을 만들고 열을 줄이는 데 도움을 준다. 비록 두바이의 현대적인 건물들은 에어컨이 설치되어 있고 더 이상 냉각을 위해 풍력탑를 사용하지 않지만, 풍력탑2.4은 여전히 두바이에서 중요한 건축적 상징으로 남아 있다.」

Answer 2.④

3 다음 글의 제목으로 가장 적절한 것은?

> According to the Stockholm International Peace Research Institute's annual report in 2017, the United States accounts for more than a third of worldwide military spending. China is second in military spending, but its expenditures are only a third of those of the United States. Russia spends about a ninth as much. U.S. efforts to get European allies to bear more of the defense burden have been largely unsuccessful, although Britain, France, and Germany spend more per capita on defense than any country except the United States.

① China's Growing Military Power

② Europeans' Need for Military Power

③ A Gap in Worldwide Military Spending

④ U.S. Efforts to Spend More on the Military

TIP annual 매년의   expenditure 지출
위의 글은 미국과 다른나라들과의 국방비 차이가 크다는 것을 말해주는 글이다.

① 중국의 성장하는 군사력
② 유럽인들의 군사력에 대한 필요성
③ 전 세계 군사비 지출의 격차
④ 더 많은 군사비 지출을 위한 미국의 노력

「Stockholm International Peace Research Institute의 2017년 연례보고서에 따르면, 미국은 전 세계 군사비 지출의 3분의 1 이상을 차지한다. 중국은 군사비 지출에서 2위지만, 중국의 지출은 미국의 3분의 1에 불과하다. 러시아는 약 9분의 1을 소비한다. 비록 영국, 프랑스, 독일이 미국을 제외한 어떤 나라보다 1인당 국방비를 더 많이 지출하지만, 유럽 동맹국들이 더 많은 국방 부담을 지도록 하려는 미국의 노력은 대체로 성공하지 못했다.」

Answer   3.③

4 다음 글의 내용과 일치하지 않는 것은?

> The most common injuries incurred in physical activity are sprains and strains. A strain occurs when the fibers in a muscle are injured. Common activity-related injuries are hamstring strains that occur after a vigorous sprint. Other commonly strained muscles include the muscles in the front of the thigh, the low back, and the calf. A sprain is an injury to a ligament — the connective tissue that connects bones to bones. The most common sprain is to the ankle; frequently, the ankle is rolled to the outside when jumping or running. Other common sprains are to the knee, the shoulder, and the wrist.

① Both sprains and strains are likely to occur in physical activity.

② You can hurt your hamstrings after a powerful sprint.

③ Jumping or running can cause an ankle sprain.

④ You are more likely to sprain your shoulder than your ankle.

TIP sprain 염좌 strain 접질림 hamstring 햄스트링 vigorous 격렬한 thigh 허벅지 calf 종아리 ligament 인대 knee 무릎 shoulder 어깨 wrist 손목
발목보다 어깨가 삐끗할 확률이 높다는 내용은 본문에 나와 있지 않다.

① 염좌와 변종은 모두 신체 활동에서 발생할 가능성이 있다.
② 힘차게 질주한 후에 햄스트링을 다칠 수 있다.
③ 점프나 달리기는 발목을 삐게 할 수 있다.
④ 발목보다 어깨를 삐끗할 확률이 높다.

「신체 활동에서 가장 흔한 부상은 염좌와 접질림이다. 접질림은 근육의 섬유질이 손상되었을 때 발생한다. 일반적인 활동 관련 부상은 격렬한 전력 질주 후에 발생하는 햄스트링 접질림이다. 다른 일반적으로 접질린 근육은 허벅지 앞 근육, 등 아래 근육, 종아리 근육을 포함한다. 염좌는 뼈와 뼈를 연결하는 결합 조직인 인대의 손상이다. 가장 흔한 염좌는 발목이다; 종종 점프하거나 뛸 때 발목은 바깥쪽으로 꺾인다. 다른 흔한 염좌는 무릎, 어깨, 손목이다.」

Answer 4.④

5 주어진 문장이 들어갈 위치로 가장 적절한 것은?

Animals move for many reasons.

All animals move about in certain ways during their lives. They may swim, walk, crawl, run, fly, or swing through trees. However, all animal movements have something in common. (①) When an animal moves, its nervous system, muscular system, and skeletal system work together in three stages. (②) First, an animal's nervous system receives a signal from the environment. Second, its nervous system processes the signal. (③) Finally, its nervous system signals the muscles, which contract, causing the skeleton to move. (④) They move to obtain food, defend and protect themselves, maintain homeostasis, and find mates.

TIP crawl 기어가다 swing 흔들리다, 매달리다 contract 수축하다 homeostasis 항상성

④번 뒤에 문장에서 먹이, 방어, 항상성, 짝을 위해서 움직인다는 움직임의 많은 이유가 나열되는 되는 것으로 보아서, ④번에 가장 적절하다.

「모든 동물들은 살아가는 동안 특정한 방식으로 움직인다. 그들은 수영하고, 걷고, 기어다니고, 뛰고, 날고, 나무들 사이에 매달릴 수 있다. 하지만, 모든 동물의 움직임은 공통점이 있다. 동물이 움직일 때, 신경계, 근육계, 그리고 골격계는 3단계로 함께 움직입니다. 첫째, 동물의 신경계는 환경으로부터 신호를 받는다. 둘째, 그것의 신경계는 신호를 처리한다. 마지막으로, 그것의 신경계는 근육에 신호를 보내고, 근육을 수축하여 골격이 움직이게 한다. <u>동물들은 많은 이유로 움직인다.</u> 먹이를 얻고, 자신을 방어하고, 항상성을 유지하고, 짝을 찾기 위해 움직인다.」

Answer 5.④

6 주어진 글 다음에 이어질 글의 순서로 가장 적절한 것은?

Television is addictive. For example, when a set breaks, most families rush to have it repaired, often renting one if the repair process takes longer than a day or two.

(A) At first, most volunteers did well, reporting that they were spending more time with their children, reading, and visiting friends. Then, within a month, tension, restlessness, and quarreling increased.

(B) Not one volunteer lasted more than five months without a television set. Once the sets were on again, people lost their anxieties and returned to normal.

(C) When "nothing's on TV," people experience boredom with their lives, not knowing what to do with themselves. Perhaps the best example of television addiction was an experiment in Germany in which 184 volunteers were paid to go without television for a year.

① (A) — (B) — (C)

② (B) — (A) — (C)

③ (B) — (C) — (A)

④ (C) — (A) — (B)

TIP addictive 중독성의 tension 긴장 restlessness 불안감

위의 글은 텔레비전이 중독성이 있다는 글로서, 실험을 통해 글이 전개된다. (C)에서는 실험이 처음으로 시작되는 내용이 전개되면서 처음에 나와야 한다. (A)에서는 실험의 처음상황을 전개하고 있고, (B)에서는 그러자라는 시간 부사를 통해 실험의 후반부가 전개 되고 있다. 따라서 글은 (C), (A), (B)의 순서가 가장 적절하다.

「텔레비전은 중독성이 있다. 예를 들어, 텔레비전이 고장나면 대부분의 가정은 서둘러서 수리를 맡기고, 수리 과정이 하루나 이틀 이상 걸리면 텔레비전을 종종 빌린다.

(C) "TV에 아무것도 나오지 않을 때, 사람들은 어떻게 해야 할지 알지 못한 채 그들의 삶에 지루함을 경험한다. 아마도 텔레비전 중독의 가장 좋은 예는 184명의 자원봉사자들이 1년 동안 텔레비전 없이 지내도록 돈을 받았던 독일에서의 실험일 것이다.

(A) 처음에는 대부분의 자원봉사자들이 아이들과 더 많은 시간을 보내고 있고, 책을 읽고, 친구들을 방문한다고 보고하며 잘 해냈다. 그리고 한 달도 안 돼 긴장감과 불안감, 다툼이 커졌다.

(B) 단 한 명의 자원봉사자도 텔레비전 없이 5개월 이상 버틸 수 없었다. 일단 텔레비전이 다시 켜지자, 사람들은 걱정을 덜고 정상으로 돌아왔다.」

Answer   6.④

7 글의 흐름상 가장 어색한 문장은?

Vervet monkeys use a variety of alarm calls to warn each other of different kinds of predators. ① A vervet monkey that emits a loud bark communicates to the rest of the group that a leopard has been spotted. ② This type of alarm call sends everybody up to the trees. ③ A short, interrupted, cough-like sound means that an eagle is near, and monkeys hurry to take cover under thick bushes. ④ The vervet monkeys are rarely found in most Asian countries. If a snake has been seen by a member of the troupe, he or she will make a soft whirring noise that immediately prompts everybody to stand up and look around the grass cautiously.

TIP emit 발산하다 spot 발견하다 thick 두꺼운 rarely 거의~않다 troupe 무리 whir 윙윙 소리를 내다 prompt 자극하다 cautiously 조심스럽게

위의 글은 버빗원숭이의 다양한 경보음을 낼수 있다는 내용의 글로 "아시아 국가에서 거의 발견되지 않는다"는 내용은 글의 흐름에 맞지 않는다.

「버빗원숭이는 서로 다른 종류의 포식자에 대해 경고하기 위해 다양한 경보음을 사용한다. ① 큰 울음 소리를 내는 버빗원숭이는 무리의 나머지에게 표범이 발견되었다는 소식을 전한다. ② 이런 종류의 경보음은 모두를 나무 위로 올려보낸다. ③ 짧고 끊긴 기침 소리 같은 소리는 독수리가 가까이 있다는 것을 의미하고, 원숭이들은 무성한 덤불 아래로 서둘러 숨는다. ④ 버빗원숭이는 대부분의 아시아 국가에서 거의 발견되지 않는다. 만약 뱀이 무리의 한 개체에게 목격되었다면, 그 원숭이는 즉시 모든 원숭이들이 일어나서 조심스럽게 잔디 주위를 둘러보도록 유도하는 부드러운 윙윙거리는 소리를 낼 것이다.」

Answer 7.④

8 밑줄 친 부분에 들어갈 말로 가장 적절한 것은?

For some young people, school is the only place in their lives where they know they are safe and can form trusted, enduring relationships. It is, therefore, a _____ that many students who are affected by trauma also have trouble engaging at school. They may attend school with the best of intentions, hoping to form friendships, feel connected to their teachers, and succeed at the day's tasks. Yet they can find themselves defiant, demanding, and disengaged—unable to learn and confused about why they can't relate and bond with others.

① cruel irony

② perfect solution

③ classroom activity

④ learning opportunity

TIP enduring 지속적인 trauma 트라우마 bond 유대감
빈칸 앞문장에서 학교는 신뢰할 수 있는 지속적인 관계를 형성할 수 있는 유일한 장소라는 내용이 나오고 빈칸 문장에서 많은 학생들이 학교에 참여하는데 어려움을 겪는다는 내용은 반대의 내용이기 때문에 ①번이 빈칸에 들어가기에 가장 적절한 내용이라는 것을 알 수 있다.

① 잔인한 모순
② 완벽한 해결책
③ 교실 활동
④ 배움의 기회

「일부 젊은이들에게 학교는 그들이 안전하다는 것을 알고 신뢰할 수 있고 지속적인 관계를 형성할 수 있는 그들의 삶에서 유일한 장소이다. 그러므로, 트라우마에 영향을 받는 많은 학생들이 학교에 참여하는데 어려움을 겪는다는 것은 <u>잔인한 모순</u>이다. 그들은 우정을 쌓고, 선생님들과 연결되어 있다고 느끼고, 하루 일과에서 성공하기를 바라면서, 최선의 의도를 가지고 학교에 갈 것이다. 하지만 그들은 왜 다른 사람들과 관계를 맺고 유대감을 가질 수 없는지 배우지 못하고 혼란스러워하는 그들 자신을 발견할 수 있다.」

Answer 8.①

9 밑줄 친 부분에 들어갈 말로 가장 적절한 것은?

There's one problem with the pessimist's perspective: progress is taking place everywhere. Humanity has improved by many measures—life expectancy, education, religious tolerance, and gender equality. But that success has become the water in which we swim, and like fish, we take the water for granted. While we fail to notice the positive, our brains naturally emphasize the negative. As neuropsychologist Rick Hanson described in his 2013 book *Hardwiring Happiness*, we are designed to focus on the beasts that are still out there in the deep rather than on those we have tamed. But with practice, we can _____. Hanson's advice: when you hear a great story, achieve something in your own life, or just find yourself in a beautiful place with those you love, deliberately rest your mind on that experience and stay with it.

---

① help our brains give the good stuff equal weight

② gradually adjust to the pessimistic viewpoint

③ altogether avoid seeking out optimism

④ be left feeling helpless and anxious

> **TIP** pessimist 비관론자 life expectancy 기대수명 neuropsychologist 신경 심리학자 tame 길들이다 deliberately 고의로
> 빈칸 뒤의 문장에서 "그 경험에 의도적으로 마음을 쉬게 하고 그것과 함께 지내라"라는 내용을 통해 ①번이 가장 적절한 빈칸임을 알 수 있다.
>
> ① 우리의 두뇌가 좋은 것에 같은 무게를 주도록 돕는다
> ② 점차 비관적인 견해에 순응하다.
> ③ 완전히 낙천적인 것을 찾는 것을 피하다.
> ④ 무기력하고 불안감을 느낀채 남겨진
>
> 「비관론자의 관점에는 한 가지 문제가 있다. 진보가 도처에서 일어나고 있다는 것이다. 인간성은 기대 수명, 교육, 종교적 관용, 그리고 양성 평등과 같은 많은 척도로 향상되었다. 하지만 그 성공은 우리가 수영하는 물이 되었다. 물고기처럼 우리는 물을 당연하게 여긴다. 우리가 긍정적인 것을 알아차리지 못하는 동안, 우리의 뇌는 자연스럽게 부정적인 것을 강조한다. 신경 심리학자 릭 핸슨이 2013년 저서 'Hardwiring Happiness'에서 묘사했듯이, 우리는 우리가 길들인 동물들보다 여전히 깊은 곳에 있는 동물들에 초점을 맞추도록 설계되었다. 하지만 연습을 통해, 우리는 <u>우리의 뇌가 좋은 것에 동등한 무게를 주도록</u> 도울 수 있다. 핸슨의 조언: 여러분이 훌륭한 이야기를 듣거나, 여러분 자신의 삶에서 무언가를 성취하거나, 여러분이 사랑하는 사람들과 함께 아름다운 장소에 있는 자신을 발견했을 때, 그 경험에 의도적으로 마음을 쉬게 하고 그것과 함께 지내라.」

Answer 9.①

10 다음 글의 내용과 일치하지 않는 것은?

> Umberto Eco was an Italian novelist, cultural critic and philosopher. He is widely known for his 1980 novel *The Name of the Rose*, a historical mystery combining semiotics in fiction with biblical analysis, medieval studies and literary theory. He later wrote other novels, including *Foucault's Pendulum* and *The Island of the Day Before*. Eco was also a translator: he translated Raymond Queneau's book *Exercices de style* into Italian. He was the founder of the Department of Media Studies at the University of the Republic of San Marino. He died at his Milanese home of pancreatic cancer, from which he had been suffering for two years, on the night of February 19, 2016.

① *The Name of the Rose* is a historical novel.

② Eco translated a book into Italian.

③ Eco founded a university department.

④ Eco died in a hospital of cancer.

TIP critic 비평가 semiotics 기호학 biblical 성경의 literary 문학의 pancreatic 췌장암
글의 마지막 부분에 2년간의 투병생활을 하다가 자택에서 사망했다는 내용으로 보아 ④이 틀렸음 알 수 있다.

① 〈장미의 이름〉은 역사적인 소설이다.
② Eco는 책을 이탈리아어로 번역했다.
③ Eco는 대학의 학부를 설립했다.
④ Eco는 암으로 병원에서 죽었다.

「움베르토 에코는 이탈리아의 소설가, 문화 평론가, 철학자였다. 그는 소설 속의 기호학을 성경 분석, 중세 연구, 문학 이론과 결합한 역사적 미스터리인 1980년의 소설 〈장미의 이름〉으로 널리 알려져 있다. 그는 후에 〈푸코의 진자〉와 〈그 전날의 섬〉을 포함한 다른 소설들을 썼다. Eco는 또한 번역가이기도 했다 : 그는 Raymond Queneau의 책 〈Excractions de style〉을 이탈리아어로 번역했다. 그는 산마리노 공립 대학교 미디어학부의 설립자였다. 그는 2년동안 췌장암으로 투병생활을 하다가 2016년 2월 19일, 밀라노의 자택에서 사망하였다.」

Answer 10.④

11 다음 글의 제목으로 가장 적절한 것은?

Lasers are possible because of the way light interacts with electrons. Electrons exist at specific energy levels or states characteristic of that particular atom or molecule. The energy levels can be imagined as rings or orbits around a nucleus. Electrons in outer rings are at higher energy levels than those in inner rings. Electrons can be bumped up to higher energy levels by the injection of energy—for example, by a flash of light. When an electron drops from an outer to an inner level, "excess" energy is given off as light. The wavelength or color of the emitted light is precisely related to the amount of energy released. Depending on the particular lasing material being used, specific wavelengths of light are absorbed (to energize or excite the electrons) and specific wavelengths are emitted (when the electrons fall back to their initial level).

① How Is Laser Produced?

② When Was Laser Invented?

③ What Electrons Does Laser Emit?

④ Why Do Electrons Reflect Light?

TIP interact 상호작용하다 electron 전자 characteristic 특징, 특징인 atom 원자 molecule 분자 orbit 궤도 nucleus 핵 injection 주입 give off 방출하다 wavelength 파장 emit 방출하다 release 방출하다 absorb 흡수하다 energize 에너지를 공급하다 excite 흥분시키다 fall back to 후퇴하다, 되돌아가다 initial 최초의

글의 전반부의 내용으로 보아 레이저의 생성과정을 설명하는 글임을 알 수 있다. 따라서 ①번 "레이저는 어떻게 만들어지나?"가 답이 된다.

① 레이저는 어떻게 만들어지나?
② 레이저는 언제 발명되었나?
③ 레이저가 방출하는 전자는 무엇인가?
④ 전자는 왜 빛을 반사하나?

「빛이 전자와 상호작용하는 방식 때문에 레이저가 가능하다. 전자는 특정 원자나 분자의 특정한 에너지 수준 또는 상태로 존재한다. 에너지 수준은 핵 주위를 도는 고리 또는 궤도로 짐작될 수 있다. 외부 고리의 전자는 내부 고리의 전자보다 더 높은 에너지 준위에 있다. 전자는 예를 들어 빛의 섬광과 같은 에너지의 주입에 의해 더 높은 에너지 수준으로 상승할 수 있다. 전자가 외부 레벨에서 내부 레벨로 떨어질 때, "초과한" 에너지는 빛으로 방출된다. 방출된 빛의 파장이나 색상은 방출되는 에너지의 양과 정확히 관련이 있다. 사용되는 특정 레이저 물질에 따라 특정 파장의 빛이 흡수되고(전자에 에너지를 공급하거나 자극하기 위해) 특정 파장이 방출된다(전자가 초기수준으로 되돌아갈 때).」

Answer 11.①

12 다음 글의 흐름상 가장 어색한 문장은?

Markets in water rights are likely to evolve as a rising population leads to shortages and climate change causes drought and famine. ① But they will be based on regional and ethical trading practices and will differ from the bulk of commodity trade. ② Detractors argue trading water is unethical or even a breach of human rights, but already water rights are bought and sold in arid areas of the globe from Oman to Australia. ③ Drinking distilled water can be beneficial, but may not be the best choice for everyone, especially if the minerals are not supplemented by another source. ④ "We strongly believe that water is in fact turning into the new gold for this decade and beyond," said Ziad Abdelnour. "No wonder smart money is aggressively moving in this direction."

TIP evolve 진화하다, 발전하다 shortage 부족 drought 가뭄 famine 기근 regional 지역적인 ethical 윤리적인 the bulk of 대부분 commodity 상품 detractor 비방하는 사람 unethical 비윤리적인 breach 파괴 arid 마른 distill 증류하다 beneficial 유익한 supplement 보충하다 aggressively 공격적으로

이 글은 물 권리 시장이 여러 가지 이유로 인해 발전할 가능성이 있다는 내용의 글이다. 따라서 증류수는 건강에 좋지 않다는 글의 ③번은 글의 흐름에 맞지 않다.

「수리권 시장은 증가하는 인구가 (물)부족을 초래하고 기후 변화가 가뭄과 기근을 야기함에 따라 발전할 가능성이 있다. ① 그러나 그것들은 지역적이고 윤리적인 무역 관행에 기초할 것이며 대부분의 상품 무역과는 다를 것이다. ② 비방론자들은 물을 거래하는 것이 비윤리적이거나 심지어 인권을 침해하는 것이라고 주장하지만, 이미 오만에서 호주까지 전세계 건조한 지역에서 수리권을 사고 팔고 있다. ③ 증류수를 마시는 것은 유익할 수 있지만, 특히 미네랄이 다른 공급원에 의해 보충되지 않는다면, 모든 사람들에게 최선의 선택은 아닐 수 있다. ④ "우리는 물이 사실 이 10년 간 그리고 그 이후에 새로운 금으로 변하고 있다고 강하게 믿고 있다."라고 Ziad Abdelnour가 말했다. "스마트 머니가 이런 방향으로 공격적으로 움직이는 것은 당연하다."」

Answer 12.③

13 밑줄 친 (A), (B)에 들어갈 말로 가장 적절한 것은?

Beliefs about maintaining ties with those who have died vary from culture to culture. For example, maintaining ties with the deceased is accepted and sustained in the religious rituals of Japan. Yet among the Hopi Indians of Arizona, the deceased are forgotten as quickly as possible and life goes on as usual. _____(A)_____, the Hopi funeral ritual concludes with a break-off between mortals and spirits. The diversity of grieving is nowhere clearer than in two Muslim societies—one in Egypt, the other in Bali. Among Muslims in Egypt, the bereaved are encouraged to dwell at length on their grief, surrounded by others who relate to similarly tragic accounts and express their sorrow. _____(B)_____, in Bali, bereaved Muslims are encouraged to laugh and be joyful rather than be sad.

(A)	(B)
① However	Similarly
② In fact	By contrast
③ Therefore	For example
④ Likewise	Consequently

> **TIP** maintain 유지하다 tie 유대감 vary 다양하다 sustain 유지하다 religious 종교적인 ritual 의식 funeral 장례식 break-off 단절 mortal 인간 diversity 다양성 grieve 몹시 슬퍼하다 dwell 곰곰이 생각하다 account 설명
> (A)에는 앞 문장은 고인이 빨리 잊힌다는 내용이 오고, 뒤의 내용은 죽은 사람과 유족 간의 단절이 있다는 내용으로 봐서 순접(강화)이거나 역접(반대) 두 경우 모두 사용가능한 in fact가, (B)에는 앞 문장이 고인에 대한 슬픔을, 뒤 문장은 기쁨에 대한 내용으로 봐서 역접의 연결사인 by contrast가 적절하다.
>
> ① 그러나 비슷하게
> ② 사실 대조적으로
> ③ 따라서 예를 들어
> ④ 마찬가지로 결과적으로
>
> 「사망한 사람들과의 유대관계를 유지하는 것에 대한 믿음은 문화마다 다르다. 예를 들어, 일본의 종교 의식에서 고인과 관계를 유지하는 것은 받아들여지고 지속된다. 하지만 애리조나 호피 인디언들 사이에서 고인은 가능한 한 빨리 잊히고 삶은 평소와 같이 계속된다. 사실, 호피의 장례 의식은 인간들과 영혼들의 단절에서 끝난다. 애도의 다양성이 두 개의 이슬람 사회, 즉 이집트와 발리보다 더 분명한 곳은 없다. 이집트의 이슬람교도들 사이에서 유족들은 비슷한 비극적 이야기와 그들의 슬픔을 표현하는 다른 사람들에 둘러싸여 그들의 슬픔에 대해 길게 생각할 것을 권해진다. 대조적으로 발리에서는 사망한 이슬람교도들은 슬퍼하기보다는 웃고 기뻐하도록 격려 받는다.」

Answer 13.②

14 밑줄 친 부분에 들어갈 말로 가장 적절한 것은?

Scientists have long known that higher air temperatures are contributing to the surface melting on Greenland's ice sheet. But a new study has found another threat that has begun attacking the ice from below : Warm ocean water moving underneath the vast glaciers is causing them to melt even more quickly. The findings were published in the journal Nature Geoscience by researchers who studied one of the many "ice tongues" of the Nioghalvfjerdsfjorden Glacier in northeast Greenland. An ice tongue is a strip of ice that floats on the water without breaking off from the ice on land. The massive one these scientists studied is nearly 50 miles long. The survey revealed an underwater current more than a mile wide where warm water from the Atlantic Ocean is able to flow directly towards the glacier, bringing large amounts of heat into contact with the ice and _____ the glacier's melting.

① separating

② delaying

③ preventing

④ accelerating

TIP contribute to 기여하다 threat 위협 massive 거대한 reveal 드러내다 accelerate 가속하다
빈칸 문장에서 대서양에서 온 따뜻한 물이 많은 양의 열을 얼음과 접촉시킨다고 했으므로 빙하가 녹는 것을 "가속화한다"는 내용이 나와야 한다.

① 분리하는
② 지연시키는
③ 예방하는
④ 가속하는

「과학자들은 대기 온도가 더 높아지면 그린란드의 빙상이 녹는 원인이 된다는 것을 오래 전부터 알고 있었다. 하지만 새로운 연구는 아래에서 얼음을 공격하기 시작한 또 다른 위협을 발견했다. 거대한 빙하 아래에서 움직이는 따뜻한 바닷물은 빙하가 훨씬 더 빨리 녹도록 만들고 있다. 이 연구결과는 그린란드 북동부에 있는 Nioghalvfjerdsfjorden 빙하의 많은 "얼음 혀" 중 하나를 연구한 연구원들에 의해 Nature Geoscience지에 발표되었습니다. 얼음 혀는 육지의 얼음으로부터 분리되지 않고 물 위에 떠 있는 얼음 조각입니다. 이 과학자들이 연구한 거대한 것은 길이가 거의 50마일이다. 이 조사는 대서양에서 온 따뜻한 물이 빙하를 향해 직접 흐를 수 있는 많은 양의 열을 얼음과 접촉시키고 빙하의 녹는 것을 <u>가속화시키는</u> 폭이 1마일 이상인 수중 해류를 밝혀내었다.」

Answer 14.④

15 다음 글의 제목으로 가장 적절한 것은?

Do people from different cultures view the world differently? A psychologist presented realistic animated scenes of fish and other underwater objects to Japanese and American students and asked them to report what they had seen. Americans and Japanese made about an equal number of references to the focal fish, but the Japanese made more than 60 percent more references to background elements, including the water, rocks, bubbles, and inert plants and animals. In addition, whereas Japanese and American participants made about equal numbers of references to movement involving active animals, the Japanese participants made almost twice as many references to relationships involving inert, background objects. Perhaps most tellingly, the very first sentence from the Japanese participants was likely to be one referring to the environment, whereas the first sentence from Americans was three times as likely to be one referring to the focal fish.

① Language Barrier Between Japanese and Americans

② Associations of Objects and Backgrounds in the Brain

③ Cultural Differences in Perception

④ Superiority of Detail-oriented People

TIP reference 언급, 참조 focal fish 초점 물고기 inert 비활성의 tellingly 효과적으로, 강력하게, refer to 가리키다

글이 문화가 다르면 세상을 다르게 보는가에 대한 질문으로 시작해서, 동일한 장면을 다른 문화의 사람들에게 보여주고 다른 결과를 말하고 있는 글이다. 따라서 ③번 인식의 문화적 차이가 정답임을 알 수 있다.

① 일본인과 미국인의 언어 장벽
② 뇌의 사물과 배경의 연관성
③ 인식의 문화적 차이
④ 세부적인 것을 지향하는 인재의 우수성

「다른 문화에서 온 사람들은 세상을 다르게 보는가? 한 심리학자가 일본과 미국 학생들에게 물고기와 다른 수중 물체의 사실적인 애니메이션 장면을 보여주었고 그들이 본 것을 보고하도록 요청했다. 미국인과 일본인은 초점 어류에 대해 동일한 수의 언급을 했지만, 일본인은 물, 바위, 거품, 그리고 비활성 동식물을 포함한 배경 요소에 대해 60% 이상 더 많은 언급을 했다. 게다가 일본과 미국의 참가자들이 활동적인 동물을 포함하는 운동에 대해 거의 같은 수의 언급을 한 반면, 일본 참가자들은 비활성, 배경 물체와 관련된 관계에 대해 거의 두 배 더 많은 언급을 했다. 아마도 가장 잘 알려진 것은, 일본 참가자들의 첫 문장은 환경을 가리키는 문장일 가능성이 높았던 반면, 미국인들의 첫 문장은 초점 어류를 가리키는 문장일 가능성이 3배나 높았다는 것이다.」

Answer 15.③

16 주어진 문장이 들어갈 위치로 가장 적절한 곳은?

> Thus, blood, and life-giving oxygen, are easier for the heart to circulate to the brain.

People can be exposed to gravitational force, or g-force, in different ways. It can be localized, affecting only a portion of the body, as in getting slapped on the back. It can also be momentary, such as hard forces endured in a car crash. A third type of g-force is sustained, or lasting for at least several seconds. (①) Sustained, body-wide g-forces are the most dangerous to people. (②) The body usually withstands localized or momentary g-force better than sustained g-force, which can be deadly because blood is forced into the legs, depriving the rest of the body of oxygen. (③) Sustained g-force applied while the body is horizontal, or lying down, instead of sitting or standing tends to be more tolerable to people, because blood pools in the back and not the legs. (④) Some people, such as astronauts and fighter jet pilots, undergo special training exercises to increase their bodies' resistance to g-force.

TIP gravitational force 중력 localize 국한하다 momentary 일시적인 endure 견디다 sustain 유지하다 withstand 저항하다 deadly 치명적인 deprive 빼앗다 horizontal 수평의 tolerable 참을 수 있는 pool 울혈이 되다 circulate 순환하다 astronaut 우주 비행사 undergo 겪다 resistance 저항

④번 앞 문장에서 지속적인 중력이 다리가 아닌 등에 피가 모인다고 했으므로, 혈액과 산소는 뇌로 순환시키는 것이 더 쉽다는 인과관계가 가장 자연스럽다.

「사람들은 다양한 방법으로 중력에 노출될 수 있다. 그것은 등을 두드릴 때처럼 몸의 일부에만 영향을 미치면서 국부적일 수 있다. 그것은 또한 자동차 충돌에서 견디는 단단한 힘처럼 순간적일 수 있다. 세 번째 유형의 중력은 지속되거나 적어도 몇 초 동안 지속된다. 지속적이고 몸 전체에 걸친 중력은 사람들에게 가장 위험하다. 몸은 보통 지속적인 중력보다 국소적이거나 순간적인 중력을 더 잘 견뎌내는데, 이는 피가 다리에 강제로 들어가 몸의 나머지에서 산소를 빼앗기 때문에 치명적일 수 있다. 앉거나 서는 대신 몸이 수평이거나 누울 때 가해지는 지속적인 중력은 다리가 아닌 등에 울혈이 되기 때문에 사람들이 더 견딜 수 있는 경향이 있다. 따라서 혈액과 생명을 주는 산소는 심장이 뇌로 순환시키기가 더 쉽다. 우주 비행사와 전투기 조종사와 같은 일부 사람들은 중력에 대한 몸의 저항력을 증가시키기 위해 특별한 훈련을 받는다.」

Answer 16.④

17 다음 글의 요지로 가장 적절한 것은?

If someone makes you an offer and you're legitimately concerned about parts of it, you're usually better off proposing all your changes at once. Don't say, "The salary is a bit low. Could you do something about it?" and then, once she's worked on it, come back with "Thanks. Now here are two other things I'd like…" If you ask for only one thing initially, she may assume that getting it will make you ready to accept the offer (or at least to make a decision). If you keep saying "and one more thing…," she is unlikely to remain in a generous or understanding mood. Furthermore, if you have more than one request, don't simply mention all the things you want—A, B, C, and D; also signal the relative importance of each to you. Otherwise, she may pick the two things you value least, because they're pretty easy to give you, and feel she's met you halfway.

① Negotiate multiple issues simultaneously, not serially.

② Avoid sensitive topics for a successful negotiation.

③ Choose the right time for your negotiation.

④ Don't be too direct when negotiating salary.

TIP legitimately 정당하게 generous 관대한 request 요청 signal 신호를 보내다 relative 상대적인 meet halfway 타협하다
첫 문장에서 제안을 할 때는 모든 제안을 즉시 하는 것이 더 낫다는 내용으로 보아 ①번이 정답임을 알 수 있다.

① 여러 문제를 연속이 아닌 동시에 협상해라.
② 성공적인 협상을 위해 민감한 주제를 피해라.
③ 협상을 위한 적합한 시간을 선택해라.
④ 급여를 협상할 때 너무 직접적으로 말하지 마라

「만약 누군가가 당신에게 제안을 하고 당신이 그것의 일부에 대해 정당하게 걱정한다면, 당신은 보통 당신의 모든 수정사항을 제안하는 것이 더 낫다. "월급이 좀 적어요. 어떻게 좀 해주시겠어요?"라고 말하고 나서 그녀가 해결하고 나면, "고맙습니다. 자, 여기 제가 원하는 두 가지가 더 있습니다."라고 말하지 마라. 처음에 한 가지만 요구하면, 그녀는 당신이 그것을 얻으면 제안을 받아들일 준비가 될 것이다(혹은 적어도 결정을 내릴 준비가 될 것이다)라고 추정할지도 모른다. 만약 당신이 계속해서 "그리고 한 가지만 더"라고 말한다면, 그녀는 관대하거나 이해심 많은 분위기로 머물 가능성이 적다. 게다가, 만약 당신이 하나 이상의 요청을 가지고 있다면, 단순히 여러분이 원하는 모든 것을 A, B, C, 그리고 D라고 단순히 언급하지 말고, 당신에게 있어서 각각의 상대적 중요성을 표현해라. 그렇지 않으면 그녀는 당신이 가장 중요하게 여기지 않는 두 가지를 고를지도 모른다. 왜냐하면 그것들은 당신에게 주는 것이 쉽기 때문이다. 그리고 그녀는 당신과 타협했다고 느낄지도 모른다.」

Answer 17.①

18 주어진 글 다음에 이어질 글의 순서로 가장 적절한 것은?

Today, Lamarck is unfairly remembered in large part for his mistaken explanation of how adaptations evolve. He proposed that by using or not using certain body parts, an organism develops certain characteristics.

(A) There is no evidence that this happens. Still, it is important to note that Lamarck proposed that evolution occurs when organisms adapt to their environments. This idea helped set the stage for Darwin.

(B) Lamarck thought that these characteristics would be passed on to the offspring. Lamarck called this idea *inheritance of acquired characteristics*.

(C) For example, Lamarck might explain that a kangaroo's powerful hind legs were the result of ancestors strengthening their legs by jumping and then passing that acquired leg strength on to the offspring. However, an acquired characteristic would have to somehow modify the DNA of specific genes in order to be inherited.

① (A) — (C) — (B)

② (B) — (A) — (C)

③ (B) — (C) — (A)

④ (C) — (A) — (B)

TIP unfairly 부당하게   adaptation 적응   evolve 진화하다   characteristic 특성   offspring 후손   inheritance 상속, 계승   strengthen 강화하다   modify 수정하다   set the stage for 발판을 마련하다

주어진 문장에서 유기체가 특정한 특성을 발달시킬 수 있다는 내용을 (B)에 these라는 지시어가 들어간 명사가 받고 있고, (B)에 대한 예를 (C)에서 설명해 주고 있으며, (C)단락의 뒷부분의 DNA의 수정에 관한 내용을 (A)단락의 this로 받고 있다. 따라서 순서는 (B)-(C)-(A)이다.

「오늘날, 라마르크는 적응이 어떻게 진화하는지에 관한 그의 잘못된 설명으로 인해 많은 부분에서 부당하게 기억되고 있다. 그는 특정 신체 부위를 사용하거나 사용하지 않음으로써 유기체는 특정한 특성을 발달시킬 수 있다고 제안했다.

(B) 라마르크는 이러한 특성이 자손에게 전해질 것이라고 생각했다. 라마르크는 이 생각을 '획득형질의 유전'이라고 불렀다.

(C) 예를 들어, 라마르크는 캥거루의 강력한 뒷다리는 조상들이 점프한 후 후천적 다리 힘을 자손에게 물려줌으로써 그들의 다리를 강화시킨 결과였다고 설명할지도 모른다. 그러나 후천적인 특성은 유전되기 위해 특정 유전자의 DNA를 어떻게든 수정해야 할 것이다.

(A) 이것이 일어난다는 증거는 없다. 그럼에도 불구하고, 라마르크가 생물이 환경에 적응할 때 진화가 일어난다고 제안한 것에 주목하는 것은 중요하다. 이 생각은 다윈의 발판을 마련하는 데 도움이 되었다.」

Answer   18.③

19 다음 글의 제목으로 가장 적절한 것은?

The definition of 'turn' casts the digital turn as an analytical strategy which enables us to focus on the role of digitalization within social reality. As an analytical perspective, the digital turn makes it possible to analyze and discuss the societal meaning of digitalization. The term 'digital turn' thus signifies an analytical approach which centers on the role of digitalization within a society. If the linguistic turn is defined by the epistemological assumption that reality is constructed through language, the digital turn is based on the assumption that social reality is increasingly defined by digitalization. Social media symbolize the digitalization of social relations. Individuals increasingly engage in identity management on social networking sites(SNS). SNS are polydirectional, meaning that users can connect to each other and share information.

* epistemological : 인식론의

① Remaking Identities on SNS

② Linguistic Turn Versus Digital Turn

③ How to Share Information in the Digital Age

④ Digitalization Within the Context of Social Reality

TIP definition 정의 cast 던지다 analytical 분석적 strategy 전략 enable to ~가 …할 수 있게 하다 digitalization 디지털화 perspective 관점 analyze 분석하다 signify 의미하다 linguistic 언어의 epistemological 인식론의 increasingly 점점 더 assumption 추정, 상정 symbolize 상징하다 engage in ~에 관여하다 polydirectional 다방향

사회 현실에서 디지털화의 역할에 집중할 수 있도록 하는 분석 전략인 '디지털 전환'에 대한 내용이므로, 제목으로는 ④가 적절하다.

① SNS 상에서의 정체성 재정립
② 언어적인 전환 vs 디지털 전환
③ 디지털 시대에 정보를 공유하는 방법
④ 사회 현실의 맥락에서 디지털화

「전환'의 정의는 디지털 전환이라는 용어를 사회적 현실 내에서 우리가 디지털화의 역할에 주목할 수 있게 하는 분석적인 전략으로 던진다. 분석적인 전략으로서 디지털 전환은 디지털화의 사회적 의미를 분석하고 토론하는 것을 가능하게 만든다. 그래서 '디지털 전환'이라는 용어는 사회에서 디지털화의 역할에 초점을 맞추는 분석적 접근을 의미한다. 만약 언어적인 전환이 현실이 언어를 통해 구성된다는 인식론적인 가정에 의해 정의된다면, 디지털 전환은 사회 현실이 점점 더 디지털화에 의해 정의된다는 가정에 기반한다. 소셜 미디어는 사회적 관계의 디지털화를 상징한다. 개인들이 점점 더 SNS의 정체성 관리에 관여한다. SNS는 다방향적인데, 사용자들이 서로 연결되고 정보를 공유할 수 있다는 것을 의미한다.」

Answer 19.④

20 주어진 글 다음에 이어질 글의 순서로 가장 적절한 것은?

Growing concern about global climate change has motivated activists to organize not only campaigns against fossil fuel extraction consumption, but also campaigns to support renewable energy.

(A) This solar cooperative produces enough energy to power 1,400 homes, making it the first large-scale solar farm cooperative in the country and, in the words of its members, a visible reminder that solar power represents "a new era of sustainable and 'democratic' energy supply that enables ordinary people to produce clean power, not only on their rooftops, but also at utility scale."

(B) Similarly, renewable energy enthusiasts from the United States have founded the Clean Energy Collective, a company that has pioneered "the model of delivering clean power-generation through medium-scale facilities that are collectively owned by participating utility customers."

(C) Environmental activists frustrated with the UK government's inability to rapidly accelerate the growth of renewable energy industries have formed the Westmill Wind Farm Co-operative, a community-owned organization with more than 2,000 members who own an onshore wind farm estimated to produce as much electricity in a year as that used by 2,500 homes. The Westmill Wind Farm Co-operative has inspired local citizens to form the Westmill Solar Co-operative.

① (C) — (A) — (B)　　　　② (A) — (C) — (B)

③ (B) — (C) — (A)　　　　④ (C) — (B) — (A)

> **TIP** concern 우려, 영향을 미치다　activist 운동가　fossil fuel 화석 연료　extraction 추출　consumption 소비　renewable 재생 가능한　solar farm 태양광 발전소　cooperative 협력하는　represents 대표하다　sustainable 지속 가능한　democratic 민주주의의　utility 공익사업, 유용성　enthusiast 열렬한 지지자　facilities 설비　collectively 집합적으로　participate 참가하다　frustrate 좌절감을 주다　rapidly 빨리　accelerate 가속화하다　onshore 육지의　estimate 추정하다　inspire 고무하다
>
> 「세계 기후 변화에 대한 커져가는 우려가 활동가들에게 화석 연료 추출 소비를 반대하는 캠페인뿐만 아니라 재생 에너지를 지원하는 캠페인을 조직하도록 동기를 부여해 왔다.
> (C) 빠르게 재생 에너지 산업의 속도를 높이지 못한 영국 정부에 실망한 환경 운동가들은 1년에 2,500가구에서 사용할 수 있을 만큼의 전기를 생산하는 것으로 추정되는 육지의 풍력 발전단지를 소유한 2,000명 이상의 회원을 가진 지역 소유의 협회인 Westmill 풍력 발전단지 협동조합을 만들었다. Westmill 풍력 발전단지 협동조합은 지역 주민들에게 Westmill 태양 발전 협동조합을 만들도록 고무했다.
> (A) 이 태양 발전 협동조합은 1,400가구에게 전력을 공급할 만큼 충분한 에너지를 만들어 내며, 국내 최초의 대규모 태양광 협동조합이 되었으며, 조합원들의 말에 따르면, 태양광 발전이 "보통 사람들이 자신들의 지붕 위뿐만 아니라 공공사업체의 규모로 청정 에너지를 생산할 수 있는 지속 가능하고 '민주적인' 에너지 공급의 새로운 시대를 대표한다"는 눈에 띄는 신호이다.
> (B) 비슷하게, 미국의 재생 에너지의 열광적인 지지자들은 "참여형 공공시설 이용자들에 의해 공동으로 소유되는 중간 규모의 시설들을 통해 청청 발전을 전달하는 모델"을 개척한 회사인 Clean Energy Collective를 설립했다.」

Answer　20.①

21 다음 글의 내용과 일치하지 않는 것은?

Women are experts at gossiping, and they always talk about trivial things, or at least that's what men have always thought. However, some new research suggests that when women talk to women, their conversations are far from frivolous, and cover many more topics (up to 40 subjects) than when men talk to other men. Women's conversations range from health to their houses, from politics to fashion, from movies to family, from education to relationship problems, but sports are notably absent. Men tend to have a more limited range of subjects, the most popular being work, sports, jokes, cars, and women. According to Professor Petra Boynton, a psychologist who interviewed over 1,000 women, women also tend to move quickly from one subject to another in conversation, while men usually stick to one subject for longer periods of time. At work, this difference can be an advantage for men, as they can put other matters aside and concentrate fully on the topic being discussed. On the other hand, it also means that they sometimes find it hard to concentrate when several things have to be discussed at the same time in a meeting.

---

① 남성들은 여성들의 대화 주제가 항상 사소한 것들이라고 생각해 왔다.

② 여성들의 대화 주제는 건강에서 스포츠에 이르기까지 매우 다양하다.

③ 여성들은 대화하는 중에 주제의 변환을 빨리한다.

④ 남성들은 회의 중 여러 주제가 논의될 때 집중하기 어렵다.

TIP expert 전문가 gossiping 수다스러운 trivial 사소한 frivolous 경솔한, 시시한 notably 특히 absent 없는 tend to ~하는 경향이 있다 stick to 굳게 지키다 concentrate 집중하다
세 번째 문장에서 여성들의 대화 주제는 건강, 집, 정치, 패션, 영화, 가족, 교육, 관계 문제까지 다양하지만 스포츠는 등장하지 않는다고 했다.

「여성들은 수다의 전문가들이며, 그들은 항상 사소한 것들에 대해 이야기한다. 적어도 남자들은 항상 그렇게 생각해왔다. 그러나 몇몇 새로운 연구는 여성들끼리 말할 때, 그들의 대화가 결코 사소하지 않으며, 남성들끼리 말할 때보다 더 많은 주제(최대 40개의 주제)를 다룬다고 시사한다. 여성들의 대화는 건강에서 그들의 집, 정치에서 패션, 영화에서 가족, 교육에서 인간관계 문제에 이르기까지 다양하지만, 스포츠는 완전히 배제된다. 남성들은 더 제한된 범위의 주제를 가지는 경향이 있으며, 가장 인기있는 주제는 일, 스포츠, 농담, 자동차, 그리고 여성이다. 1000명이 넘는 여성을 인터뷰한 심리학자인, Petra Boynton 교수에 따르면, 여성들은 대화할 때 한 주제에서 다른 주제로 빠르게 넘어가는 반면에, 남성들은 보통 더 오랜 시간 동안 하나의 주제를 고수한다. 직장에서 이러한 차이는 남성들에게 더 유리할 수 있는데, 왜냐하면 그들은 다른 문제들을 제쳐두고 토론되는 주제에 완전히 집중할 수 있기 때문이다. 반면에, 이것은 또한 회의에 몇 가지 것들이 동시에 의논되어야 할 때 그들이 때때로 집중하기 어렵다는 것도 의미한다.」

Answer 21.②

22 다음 글의 흐름상 적절하지 않은 문장은?

There was no divide between science, philosophy, and magic in the 15th century. All three came under the general heading of 'natural philosophy'. ① Central to the development of natural philosophy was the recovery of classical authors, most importantly the work of Aristotle. ② Humanists quickly realized the power of the printing press for spreading their knowledge. ③ At the beginning of the 15th century Aristotle remained the basis for all scholastic speculation on philosophy and science. ④ Kept alive in the Arabic translations and commentaries of Averroes and Avicenna, Aristotle provided a systematic perspective on mankind's relationship with the natural world. Surviving texts like his Physics, Metaphysics, and Meteorology provided scholars with the logical tools to understand the forces that created the natural world.

TIP divide 나누다 philosophy 철학 scholastic 학문적 speculation 고찰 commentary 논평 systematic 체계적인 perspective 관점 Physics 물리학 Metaphysics 형이상학 Meteorology 기상학 force 힘
아리스토텔레스 철학이 15세기에 미친 영향에 대한 글이므로, ②는 적절하지 않다.

「15세기에는 과학, 철학, 그리고 마술 사이에 구분이 없었다. 세 가지 모두 '자연철학' 부류에 포함되었다. ① 자연철학의 발전의 중심에 있었던 것든 고전 작가들의 복원이었는데, 가장 중요한 것은 아리스토텔레스의 작품이었다. (② 인문주의자들은 그들의 지식을 빨리 퍼뜨리는 인쇄기의 힘을 빠르게 깨달았다.) ③ 15세기 초에 아리스토텔레스는 철학과 과학에 대한 모든 학문적 고찰의 기본으로 남았다. ④ Averroes와 Avicenna의 아랍어 번역과 논평에서도 계속 유지된, 아리스토텔레스는 자연 세계와 인류의 관계에 대해 체계적인 관점을 제공했다. 그의 물리학, 형이상학, 기상학과 같이 살아남은 문헌들은 학자들에게 자연계를 창조한 힘을 이해할 수 있는 논리적인 도구들을 제공했다.」

Answer 22.②

▌23 ~ 24 ▌ 밑줄 친 부분에 들어갈 말로 가장 적절한 것을 고르시오.

23

> The slowing of China's economy from historically high rates of growth has long been expected to _____ growth elsewhere. "The China that had been growing at 10 percent for 30 years was a powerful source of fuel for much of what drove the global economy forward", said Stephen Roach at Yale. The growth rate has slowed to an official figure of around 7 percent. "That's a concrete deceleration", Mr. Roach added.

① speed up   ② weigh on

③ lead to   ④ result in

> **TIP** historically 역사적으로 elsewhere 다른 곳 fuel 연료 concrete 콘크리트 deceleration 감속
>
> ① 촉발시키다 ② ~을 압박하다 ③ ~로 이어지다 ④ ~을 야기하다
>
> 「역사적으로 높은 성장률에서의 중국 경제의 둔화는 오랫동안 다른 곳에서 성장을 **압박할** 것으로 예상되어 왔다. 예일대학의 Stephen Roach는 "30년 동안 10%의 성장을 한 중국은 세계 경제를 발전시킨 강력한 연료 공급원이었다."라고 말했다. 성장률은 약 7%의 공식 수치로 둔화되었다. "그것은 명확한 감속이다."라고 Roach는 덧붙였다.」

24

> As more and more leaders work remotely or with teams scattered around the nation or the globe, as well as with consultants and freelancers, you'll have to give them more _____. The more trust you bestow, the more others trust you. I am convinced that there is a direct correlation between job satisfaction and how empowered people are to fully execute their job without someone shadowing them every step of the way. Giving away responsibility to those you trust can not only make your organization run more smoothly but also free up more of your time so you can focus on larger issues.

① work   ② rewards

③ restrictions   ④ autonomy

> **TIP** remotely 떨어져서 scattered 뿔뿔이 흩어진 nation 국가 globe 지구 consultants 상담가 freelancer 프리랜서 bestow 수여하다 correlation 연관성 empower 권한을 주다 execute 처형하다, 실행하다
>
> ① 일 ② 보상 ③ 제약 ④ 자율권
>
> 「점점 더 많은 리더들이 멀리 떨어져서 일하거나 전국이나 전 세계에 분산되어있는 팀, 그리고 컨설턴트 및 프리랜서와 일하게 되면서, 당신은 그들에게 더 많은 <u>자율권</u>을 주어야 할 것이다. 당신이 더 많은 신뢰를 줄수록, 더 많은 사람들이 당신을 신뢰한다. 직업 만족도와 사람들이 누군가 그들의 일거수일투족을 감시하는 것 없이 그들의 일을 완벽히 수행해 내는데 얼마나 권한이 부여되는지 사이에 직접적인 상관관계가 있다고 나는 확신한다. 당신이 신뢰하는 사람들에게 책임감을 주는 것은 당신의 조직을 더 순조롭게 돌아가도록 할 뿐 아니라 당신이 더 중요한 문제들에 집중할 수 있도록 더 많은 시간을 마련해줄 수도 있다.」

Answer   23.②   24.④

25 다음 글의 요지로 가장 적절한 것은?

"In Judaism, we're largely defined by our actions," says Lisa Grushcow, the senior rabbi at Temple Emanu-El-Beth Sholom in Montreal. "You can't really be an armchair do-gooder." This concept relates to the Jewish notion of tikkun olam, which translates as "to repair the world." Our job as human beings, she says, "is to mend what's been broken. It's incumbent on us to not only take care of ourselves and each other but also to build a better world around us." This philosophy conceptualizes goodness as something based in service. Instead of asking "Am I a good person?" you may want to ask "What good do I do in the world?" Grushcow's temple puts these beliefs into action inside and outside their community. For instance, they sponsored two refugee families from Vietnam to come to Canada in the 1970s.

① We should work to heal the world.

② Community should function as a shelter.

③ We should conceptualize goodness as beliefs.

④ Temples should contribute to the community.

TIP Judaism 유대교 rabbi 라비, 선생님 armchair 안락의자, 탁상공론식의 do-gooder 공상적 박애주의자 incumbent 재임자 philosophy 철학 conceptualize 개념화하다 refugee 난민 shelter 주거지, 보호하다

① 우리는 세상을 고치기 위해 노력해야 한다.
② 공동체는 보호 시설의 기능을 해야 한다.
③ 우리는 선함을 믿음으로 개념화해야 한다.
④ 회당은 공동체에 기여해야 한다.

「"유대교에서, 우리는 대부분 자신의 행동에 의해 정의된다"라고 몬트리올의 템플 Emanu-El-Beth Sholom의 수석 라비, Lisa Grushcow가 말한다. "당신은 절대 탁상공론적인 공상적 박애주의자가 되어서는 안 된다." 이 개념은 '세상을 바로잡기 위해'라는 뜻으로 번역되는 유대교의 tikkun olam과 관련이 있다. 그녀가 말하길 인간으로서 우리가 할 일은 "훼손된 것을 고치는 것이다. 우리 자신과 서로를 돌보는 것뿐 아니라 우리 주변에 더 나은 세상을 만드는 것이 우리에게 주어진 의무이다." 이 철학은 선을 봉사에 기반을 둔 개념으로 생각한다. "나는 선한 사람인가?"라고 묻는 대신, 당신은 "내가 세상에서 어떤 선한 일을 할까?"라고 물어보고 싶을지도 모른다. Grushcow' temple은 이런 믿음을 공동체 안팎에서 실천에 옮긴다. 예를 들어, 그들은 1970년대에 캐나다로 오려고 하는 베트남의 두 난민 가족들을 후원했다.」

Answer 25.①

26 (A)와 (B)에 들어갈 말로 가장 적절한 것은?

Ancient philosophers and spiritual teachers understood the need to balance the positive with the negative, optimism with pessimism, a striving for success and security with an openness to failure and uncertainty. The Stoics recommended "the premeditation of evils," or deliberately visualizing the worst-case scenario. This tends to reduce anxiety about the future: when you soberly picture how badly things could go in reality, you usually conclude that you could cope. ____(A)____, they noted, imagining that you might lose the relationships and possessions you currently enjoy increases your gratitude for having them now. Positive thinking, ____(B)____, always leans into the future, ignoring present pleasures.

	(A)	(B)
①	Nevertheless	in addition
②	Furthermore	for example
③	Besides	by contrast
④	However	in conclusion

TIP ancient 고대의 philosopher 철학자 spiritual 정신의, 종교의 positive 긍정적인 negative 부정적인 optimism 낙관론 pessimism 비관주의 strive 분투하다 openness 솔직함 failure 실패 uncertainty 불확실성 Stoics 스토아 학파 premeditation 미리 생각함 deliberately 고의로 scenario 시나리오 future 미래 soberly 냉정히 conclude 결론을 내리다 cope 대처하다 possessions 소지품 gratitude 고마움

① 그럼에도 불구하고　　　게다가
② 더 나아가　　　　　　　예를 들면
③ 게다가　　　　　　　　반면에
④ 그러나　　　　　　　　결론적으로

「고대 철학자들과 영적 지도자들은 긍정과 부정, 낙관주의와 비관주의, 성공과 안정에 대한 노력과 실패와 불확실성에 대한 개방성 사이의 균형을 맞춰야 할 필요성을 알고 있었다. 스토아 학파 학자들은 '악의 사색' 즉 일부러 최악의 시나리오를 시각화 해보는 것을 추천했다. 이것은 미래에 대한 걱정을 줄여준다 : 실제로 얼마나 상황이 악화될 수 있는지를 냉정하게 상상해 볼 때, 보통 당신은 대처해나갈 수 있을 것이라는 결론을 내리게 된다. (A) 게다가 그들은, 당신이 현재 누리고 있는 관계들과 소유물들을 잃게 될 수도 있음을 상상하는 것이 현재 가지고 있는 것에 대한 감사를 증가시켜줄 것이라고 지적한다. (B) 반면에 긍정적인 사고는 항상 현재의 즐거움을 무시하고, 미래를 받아들인다.」

Answer　26.③

27 주어진 문장이 들어갈 위치로 가장 적절한 것은?

> And working offers more than financial security.

Why do workaholics enjoy their jobs so much? Mostly because working offers some important advantages. (①) It provides people with paychecks—a way to earn a living. (②) It provides people with self-confidence; they have a feeling of satisfaction when they've produced a challenging piece of work and are able to say, "I made that". (③) Psychologists claim that work also gives people an identity; they work so that they can get a sense of self and individualism. (④) In addition, most jobs provide people with a socially acceptable way to meet others. It could be said that working is a positive addiction; maybe workaholics are compulsive about their work, but their addiction seems to be a safe—even an advantageous—one.

TIP financial security 재정보증 advantage 이점 paycheck 급여 satisfaction 만족 Psychologist 심리학자 identity 신원, 정체 individualism 개성 addiction 중독 compulsive 강박적인

「왜 일중독자들은 자신의 일을 그토록 즐기는가? 그 이유는 대부분 일이 몇몇 중요한 혜택을 주기 때문이다. 일은 사람들에게 급여를 준다 – 생계를 꾸리는 방법이다. 그리고 일은 경제적 안정 이상의 것을 제공한다. 이것은 사람들에게 자신감을 준다 ; 이들은 도전적인 일을 성취했을 때 만족감을 느끼고 '해냈어'라고 말할 수 있다. 심리학자들은 일이 사람들에게 정체성도 부여한다고 주장한다 ; 그들은 자아과 독자성을 얻을 수 있도록 일을 한다. 게다가 대부분의 일은 사람들에게 타인을 만날 수 있는 사회적으로 용인된 방식을 제공해준다. 일은 긍정적인 중독이라고 말할 수도 있다 ; 아마도 일중독자들은 그들의 일에 대해 강박적일 수도 있지만, 그들의 중독은 안전한 —심지어는 도움이 되는 —중독처럼 보인다.」

Answer 27.②

28 다음 글의 내용과 일치하는 것은?

The most notorious case of imported labor is of course the Atlantic slave trade, which brought as many as ten million enslaved Africans to the New World to work the plantations. But although the Europeans may have practiced slavery on the largest scale, they were by no means the only people to bring slaves into their communities: earlier, the ancient Egyptians used slave labor to build their pyramids, early Arab explorers were often also slave traders, and Arabic slavery continued into the twentieth century and indeed still continues in a few places. In the Americas some native tribes enslaved members of other tribes, and slavery was also an institution in many African nations, especially before the colonial period.

① African laborers voluntarily moved to the New World.

② Europeans were the first people to use slave labor.

③ Arabic slavery no longer exists in any form.

④ Slavery existed even in African countries.

TIP notorious 악명 높은 imported 수입된, 들여온 enslaved 노예가 된 plantation 대농장 by no means 결코 ~이 아닌 explorer 탐험가 tribe 부족 institution 제도, 관습

① 아프리카인 노동자들은 자발적으로 신대륙으로 이주했다.
② 유럽인들은 노예 노동을 사용한 최초의 사람들이었다.
③ 아랍 노예 제도는 더는 어떤 형태로도 존재하지 않는다.
④ 노예 제도는 아프리카 국가들에서도 존재했다.

「수입 노동의 가장 악명 높은 사례는 물론 대서양 노예무역으로, 이는 대농장을 경작하도록 천만 명에 이르는 노예가 된 아프리카인들을 신대륙에 데려왔다. 그러나 유럽인들이 노예 제도를 가장 대규모로 시행했을지라도, 그들은 결코 그들의 지역사회에 노예를 데려온 유일한 사람들이 아니었다. 일찍이 고대 이집트인들은 노예 노동을 그들의 피라미드를 건설하는 데 사용했고, 초기 아랍 탐험가들은 종종 노예 무역상이었으며, 아랍 노예제도는 20세기까지 계속되었으며, 실제로 몇몇 곳에서는 아직도 유지되고 있다. 아메리카 대륙에서는 몇몇 토착 부족들이 다른 부족의 구성원들을 노예로 삼았고, 노예 제도는 또한 특히 식민지 시대 이전 많은 아프리카 국가들의 관습이기도 했다.」

Answer 28.④

29 다음 글의 제목으로 가장 적절한 것은?

Warming temperatures and loss of oxygen in the sea will shrink hundreds of fish species— from tunas and groupers to salmon, thresher sharks, haddock and cod—even more than previously thought, a new study concludes. Because warmer seas speed up their metabolisms, fish, squid and other waterbreathing creatures will need to draw more oxygen from the ocean. At the same time, warming seas are already reducing the availability of oxygen in many parts of the sea. A pair of University of British Columbia scientists argue that since the bodies of fish grow faster than their gills, these animals eventually will reach a point where they can't get enough oxygen to sustain normal growth. "What we found was that the body size of fish decreases by 20 to 30 percent for every 1 degree Celsius increase in water temperature," says author William Cheung.

---

① Fish Now Grow Faster than Ever

② Oxygen's Impact on Ocean Temperatures

③ Climate Change May Shrink the World's Fish

④ How Sea Creatures Survive with Low Metabolism

TIP shrink 줄어들게 하다, 감소시키다 metabolism 신진대사 availability 이용 가능성 sustain 지속시키다

① 이제 물고기는 그 어느 때보다 더 빨리 자랍니다.
② 산소가 해양 온도에 미치는 영향
③ 기후변화가 세계의 물고기를 위축시킬 수 있다.
④ 낮은 신진대사로 바다생물들이 살아남는 방법

「바다에서의 온난화와 산소 손실이 참치와 농어에서 연어, 환도상어, 해덕, 대구까지 수백 종의 어종을 이전에 생각했던 것보다 더 많이 감소시킬 것이라고 새로운 연구는 결론 내렸다. 따뜻한 바다는 물고기들의 신진대사를 가속화하기 때문에, 물고기, 오징어 그리고 다른 수중 호흡 생물들은 바다에서 더 많은 산소를 끌어내야 할 것이다. 이와 동시에, 바다가 따뜻해지면서 이미 바다의 많은 부분에서 산소의 이용 가능성이 줄고 있다. University of British Columbia의 한 쌍의 과학자들은 물고기의 몸통이 아가미보다 더 빨리 자라기 때문에, 이 동물들은 결국 정상적인 성장을 지속하기에 충분한 산소를 얻을 수 없는 지경에 이르게 될 것이라고 주장한다. "우리가 발견한 것은 물고기의 몸통 크기가 수온이 섭씨 1도 증가할 때마다 20에서 30퍼센트씩 줄어든다는 것입니다."라고 저자 William Cheung은 말한다.」

Answer 29.③

30 주어진 문장이 들어갈 위치로 가장 적절한 것은?

For example, the state archives of New Jersey hold more than 30,000 cubic feet of paper and 25,000 reels of microfilm.

Archives are a treasure trove of material : from audio to video to newspapers, magazines and printed material—which makes them indispensable to any History Detective investigation. While libraries and archives may appear the same, the differences are important. (①) An archive collection is almost always made up of primary sources, while a library contains secondary sources. (②) To learn more about the Korean War, you'd go to a library for a history book. If you wanted to read the government papers, or letters written by Korean War soldiers, you'd go to an archive. (③) If you're searching for information, chances are there's an archive out there for you. Many state and local archives store public records—which are an amazing, diverse resource. (④) An online search of your state's archives will quickly show you they contain much more than just the minutes of the legislature—there are detailed land grant information to be found, old town maps, criminal records and oddities such as peddler license applications.

* treasure trove : 귀중한 발굴물(수집물)

* land grant : (대학 · 철도 등을 위해) 정부가 주는 땅

TIP archive 기록 보관소 treasure trove 보물 창고, 보고 indispensable 필수적인 primary source 1차 자료 secondary source 2차 자료 legislature 입법부 minute (보통 pl.) 회의록 oddity 특이한(이상한) 것(사람)

「기록 보관소는 오디오에서 비디오, 신문, 잡지 및 인쇄물에 이르기까지 모든 자료의 보고이며, 기록 보관소는 역사 탐정 조사에서 필수적이다. 도서관과 기록 보관소가 똑같아 보일 수 있지만, 차이점이 중요하다. 기록 보관소의 소장품들이 거의 항상 1차 자료로 구성되는 반면, 도서관은 2차 자료로 구성된다. 한국 전쟁에 대해 더 알기 위해 여러분은 역사책을 찾아 도서관에 갈 것이다. 만약 여러분이 정부 문서나 한국 전쟁 병사들이 쓴 편지를 읽고자 한다면, 여러분은 기록 보관소에 갈 것이다. 만약 여러분이 정보를 찾고 있다면, 아마 당신을 위한 기록 보관소가 있을 것이다. 많은 주 및 지역 기록 보관소에서 경이롭고 다양한 자료인 공공 기록들을 보관한다. 예를 들어, 뉴저지의 주 기록 보관소에는 30,000 입방피트 이상의 문서와 25,000개 릴 이상의 마이크로필름이 보관되어 있다. 여러분의 주 기록 보관소를 온라인으로 검색하면 입법부의 회의록보다 훨씬 더 많은 내용이 있다는 것을 빠르게 알 수 있을 것이다. 자세한 토지 보조금 정보, 구시가지 지도, 범죄 기록 및 행상 면허 신청서와 같은 특이 사항들이 있다.」

Answer 30.④

31 다음 글의 흐름상 가장 어색한 문장은?

The term burnout refers to a "wearing out" from the pressures of work. Burnout is a chronic condition that results as daily work stressors take their toll on employees. ① <u>The most widely adopted conceptualization of burnout has been developed by Maslach and her colleagues in their studies of human service workers.</u> Maslach sees burnout as consisting of three interrelated dimensions. The first dimension—emotional exhaustion—is really the core of the burnout phenomenon. ② <u>Workers suffer from emotional exhaustion when they feel fatigued, frustrated, used up, or unable to face another day on the job.</u> The second dimension of burnout is a lack of personal accomplishment. ③ <u>This aspect of the burnout phenomenon refers to workers who see themselves as failures, incapable of effectively accomplishing job requirements.</u> ④ <u>Emotional labor workers enter their occupation highly motivated although they are physically exhausted.</u> The third dimension of burnout is depersonalization. This dimension is relevant only to workers who must communicate interpersonally with others (e.g. clients, patients, students) as part of the job.

TIP chronic condition 만성 질환 stressor 스트레스 요인 take a toll on ~에 피해를 주다 conceptualization 개념화, 개념적인 해석 interrelated 서로 밀접하게 연관된 dimension 크기, 차원 exhaustion 피로, 기진맥진 fatigued 심신이 지친, 피로한 requirement 필요조건, 요구 사항 motivated 의욕을 가진 depersonalization 몰개인화, 비인격화 interpersonally 대인 관계에서

「번 아웃이라는 용어는 업무의 압박으로 인한 "마모"를 의미한다. 번 아웃은 일상적인 업무 스트레스 요인이 직원에게 피해를 입힐 때 발생하는 만성 질환이다. 가장 널리 채택된 번 아웃의 개념적인 해석은 Maslach와 그녀의 동료들이 인간 서비스 근로자들에 대한 연구에서 개발되었다. Maslach는 번 아웃이 서로 밀접하게 연관된 세 가지 차원으로 구성되어 있다고 여긴다. 첫 번째 차원인 정서적 피로는 실제로 번 아웃 현상의 핵심이다. 근로자들은 피로감, 좌절감, 기진맥진함을 느끼거나 직장에서 또 다른 하루를 맞이할 수 없을 때 정서적 피로를 겪는다. 번 아웃의 두 번째 차원은 개인적인 성취의 부족이다. 번 아웃 현상의 이러한 측면은 스스로를 업무 요구 사항을 효과적으로 달성할 수 없는 실패자로 여기는 근로자들을 나타낸다. (감정 노동자들은 육체적으로 지쳤음에도 왕성한 의욕을 가지고 그들의 업무를 시작한다.) 번 아웃의 세 번째 차원은 몰개인화다. 이 차원은 직무의 일부로 다른 사람들(예를 들면 고객, 환자, 학생)과 대인 관계를 맺어야 하는 근로자들에게만 해당된다.」

Answer 31.④

32 다음 글의 내용과 일치하지 않는 것은?

Deserts cover more than one-fifth of the Earth's land area, and they are found on every continent. A place that receives less than 25 centimeters (10 inches) of rain per year is considered a desert. Deserts are part of a wider class of regions called drylands. These areas exist under a "moisture deficit," which means they can frequently lose more moisture through evaporation than they receive from annual precipitation. Despite the common conceptions of deserts as hot, there are cold deserts as well. The largest hot desert in the world, northern Africa's Sahara, reaches temperatures of up to 50 degrees Celsius (122 degrees Fahrenheit) during the day. But some deserts are always cold, like the Gobi Desert in Asia and the polar deserts of the Antarctic and Arctic, which are the world's largest. Others are mountainous. Only about 20 percent of deserts are covered by sand. The driest deserts, such as Chile's Atacama Desert, have parts that receive less than two millimeters (0.08 inches) of precipitation a year. Such environments are so harsh and otherworldly that scientists have even studied them for clues about life on Mars. On the other hand, every few years, an unusually rainy period can produce "super blooms," where even the Atacama becomes blanketed in wildflowers.

① There is at least one desert on each continent.

② The Sahara is the world's largest hot desert.

③ The Gobi Desert is categorized as a cold desert.

④ The Atacama Desert is one of the rainiest deserts.

TIP deficit 부족, 결핍 evaporation 증발 precipitation 강수(량) mountainous 산이 많은 otherworldly 비현실적인, 초자연적 인, 내세의 blanketed with ~로 뒤덮인

① 각 대륙에는 적어도 하나의 사막이 존재한다.
② 사하라 사막은 세계에서 가장 큰 뜨거운 사막이다.
③ 고비 사막은 차가운 사막으로 분류된다.
④ 아타카마 사막은 비가 가장 많이 오는 사막들 중 하나이다.

「사막은 지구 육지의 5분의 1 이상을 덮고 있으며, 모든 대륙에서 발견된다. 매년 25센티미터 (10인치) 미만의 비가 오는 곳은 사막으로 여겨진다. 사막은 건조 지대라고 불리는 광범위한 지역의 일부이다. 이 지역들은 '수분 부족' 환경 하에 존재하는데, 이는 연간 강수를 통해 얻는 양보다 증발을 통해 흔히 수분을 더 많이 잃을 수 있다는 의미이다. 사막이 뜨겁다는 일반적인 개념에도 불구하고, 차가운 사막들 또한 존재한다. 세계에서 가장 큰 뜨거운 사막인 북아프리카의 사하라 사막은 낮 동안 최고 섭씨 50도 (화씨 122도)에 이른다. 하지만 아시아의 고비 사막이나 세계에서 가장 큰 남극과 북극의 극지방 사막과 같이, 어떤 사막들은 항상 춥다. 다른 사막들에는 산이 많다. 사막의 약 20%만이 모래로 덮여있다. 칠레의 아타카마 사막과 같은 가장 건조한 사막에는 연간 강수량이 2밀리미터 (0.08인치) 미만인 곳들이 있다. 그러한 환경들은 너무 혹독하고 비현실적이어서 과학자들이 화성의 생명체에 대한 단서를 찾기 위해 그것들을 연구하기도 했다. 반면, 몇 년에 한 번씩 유난히 비가 많이 오는 시기가 '슈퍼 블룸 현상'을 만들어낼 수 있는데, 이때는 아타카마조차도 야생화로 뒤덮이게 된다.」

Answer 32.④

┃33～34┃ 밑줄 친 부분에 들어갈 말로 가장 적절한 것을 고르시오.

33

Social media, magazines and shop windows bombard people daily with things to buy, and British consumers are buying more clothes and shoes than ever before. Online shopping means it is easy for customers to buy without thinking, while major brands offer such cheap clothes that they can be treated like disposable items—worn two or three times and then thrown away. In Britain, the average person spends more than £1,000 on new clothes a year, which is around four percent of their income. That might not sound like much, but that figure hides two far more worrying trends for society and for the environment. First, a lot of that consumer spending is via credit cards. British people currently owe approximately £670 per adult to credit card companies. That's 66 percent of the average wardrobe budget. Also, not only are people spending money they don't have, they're using it to buy things _____. Britain throws away 300,000 tons of clothing a year, most of which goes into landfill sites.

① they don't need

② that are daily necessities

③ that will be soon recycled

④ they can hand down to others

TIP bombard 쏟아 붓다 disposable 일회용의 figure 수치 via 통하여 wardrobe 의상, 옷 landfill 쓰레기 매립지
① 필요하지 않은
② 생활필수품인
③ 곧 재활용 될
④ 다른 사람들에게 물려줄 수 있는

「소셜 미디어, 잡지 그리고 상점 진열장은 사람들에게 구매할 것을 매일 쏟아내고, 영국 소비자들은 과거 어느 때보다 더 많은 옷과 신발을 구매하고 있다. 온라인 쇼핑이란 소비자들이 생각하지 않고 쉽게 구매할 수 있다는 것을 의미하며, 주요 브랜드들은 — 두세 번 입히고 나면 버려지는 — 일회용품처럼 취급될 수 있을 만큼 너무나 값싼 의류를 공급한다. 영국에서, 보통 사람은 새 옷에 연간 1천 파운드 이상을 쓰는데, 이는 그들의 수입 중 약 4 퍼센트에 해당한다. 그것은 대단한 액수처럼 들리지 않겠지만, 그 숫자는 사회와 환경의 측면에서 한층 더 걱정스러운 두 가지 경향을 감추고 있다. 첫째, 많은 소비자 지출이 신용카드를 통해 이루어진다. 현재 영국 사람들은 신용카드 회사에 성인 한 사람당 거의 670파운드를 빚지고 있다. 그것은 평균 의류 예산의 66퍼센트이다. 또한, 사람들은 수중에 없는 돈을 쓰고 있을 뿐 아니라, 그들이 <u>필요하지 않은</u> 것을 구매하는 데 돈을 쓰고 있다. 영국은 연간 30만 톤의 의류를 버리는데, 그것의 대부분이 쓰레기 매립지로 간다.」

Answer 33.①

34

Excellence is the absolute prerequisite in fine dining because the prices charged are necessarily high. An operator may do everything possible to make the restaurant efficient, but the guests still expect careful, personal service: food prepared to order by highly skilled chefs and delivered by expert servers. Because this service is, quite literally, manual labor, only marginal improvements in productivity are possible. For example, a cook, server, or bartender can move only so much faster before she or he reaches the limits of human performance. Thus, only moderate savings are possible through improved efficiency, which makes an escalation of prices _____. (It is an axiom of economics that as prices rise, consumers become more discriminating.) Thus, the clientele of the fine-dining restaurant expects, demands, and is willing to pay for excellence.

① ludicrous
② inevitable
③ preposterous
④ inconceivable

TIP prerequisite 전제 조건 fine dining 고급 식당 to order 주문에 따라 escalation 상승 axiom 공리, 자명한 이치 clientele 고객들 be willing to-v 기꺼이 ~하다

① 터무니없는　② 불가피한
③ 터무니없는　④ 상상도 할 수 없는

「탁월함은 고급 레스토랑의 절대적인 전제조건인데, 왜냐하면 부가된 가격이 필연적으로 높기 때문이다. 운영자는 레스토랑을 효율적으로 만들기 위해서 할 수 있는 모든 것을 하겠지만, 손님들은 정성스러운 개개인을 위한 서비스를 여전히 기대한다 : 매우 숙련된 요리사가 주문에 따라 준비하고 능숙한 서빙하는 사람에 의해 전달되는 음식. 그야말로, 이 서비스는 육체노동이기 때문에, 고작 미미한 생산성 향상만이 가능하다. 예를 들어, 요리사, 서빙하는 사람, 또는 바텐더는 인간 수행력의 한계에 도달하기 전에 고작 조금밖에 더 빨리 움직이지 못한다. 따라서, 향상된 효율성을 통해서는 겨우 약간의 절약만이 가능한데, 이는 가격상승을 불가피하게 만든다. (가격이 오르면 소비자들의 안목이 더 좋아지는 것은 경제학의 원리이다.) 따라서, 고급 레스토랑의 고객은 (탁월함을) 기대하고 요구하며 탁월함에 대해 기꺼이 값을 지불하려고 한다.」

Answer 34.②

35 주어진 글 다음에 이어질 글의 순서로 가장 적절한 것은?

To be sure, human language stands out from the decidedly restricted vocalizations of monkeys and apes. Moreover, it exhibits a degree of sophistication that far exceeds any other form of animal communication.

(A) That said, many species, while falling far short of human language, do nevertheless exhibit impressively complex communication systems in natural settings.

(B) And they can be taught far more complex systems in artificial contexts, as when raised alongside humans.

(C) Even our closest primate cousins seem incapable of acquiring anything more than a rudimentary communicative system, even after intensive training over several years. The complexity that is language is surely a species-specific trait.

① (A) − (B) − (C)

② (B) − (C) − (A)

③ (C) − (A) − (B)

④ (C) − (B) − (A)

TIP stand out from ~에서 두드러지다 decidedly 확실히 restricted 제한[한정]된 vocalization 발성(법) ape 유인원 exhibit 드러내다 sophistication 정교 exceed 능가하다 fall short of ~에 못 미치다 impressively 인상적으로 artificial 인위적인 alongside ~와 함께 primate 영장류 incapable of ~할 수 없는 rudimentary 기초[초보]의 intensive 집중적인 species-specific 종 특이(성)의 trait 특성

「분명히, 인간의 언어는 원숭이나 영장류들의 명백히 제한된 발성과는 구별된다. 또한 이는 동물들의 의사소통 중 어떠한 방식보다 훨씬 능가하는 정도의 정교함을 보여준다.

(C) 심지어 우리와 가장 가까운 영장류 사촌들조차 심지어 몇 년 이상의 집중적인 훈련을 거친 이후에도 기초적인 의사소통 체계 이상의 것은 어떤 것도 획득하지 못하는 것처럼 보인다. 언어라는 복잡함은 분명 종의 고유한 특성이다.

(A) 그렇다 쳐도, 인간의 언어에는 훨씬 못 미치기는 하지만, 그럼에도 불구하고 많은 종들이 자연환경에서는 인상적으로 복잡한 의사소통 체계를 보여준다.

(B) 그리고 인간과 함께 길러지는 경우와 같이 인공적 상황에서 이들은 훨씬 더 복잡한 체계를 배울 수 있다.」

Answer　35.③

36 다음 글의 주제로 가장 적절한 것은?

During the late twentieth century socialism was on the retreat both in the West and in large areas of the developing world. During this new phase in the evolution of market capitalism, global trading patterns became increasingly interlinked, and advances in information technology meant that deregulated financial markets could shift massive flows of capital across national boundaries within seconds. 'Globalization' boosted trade, encouraged productivity gains and lowered prices, but critics alleged that it exploited the low-paid, was indifferent to environmental concerns and subjected the Third World to a monopolistic form of capitalism. Many radicals within Western societies who wished to protest against this process joined voluntary bodies, charities and other non-governmental organizations, rather than the marginalized political parties of the left. The environmental movement itself grew out of the recognition that the world was interconnected, and an angry, if diffuse, international coalition of interests emerged.

① The affirmative phenomena of globalization in the developing world in the past

② The decline of socialism and the emergence of capitalism in the twentieth century

③ The conflict between the global capital market and the political organizations of the left

④ The exploitative characteristics of global capitalism and diverse social reactions against it

TIP retreat 후퇴 phase 단계, 국면 advance 발전 deregulate 규제를 철폐하다 shift 옮기다, 바꾸다 massive 거대한 boost 북돋우다 gain 개선, 증가 allege 주장하다 exploit 착취하다 indifferent 무관심한 subject 종속시키다 monopolistic 독점적인 radical 급진주의자 protest 항의[반대]하다 charity 자선단체 marginalize 소외시키다, 처지게 하다 diffuse 퍼뜨리다, 퍼지다 coalition 연합 emerge 나타나다 affirmative 긍정적인 decline 쇠퇴 conflict 갈등 diverse 다양한

① 과거 개발도상국에서의 세계화의 긍정적 현상
② 사회주의의 쇠퇴와 20세기 자본주의의 출현
③ 세계 자본시장과 좌파 정치 조직 사이의 갈등
④ 세계 자본주의의 착취 성격과 그에 대한 다양한 사회적 반응들

「20세기 후반에 사회주의는 서양과 개발도상국의 많은 지역에서 퇴각하고 있었다. 시장 자본주의의 발전이라는 새로운 국면에서, 세계의 무역 형태는 점점 연결되었고, 정보기술의 진보는 규제가 철폐된 금융 시장이 순식간에 국경을 초월하여 거대한 자본의 흐름을 바꿀 수 있다는 것을 의미했다. '세계화'는 무역을 신장시켰고, 생산성 증가를 부추겼고, 가격을 낮췄지만, 비평가들은 세계화가 저임금 노동자들을 착취했고 환경 문제에 무관심했으며 제 3세계 국가들을 자본주의의 독점적인 형태에 지배를 받게 했다고 주장했다. 이러한 과정에 대해 항의하고자 하는 서양 사회의 많은 급진주의자는 소외된 좌익의 정당보다 자발적인 단체, 구호 단체 그리고 다른 비정부 조직들에게 합류했다. 환경 운동은 스스로 세계가 서로 연결되어 있다는 인식에서 발전하였고, 성난 국제적 연합 세력들이 생겨났다.」

Answer 36.④

37 다음 글에 나타난 Johnbull의 심경으로 가장 적절한 것은?

In the blazing midday sun, the yellow egg-shaped rock stood out from a pile of recently unearthed gravel. Out of curiosity, sixteen-year-old miner Komba Johnbull picked it up and fingered its flat, pyramidal planes. Johnbull had never seen a diamond before, but he knew enough to understand that even a big find would be no larger than his thumbnail. Still, the rock was unusual enough to merit a second opinion. Sheepishly, he brought it over to one of the more experienced miners working the muddy gash deep in the jungle. The pit boss's eyes widened when he saw the stone. "Put it in your pocket," he whispered. "Keep digging." The older miner warned that it could be dangerous if anyone thought they had found something big. So Johnbull kept shoveling gravel until nightfall, pausing occasionally to grip the heavy stone in his fist. Could it be?

① thrilled and excited

② painful and distressed

③ arrogant and convinced

④ detached and indifferent

TIP blazing 타는 듯이 더운 midday 정오, 한낮 stand out 튀어나오다 pile 더미 unearth 파내다, 발굴하다 gravel 자갈 miner 광부 finger 손으로 만지다 find 발견물 thumbnail 엄지손톱 merit ~을 받을 만하다 sheepishly 소심하게 shovel 삽질하다

Johnbull은 값진 보석처럼 보이는 광물을 발견하여 다른 사람들 모르게 계속해서 광물을 캐고 있는 것으로 글에 나타난 Johnbull의 심경은 '짜릿하고 흥분되는'이 적절하다.

① 짜릿하고 흥분되는
② 고통스럽고 괴로운
③ 거만하고 확신하는
④ 무심하고 무관심한

「타는 듯이 더운 한낮의 태양에, 노란 달걀 모양의 바위가 최근에 발굴된 자갈 더미에서 눈에 띄었다. 호기심으로, 16살의 광부 Komba Johnbull은 그것을 집어 들고 그것의 납작하고 피라미드 모양의 면을 손가락으로 만졌다. Johnbull은 이전에 다이아몬드를 본 적이 없지만, 그는 심지어 큰 발견물이라 해도 그의 엄지손톱보다 크지 않을 것이라는 것을 충분히 알고 있었다. 그런데도, 그 돌은 다른 사람의 의견을 받을 만큼 충분히 특이했다. 소심하게, 그는 그것을 정글 깊숙한 곳에서 진흙의 땅을 파는 더 경험 많은 광부들 중 한 명에게 가지고 갔다. 탄갱의 우두머리의 눈은 돌을 봤을 때 커졌다. "그것을 주머니에 넣어라," 그가 속삭였다. "계속 캐라." 더 나이 많은 광부는 만약 누군가가 그들이 뭔가 큰 것을 찾았다고 생각한다면 위험할 수 있다고 경고했다. 그래서 Johnbull은 해질녘까지 계속해서 자갈을 퍼내고, 이따금 멈춰서 그의 주먹 속의 무거운 돌을 꽉 쥐었다. 그럴 수 있을까?」

38 다음 글의 주제로 가장 적절한 것은?

The e-book applications available on tablet computers employ touchscreen technology. Some touchscreens feature a glass panel covering two electronically-charged metallic surfaces lying face-to-face. When the screen is touched, the two metallic surfaces feel the pressure and make contact. This pressure sends an electrical signal to the computer, which translates the touch into a command. This version of the touchscreen is known as a resistive screen because the screen reacts to pressure from the finger. Other tablet computers feature a single electrified metallic layer under the glass panel. When the user touches the screen, some of the current passes through the glass into the user's finger. When the charge is transferred, the computer interprets the loss in power as a command and carries out the function the user desires. This type of screen is known as a capacitive screen.

① how users learn new technology

② how e-books work on tablet computers

③ how touchscreen technology works

④ how touchscreens have evolved

TIP feature ~을 특징으로 하다 translate 변환하다 command 명령(하다) resistive 저항하는 electrify ~에 전기를 통하게 하다 interpret 해석하다 carry out 수행하다 capacitive 용량성의
① 사용자가 새로운 기술을 배우는 방법
② 전자책이 태블릿 컴퓨터에서 작동하는 방법
③ 터치스크린 기술이 작동하는 방법
④ 터치스크린이 진화해온 방식

「태블릿 컴퓨터에서 사용할 수 있는 전자책 애플리케이션은 터치스크린 기술을 사용한다. 일부 터치스크린에는 전자 충전 금속 표면 두 개를 덮는 유리 패널이 대면되어 있다. 스크린이 터치되면 두 개의 금속 표면이 압력을 느끼고 접촉한다. 이 압력은 컴퓨터에 전기 신호를 보내며 터치를 명령으로 변환한다. 터치스크린의 이 버전은 화면이 손가락의 압력에 반응하기 때문에 저항성 화면으로 알려져 있다. 다른 태블릿 컴퓨터는 유리 패널 아래에 하나의 전기화된 금속층을 특징으로 한다. 사용자가 화면을 터치하면 일부 전류가 유리를 통과하여 사용자의 손가락으로 전달된다. 그 전하가 전송되면 컴퓨터는 전력 손실을 명령으로 해석하고 사용자가 원하는 기능을 수행한다. 이러한 유형의 화면은 용량성 화면으로 알려져 있다.」

Answer 38.③

39 다음 글의 제목으로 가장 적절한 것은?

Louis XIV needed a palace worthy of his greatness, so he decided to build a huge new house at Versailles, where a tiny hunting lodge stood. After almost fifty years of labor, this tiny hunting lodge had been transformed into an enormous palace, a quarter of a mile long. Canals were dug to bring water from the river and to drain the marshland. Versailles was full of elaborate rooms like the famous Hall of Mirrors, where seventeen huge mirrors stood across from seventeen large windows, and the Salon of Apollo, where a solid silver throne stood. Hundreds of statues of Greek gods such as Apollo, Jupiter, and Neptune stood in the gardens; each god had Louis's face!

① True Face of Greek Gods

② The Hall of Mirrors vs. the Salon of Apollo

③ Did the Canal Bring More Than Just Water to Versailles?

④ Versailles : From a Humble Lodge to a Great Palace

TIP worthy ~에 어울리는 greatness 위대함 lodge 오두막집 enormous 거대한 canal 운하 drain 배수하다 marshland 습지대 elaborate 정교한 throne 왕좌 statue 동상 Jupiter 주피터, 목성 Neptune 넵튠(그리스 신화의 포세이돈), 해왕성
① 그리스 신들의 진정한 얼굴
② 거울의 전당 vs. 아폴로의 살롱
③ 운하가 베르사유에 물보다 더 많은 것을 가져다주었는가?
④ 베르사유 : 초라한 오두막집에서 대궁까지

「루이 14세는 그의 위대함에 걸맞은 궁전이 필요해서, 작은 사냥 오두막집이 서 있는 베르사유에 거대한 새 집을 짓기로 결심했다. 거의 50년의 노동 끝에 이 작은 사냥 오두막집은 길이가 4분의 1마일인 거대한 궁전으로 변모했다. 운하는 강에서 물을 가져오고 습지대로 배수하기 위해 파내졌다. 베르사유는 17개의 커다란 창문 맞은편에 17개의 거대한 거울이 서 있는 유명한 거울의 전당과 단단한 은색 왕좌가 서 있는 아폴로의 살롱과 같은 정교한 방들로 가득 차 있었다. 아폴로, 주피터, 넵튠 같은 그리스 신들의 동상 수백 개가 정원에 서 있었다. 각각의 신은 루이의 얼굴을 하고 있었다!」

Answer 39.④

40 주어진 글 다음에 이어질 글의 순서로 가장 적절한 것은?

Nowadays the clock dominates our lives so much that it is hard to imagine life without it. Before industrialization, most societies used the sun or the moon to tell the time.

(A) For the growing network of railroads, the fact that there were no time standards was a disaster. Often, stations just some miles apart set their clocks at different times. There was a lot of confusion for travelers.

(B) When mechanical clocks first appeared, they were immediately popular. It was fashionable to have a clock or a watch. People invented the expression "of the clock" or "o'clock" to refer to this new way to tell the time.

(C) These clocks were decorative, but not always useful. This was because towns, provinces, and even neighboring villages had different ways to tell the time. Travelers had to reset their clocks repeatedly when they moved from one place to another. In the United States, there were about 70 different time zones in the 1860s.

① (A) — (B) — (C)　　　　　② (B) — (A) — (C)

③ (B) — (C) — (A)　　　　　④ (C) — (A) — (B)

TIP dominate 지배하다, 위압하다 industrialization 산업화 decorative 장식적인 province 지방, 지역 neighboring village 인근 마을 disaster 재난, 재앙

「요즘 시계가 우리의 삶을 너무 지배해서 시계가 없는 삶은 상상하기 어렵다. 산업화 이전에, 대부분의 사회는 시간을 알기 위해 태양이나 달을 사용했다.

(B) 기계 시계가 처음 등장했을 때, 즉시 인기가 있어졌다. 시계나 손목시계를 가지고 있는 것은 유행이 되었다. 사람들은 시간을 알려 줄 수 있는 새로운 방법을 언급하기 위해 "시계의"또는 "시간"이라는 표현을 발명했다.

(C) 이 시계들은 장식적이었지만 항상 유용하지는 않았다. 마을, 지방, 심지어 인근 마을들도 시간을 알 수 있는 다른 방법을 가지고 있었기 때문이다. 여행자들은 한 곳에서 다른 곳으로 이동할 때 시계를 반복적으로 재설정해야 했다. 미국에서는 1860년대에 약 70개의 다른 시간대가 있었다.

(A) 철도망의 성장으로 시간 기준이 없다는 사실은 재앙이었다. 종종, 몇 마일 떨어진 역들은 다른 시간에 시계를 맞추었다. 여행객들에게는 많은 혼란이 있었다.」

Answer 40.③

41 다음 글의 요지로 가장 적절한 것은?

When giving performance feedback, you should consider the recipient's past performance and your estimate of his or her future potential in designing its frequency, amount, and content. For high performers with potential for growth, feedback should be frequent enough to prod them into taking corrective action, but not so frequent that it is experienced as controlling and saps their initiative. For adequate performers who have settled into their jobs and have limited potential for advancement, very little feedback is needed because they have displayed reliable and steady behavior in the past, knowing their tasks and realizing what needs to be done. For poor performers — that is, people who will need to be removed from their jobs if their performance doesn't improve — feedback should be frequent and very specific, and the connection between acting on the feedback and negative sanctions such as being laid off or fired should be made explicit.

① Time your feedback well.
② Customize negative feedback.
③ Tailor feedback to the person.
④ Avoid goal-oriented feedback.

TIP performance 수행 consider 고려하다 recipient 받는 사람 estimate 추정치 potential 잠재력 frequency 빈도 amount 양 content 내용 prod ~ into ~ ~를 재촉해서 ~하게 하다 corrective 바로잡는 sap 약화시키다 initiative 진취성 adequate 적당한 settle into 자리를 잡다 limited 제한된 advancement 발전 reliable 믿을만한 steady 꾸준한 remove 제거하다 improve 향상시키다 sanction 제재 lay off 해고하다 fire 해고하다 explicit 명백한
① 피드백의 시기를 잘 맞춰라.
② 부정적인 피드백을 그 사람에게 맞춰라.
③ 피드백을 그 사람에게 맞춰라.
④ 목표 지향적인 피드백을 피하라.

「수행 결과에 대한 피드백을 줄 때, 당신은 그것의 빈도, 양, 내용을 설계하는데 있어서 (피드백을) 받는 사람의 과거 수행과 그 또는 그녀의 미래 잠재력에 대한 추정치를 고려해야 한다. 성장을 위한 잠재력을 가지고 있는 높은 수행자들에게는, 피드백이 그들을 재촉해서 수정할 수 있는 조치를 취할 정도로 충분히 빈번해야만 하지만, 그것이 통제하는 것으로서 경험되고 그들의 진취성을 약화시킬 정도로 빈번해서는 안 된다. 일에 자리 잡고 발전에 제한된 잠재력을 가지고 있는 적당한 정도의 수행자들에게는, 그들의 일을 알고 무엇이 행해질 필요가 있는지를 아는 그들은 과거에 믿을만하고 꾸준한 행동을 보여 왔기 때문에 매우 적은 피드백이 필요하다. 형편없는 수행자, 즉 만약 그들의 실적이 향상되지 않는다면 해고될 필요가 있을 사람들에게, 피드백은 빈번하고 매우 구체적이어야 하고, 피드백대로 행동 하는 것과 휴직이나 해고와 같은 부정적인 제재 사이의 관계는 명확해야 한다.」

Answer 41.③

42 다음 글의 내용과 일치하지 않는 것은?

Langston Hughes was born in Joplin, Missouri, and graduated from Lincoln University, in which many African-American students have pursued their academic disciplines. At the age of eighteen, Hughes published one of his most well-known poems, "Negro Speaks of Rivers." Creative and experimental, Hughes incorporated authentic dialect in his work, adapted traditional poetic forms to embrace the cadences and moods of blues and jazz, and created characters and themes that reflected elements of lower-class black culture. With his ability to fuse serious content with humorous style, Hughes attacked racial prejudice in a way that was natural and witty.

① Hughes는 많은 미국 흑인들이 다녔던 대학교를 졸업하였다.
② Hughes는 실제 사투리를 그의 작품에 반영하였다.
③ Hughes는 하층 계급 흑인들의 문화적 요소를 반영한 인물을 만들었다.
④ Hughes는 인종편견을 엄숙한 문체로 공격하였다.

> **TIP** pursue 추구하다 academic discipline 학과 publish 출판하다 well-known 잘 알려진 experimental 실험적인 incorporate 포함시키다 authentic 진짜의 dialect 방언 adapt 개작하다 poetic 시적인 embrace 포용하다 cadence 운율, 억양 character 등장인물 theme 주제 reflect 반영하다 lower-class 하층 계급 fuse 융합하다 racial 인종적인 prejudice 편견 witty 재치 있는
> 마지막 문장에서 인종편견을 자연스럽고 재치 있는(natural and witty) 방식으로 공격하였다고 하였다. 따라서 ④번이 정답임을 알 수 있다.
>
> 「Langston Hughes는 Missouri주, Joplin에서 태어났고, 많은 아프리카계 미국 학생들이 그들의 학업을 추구하는 링컨 대학을 졸업하였다. 18살의 나이에, Hughes는 그의 가장 잘 알려진 시집중 하나인, "Negro Speaks of Rivers."를 출간했다. 창의적이고 실험적인 Hughes는 그의 작품에 실제 사투리를 포함시켰고 블루스와 재즈의 리듬과 분위기를 포용하기 위해 전통적인 시적 형태를 개작하였으며, 하층 계급 흑인들의 문화적 요소를 반영한 등장인물과 주제를 만들어 내었다. 유머러스한 스타일로 진지한 내용을 융합할 수 있는 그의 능력으로, Hughes는 자연스럽고 재치 있는 방식으로 인종편견을 공격하였다.」

43 주어진 문장이 들어갈 위치로 가장 적절한 것은?

> The same thinking can be applied to any number of goals, like improving performance at work.

The happy brain tends to focus on the short term. (①) That being the case, it's a good idea to consider what short-term goals we can accomplish that will eventually lead to accomplishing long-term goals. (②) For instance, if you want to lose thirty pounds in six months, what short-term goals can you associate with losing the smaller increments of weight that will get you there? (③) Maybe it's something as simple as rewarding yourself each week that you lose two pounds. (④) By breaking the overall goal into smaller, shorter-term parts, we can focus on incremental accomplishments instead of being overwhelmed by the enormity of the goal in our profession.

TIP tend to ~하는 경향이 있다 apply 신청하다, 지원하다 accomplish 완수하다, 성취하다 associate 연상하다, 연관 짓다 increment 증가 overwhelm 휩싸다, 압도하다 enormity 엄청남, 심각함

주어진 문장에 같은 생각이 적용될 수 있다고 했으므로 우선 의견이 먼저 나와야 하고 제시문 마지막에 일에서 성과를 향상시키는 것과 같은 곳에 적용될 수 있다고 했으므로 뒤에는 일에서 이 생각이 적용되는 내용이 나오면 된다. 따라서 ④ 뒤에 일에서 이 생각이 적용되는 글이 나오고 있으므로 ④번이 적절하다.

「행복한 뇌는 단기간에 집중하는 경향이 있다. 결국 장기적인 목표를 달성하는 데 어떤 단기적인 목표를 달성할 수 있을지 고려해 보는 것은 좋은 생각이다. 예를 들어, 만약 당신이 6개월 안에 30파운드를 감량하기를 원한다면, 너를 당황하게 할 작은 체중증가를 막는 것을 어떤 단기적인 목표를 연관시킬 수 있는가? 아마도, 매주 2파운드를 빼는 것은 스스로에게 보상하는 것과 같은 간단한 것이다. 이 같은 생각은 업무에서 성과를 향상시키는 것과 같은 많은 목표들에 적용될 수 있다. 전체적인 목표를 더 작고, 더 짧은 기간의 부분으로 부숨으로써, 전체적인 목표를 더 작고 단기적인 부분으로 나누면, 우리는 직업에서 목표의 거대함에 압도되는 대신 점진적인 성취에 초점을 맞출 수 있다.」

Answer 43.④

44 글의 제목으로 가장 적절한 것은?

Economists say that production of an information good involves high fixed costs but low marginal costs. The cost of producing the first copy of an information good may be substantial, but the cost of producing(or reproducing) additional copies is negligible. This sort of cost structure has many important implications. For example, cost-based pricing just doesn't work: a 10 or 20 percent markup on unit cost makes no sense when unit cost is zero. You must price your information goods according to consumer value, not according to your production cost.

① Securing the Copyright

② Pricing the Information Goods

③ Information as Intellectual Property

④ The Cost of Technological Change

> **TIP** 이 글은 정보재의 생산 특성에 따른 가격 책정 방법에 대해 설명하고 있다. 따라서 이 글의 제목으로는 ②가 가장 적절하다.
> ① 저작권 확보하기
> ② 정보재의 가격 책정
> ③ 지적재산으로서의 정보
> ④ 기술 변화의 비용
>
> 「경제학자들은 정보재의 생산은 높은 고정비용과 낮은 한계비용을 수반한다고 말한다. 정보재의 초본을 제작하는 비용은 상당할 수 있지만, 추가 사본을 제작(또는 복제)하는 비용은 무시해도 될 정도이다. 이런 종류의 비용 구조는 많은 중요한 의미를 가지고 있다. 예를 들어, 비용 기반 가격설정은 효과가 없다. 단위원가가 0일 때 단위원가에 대한 10% 혹은 20%의 이윤폭은 의미가 없다. 당신은 당신의 생산비가 아닌 소비자 가치에 따라 당신의 정보재 가격을 책정해야 한다.」

Answer 44.②

45 글의 흐름상 가장 적절하지 않은 문장은?

It seems to me possible to name four kinds of reading, each with a characteristic manner and purpose. The first is reading for information — reading to learn about a trade, or politics, or how to accomplish something. ①We read a newspaper this way, or most textbooks, or directions on how to assemble a bicycle. ②With most of this material, the reader can learn to scan the page quickly, coming up with what he needs and ignoring what is irrelevant to him, like the rhythm of the sentence, or the play of metaphor. ③We also register a track of feeling through the metaphors and associations of words. ④Courses in speed reading can help us read for this purpose, training the eye to jump quickly across the page.

> **TIP** 이 글은 독서의 네 종류 중 정보를 얻기 위한 독서에 대해 설명하고 있다. ③에서 '은유'와 '단어의 연상'으로 '감정의 궤적'을 나타낼 수 있다는 내용은 정보를 얻기 위한 독서와 거리가 멀다.
>
> 「내가 보기에는 각각 독특한 형식과 목적을 가진 네 종류의 독서를 이름 짓는 것은 가능할 것 같다. 첫 번째는 정보를 얻기 위한 독서 – 무역, 정치 또는 무언가를 성취하는 방법에 관해 배우기 위한 독서이다. ① 우리는 이런 식으로 신문을 읽거나, 대부분의 교과서 또는 자건거를 조립하는 방법에 대한 설명서를 읽는다. ② 이러한 자료의 대부분을 가지고 독자는 페이지를 빨리 훑어보는 방법을 배울 수 있고, 필요한 것을 찾아내며, 문장의 운율이나 은유 구사와 같은 자신과 무관한 것을 무시한다. ③ 우리는 또한 은유와 단어의 연상으로 감정의 궤적을 나타낸다. ④ 속독 수업은 눈이 페이지를 빠르게 건너뛰도록 훈련시켜 우리가 이러한 목적을 위해 책을 읽는 데 도움을 줄 수 있다.」

Answer 45.③

46 다음 글의 흐름상 가장 어색한 문장은?

The Renaissance kitchen had a definite hierarchy of help who worked together to produce the elaborate banquets. ① At the top, as we have seen, was the scalco, or steward, who was in charge of not only the kitchen, but also the dining room. ② The dining room was supervised by the butler, who was in charge of the silverware and linen and also served the dishes that began and ended the banquet — the cold dishes, salads, cheeses, and fruit at the beginning and the sweets and confections at the end of the meal. ③ This elaborate decoration and serving was what in restaurants is called "the front of the house." ④ The kitchen was supervised by the head cook, who directed the undercooks, pastry cooks, and kitchen help.

TIP definite 확고한, 뚜렷한 hierarch 계급, 체계 elaborate 정교한 banquet 연회 steward 남자 승무원, 간사, 집사 butler 집사 in charge of ~ 맡아서, 담당해서 confection 당과 제품(보기 좋게 만들어 놓은 케이크 등의 단 음식) Front of the House 호텔의 영업부서로서 고객이 체재기간 동안 직접 접하는 프런트 데스크 서비스와 식음료서비스가 이 영역에 포함된다.

이 글은 주방과 식당을 지휘하는 질서 체계에 대해 설명하는 내용으로, ③은 글의 흐름상 어색하다.

「르네상스 시대의 부엌은 정교한 연회를 만들기 위해 함께 일하는 사람들의 확고한 도움 체계를 가지고 있었다. ① 최상위에는, 우리가 보았던 대로, 주방뿐만 아니라 식당까지 책임지고 있었던 scalco, 또는 집사가 있었다. ② 식당은 집사에 의해 지휘되는데, 은식기와 식탁보를 담당하고, 또한 연회의 처음부터 끝까지 요리를 차려낸다. - 차가운 요리, 샐러드, 치즈, 그리고 과일 등 전채요리부터 단 것과 당과 제품 등의 후식 까지. ③ 이 정교한 장식과 서빙은 식당에서 "영업부서"라고 불린다. ④ 주방은 보조 요리사와 빵·과자 전문 요리사와 주방 보조를 이끄는 주방장에 의해 지휘된다.」

Answer 46.③

47 다음 글의 요지로 가장 적절한 것은?

My students often believe that if they simply meet more important people, their work will improve. But it's remarkably hard to engage with those people unless you've already put something valuable out into the world. That's what piques the curiosity of advisers and sponsors. Achievements show you have something to give, not just something to take. In life, it certainly helps to know the right people. But how hard they go to bat for you, how far they stick their necks out for you, depends on what you have to offer. Building a powerful network doesn't require you to be an expert at networking. It just requires you to be an expert at something. If you make great connections, they might advance your career. If you do great work, those connections will be easier to make. Let your insights and your outputs—not your business cards—do the talking.

① Sponsorship is necessary for a successful career.

② Building a good network starts from your accomplishments.

③ A powerful network is a prerequisite for your achievement.

④ Your insights and outputs grow as you become an expert at networking.

TIP remarkably 현저하게, 매우 engage (관심을) 사로잡다 pique somebody's curiosity ~의 호기심을 자극하다 go to bat for somebody ~를 도와주다 stick one's neck out 위험을 무릅쓰다 prerequisite 전제 조건
① 후원은 성공적인 경력에 필수적이다.
② 좋은 인맥 쌓기는 당신의 성공에서 시작된다.
③ 영향력 있는 인맥은 당신의 성공을 위한 전제 조건이다.
④ 당신의 통찰력과 결과들은 당신이 인맥 쌓기의 전문가가 되면서 자라난다.

「나의 학생들은 종종 만약 그들이 좀 더 중요한 인물들을 그저 만난다면, 그들의 업적이 향상될 것이라고 믿는다. 그러나 당신이 세상에 뭔가 가치 있는 것을 내어놓지 않은 이상 그런 사람들의 관심을 사로잡는 것은 매우 어렵다. 그것은 바로 조언자들과 후원자들의 호기심을 자극하는 것들이다. 성취는 당신이 무언가를 그저 취하는 것이 아니라 무언가 줄 것이 있다는 것을 보여준다. 인생에서, 적당한 사람을 알고 있는 것은 확실히 도움이 된다. 하지만 그들이 얼마나 열심히 당신을 도와줄지, 당신을 위해 얼마나 많은 위험을 감수할지는 당신이 무엇을 제공하느냐에 달려있다. 영향력 있는 인맥을 형성하는 것은 당신이 인맥 쌓기의 전문가가 되기를 요구하지 않는다. 그것은 단지 당신이 어떤 것에 전문가가 되기를 요구한다. 만약 당신이 훌륭한 관계를 만든다면, 그들이 당신의 경력을 향상시킬 수도 있다. 만약 당신이 훌륭한 성과를 낸다면, 그러한 관계들을 더욱 쉽게 만들어질 것이다. 당신의 명함이 아니라 당신의 통찰력과 결과들이 대변하게 하라.」

Answer 47.②

출제 예상 문제

1 다음 글의 내용과 일치하지 않는 것은?

> The practice of yoga can massage the lymph system. Lymph is the body's dirty dishwater ; a network of lymphatic vessels over the entire body, in parallel with the blood supply, carrying a fluid composed of infection-fighting white blood cells and the waste products of cellular activity. Exercise in general activates the flow of lymph through the body, speeding up the filtering process ; but yoga in particular promotes the draining of the lymph. Certain yoga poses stretch muscles that from animal studies are known to stimulate the lymph system. Also yoga has so many benefits for the professional athletes. For example sports stars from basketball legend Kareem Abdul-Jabbar to Yankee pitcher Orlando Hernandez are devotees.

① The sensible practice of yoga can aggravate the lymph system.

② Lymph is the network of lymphatic vessels over the entire body.

③ Lymph carries a fluid composed of infection-fighting white blood cells.

④ Many sports stars are devotees of yoga.

TIP lymphatic 림프의, 림프액을 분비하는 vessel (동물의) 혈관, (식물의) 물관 devotee 추종자, 애호가
　① 요가의 합리적인 실천은 림프계를 악화시킬 수 있다.
　② 림프는 몸 전체에 흐르는 림프관의 혈관망이다.
　③ 림프는 감염물질과 싸우는 백혈구로 구성된 유동체를 이동시킨다.
　④ 많은 스포츠 선수들은 요가의 열성적인 애호가이다.

「요가운동은 림프계를 마사지할 수 있다. 림프는 몸속의 하수도이다 ; 온 몸에 퍼져 있는 림프관의 혈관망은 혈액을 공급하고, 감염물질과 싸우는 백혈구로 구성된 유동체와 세포활동으로 인하여 생긴 부산물을 이동시킨다. 운동은 일반적으로 몸 전체의 림프의 흐름을 활성화시켜 여과과정을 빠르게 만든다 ; 그러나 요가는 특히 림프의 배출을 촉진시킨다. 어떤 요가 자세는 근육을 이완시키는 것으로 동물연구에서 림프계를 자극한다고 알려져 있다. 또한 요가는 전문적인 운동선수들에게 매우 많은 혜택을 가져다준다. 예를 들면 농구의 전설인 카림 압둘-자바와 뉴욕 양키즈 투수인 올란도 에르난데스와 같은 스포츠 스타들도 열정적인 요가 애호가이다.」

Answer 1.①

2 다음 글의 제목으로 가장 적절한 것은?

The fact that people are no longer tied to specific places for functions such as working or studying means that there is a huge drop in demand for traditional, private, enclosed spaces such as offices or classrooms, and simultaneously a huge rise in demand for semi-public spaces that can be informally appropriated to ad-hoc workspaces.

This shift, he thinks, amounts to the biggest change in architecture in this century. In the 20th century, architecture was about specialized structures offices for working, cafeterias for eating, and so forth. This was necessary because workers needed to be near things such as landline phones, fax machines and filing cabinets, and because the economics of building materials favored repetitive and simple structures, such as grid patterns for cubicles.

The new architecture, says Mr. Mitchell, will make spaces intentionally multifunctional. This means that 21st-century aesthetics will probably be the exact opposite of the sci-fi chic that 20th-century futurists once imagined. Architects are instead thinking about light, air, trees and gardens, all in the service of human connections.

① The Fate of Office Buildings　　② The Workers' Needs

③ A New Trend in Architecture　　④ The Merits of the 20th Century Architecture

---

TIP specific 특정의　semi-public 반공공의　enclosed 둘러싸인, 폐쇄된　informally 비공식적으로　ad-hoc 임시방편으로　appropriate to ~에 사용하다, 충당하다　shift 변화, 변천, 방향을 바꾸다　amount to ~에 해당하다, 결국 ~이 되다　architecture 건축, 건축양식　and so forth ~ 등, ~ 따위　landline phone 지상에서 전용선으로 연결되는 일반 전화　repetitive 반복적인, 되풀이하는　grid 격자, 격자눈금　cubicle 칸막이식의 공간　intentionally 의도적으로　multifunctional 다기능의　aesthetics 미학　opposite 반대편의, 정반대의　sci-fi 공상과학의　chic 스타일, 우아한　in the service of ~에 복무하여
① 오피스빌딩의 운명　② 근로자들이 필요로 하는 것
③ 건축의 새로운 경향　④ 20세기 건축의 장점

「사람들이 더 이상 일이나 공부를 위한 특정한 장소에 얽매이지 않는다는 사실은 사무실, 교실처럼 전통적이고 개인적이며 폐쇄된 공간의 엄청난 수요 감소를 의미하며, 동시에 임시적인 작업공간으로 비공식적으로 사용할 수 있는 반 공공장소의 수요 증가를 의미하는 것이다.
이런 변화는 결국 현재 세기 건축의 가장 큰 변화에 해당한다. 20세기만 해도 건축은 일을 하기 위한 장소, 밥을 먹기 위한 식당 및 그 밖의 것을 위한 것이었다. 그럴 수밖에 없었던 이유는 근로자들이 유선전화, 팩스, 문서보관 캐비닛과 같은 것들 가까이에 있을 필요가 있었고, 게다가 건축자재의 경제성이 칸막이식의 공간을 위한 격자모양의 반복되는 단순 구조물을 선호했었기 때문이었다.
미첼은 새로운 건축양식은 계획적으로 다목적의 공간을 만들 것이라고 말한다. 이것은 21세기의 미학이 아마도 20세기 때 상상했었던 공상과학 스타일과는 정반대일 것이라는 사실을 의미한다. 대신에 건축은 빛과 공기, 나무와 정원, 인간관계에 도움이 되는 모든 것들을 생각하고 있다.」

Answer　2.③

3 다음 글의 주제로 가장 적합한 것은?

Many women have prolonged difficulties achieving good sleep. As mothers, students, caretakers, and professionals, many of us lead hectic lives, filled with both obvious and subtle stressors that are on our minds as we attempt to settle into sleep. The sheer numbers of over-the-counter and prescription sleep aids give you an idea of how widespread insomnia is today. But the problem with these sleep aids is that even though they induce drowsiness, they do not promote real sleep—deep, lasting, and refreshing. And some of these agents, if taken over the course of months may lead to dependency or stop working altogether. Don't be surprised if your physician is not inclined to prescribe them.

① Women, as opposed to men, suffer from insomnia.

② There are many different kinds of pills for insomnia, but their safety isn't guaranteed.

③ Many women suffer from insomnia, but they need prescription to purchase sleep aids that help alleviate their symptom.

④ Many women suffer from insomnia, but doctors will never prescribe sleep aids for them.

TIP prolonged 오래 끄는, 장기의 achieve 이루다, 달성하다 caretaker 관리인, 대행인 hectic 몹시 바쁜 subtle 미세한, 치밀한 stressor 스트레스 요인 attempt 기도하다, 시도하다 settle 해결하다, 진정시키다 over-the-counter 약사의 처방 없이 팔 수 있는 prescription 처방 promote 촉진하다, 진행시키다 aid 거들다, 원조 insomnia 불면증 induce 권유하다, 야기하다 drowsiness 졸음 dependency 의존 altogether 전적으로, 완전히 inclined 싫어하는

① 남성들과 반대로 여성들은 불면증으로 고생한다.
② 불면증 치료를 위한 많은 종류의 약이 있어도 안전에 대하여는 보장 못한다.
③ 많은 여성들이 불면증으로 고생하지만 증상을 호전시키는데 도움이 되는 수면보조제를 구입하기에는 처방이 필요하다.
④ 많은 여성들이 불면증으로 고생하지만 의사들은 결코 수면보조제를 처방하지 않는다.

「많은 여성들이 숙면을 이루는데 장기적인 어려움을 겪고 있다. 엄마, 학생, 관리자 그리고 전문가 등 많은 여성들이 수면을 취하려고 시도하면 정신을 괴롭히는 명백하고 치밀한 스트레스요인들로 가득 찬 채 바쁜 삶을 살고 있다. 의사의 처방 없이 팔 수 있는 것과 처방이 필요한 수면보조제의 수로 오늘날 불면증이 얼마나 광범위하게 퍼져 있는지 당신은 생각할 수 있다. 그러나 이러한 수면보조제들은 졸음을 유발하지만, 깊고, 지속적이며, 상쾌한 진정한 숙면을 진행시키지는 못한다. 그리고 수면보조제를 몇 달간 복용하게 된다면 수면보조제에 대한 의존을 높이거나 혹은 완전히 효과가 없을 것이다. 만약 당신의 의사가 수면보조제에 대한 처방을 싫어하지 않는다고 하여도 놀라지 마라.」

Answer 3.②

4 다음 글의 내용에 가장 가까운 것은?

> To act well, a person needs to determine which action-guiding statements are true, or likely to be true, and which false, or likely to be false. For it seems reasonable to suppose that a person who is acting in accordance with true statements, and not false ones likely to be true, has more chance of reaching acceptable goals.

① It can be unreliable to act in accordance with statements which are likely to be true.

② Acceptable results will be guaranteed to a person acting on the ground of true statements.

③ It is equally dangerous to act on the statements that are true and on those that are likely to be true.

④ Action is one thing, and statements another; the two have no mutual dependency.

TIP ① 사실일 수도 있는 지침에 따라서 행동하는 것은 믿을 수 없는 것일 수 있다.
② 용인될 수 있는 결과는 사실인 지침에 기초해 행동하는 사람에게 보장될 것이다.
③ 사실인 지침과 사실일 수도 있는 지침에 따라 행동하는 것은 똑같이 위험하다.
④ 행동과 지침은 다른 것이다. 둘은 상호 의존적이지 않다.

「잘 행동하기 위해서 사람은 행동지침서가 사실인지, 사실일 가능성이 있는지, 그리고 거짓인지, 거짓일 가능성이 있는지 결정할 필요가 있다. 왜냐하면 사실일 수도 있는 거짓된 지침이 아니라 사실인 지침에 따라서 행동하는 사람이 사회적으로 용인되는 목표에 도달할 더 많은 가능성을 가진다고 생각하는 것이 합리적이기 때문이다.」

Answer 4.①

5 다음 밑줄 친 부분의 설명으로 가장 적절한 문장은?

You'll never get a fair distribution of goods, or a satisfactory organization of human life, until you abolish private property altogether. So long as it exists, the vast majority of the human race, or <u>the morally superior part of it</u>, will inevitably go on laboring under the burden of poverty, hardship, and worry.

(A) Private property assumes that there's nothing wrong with your being rich, when your neighbors all around you are poor. (B) When everyone's entitled to get as much for himself as he can, all available property is bound to fall into the hands of a small minority. (C) This means that everyone else is poor. (D) And wealth will tend to vary in inverse proportion to merit, since the rich will be totally useless greedy characters, while the poor will be simple, honest people whose daily work is profitable to the community.

① (A) ② (B)
③ (C) ④ (D)

....

TIP distribution 분배, 분포 abolish 폐지하다 property 재산, 소유물 vast 방대한, 막대한 inevitably 필연적이다시피 laboring 노동에 종사하는 burden 부담, 짐 assume 추정하다 inverse 반대의 proportion 부분, 비율 merit 가치, 훌륭함 greedy 탐욕스러운

「당신은 사유재산을 완전히 없애버리기 전까지는 재화의 공평한 분배를 받지 못할 것이며 또한 인간으로서의 삶의 만족스러운 체계를 얻을 수 없을 것이다. 사유재산 제도가 존재하는 한 수많은 인류, 혹은 그중에서도 도덕적으로 성숙한 자들은 가난, 역경, 그리고 걱정 속에서 필히 지속적으로 노역을 하게 될 것이다.

(A) 사유 재산은 이웃 사람들이 모두 가난하다고 해도 당신이 부자라는 사실에는 전혀 문제가 없다고 믿는 것이다.

(B) 모든 사람들에게 가능한 한 스스로 많은 것을 얻을 자격이 주어졌을 때 거의 모든 재산은 반드시 소수의 손으로 들어가기 마련이다.

(C) 이것은 다른 모든 사람들이 가난하다는 것을 의미한다.

(D) 그리고 부자들은 대부분 쓸모없고 탐욕스런 인물이고, 반면에 가난한 이들은 소박하고 정직한 사람들로 이들의 일상적인 노동은 사회에 유익한 것이기 때문에 부가 사회에 대한 기여와는 서로 반비례하는 경향이 있을 것이다.」

Answer 5.④

6 글의 요지를 가장 잘 나타낸 속담 또는 격언은?

The benefits of exercise extend far beyond physical health improvement. Many people work out as much for mental and spiritual well-being as for staying fit. Can being physically active make you happy? Can it help you deal with life stress? Can it lead to a more spiritual and religious life? For many, the answer is yes. Exercise, such as walking, increases blood flow to the brain. A study of people over 60 found that walking 45 minutes a day at 6 km/h enhanced the participants' thinking skills. They started at 15 minutes of walking and gradually increased exercise time and speed. The result was that the participants were found mentally sharper with this walking program.

① Practice makes perfect.

② A sound mind in a sound body.

③ Experience is the best teacher.

④ Time and tide wait for no man.

....

TIP extend 확장하다, 연장하다, 포괄하다 enhance 향상시키다, 높이다 participant 참가자 gradually 서서히 sharp 날카로운, 예리한, 날렵한, 영리한

① 연습하면 완벽을 이룰 수 있다.

② 건강한 육체에 건강한 정신.

③ 경험이야말로 최고의 선생님이다.

④ 세월은 누구도 기다려주지 않는다.

「운동의 이점은 신체적인 건강 증진보다 훨씬 더 많은 것을 포괄한다. 많은 사람들은 건강을 유지하기 위한 것일 뿐만 아니라 정신적이고 영적인 건강을 위해서도 운동을 한다. 신체적으로 건강한 것이 행복하게 해줄 수 있는가? 삶의 스트레스를 해결할 수 있게 도와주는가? 더 영적이고 신앙적인 삶으로 이어질 수 있는가? 많은 이들에게 대답은 '그렇다'이다. 걷기와 같은 운동은 뇌로 들어가는 혈액의 흐름을 높여준다. 60세 이상의 사람들을 대상으로 한 연구에서 하루에 시속 6킬로미터로 45분을 걷는 것이 참가자의 사고 능력을 높여주는 것으로 나타났다. 이들은 15분간 걷기에서 시작해 점차 운동 시간과 속도를 높였다. 결과는 참가들이 이런 걷기 프로그램으로 인해 정신적으로 더욱 영리해졌다는 것이다.」

Answer 6.②

7 다음 글에서 전체적인 흐름과 관계없는 문장은?

Some students make the mistake of thinking that mathematics consists solely of solving problems by means of and rules. ① To become successful problem solvers, however, they have to appreciate the theory, recognizing the logical structure and reasoning behind the mathematical methods. ② To do so requires a precision of understanding the exact meaning of a mathematical statement and of expressing thoughts with accuracy and clarity. ③ However, this precision cannot be achieved without real appreciation of the subtleties of language. ④ In fact, anyone can advance much beyond mere problem solving tasks without manipulating mathematical formulas and rules. That is, superior ability in the use of language is a prerequisite to become successful problem solvers.

....

TIP mathematics 수학 formulas 공식 appreciate 인식하다 logical 타당한, 사리에 맞는, 논리적인 structure 구조, 건물, 조직, 구조물 precision 정확성, 정밀성, 신중함 subtleties of language 언어의 중요한 세부요소들 mere 겨우, 한낱 ~에 불과한 manipulating 조정하다 superior 우수한, 우월한, 우세한 prerequisite 전제 조건

「몇몇 학생들은 수학은 공식들과 법칙들을 사용하여 오로지 문제를 푸는 것으로 구성되어 있다고 생각하는 실수를 범한다. 하지만 성공적으로 문제를 푸는 사람이 되기 위해서는 이론을 정확하게 인식해야만 하며, 논리적 구조와 수학적 방식들 뒤에 가려져 있는 추론을 인식해야 한다. 그러나 이러한 정확성은 언어의 미묘함에 대한 진정한 인식 없이는 얻어질 수 없다. 사실, 누구나 문제를 푸는 것을 넘어 수학적 공식이나 규칙을 능숙하게 다루지 않고서도 많은 진보를 할 수 있다. 즉, 언어 사용에서의 탁월한 능력은 문제를 성공적으로 푸는 사람이 되기 위한 전제조건이다.」

Answer 7.④

8 다음 글을 읽고 아래 문장의 빈칸에 들어갈 가장 적절한 것은?

Euthanasia generally refers to mercy killing, the voluntary ending of the life of someone who is terminally or hopelessly ill. Euthanasia has become a legal, medical and ethical issue over which opinion is divided. Euthanasia can be either active or passive. Active euthanasia means that a physician or other medical personnel takes a deliberate action that will induce death. Passive euthanasia means letting a patient die for lack of treatment or suspending treatment that has begun. A good deal of the controversy about mercy killing stems from the decision-making process. Who decides if a patient is to die? This issue had not been established legally in the United States. The matter is left to state law, which usually allows the physician in charge to suggest the option of death to a patient's relatives, especially if the patient is brain-dead.

The article suggests that euthanasia should be _____.

① primarily an ethical issue

② decided by physicians

③ determined by the federal government

④ a controversial issue not to be easily resolved

TIP euthanasia 안락사 mercy 자비, 고마운 일 terminally 종말의, 말단의, 정기적으로 hopelessly 절망하여, 절망적으로 deliberate 고의의, 계획적인 controversy 논쟁, 논쟁적인
① 주로 윤리적 문제인
② 의사에 의해 결정되는
③ 연방정부에 의해 결정되는
④ 쉽게 해결될 수 없는 논쟁적 문제인
「안락사는 일반적으로 시한부이거나 가망이 없는 아픈 누군가의 삶을 자발적으로 마치는 존엄사를 일컫는다. 안락사는 법적, 의학적, 윤리적으로 의견들이 나눠지는 이슈가 되어왔다. 안락사는 적극적이거나 소극적일 수 있다. 적극적인 안락사는 죽음으로 유도할 신체적 또는 다른 의료진이 의도적인 조치를 취하는 것을 의미한다. 소극적인 안락사는 치료를 하지 않고, 시작했던 치료를 중지함으로써 환자가 죽음에 이르도록 내버려두는 것을 의미한다. 안락사에 관한 상당한 논란은 의견 결정 과정으로부터 기인한다. 환자가 죽을지를 누가 결정하는가? 미국에서 이 문제는 합법적으로 규명되지 않았다. 주법에 이 사안은 남겨졌는데 그것은 종종 담당한 의사들이 환자의 가족들에게 특히 그 환자가 뇌사 상태라면 죽음의 선택을 제의하는 것을 허가한다.」

Answer 8.④

9 다음 글의 빈칸에 가장 알맞은 것은?

Thank you for inviting me to speak to you today. I'd like to take this opportunity to tell you about our Silver Service activities and why we believe it is important for everyone to be involved in helping the elderly in our community. Did you know that one in every six people over the age of 60 in this community needs some kind of help in his or her home? Those of us who have experience in this kind of work know that our small "investments" in time and effort are nothing compared to the kind of satisfaction and fulfillment we get in return.

The speech is delivered by a _____.

① salesperson
② fund-raiser
③ pediatrician
④ social worker

TIP elderly 나이가 지긋한, 시대에 뒤진 effort 노력, 분투 compare 비교하다, 비유하다 pediatrician 소아과 의사 social worker 사회사업가, 사회복지사 fulfillment 수행, 실천 salesperson 판매원, 외판원 fund-raiser 기금조달자

「오늘 제가 연설을 할 수 있도록 초대해 주신 여러분께 감사드립니다. 저는 이 기회를 통해 노인 서비스 활동과 모든 이가 우리 지역의 나이가 지긋한 노인들을 돕는데 참여하는 것이 왜 중요한 지에 대하여 말할 것입니다. 이 지역의 60세 이상의 노인들의 1/6이 가정에서 도움을 필요로 한다는 사실을 알고 있나요? 이런 종류의 일을 겪어본 우리는 시간과 노력에 있어 우리의 작은 투자가 우리가 대가로 받는 만족과 성취에 비하면 아무것도 아닌 것을 알고 있습니다.」

Answer 9.④

10 다음 제시된 편지의 내용과 일치하지 않는 것은?

> International Import Company
> 100 East Houston St.
> New York, NY 10053
> U. S. A.
>
> Farmers Fruit Ltd.
>
> Aghia Paraskevi 19081
> Athens, Greece
>
> Dear Sirs,
> In reply to your letter dated May 3rd, we thank you for allowing us a special discount. This makes it possible for us to place an order and to expect quite good sales.
> We have pleasure of enclosing our Order No. 813/BS, and would ask you to return the duplicate to us, duly signed, as an acknowledgement.
>
> Yours faithfully,
> Paul Hogan
>
> Enc. Order No. 813/BS

① Order No. 813/BS is being enclosed.
② Paul Hogan is turning the order down.
③ Paul Hogan works for a company in New York.
④ The special discount makes possible an order for products.

TIP allow 허락하다, 인정하다 duplicate 중복되다, 복제 acknowledgement 답례
① 주문번호 813/BS를 동봉하였다.
② Paul Hogan은 주문서를 돌려보냈다.
③ Paul Hogan은 뉴욕의 한 회사에서 근무하고 있다.
④ 특별할인은 제품의 주문을 가능하게 만들었다.

「미국 뉴욕 NY 10053번지 100 East Houston거리의 국제 수입업체
그리스 아테네 Aghia Paraskevi 19081번지 Farmers Fruit업체
친애하는 선생님께
지난 5월 3일 선생님의 서신에 대한 답변으로 우리는 우리에게 특별할인을 허락해 준것에 대하여 감사를 드립니다. 이로 인하여 우리는 주문을 할 수 있었고 아주 좋은 매출을 기대할 수 있게 되었습니다.
우리는 813/BS주문을 만족스럽게 여기고 주문의 의미로 정식으로 서명한 주문서 복사본을 보내주시기를 부탁드립니다.
이만 줄이겠습니다.
Paul Hogan
동봉 주문번호 813/BS」

Answer 10.②

11 다음 제시된 글의 내용과 일치하지 않는 것은?

Fortunately, psychologists believe that books can serve as therapeutic tools — or at least as effective adjuncts to professional therapy — to help children come to terms with their parents' divorce. According to educator-counselor Joanne Bernstein, stories that confront life's problems with candor and credibility may provide insights, promote self-examination, and lead to changes in attitude and behavior. One way stories accomplish this is through identification. Reading about the grief and anxiety of others, she explains, can arouse sudden awareness as problems that have not been consciously or completely recognized are allowed to surface. Introduced to characters who share their difficulties, children may feel less alienated and thus freer to discuss and resolve their own plight.

---

① Children come to terms with their plight by reading.

② Stories are likely to alienate children from their parents.

③ Books are helpful for children whose parents are divorced.

④ Children identify themselves with characters while reading.

TIP fortunately 다행히, 운이 좋게 therapeutic 치료상의, 건강 유지에 도움이 되는 adjunct 부속물, 보좌 therapy 치료, 요법 divorce 이혼, 분열 educator-counselor 교육상담자 confront 직면하다, 맞서다 candor 정직, 순수 credibility 진실성, 신용 grief 큰 슬픔, 비탄, 재난 awareness 알아채고 있음, 인식 consciously 의식적으로 discuss 논의하다, 토의하다 plight 곤경, 궁지

「다행히, 심리학자들은 책이 어린이들이 부모의 이혼을 타협하는데 도움이 되는 치료적 도구로서 – 또는 적어도 전문적인 치료에 대하여 효과적인 부속물로서 – 역할을 할 수 있다고 믿는다. 교육상담자 Joanne Bernstein에 따르면, 정직과 진실이 필요한 삶의 문제를 직면하는 이야기는 통찰력을 주고, 자기분석을 향상시키고, 태도와 행동의 변화로 이어질지도 모른다. 다른 이들의 슬픔과 걱정에 대한 책을 읽은 것은 의식적으로 또는 완전하게 인식되지 못했던 문제점들을 드러나게 하기 때문에 갑작스런 자각을 자극할 수 있다고 설명한다. 그들의 어려움을 함께 하는 등장인물을 경험하게 하기 때문에 어린이들은 소원함을 덜 느끼고 더 자유롭게 자신만의 곤경을 논의하고 해결할 수 있다고 느끼게 될 지도 모른다.」

---

12 다음 글의 요지로 가장 적절한 것은?

More and more people are turning away from their doctors and, instead, going to individuals who have no medical training and who sell unproven treatments. They go to quacks to get everything from treatments for colds to cures for cancer. And they are putting themselves in dangerous situations. Many people don't realize how unsafe it is to use unproven treatments. First of all, the treatments usually don't work. They may be harmless, but, if someone uses these products instead of proven treatments, he or she may be harmed. Why? Because during the time the person is using the product, his or her illness may be getting worse. This can even cause the person to die.

① Better train should be given to medical students.

② Alternative medical treatments can be a great help.

③ Don't let yourself become a victim of health fraud.

④ In any case, it is alright to hold off going to a doctor for several days.

TIP quack 돌팔이 의사, 엉터리 치료를 하다 alternative 양자택일, 대안 victim 희생자, 피해자
① 의대생들에게 더 많은 훈련을 시켜야 한다.
② 의학적 치료의 대안이 몹시 필요할 수 있다.
③ 의료사기의 피해자가 되는 것을 스스로 방지하자.
④ 어쨌든, 그것은 며칠동안 의사에게 가는 것을 피하게 하는 것이 확실하다.

「점점 더 많은 사람들이 의사를 외면하는 대신, 의학에 관한 훈련을 하지 않고 검증되지 않은 치료를 행하는 사람들에게 가고 있다. 그들은 감기부터 암까지 모든 것을 치료받기 위해 돌팔이 의사에게로 간다. 그리고 그들은 위험한 상황에 처하게 된다. 많은 사람들은 검증되지 않은 치료가 얼마나 위험한지를 실감하지 못한다. 무엇보다도 그 치료는 언제나 효과가 없다. 그 치료법들이 해롭지 않을지 몰라도 누군가가 검증된 치료 대신 이런 방법을 사용한다면 그 사람은 해를 입게 될지도 모른다. 왜? 왜냐하면 그 사람이 그런 방법을 사용하는 동안 그 사람의 병이 더욱 악화될지도 모르기 때문이다. 이것은 심지어 그 사람을 죽게 만드는 원인이 될 수도 있다.」

Answer 12.③

13 다음 글의 제목으로 가장 적절한 것은?

Dogs have long had special standing in the medical world. Trained to see for the blind, hear for the deaf and move for the immobilized, dogs have become indispensable companions for people with disabilities. However, dogs appear to be far more than four-legged health care workers. One Japanese study found pet owners made 30 percent fewer visits to doctors. A Melbourne study of 6,000 people showed that owners of dogs and other pets had lower cholesterol, blood pressure and heart attack risk compared with people who didn't have pets. Obviously, the better health of pet owners could be explained by a variety of factors, but many experts believe companion animals improve health at least in part by lowering stress.

① The friendliness of dogs
② The healing power of dogs
③ Dogs as health care workers
④ Japanese dogs for the disabled

TIP deaf 귀머거리, 청각장애인 immobilize 지체부자유자 indispensable 없어서는 안 될, 피할 수 없는 companion 친구, 동료 disability 장애, 핸디캡 obviously 명백하게, 분명히 variety 변화, 종류
① 견공들과의 우정
② 견공들의 치유력
③ 건강지킴이로써의 견공들
④ 무능한 일본의 견공들
「견공들은 의료계에서 오랫동안 특별한 위치를 가지고 있다. 시각장애인을 위해 보고, 청각장애인을 위해 듣고, 지체부자유자를 위해 움직이도록 훈련받기 때문에 견공들은 장애를 가지고 있는 사람들에게는 없어서는 안 될 친구가 되었다. 그러나, 견공은 네발 달린 건강지킴이 그 이상인 것처럼 보여 진다. 일본의 한 연구에서 애완동물을 소유한 사람은 30% 적게 병원을 찾는다는 것이 보고되었다. 6,000명을 대상으로 한 멜버른의 한 연구에서는 견공과 다른 애완동물을 가진 사람들이 그렇지 않은 사람들에 비하여 콜레스테롤수치, 혈압 그리고 심장마비 위험이 더 낮은 것으로 보고되었다. 명백하게, 애완동물을 소유한 사람들의 건강상태가 더 좋은 것을 다양한 원인들을 통해 설명할 수 있으나 많은 전문가들은 친구로서의 동물들이 부분적으로는 적어도 스트레스를 낮춰줌으로써 건강을 회복시킨다고 믿고 있다.」

Answer   13.②

14 다음 글의 요지를 한 문장으로 요약할 때, 빈칸에 가장 알맞은 것은?

What is the purpose of education? It is to prepare the individual for the society in which he must live and to give him the power to change the society. We should not overemphasize the value of the first part. It should be one of the functions of education to preserve for the society all the values essential to it, but it is more important one to cut out the decayed values which would be harmful to a new society. Thus the school should be the inspiration to social change.

Education should play the role in _____ rather than in _____.

---

① changing the society — preserving its tradition

② preserving its tradition — changing the society

③ reforming itself — developing the society

④ developing the society — reforming itself

....

TIP purpose 목적   overemphasize 지나치게 강조하다   prepare 준비하다, 채비하다   individual 개인의, 독특한   preserve 보전하다   essential 근본적인, 필수의   decay 썩다, 부패   harmful 해로운   thus 그래서   inspiration 영감   reform 개혁하다   A rather than B B이기보다는 A

「교육의 목적은 무엇인가? 그것은 각 개인이 사회를 살아갈 수 있도록 준비시키고 사회를 변화시키는 힘을 그에게 주는 것이다. 우리는 첫 번째 부분의 가치를 지나치게 강조하지 말아야 한다. 사회의 모든 근본적인 가치를 보전하는 것은 교육의 기능 중 하나이지만 새로운 세계에 해로운 부패한 가치를 잘라내는 것은 더 중요한 것이다. 그래서 학교는 사회변화의 영감을 주어야 한다.」

「교육은 전통을 보전하기보다는 오히려 사회를 변화시키는 역할을 해야 한다.」

Answer 14.①

15 다음 글의 내용과 일치하지 않는 것은?

We entered a new phase as a species when Chinese scientists altered a human embryo to remove a potentially fatal blood disorder—not only from the baby, but all of its descendants. Researchers call this process "germline modification." The media likes the phrase "designer babies." But we should call it what it is, "eugenics." And we, the human race, need to decide whether or not we want to use it. Last month, in the United States, the scientific establishment weighed in. A National Academy of Sciences and National Academy of Medicine joint committee endorsed embryo editing aimed at genes that cause serious diseases when there is "no reasonable alternative." But it was more wary of editing for "enhancement," like making already-healthy children stronger or taller. It recommended a public discussion, and said that doctors should "not proceed at this time." The committee had good reason to urge caution. The history of eugenics is full of oppression and misery.

※ eugenics : 우생학

① Doctors were recommended to immediately go ahead with embryo editing for enhancement.

② Recently, the scientific establishment in the U.S. joined a discussion on eugenics.

③ Chinese scientists modified a human embryo to prevent a serious blood disorder.

④ "Designer babies" is another term for the germline modification process.

TIP embryo 배아 fatal 치명적인 germline 생식세포계열 weigh in 끼어들다, 관여하다
① 의사들은 향상을 위한 배아 수정을 바로 진행하도록 권고 받았다.
② 최근에, 미국의 과학 기구는 우생학에 대한 토론에 참여했다.
③ 중국 과학자들은 심각한 혈액 장애를 예방하기 위해 인간 배아를 수정했다.
④ "Designer babies"는 생식 세포 수정 과정의 또 다른 용어이다.

「우리는 중국의 과학자들이 잠재적으로 치명적인 혈액 장애를 제거하기 위해 인간 배아를 변형하였을 때 하나의 종으로서 새로운 국면에 접어들었다. - 단지 그 아이에게서 뿐만 아니라 그 아이의 자손 모두로부터. 연구자들은 이 과정을 "germline modification(생식세포 변형)"이라고 부른다. 언론은 "designer babies(아기 디자이너)"라는 어구를 선호한다. 그러나 우리는 그것을 "eugenics(우생학)"으로 불러야 한다. 그리고 인류인 우리는 그것을 사용하길 원하는지 아닌지 결정해야 한다. 지난달, 미국에서, 과학 기구가 관여하였다. 국립과학원과 국립의학원의 합동 위원회는 "합당한 대안이 없을 때" 심각한 질병을 일으키는 유전자를 목표로 하는 배아 수정을 승인했다. 그러나 그것은 이미 건강한 아이들을 더 강하게 혹은 더 크게 만드는 것 같은 "향상"을 위해 수정하는 것에 대해 더 경계했다. 공론화를 권고하였고, 의사들은 "이 시점에서는 진행하지 말아야 한다"라고 말했다. 위원회가 신중을 촉구할 만한 충분한 이유가 있었다. 우생학의 역사는 억압과 불행으로 가득 찼다.」

Answer 15.①

03 문법

01 문장의 형식과 종류

보통 수험생들은 보어가 들어가는 2형식과 5형식, 문장이 긴 4형식 5형식 문형을 어려워한다. 따라서 2,4,5 형식 동사를 위주로 꼼꼼하게 학습할 필요가 있음을 염두에 두자.

❶ 동사의 종류

문장을 구성하는 기본요소는 주어(S), 동사(V), 목적어(O), 보어(C)이고 동사의 종류에 따라 문장형식이 결정된다. 동사는 목적어의 유무에 따라서 자동사와 타동사로 구분된다. 즉 목적어를 필요로 하는 동사는 타동사, 필요로 하지 않는 동사는 자동사라고 한다.

또한, 보어의 유무에 따라서 완전동사와 불완전 동사로 구분되는데, 즉 보어를 필요로 하는 동사는 불완전동사, 보어를 필요로 하지 않는 동사는 완전동사라고 한다.

(1) 완전자동사
1형식 문장(S + V)에 쓰이는 동사로, 보어나 목적어를 필요로 하지 않는다.

(2) 불완전자동사
2형식 문장(S + V + C)에 쓰이는 동사로, 반드시 보어가 필요하다.

(3) 완전타동사
3형식 문장(S + V + O)에 쓰이는 동사로, 하나의 목적어를 가진다.

(4) 수여동사
4형식 문장(S + V + I.O + D.O)에 쓰이는 동사로, 두 개의 목적어(직접목적어와 간접목적어)를 가진다.

(5) 불완전타동사

5형식 문장(S + V + O + O.C)에 쓰이는 동사로, 목적어와 목적보어를 가진다.

❷ 문장의 형식

(1) 1형식[S + V(완전자동사)]

① S + V … 1형식의 기본적인 문장으로 동사를 수식하는 부사구를 동반할 수 있다.

　例 The front door opened very slowly. 현관문이 매우 천천히 열렸다.

② There(Here) V + S + 부사구

　例 There is a book on the table. 탁자 위에 책이 있다.

> **TIP** 뜻에 주의해야 할 완전자동사
>
> matter(중요하다), do(충분하다), work(작동, 작용하다), last(지속되다), pay(이익이 되다), count(중요하다) 등
> 이 있다.]

③ 전치사와 함께 쓰이는 자동사

　㉠ account for(설명하다, ~의 원인이 되다, 책임지다)

　㉡ agree to 계획, 제안(~에 동의하다)

　㉢ agree with 사람(~와 동감이다)

　㉣ apologize to(~에게 변명하다)

　㉤ complain of/about(~에 대해 불평하다)

　㉥ conform to(~을 따르다)

　㉦ consist in(~에 있다)

　㉧ consist of(~로 구성되다)

　㉨ graduate from(~을 졸업하다)

　㉩ object to(~에 반대하다)

　㉪ result in(그 결과 ~이 되다)

　㉫ result from(~로 부터 초래되다)

　㉬ strive for(~을 위해 노력하다)

　㉭ talk to/with(~와 대화하다)

(2) 2형식[S + V(불완전자동사) + C]

① S + V + C … 2형식의 기본적인 문장이다.

　例 He is a doctor. 그는 의사이다.

② **주격보어의 종류** … 주격보어로는 명사(상당어구), 형용사(상당어구)가 쓰이며 명사는 주어와 동인물, 형용사는 주어의 상태나 속성을 나타낸다.

　㉠ **명사**

　　예 I'm a singer in a rock'n roll band. 나는 락밴드의 가수이다.

　㉡ **형용사**

　　예 He is very handsome. 그는 매우 잘생겼다.

③ **불완전자동사의 유형**

　㉠ **be동사**

　　예 we are happy. 우리는 행복하다.

　㉡ **'~이 되다, 변하다'의 뜻을 가지는 동사**：become, grow, go, get, fall, come, run, turn, wear 등이 있다.

　　예 It is getting colder. 점점 추워지고 있다.

　㉢ **지속의 뜻을 가지는 동사**：continue, hold, keep, lie, remain, stand 등이 있다.

　　예 She kept silent all the time. 그녀는 종일 침묵을 지켰다.

　㉣ **감각동사**：반드시 형용사가 보어로 위치하며 feel, smell, sound, taste, look 등이 있다.

　　예 That sounds good. 그거 좋군요.

(3) 3형식[S + V(완전타동사) + O]

① S + V + O … 3형식의 기본적인 문장이다.

　예 I shot the sheriff. 나는 보안관을 쏘았다.

② **목적어의 종류(Ⅰ)**

　㉠ **명사(절), 대명사**

　　예 She always wears a ring. 그녀는 항상 반지를 끼고 있다.
　　　I didn't know that he was a singer. 나는 그가 가수였다는 것을 알지 못했다.
　　　I couldn't do anything. 나는 아무것도 할 수가 없었다.

　㉡ **부정사**

　　• 부정사만 목적어로 취하는 동사는 주로 미래지향적이며 긍정적인 의미의 동사가 많다.
　　• wish, hope, want, decide, care, choose, determine, pretend, refuse 등이 있다.
　　예 Everybody wishes to succeed in life. 누구나 인생에서 성공하기를 원한다.

　㉢ **동명사**

　　• 동명사만 목적어로 취하는 동사는 주로 미래지향적이며 부정적인 의미의 동사가 많다.
　　• mind, enjoy, give up, avoid, finish, escape, admit, deny, consider, practise, risk, miss, postpone, resist, excuse 등이 있다.
　　예 She really enjoys singing and dancing. 그녀는 노래 부르기와 춤추기를 정말 즐긴다.

  ㉣ 부정사, 동명사 모두 목적어로 취하면서 의미 차이가 없는 경우 : begin, start, continue, intend, attempt

  ㉫ 부정사, 동명사 모두 목적어로 취하면서 의미 차이가 있는 경우

   ┌ remember to V : ~할 것을 기억하다
   └ remember Ving : ~한 것을 기억하다

   ┌ forget to V : ~할 것을 잊다
   └ forget Ving : ~한 것을 잊다

   ┌ regret to V : 유감이다
   └ regret Ving : 후회한다

   ┌ try to V : 노력한다
   └ try ving : 시도한다

   ┌ stop to V : ~하기 위해서 멈추다
   └ stop Ving : ~하는 것을 그만두다

③ 자동사로 오인하기 쉬운 타동사

  ㉠ 타동사의 목적어가 항상 "을/를"로 해석되지는 않는다.

  ㉡ 타동사 다음에는 전치사를 쓰면 안 된다.

   • attend on/to → attend

   • enter into → enter

   • inhabit in → inhabit

   • marry with → marry

   • oppose to → oppose

   • reach in → reach

   • resemble with → resemble

(4) 4형식[S + V(수여동사) + I.O + D.O]

① S + V + I.O(간접목적어) + D.O(직접목적어) … 4형식의 기본적인 문장으로 직접목적어는 주로 사물이, 간접목적어는 사람이 온다.

  🔲 He gave me some money. 그는 나에게 약간의 돈을 주었다.

② 4형식 → 3형식 … 4형식의 간접목적어에 전치사를 붙여 3형식으로 만든다.

  ㉠ 전치사 to를 쓰는 경우 : give, lend, send, loan, post, accord, award, owe, bring, hand, pay, teach, tell 등 대부분의 동사가 이에 해당한다.

   🔲 Please hand me the book. 나에게 그 책을 건네주세요.
    → Please hand the book to me.

  ㉡ 전치사 for를 쓰는 경우 : make, buy, get, find, choose, build, prepare, reach, order, sing, cash 등이 있다.

   🔲 He made me a doll. 그는 나에게 인형을 만들어 주었다.
    → He made a doll for me.

ⓒ 전치사 of를 쓰는 경우 : ask, require, demand, beg 등이 있다.

　예 He asked me many questions. 그는 나에게 많은 질문을 했다.

　　→He asked many questions of me.

　　　📢 **TIP** 이중목적어를 취하는 동사

　　　　envy, forgive, save, spare, kiss, cost, pardon, forget 등의 동사는 간접목적어에 전치사를 붙여 3형식으로 만들 수 없다.

　　　　I envy you your success(○). →I envy your success to you(×).

(5) 5형식[S + V(불완전타동사) + O + O.C]

① S + V + O + O.C … 5형식의 기본적인 문장이다.

　예 I found the cage empty. 나는 그 새장이 비어있는 것을 발견했다.

② **목적보어의 종류** … 목적보어는 목적어와 동격이거나 목적어의 상태, 행동 등을 설명해 준다.

　㉠ **명사, 대명사** : 목적어와 동격이다.

　　예 They call Chaucer the Father of English poetry. Chaucer는 영시의 아버지라 불린다.

　㉡ **형용사** : 목적어의 상태를 나타낸다.

　　예 The news made us happy. 그 소식은 우리를 행복하게 했다.

　㉢ **부정사, 분사** : 목적어의 행동을 나타낸다.

　　예 She want him to come early. 그녀는 그가 일찍 오기를 바란다.

　　　He kept me waiting long. 그는 나를 오래 기다리게 했다.

③ **지각동사 · 사역동사의 목적보어**

　㉠ 지각동사(see, hear, feel, notice, watch, look at, observe, listen to 등)와 사역동사(have, make, let 등)는 5형식 문장에서 원형부정사를 목적보어로 취한다.

　　예 I saw him cross the street. 나는 그가 길을 건너는 것을 보았다.

　　　I make her clean my room. 나는 그녀가 내 방을 치우게 하였다.

　㉡ 지각동사 · 사역동사의 목적보어로 쓰이는 원형부정사는 수동문에서 to부정사의 형태를 취한다.

　　예 He was seen to cross the street. 그가 길을 건너는 것이 보였다.

　　　She was made to clean my room. 그녀가 내 방을 치웠다.

　㉢ 진행 · 능동의 뜻일 때는 현재분사를, 수동의 뜻일 때는 과거분사를 목적보어로 취한다.

　　예 I heard him singing in the dark. 나는 그가 어둠 속에서 노래하고 있는 것을 들었다.

　　　She had her watch mended. 그녀는 시계를 수리시켰다.

④ **준 사역 동사의 목적보어** … 다음에 나오는 준 사역 동사는 부정사를 목적보어로 취한다.

expect, with, desire, want, would like, intend, mean, advise, ask, beg, entreat, require, urge, persuade, command, order, cause compel, force, oblige, motivate, enable, encourage, get, allow, permit, leave, forbid

　예 I wish you to go at once. 나는 네가 당장 가주기를 바란다.

　　I persuaded him to study hard. 나는 그를 설득해서 열심히 공부하게 했다.

02 동사의 시제와 일치

[12시제 명칭과 해석]

구분	현재	과거	미래
기본시제	현재(한다)	과거(했다)	미래(할 것이다)
진행형	현재진행(하고 있다)	과거진행(하고 있었다)	미래진행(하고 있을 것이다)
완료형	현재완료(해왔다)	과거완료(해왔었다)	미래완료(해올 것이다)
완료진행형	현재완료진행 (해오고 있는 중이다)	과거완료진행 (해오고 있는 중이었다)	미래완료진행 (해오고 있는 중일 것이다)

[12시제 형태]

구분	현재	과거	미래
기본시제	I study	I studied	I will study
진형형	I am studying	I was studying	I will be studying
완료형	I have studied	I had studied	I will have studied
완료진행형	I have been studying	I had been studying	I will have been studying

❶ 기본 시제

(1) 현재시제

① 용법

   ㉠ 현재의 상태나 동작을 나타낸다.

      예 She lives in Busan. 그녀는 부산에 산다.

   ㉡ 현재의 규칙적인 습관을 나타낸다. 흔히 always, usually, seldom 등의 빈도부사와 결합하여 쓴다.

      예 I always wake up at 6:00 in the morning. 나는 항상 아침 6시에 일어난다.

   ㉢ 일반적인 사실, 불변의 진리, 속담을 나타낸다.

      예 The earth moves round the sun. 지구는 태양 주위를 돈다.

   ㉣ **미래의 대용** : 왕래 · 발착 · 개시 · 종료동사가 미래를 나타내는 부사(구)와 함께 쓰일 때(go, come, start, arrive, leave, get, return, begin, finish 등)

      예 We leave here tomorrow. 우리는 내일 여기를 떠난다(확정).

         We will leave here soon. 우리는 곧 여기를 떠날 것이다(불확정).

(2) 과거시제

① 과거의 행위, 상태, 습관을 나타낸다.

　예 What did you do last night? 어젯밤에 뭐했니?

② 과거의 경험을 나타내며 현재완료로 고쳐 쓸 수도 있다.

　예 Did you ever see such a pretty girl? 저렇게 예쁜 소녀를 본 적이 있니?
　　= Have you ever seen such a pretty girl?

③ 역사적 사실은 항상 과거로 나타내며, 시제일치의 영향을 받지 않는다.

　예 He said that Columbus discovered America in 1492.
　　그는 콜럼버스가 1492년에 미국 대륙을 발견했다고 말했다.

④ **과거완료의 대용** … before, after 등의 시간을 나타내는 접속사와 함께 쓰여 전후관계가 명백할 때에는 과거완료 대신에 과거시제를 쓸 수도 있다.

　예 He read many books after he entered the school(entered = had entered).
　　그는 학교에 들어간 후 많은 책을 읽었다.

(3) 미래시제

① 단순미래와 의지미래

　㉠ **단순미래** : 미래에 자연히 일어날 사실을 나타낸다. 현대 영어에서는 주어의 인칭에 관계없이 'will + 동사원형'으로 쓴다.

　　예 I will(shall) be seventeen next year. 나는 내년에 열일곱 살이 될 것이다.

[단순미래의 형태]

인칭	평서문	의문문
1인칭	I will	Shall I?
2인칭	You will	Will you?
3인칭	He will	Will he?

　㉡ **의지미래** : 말하는 사람이나 듣는 사람의 의지를 표현한다. 의지의 주체가 문장의 주어일 때 will로 주어의 의지를 나타내며, 주어가 1인칭인 평서문과 2인칭인 의문문 외에는 언제나 'shall + 동사원형'으로 쓰인다.

　　예 You shall have money. 너는 돈을 갖게 될 것이다.
　　　= I will let you have money.
　　　Will you marry her? 그녀와 결혼할 작정이니?
　　　= Do you intend to marry her?

[의지미래의 형태]

인칭	주어의 의지	말하는 사람의 의지	상대방의 의지
1인칭	I will	I will	Shall I?
2인칭	You will	You shall	Will you?
3인칭	He will	He shall	Shall he?

② be going to … 앞으로의 예정, 의지, 확실성을 나타낸다.

예 She is going to have a baby in April. 그녀는 4월에 출산할 것이다.

③ 왕래나 움직임을 나타내는 동사의 현재진행형 … 가까운 미래에 일어날 일을 나타낸다.

예 My brother is coming to stay in this city. 내 동생이 이 도시에 머물러 올 것이다.

④ 미래를 나타내는 관용적 표현

  ㉠ be about to do : 막 ~하려던 참이다. 아주 가까운 미래를 나타내므로 시간을 가리키는 부사가 필요없다.

  예 I am about to go out. 막 나가려던 참이다.

  ㉡ be to do : ~할 예정이다. 공식적인 예정이나 계획을 나타낸다.

  예 The meeting is to be held this afternoon. 모임은 오늘 오후에 열릴 예정이다.

  ㉢ be supposed to do : ~하기로 되어 있다. 미래대용으로 쓰인다.

  예 He is supposed to call her at 10. 그는 그녀에게 10시에 전화하기로 되어 있다.

❷ 완료시제

(1) 현재완료(have / has + 과거분사)

① 완료 … 과거에 시작된 동작이 현재에 완료됨을 나타낸다. 주로 just, yet, now, already, today 등의 부사와 함께 쓰인다.

예 He has already arrived here. 그는 여기에 이미 도착했다.

② 결과 … 과거에 끝난 동작의 결과가 현재에도 영향을 미침을 나타낸다.

예 She has gone to Busan. 그녀는 부산에 가버렸다(그래서 지금 여기에 없다).

③ 계속 … 과거에서 현재까지의 상태 및 동작의 계속을 나타낸다. 주로 since, for, always, all one's life 등의 부사(구)와 함께 쓰인다.

예 I have studied English for 5 hours. 나는 5시간째 영어공부를 하고 있다.

④ 경험 … 과거에서 현재까지의 경험을 나타낸다. 주로 ever, never, often, before, once 등의 부사와 함께 쓰인다.

예 Have you ever been to New York? 당신은 뉴욕에 가본 적이 있습니까?

TIP have been과 have gone
ⓐ have been to : ~에 다녀온 적이 있다(경험).
I have been to Busan. 부산에 다녀온 적이 있다.
ⓑ have been in : ~에 있은 적이 있다(경험).
I have been in Busan. 부산에 있은 적이 있다.
ⓒ have gone to : ~에 가버렸다(결과). 주어가 3인칭일 때만 쓸 수 있다.
He has gone to Busan. 그는 부산에 가버렸다.

⑤ **특별용법**

ⓐ since가 '시간표시'의 접속사(또는 전치사)로 쓰이는 경우 주절의 시제는 현재완료형 또는 현재완료 진행형을 쓰며, since가 이끄는 부사절의 동사는 보통 과거형을 쓴다.

　예 Three years have passed since you returned from England.
당신이 영국에서 돌아온 이래로 3년이 지났다.

　　TIP 과거와 현재완료의 차이
　　과거 : 과거의 사실에만 관심을 둠
　　현재완료 : 과거에 발생한 일이 현재와 관련을 맺고 있음을 표시

ⓑ when, if, after, till, as soon as 등의 접속사로 시작되는 부사절에서는 현재완료가 미래완료의 대용을 한다.

　예 I will read that book when I have read this. 이것을 다 읽으면 저 책을 읽겠다.

　　TIP 현재완료시제를 쓸 수 없는 경우
　　현재완료시제는 기준시점이 현재이므로 의문사 when이나 분명한 과거를 뜻하는 부사(구)와 함께 쓸 수 없다.
　　• I have bought the pen yesterday(×).
　　→I bought the pen yesterday(○). 나는 어제 그 펜을 샀다.

(2) 과거완료(had + 과거분사)

① **완료** … 과거 이전의 동작이 과거의 한 시점에 완료됨을 나타낸다.
　예 I had just written my answer when the bell rang. 종이 쳤을 때 나는 막 답을 쓴 뒤였다.

② **결과** … 과거의 어느 한 시점 이전의 동작의 결과를 나타낸다.
　예 Father had gone to America when I came home.
내가 집으로 돌아왔을 때는 아버지가 미국에 가고 계시지 않았다.

③ **계속** … 과거 이전부터의 상태나 동작이 과거의 어느 한 시점까지 계속됨을 나타낸다.
　예 He had loved his wife until he died. 그는 죽을 때까지 그의 아내를 사랑해 왔었다.

④ **경험** … 과거 이전부터 과거의 한 시점에 이르기까지의 경험을 나타낸다.
　예 That was the first time we had ever eaten Japanese food.
우리가 일식을 먹어보기는 그것이 처음이었다.

(3) 미래완료(will + have + 과거분사)

① **완료** … 미래의 어느 한 시점까지 이르는 동안에 완료된 동작을 나타낸다.
- 📖 He will have arrived in New York by this time tomorrow.
  그는 내일 이 시간까지는 뉴욕에 도착할 것이다.

② **결과** … 미래의 어느 한 시점 이전에 끝난 동작의 결과를 나타낸다.
- 📖 By the end of this year he will have forgotten it.
  올해 말이면 그것을 잊을 것이다.

③ **계속** … 미래의 어느 한 시점에 이르기까지 계속된 동작이나 상태를 나타낸다.
- 📖 She will have been in hospital for two weeks by next Saturday.
  다음 토요일이면 그녀는 2주일 동안 입원한 셈이 된다.

④ **경험** … 미래의 어느 한 시점에 이르기까지의 경험을 나타낸다.
- 📖 If I visit Moscow again, I will have been there twice.
  내가 모스크바를 다시 방문한다면, 나는 두 번째로 그 곳에 있게 될 것이다.

❸ 진행시제

(1) 현재진행시제(am / are / is + −ing)

① 현재 진행 중인 동작을 나타낸다.
- 📖 He is learning English. 그는 영어를 배우고 있다.

② 미래를 뜻하는 부사(구)와 함께 쓰여 가까운 미래의 예정을 나타낸다.
- 📖 They are getting married in September. 그들은 12월에 결혼할 예정이다.

③ 습관적 행위를 나타낸다.
- 📖 I am always forgetting names. 나는 항상 이름을 잊어버린다.

(2) 과거진행시제(was / were + −ing)

① 과거의 어느 한 시점에서 진행 중인 동작을 나타낸다.
- 📖 It was snowing outside when I awoke. 내가 깨어났을 때 밖에서 눈이 내리고 있었다.

② 과거의 어느 한 시점에서 가까운 미래에의 예정을 나타낸다.
- 📖 We were coming back the next week. 우리는 그 다음 주에 돌아올 예정이었다.

(3) 미래진행시제(will / shall + be + -ing)

미래의 어느 한 시점에서 진행 중인 동작을 나타낸다.

예 About this time tomorrow she will be reading my letter.
   내일 이 시간쯤이면 그녀는 내 편지를 읽고 있을 것이다.

(4) 완료진행시제

완료진행시제는 기준시점 이전부터 기준시점(현재, 과거, 미래)까지 어떤 동작이 계속 진행 중임을 강조해서
나타낸다. 완료시제의 용법 중 '계속'의 뜻으로만 쓰인다.

① 현재완료진행(have / has been + -ing) … (현재까지) 계속 ~하고 있다.

   예 She has been waiting for you since you left there.
      그녀는 당신이 그 곳을 떠난 이래로 당신을 계속 기다리고 있다.

② 과거완료진행(had been + -ing) … (어느 한 시점과 시점까지) 계속 ~했다.

   예 Her eyes were red ; she had evidently been crying.
      그녀의 눈이 빨갛다 ; 그녀는 분명히 계속 울었다.

③ 미래완료진행(will / shall have been + -ing) … (미래의 어느 한 시점까지) 계속 ~할 것이다.

   예 It will have been raining for ten days by tomorrow.
      내일부터 10일 동안 비가 계속 내릴 것이다.

(5) 진행형을 쓸 수 없는 동사

① 상태 · 소유 · 감정 · 인식의 동사 … be, seem, resemble, have, belong, like, love, want, know, believe,
   remember 등

   예 I'm not knowing him(×).
      →I don't know him(○). 나는 그를 잘 모른다.

② 지각동사 중 무의지동사 … see, hear, sound, smell, taste 등이며 단 의지적 행위를 나타낼 때에는 진행
   시제를 쓸 수 있다.

   예 She is smelling a rose. 그녀는 장미냄새를 맡고 있다.

④ 시제의 일치

(1) 시제일치의 원칙

① **시제일치의 일반원칙** … 주절의 시제가 현재, 현재완료, 미래이면 종속절의 동사는 모든 시제를 쓸 수 있고, 주절의 시제가 과거이면 종속절의 동사는 과거 · 과거완료만 쓸 수 있다.

② **주절의 시제변화에 따른 종속절의 시제변화** … 주절의 시제가 현재에서 과거로 바뀌면 종속절의 시제변화는 아래와 같다.

    ㉠ 종속절의 시제가 현재일 때 : 과거시제로 바뀐다.

        예 I think it is too late. 나는 너무 늦다고 생각한다.

          →I thought it was too late. 나는 너무 늦다고 생각했다.

    ㉡ 종속절의 시제가 과거일 때 : 과거완료시제로 바뀐다.

        예 I think it was too late. 나는 너무 늦었다고 생각한다.

          →I thought it had been too late. 나는 너무 늦었다고 생각했다.

    ㉢ 종속절에 조동사가 있을 때 : 조동사를 과거형으로 바꾼다.

        예 I think it will be too late. 나는 너무 늦을 것이라고 생각한다.

          →I thought it would be too late. 나는 너무 늦을 것이라고 생각했다.

(2) 시제일치의 예외

① **불변의 진리** … 항상 현재형으로 쓴다.

    예 Columbus believed that the earth is round. 콜럼버스는 지구가 둥글다고 믿었다.

② **현재에도 지속되는 습관, 변함없는 사실** … 항상 현재형으로 쓴다.

    예 She said that she takes a walk in the park every morning.
       그녀는 매일 아침 공원을 산책한다고 말했다.

③ **역사적인 사실** … 항상 과거형으로 쓴다.

    예 We learned that Columbus discovered America in 1492.
       우리는 콜럼버스가 1492년에 미국을 발견했다고 배웠다.

④ **than, as 뒤에 오는 절** … 주절의 시제와 관련이 없다.

    예 He did not run so fast as he usually does. 그는 보통 때처럼 빨리 달리지 못했다.

⑤ **가정법** … 시제가 변하지 않는다.

    예 He said to me, "I wish I were rich."
      = He told me that he wished he were rich. 그는 나에게 그가 부자였으면 좋겠다고 말했다.

03 조동사

❶ be, have, do

(1) be : 진행형, 수동태에서
예 He is playing computer games.(현재진행)
She was told that she won the first prize.(수동태)

(2) have : 완료형을 만들 때
예 We have lived there.(현재완료)

(3) do : 의문문, 부정문, 강조, 도치, 대동사
예 Do I know you?(의문문)
She did leave on Saturday.(강조)
Never did I see such a fool.(도치)
He works harder than I do.(대동사)

❷ can, could의 용법

(1) 능력, 가능(= be able to, ～ 할 수 있다)
예 He can stand on his hand. 그는 물구나무를 설 수 있다.
= He is able to stand on his hand.

(2) 허가(= may, ～ 해도 좋다)
의문문에서 could를 쓰면 can보다 더 정중하고 완곡한 표현이 된다.
예 Could I speak to you a minute? 잠깐만 이야기할 수 있을까요?

(3) 의심, 부정
의문문에서는 강한 의심, 부정문에서는 강한 부정의 추측을 나타내기도 한다.
예 Can the news be true? No, it can't be true.
그 뉴스가 사실일 수 있습니까? 아니오. 그것이 사실일 리가 없습니다.

TIP can과 관련된 관용적 표현

   ③ cannot help −ing : ~하지 않을 수 없다(= cannot but + 동사원형).
    I cannot help falling in love with you. 나는 당신과 사랑에 빠지지 않을 수 없다.
    = I cannot but fall in love with you.
   ⓛ as ~ as can be : 더할 나위 없이 ~하다.
    I am as happy as can be. 나는 더할 나위 없이 행복하다.
   ⓒ as ~ as one can : 가능한 한 ~(= as ~ as possible)
    He ate as much as he could. 그는 가능한 한 많이 먹었다.
    = He ate as much as possible.
   ⓔ cannot ~ too : 아무리 ~해도 지나치지 않다.
    You cannot praise him too much. 너는 그를 아무리 많이 칭찬해도 지나치지 않다
    = You cannot praise him enough.
    = You cannot overpraise him.
    = It is impossible to overpraise him.
   ⓜ cannot so much as ~ : ~조차 하지 못한다.
    He cannot so much as write his own name. 그는 자신의 이름조차 쓰지 못한다.

❸ may, might의 용법

(1) 허가(= can, ~ 해도 된다)
예 A : May I smoke here? 제가 여기서 담배를 피워도 될까요?
 B : Yes, you may. / No, you must(can) not. 예, 피워도 됩니다. / 아니오, 피우면 안됩니다.

(2) 추측(~ 일지도 모른다, might는 더 완곡한 표현)
예 I might lose my job. 나는 직장을 잃을지도 모른다.

(3) 기원(부디 ~ 하소서!)
예 May you succeed!
 = I wish you succeed! 부디 성공하기를!

   TIP may와 관련된 관용적 표현
    ③ may well ~ : ~하는 것도 당연하다(= have good reason to do, It is natural that S + should + V).
     You may well be angry. 네가 화를 내는 것도 당연하다.
    ⓛ may as well ~ : ~하는 편이 낫다, ~해도 좋다(had better보다 완곡한 표현).
     You may as well begin at once. 즉시 시작하는 편이 낫다.
    ⓒ may(might) as well A as B : B하느니 차라리 A하는 편이 낫다.
     You might as well expect a river to flow backward as hope to move me.
     내 마음이 움직이기를 바라느니 차라리 강물이 거꾸로 흐르기를 바라는 것이 더 낫다.
    ⓔ so that + S + may(can, will) ~ : ~할 수 있도록
     Come home early so that we may eat dinner together.
     함께 저녁식사를 할 수 있도록 일찍 집에 오너라.

④ must의 용법

(1) 명령 · 의무 · 필요
'~해야만 한다[= have(has / had) to do]'의 뜻으로, 과거 · 미래 · 완료시제에서는 have(had) to를 쓴다.

📝 You must be here by 6 o'clock at the latest. 당신은 늦어도 6시까지 여기로 와야 한다.

I had to pay the money(과거). 나는 돈을 지불해야만 했다.

I shall have to work tomorrow afternoon, although it's Saturday(미래).
토요일임에도 불구하고 나는 내일 오후까지 일해야 한다.

> 🔊 **TIP** 부정의 형태
> ㉠ must not[= be not allowed(obliged) to do] : ~해서는 안된다(금지).
>   May I go? No, you must(may) not.
> ㉡ need not(= don't have to do) : ~할 필요가 없다(불필요).
>   Must I go? No, you need not.
> ㉢ 불허가의 표시에는 must not이 보통이지만, may not을 쓰면 공손한 표현이 된다.

(2) 추측
'~임에 틀림없다(부정은 cannot be)'의 뜻으로, 추측의 뜻을 나타낼 때는 have to를 쓰지 않고 must를 써야한다(과거시제라도 had to를 쓰지 않음).

📝 There's the doorbell. It must be Thomas. 초인종이 울렸다. Thomas임에 틀림없다.

I told him that it must be true. 나는 틀림없이 사실이었다고 그에게 말했다.

(3) 필연(반드시 ~ 하다)
📝 All men must die. 모든 사람은 반드시 죽는다.

⑤ should, ought to의 용법

(1) 의무 · 당연
should와 ought to는 의무 · 당연을 나타내는 비슷한 뜻의 조동사이다.

📝 You should pay your debts. 너는 빚을 갚아야 한다.

= You ought to pay your debts.

(2) 판단 · 감정

판단, 비판, 감정을 표시하는 주절에 이어지는 that절에서는 should를 쓴다.

① 이성적 판단의 형용사 … It is necessary(natural, important, essential, proper, reasonable, etc) + that + S + (should) + 동사원형 ~.

> 예 It is important that you (should) arrive here on time.
> 네가 제 시각에 이 곳에 도착하는 것이 중요하다.

② 감성적 판단의 형용사 … It is strange(surprising, amazing, a pity, no wonder, wonderful, etc) + that + S + (should) + 동사원형 ~.

> 예 It is strange that he (should) say so. 그가 그렇게 말하다니 이상하다.

(3) 명령, 요구, 주장, 제안 등의 동사 + that + S + (should) + 동사원형

명령, 요구, 주장, 제안, 희망 등의 동사(명사) 다음에 오는 that절에는 should를 쓰기도 하고 생략하여 동사원형만 쓰기도 한다[S + order(command, suggest, propose, insist, recommend) + that + S + (should) + 동사원형].

> 예 Mother insist that we (should) start early. 어머니는 우리가 일찍 출발할 것을 주장하셨다.

❻ will, would의 특수용법

(1) 현재의 습성, 경향
> 예 Children will be noisy. 아이들은 시끄럽다.

(2) 과거의 불규칙적 습관
> 예 He would go for a long walk. 그는 오랫동안 산책하곤 했다.

(3) 현재의 거절, 고집
> 예 He will have his way in everything. 그는 모든 일을 마음대로 한다.

(4) 과거의 거절, 고집
> 예 He would not come to the party after all my invitation.
> 그는 나의 초대에도 그 파티에 오려고 하지 않았다.

(5) 희망, 욕구
> 예 He who would search for pearls, must dive deep. 진주를 찾으려는 사람은 물속 깊이 잠수해야 한다.

❼ used to, need의 용법

(1) 'used to + 동사원형'의 용법

① **과거의 규칙적 · 반복적 습관** … ~하곤 했다.

> **예** I used to get up early. 나는 예전에 일찍 일어났었다.

② **과거의 일정기간이 계속된 상태** … 이전에는 ~이었다(현재는 그렇지 않음).

> **예** There used to be a tall tree in front of my house.
> 나의 집 앞에는 키가 큰 나무 한 그루가 있었다(현재는 없다).
>
> 🔊**TIP** 참고
> - be used to (동)명사 : ~에 익숙해지다
> - be used to v : ~하는 데 사용되다

(2) need의 용법

① **긍정문** … 본동사로 쓰인다.

> **예** The boy needs to go there(need는 일반동사). 그 소년은 거기에 갈 필요가 있다.

② **부정문, 의문문** … 조동사로 쓰인다.

> ㉠ need not : ~할 필요가 없다(= don't have to do).
>
> > **예** The boy need not go there. 그 소년은 거기에 갈 필요가 없다.
>
> ㉡ need not have p.p. : ~할 필요가 없었는데(실제로는 했음).
>
> > **예** I need not have waited for Mary. 나는 Mary를 기다릴 필요가 없었는데.
>
> ㉢ Need + S + 동사원형 : ~할 필요가 있느냐?
>
> > **예** Need he go now? 그가 지금 갈 필요가 있느냐?

❽ had better, had(would) rather의 용법

(1) had better do(~ 하는 편이 좋다)

① had better는 조동사의 역할을 하므로 그 다음에 오는 동사의 형태는 반드시 동사원형이어야 한다.

② **부정형** … had better not do

(2) had(would) rather do(차라리 ~ 하는 편이 좋다, 차라리 ~ 하고 싶다)

① had(would) rather는 조동사의 역할을 하므로 그 다음에 오는 동사의 형태는 반드시 동사원형이어야 한다.

② **부정형** … had(would) rather not do

TIP 조동사 + have + p.p.의 용법

㉠ cannot have + p.p. : ~했을 리가 없다(과거의 일에 대한 강한 부정).

He cannot have said such a thing. 그가 그렇게 말했을리가 없다.

= It is impossible that he said such a thing.

㉡ must have + p.p. : ~했음에 틀림없다(과거의 일에 대한 확실한 추측).

She must have been beautiful when she was young.

그녀는 젊었을 때 미인이었음이 틀림없다.

= It is certain(evident, obvious) that she was beautiful when she was young.

= I am sure that she was beautiful when she was young.

㉢ may have + p.p. : ~했을지도 모른다(과거의 일에 대한 불확실한 추측).

I suspect he may have been aware of the secret.

나는 그가 비밀을 알고 있었는지도 모른다고 의심한다.

= It is probable that he was aware of the secret.

㉣ should(ought to) have + p.p. : ~했어야 했는데(하지 않았다. 과거에 하지 못한 일에 대한 유감 · 후회).

You should(ought to) have followed his advice.

너는 그의 충고를 따랐어야 했는데.

= It is a pity that you did not follow his advice.

㉤ need not have + p.p. : ~할 필요가 없었는데(해버렸다. 과거에 행한 일에 대한 유감 · 후회).

He need not have hurried. 그는 서두를 필요가 없었는데.

= It was not necessary for him to hurry, but he hurried.

04 수동태

❶ 수동태로의 전환

(1) 능동태와 수동태

① 능동태 … 동작(행위)의 주체가 주어로 오는 것

② 수동태 … 동작의 영향을 받거나 당하는 대상이 주어로 오는 것

(2) 3형식의 전환

① 주어는 'by + 목적격'으로, 목적어는 주어로, 동사는 be + p.p.로 바뀐다.

예 He broke this window. 그는 이 창문을 깨뜨렸다.

→This window was broken by him.

② 목적어가 that절일 때의 수동태

일반주어 + think/believe/suppose/expect/say/know + that + S + V.

= It + be + thought/believed/supposed/expected/said/known + that + S + V

= S + be + thought/believed/supposed/expected/said/known + to + V

예 I believe that he is innocent. 나는 그가 무죄라고 믿는다.

  = It is believed that he is innocent.

  = He is believed to be innocent.

(3) 4형식의 전환

일반적으로 간접목적어(사람)를 주어로 쓰고, 직접목적어(사물)가 주어 자리에 올 때에는 간접목적어 앞에 전치사(to, for of 등)를 붙인다. 이 때 전치사 to는 생략 가능하다.

예 She gave me another chance. 그녀는 나에게 다른 기회를 주었다.

  →I was given another chance by her(간접목적어가 주어).

  →Another chance was given (to) me by her(직접목적어가 주어).

  My mother bought me these books. 나의 어머니가 나에게 이 책들을 사주었다.

  →These books was bought for me by my mother(직접목적어가 주어).

  He asked me a question. 그는 나에게 질문을 하였다.

  →I was asked a question by him(간접목적어가 주어).

  →A question was asked of me by him(직접목적어가 주어).

> **TIP** 수동태를 만들 수 없는 경우
>
> ㉠ 목적어를 갖지 않는 1·2형식 문장은 수동태를 만들 수 없다.
>
> ㉡ 목적어를 갖는 타동사 중에서도 상태를 나타내는 동사(have, resemble, lack, fit 등)는 수동태를 만들 수 없다.
>
>   She resembles her mother(○). 그녀는 엄마를 닮았다.
>
>   →Her mother is resembled by her(×).
>
> ㉢ 4형식 문장에서 buy, make, bring, read, sing, write, get, pass 등은 간접목적어를 주어로 한 수동태를 만들 수 없다.
>
>   He made me a doll. 그는 나에게 인형을 만들어 주었다.
>
>   →A doll was made for me by him(○).
>
>   →I was made a doll by him(×).

(4) 5형식의 전환

목적어가 주어로, 목적보어가 주격보어로 된다.

예 She always makes me happy. 그녀는 항상 나를 행복하게 한다.

  →I am always made happy by her.

❷ 의문문과 명령문의 수동태

(1) 의문문의 수동태

① 일반의문문 … 먼저 평서문으로 전환해서 수동태로 고친 후, 주어와 동사를 도치시켜 의문문을 만든다.

> 예 Did he write this letter? 그가 이 편지를 썼습니까?
> →He wrote this letter.
> →This letter was written by him.
> →Was this letter written by him?

② 의문사가 있는 의문문 … 의문사가 있는 의문문의 수동태는 의문사를 문두에 두어야 한다.

> ㉠ 의문사가 주어일 때
> 예 Who invented the telephone?
> →The telephone was invented by whom.
> →By whom was the telephone invented? 전화는 누구에 의해 발명되었느냐?

> ㉡ 의문사가 목적어일 때
> 예 What did he make?
> →He made what.
> →What was made by him? 무엇이 그에 의해 만들어졌느냐?

> ㉢ 의문부사가 있을 때
> 예 When did you finish it?
> →When you finished it.
> →When it was finished (by you).
> →When was it finished (by you)? 언제 그것이 끝나겠느냐?

(2) 명령문의 수동태

사역동사 let을 써서 바꾼다.

① 긍정명령문 … let + O + be + p.p.

> 예 Play that music. 그 음악을 틀어라.
> →Let that music be played.

② 부정명령문 … Don't let + O + be + p.p. = Let + O + not + be + p.p.

> 예 Don't forget your umbrella. 우산을 잊지 말아라.
> →Don't let your umbrella be forgotten.
> →Let your umbrella not be forgotten.

❸ 진행형과 완료형의 수동태

(1) 진행형의 수동태(be + being + p.p.)

예 Tom is painting this house.

→This house is being painted by Tom.(현재진행 수동태) 이 집은 Tom에 의해 페인트칠이 되었다.

Oceanographers were monitoring the surviving whales.

→The surviving whales were being monitored by oceanographers.(과거진행 수동태)

생존한 고래들이 해양학자들에 의해 추적 관찰되고 있었다.

(2) 완료형의 수동태(have + been + p.p.)

예 Your words have kept me awake.

→I have been kept awake by your words.(현재완료 수동태) 나는 너의 말에 의해 눈뜨게 되었다.

He notified the police that his store had been robbed.(과거완료 수동태)

그가 그의 가게에 강도가 들었다고 경찰에 신고했다.

> 🔊 **TIP** have(get) + O + p.p.
> ㉠ 사역의 의미(이익의 뜻 내포)
>   I had(got) my watch mended. 나는 내 시계를 수리하도록 시켰다.
> ㉡ 수동의 의미(피해의 뜻 내포)
>   I had(got) my watch stolen. 나는 내 시계를 도둑맞았다.

(3) 조동사의 수동태(can/will/should) + be + p.p)

예 I can be arrested if I do it again. 다시 이 일을 저지를 경우 나는 체포 당할 수 있습니다.

❹ 주의해야 할 수동태

(1) 사역동사와 지각동사의 수동태

① 5형식 문장에서 사역동사와 지각동사의 목적보어로 쓰인 원형부정사는 수동태로 전환할 때 앞에 to를 붙여 준다.

예 I saw them cross the road.

→They were seen to cross the road by me. 그들이 길을 건너는 것이 나에게 보였다.

We made him finish the work.

→He was made to finish the work (by us). (우리는) 그가 일을 끝내게 시켰다.

② **사역동사 let의 수동태** ⋯ 사역동사 let이 쓰인 문장의 수동태는 allowed, permitted 등의 유사한 뜻을 가진 단어로 대체한다.

예 Her mother let her go out.

→She was allowed to go out by her mother. 그녀는 외출하도록 그녀의 어머니에게 허락받았다.

(2) by 이외의 전치사를 쓰는 수동태

① 기쁨, 슬픔, 놀람 등의 감정을 나타내는 동사 … 주로 수동태로 표현되며, 전치사는 at, with 등을 쓴다.

　　㉠ be surprised(astonished, frightened) at : ~에 놀라다

　　　　예 The news surprised me.

　　　　　→I was surprised at the new. 나는 그 소식에 깜짝 놀랐다.

　　㉡ be pleased(delighted, satisfied, disappointed) with : ~에 기뻐하다(기뻐하다, 만족하다, 실망하다)

　　　　예 The result pleased me.

　　　　　→I was pleased with the result. 나는 결과에 기뻤다.

　　　　TIP 그 외의 관용적인 표현

　　　　　　㉠ be married to : ~와 결혼하다

　　　　　　㉡ be interested in : ~에 관심이 있다

　　　　　　㉢ be caught in : ~을 만나다

　　　　　　㉣ be absorbed in : ~에 몰두하다

　　　　　　㉤ be robbed of : ~을 빼앗기다, 강탈당하다(사람주어)

　　　　　　㉥ be dressed in : ~한 옷을 입고 있다

　　　　　　㉦ be ashamed of : ~을 부끄럽게 여기다

　　　　　　㉧ be convinced of : ~을 확신하다

　　　　　　㉨ be covered with : ~으로 덮이다

　　　　　　㉩ be tired with : ~에 지치다

　　　　　　㉪ be tired of : ~에 싫증나다

　　　　　　㉫ be made of : ~으로 만들어지다(물리적)

　　　　　　㉬ be made from : ~으로 만들어지다(화학적)

　　　　　　㉭ be known + 전치사

　　　　　　　• be known to : ~에게 알려지다(대상)

　　　　　　　• be known by : ~을 보면 안다(판단의 근거)

　　　　　　　• be known for : ~때문에 알려지다(이유)

　　　　　　　• be known as : ~으로서 알려지다(자격 · 신분)

(3) 주어가 'no + 명사'인 문장의 수동태

not(never) ~ by any의 형태로 쓴다.

예 No scientist understood his idea. 그의 생각은 어느 과학자에게도 이해받지 못했다.

　　→His idea was not understood by any scientist(○).

　　→His idea was understood by no scientist(×).

(4) 타동사구의 수동태

'자동사 + (부사) + 전치사'나 '타동사 + 목적어 + 전치사'를 하나의 타동사로 취급한다.

① 자동사 + (부사) + 전치사

　　㉠ send for : ～을 부르러 보내다

　　㉡ look for : ～을 찾다(= search)

　　㉢ account for : ～을 설명하다(= explain)

　　㉣ ask for : ～을 요구하다(= demand)

　　㉤ laugh at : ～을 비웃다, 조롱하다(= ridicule)

　　㉥ add to : ～을 증가시키다(= increase)

　　㉦ look up to : ～을 존경하다(= respect)

　　㉧ look down on : ～을 경멸하다(= despise)

　　㉨ put up with : ～을 참다(= bear, endure)

　　㉩ do away with : ～을 폐지하다(= abolish)

　　㉪ speak well of : ～을 칭찬하다(= praise)

　　㉫ speak ill of : ～을 욕하다, 비난하다(= blame)

　　예 We cannot put up with these things.

　　　　→These things cannot be put up with (by us). 이것들은 참을 수 없게 한다.

② 타동사 + 목적어 + 전치사

　　㉠ take care of : ～을 보살피다.

　　㉡ pay attention to : ～에 주의를 기울이다.

　　㉢ take notice of : ～을 주목하다.

　　㉣ make use of : ～을 이용하다.

　　㉤ get rid of : ～을 제거하다.

　　㉥ take advantage of : ～을 이용하다.

　　예 She took good care of the children.

　　　　→The children was taken good care of by her. 아이들은 그녀에 의해 잘 보살펴졌다.

　　　　→Good care was taken of the children by her(타동사구 부분의 목적어를 주어로 활용할 수도 있다).

05 부정사와 동명사

❶ 부정사

(1) 부정사의 용법
① 부정사의 명사적 용법
- ㉠ 주어 역할 : 문장의 균형상 가주어 it을 문장의 처음에 쓰고 부정사는 문장 끝에 두기도 한다.
  - 예 To tell the truth is difficult. 진실을 말하는 것은 어렵다.
    - It is sad to lose a friend(It : 가주어, to lose ~ : 진주어). 친구를 잃는 것은 슬픈 일이다.
- ㉡ 보어 역할 : be동사의 주격보어로 쓰여 '~하는 것이다'의 뜻을 나타낸다.
  - 예 To teach is to learn. 가르치는 것이 배우는 것이다.
- ㉢ 목적어 역할 : 타동사의 목적어로 쓰인다. 특히 5형식 문장에서 believe, find, make, think 등의 동사가 부정사를 목적어로 취할 때에는 목적어 자리에 가목적어 it을 쓰고, 진목적어인 부정사는 문장 뒤에 둔다.
  - 예 I promised Mary to attend the meeting. 나는 Mary에게 그 모임에 나가겠다고 약속했다.
    - I made it clear to give up the plan(it : 가목적어, to give up ~ : 진목적어).
    - 나는 그 계획을 포기할 것을 명백하게 밝혔다.

② 부정사의 형용사적 용법
- ㉠ 한정적 용법 : 명사를 수식해 줄 때 한정적 용법이라고 한다.
  - 예 She was the only one to survive the crash. 그녀는 충돌사고에서의 유일한 생존자였다.
    - He has nothing to complain about. 그는 아무런 불평이 없다.
    - He had the courage to admit his mistakes. 그는 자기의 실수를 인정할 용기가 있었다.
    - = He had the courage of admitting his mistake.
- ㉡ 서술적 용법 : 부정사가 보어로 쓰인다.
  - • seem(appear, happen, prove) + to부정사
    - 예 She seems to be clever. 그녀는 총명한 것 같다.
      - = It seems that she is clever.
  - • be동사 + to부정사의 용법 : 예정[~할 것이다(= be going to)], 의무[~해야 한다(= should)], 가능[~할 수 있다(= be able to)], 운명[~할 운명이다(= be destined to)], 의도(~할 의도이다)
    - 예 If you are to be a doctor, you should study hard.
      - 만약 네가 의사가 되고자 한다면, 너는 열심히 공부해야 한다.
      - President is to visit Japan in August. 대통령은 8월에 일본을 방문할 것이다.
      - You are to eat all your meal. 당신은 당신의 식사를 모두 먹어야 한다.

Her ring was nowhere to be seen. 그녀의 반지는 어디에서도 볼 수 없었다.

They were never to meet again. 그들은 결코 다시 만나지 못할 운명이다.

③ to부정사의 부사적 용법 … 동사·형용사·부사를 수식하여 다음의 의미를 나타낸다.

  ㉠ 목적 : '~하기 위하여(= in order to do, so as to do)'의 뜻으로 쓰인다.

    📵 To stop the car, the policeman blew his whistle. 차를 세우기 위해 경찰관은 호각을 불었다.

  ㉡ 감정의 원인 : '~하니, ~해서, ~하다니, ~하는 것을 보니(판단의 근거)'의 뜻으로 쓰이며, 감정 및 판단을 나타내는 어구와 함께 쓰인다.

    📵 I am sorry to trouble you. 불편을 끼쳐서 죄송합니다.

  ㉢ 조건 : '만약 ~한다면'의 뜻으로 쓰인다.

    📵 I should be happy to be of service to you. 당신에게 도움이 된다면 기쁘겠습니다.

  ㉣ 결과 : '(그 결과) ~하다'의 뜻으로 쓰이며 'live, awake, grow (up), never, only + to부정사'의 형태로 주로 쓰인다.

    📵 He grew up to be a wise judge. 그는 자라서 훌륭한 판사가 되었다.

      = He grew up, and became a wise judge.

  ㉤ 형용사 및 부사 수식 : '~하기에'의 뜻으로 쓰이며, 앞에 오는 형용사 및 부사(easy, difficult, enough, too, etc)를 직접 수식한다.

    📵 His name is easy to remember. 그의 이름은 기억하기에 쉽다.

  • A enough to do : ~할 만큼 (충분히) A하다(= so A as to do, so A that + 주어 + can ~).

    📵 You are old enough to understand my advice.

      당신은 나의 충고를 이해할 만큼 충분히 나이가 들었다.

      = You are so old as to understand my advice.

      = You are so old that you can understand my advice.

  • too A to do : 너무 A하여 ~할 수 없다(= so A that + 주어 + cannot ~).

    📵 The grass was too wet to sit on. 그 잔디는 너무 젖어서 앉을 수 없었다.

      = The grass was so wet that we couldn't sit on it.

(2) 부정사의 의미상 주어

① 의미상 주어를 따로 표시하지 않는 경우 … 부정사의 의미상 주어는 원칙적으로 'for + 목적격'의 형태로 표시되지만, 다음의 경우에는 그 형태를 따로 표시하지 않는다.

  ㉠ 문장의 주어나 목적어와 일치하는 경우

    📵 She promised me to come early[She(주어)가 come의 의미상 주어와 일치].

      그녀는 일찍 오겠다고 나와 약속했다.

    He told me to write a letter[me(목적어)가 write의 의미상 주어와 일치].

      그는 나에게 편지를 쓰라고 말했다.

  ㉡ 일반인인 경우

    📵 It always pays (for people) to help the poor. 가난한 사람들을 도우면 반드시 보답받는다.

ⓒ 독립부정사인 경우

🔊 **TIP** 독립부정사

관용적 표현으로 문장 전체를 수식한다.
㉠ to begin(start) with : 우선
㉡ so to speak : 소위
㉢ strange to say : 이상한 얘기지만
㉣ to be frank(honest) : 솔직히 말해서
㉤ to make matters worse : 설상가상으로
㉥ to make matters better : 금상첨화로
㉦ to cut(make) a long story short : 요약하자면

② 의미상 주어의 형태

㉠ for + 목적격 : It is + 행위판단의 형용사(easy, difficult, natural, important, necessary, etc) + for 목적격 + to부정사

예 It is natural for children to be noisy. 어린이들이 시끄러운 것은 당연하다.

㉡ of + 목적격 : It is + 성격판단의 형용사(kind, nice, generous, wise, foolish, stupid, careless, etc) + of 목적격 + to부정사

예 It is generous of her to help the poor. 가난한 이들을 돕다니 그녀는 관대하다.

(3) 부정사의 시제

① 단순부정사 … 'to + 동사원형'의 형태로 표현한다.

㉠ 본동사의 시제와 일치하는 경우

예 He seems to be rich. 그는 부자처럼 보인다.
= It seems that he is rich.

㉡ 본동사의 시제보다 미래인 경우 : 본동사가 희망동사(hope, wish, want, expect, promise, intend, etc)나 remember, forget 등일 경우 단순부정사가 오면 미래를 의미한다.

예 Please remember to post the letter. 편지 부칠 것을 기억하세요.
= Please remember that you should post the letter.

② 완료부정사 … 'to + have p.p.'의 형태로 표현한다.

㉠ 본동사의 시제보다 한 시제 더 과거인 경우

예 He seems to have been rich. 그는 부자였던 것처럼 보인다.
= It seems that he was(has been) rich.

㉡ 희망동사의 과거형 + 완료부정사 : 과거에 이루지 못한 소망을 나타내며, '~하려고 했는데 (하지 못했다)'로 해석한다.

예 I intended to have married her. 나는 그녀와 결혼하려고 작정했지만 그렇게 하지 못했다.
= I intended to marry her, but I couldn't.

(4) 원형부정사

원형부정사는 to가 생략되고 동사원형만 쓰인 것이다.

① **조동사 + 원형부정사** … 원칙적으로 조동사 뒤에는 원형부정사가 쓰인다.

> **TIP** 원형부정사의 관용적 표현
> ㉠ do nothing but + 동사원형 : ~하기만 하다.
> ㉡ cannot but + 동사원형 : ~하지 않을 수 없다(= cannot help + -ing).
> ㉢ had better + (not) + 동사원형 : ~하는 것이(하지 않는 것이) 좋겠다.

② **지각동사 + 목적어 + 원형부정사 ~** (5형식) … '(목적어)가 ~하는 것을 보다, 듣다, 느끼다'의 뜻으로 see, watch, look at, notice, hear, listen to, feel 등의 동사가 이에 해당한다.

> **예** She felt her heart beat hard. 그녀는 심장이 몹시 뛰는 것을 느꼈다.

③ **사역동사 + 목적어 + 원형부정사 ~** (5형식)

㉠ '(목적어)가 ~하도록 시키다, 돕다'의 뜻으로 make, have, bid, let, help 등의 동사가 이에 해당한다.

> **예** Mother will not let me go out. 어머니는 내가 외출하지 못하게 하신다.

㉡ help는 뒤에 to부정사가 올 수도 있다.

> **예** They helped me (to) paint the wall. 그들은 내가 그 벽에 페인트를 칠하는 것을 도왔다.

(5) 기타 용법

① **부정사의 부정** … 'not, never + 부정사'의 형태로 표현한다.

> **예** Tom worked hard not to fail again. Tom은 다시 실패하지 않기 위해 열심히 노력했다.

② **대부정사** … 동사원형이 생략되고 to만 쓰인 부정사로, 앞에 나온 동사(구)가 부정사에서 반복될 때 쓰인다.

> **예** A : Are you and Mary going to get married? 너와 Mary는 결혼할거니?
> B : We hope to(= We hope to get married). 우리는 그러고(결혼하고) 싶어.

③ **수동태 부정사**(to be + p.p.) … 부정사의 의미상 주어가 수동의 뜻을 나타낼 때 쓴다.

> **예** There is not a moment to be lost. 한순간도 허비할 시간이 없다.
> = There is not a moment for us to lose.

❷ 동명사

(1) 동명사의 용법
'동사원형 + –ing'를 이용해 명사형으로 만든 것으로 동사의 성격을 지닌 채 명사의 역할(주어·보어·목적어)을 한다.

① **주어 역할** … 긴 동명사구가 주어일 때 가주어 It을 문두에 쓰고 동명사구는 문장 끝에 두기도 한다.

　　📕 Finishing the work in a day or two is difficult. 하루나 이틀 안에 그 일을 끝내기는 힘들다.

　　　= It is difficult finishing the work in a day or two(it : 가주어, finishing ~ : 진주어).

② **보어 역할**

　　📕 My hobby is collecting stamps. 내 취미는 우표수집이다.

③ **목적어 역할**

　　㉠ **타동사의 목적어** : 5형식 문장에서는 가목적어 it을 쓰고, 동명사구는 문장의 끝에 두기도 한다.

　　　📕 He suggested eating dinner at the airport. 그는 공항에서 저녁을 먹자고 제안했다.

　　　　I found it unpleasant walking in the rain(it : 가목적어, walking ~ : 진목적어).

　　　　나는 빗속을 걷는 것이 유쾌하지 않다는 것을 깨달았다.

　　㉡ **전치사의 목적어**

　　　📕 He gets his living by teaching music. 그는 음악을 가르쳐서 생활비를 번다.

　　　　📣💡 **동명사의 부정**
　　　　동명사 앞에 not이나 never을 써서 부정의 뜻을 나타낸다.
　　　　I regret not having seen the movie. 나는 그 영화를 보지 않았던 것을 후회한다.

(2) 동명사의 의미상 주어

① **의미상 주어를 따로 표시하지 않는 경우** … 문장의 주어 또는 목적어와 일치하거나 일반인이 주어일 때 의미상 주어를 생략한다.

　　㉠ **문장의 주어 또는 목적어와 일치하는 경우**

　　　📕 I've just finished reading that book(주어와 일치). 나는 막 그 책을 다 읽었다.

　　　　He will probably punish me for behaving so rudely(목적어와 일치).

　　　　내가 무례하게 행동한 것에 대해 그는 아마 나를 나무랄 것이다.

　　㉡ **일반인인 경우**

　　　📕 Teaching is learning(일반인이 주어). 가르치는 것이 배우는 것이다.

② **의미상 주어의 형태**

　　㉠ **소유격 + 동명사** : 의미상 주어가 문장의 주어나 목적어와 일치하지 않을 때 동명사 앞에 소유격을 써서 나타낸다. 구어체에서는 목적격을 쓰기도 한다.

　　　📕 There is no hope of his coming. 그가 오리라고는 전혀 기대할 수 없다.

© 그대로 쓰는 경우 : 의미상 주어가 소유격을 쓸 수 없는 무생물명사나 this, that, all, both, oneself, A and B 등의 어구일 때에는 그대로 쓴다.

　예 I can't understand the train being so late. 나는 그 기차가 그렇게 늦었는지 이해할 수 없다.

(3) 동명사의 시제와 수동태

① **단순동명사** … 본동사와 동일시제 또는 미래시제일 때 사용한다.

　예 He is proud of being rich. 그는 부유한 것을 자랑한다.
　　= He is proud that he is rich.

② **완료동명사** … having + p.p.의 형태를 취하며, 본동사의 시제보다 하나 앞선 시제를 나타낸다.

　예 He denies having told a lie. 그는 거짓말했던 것을 부인한다.
　　= He denies that he told a lie.

③ **수동태 동명사** … 동명사의 의미상 주어가 수동의 뜻을 나타낼 때 being + p.p., having been + p.p.의 형태로 쓴다.

　예 I don't like being asked to make a speech(단순시제). 나는 연설청탁받는 것을 싫어한다.
　　He complained of having been underpaid(완료시제). 그는 급료를 불충분하게 받았던 것을 불평하였다.

> **TIP** 동명사의 관용적 표현
> ㉠ It is no use + 동명사 : ~해봐야 소용없다(= It is useless to부정사).
> 　It is no use pretending that you are not afraid.
> 　당신이 무서워하지 않는 척 해봐야 소용없다.
> ㉡ There is no + 동명사 : ~하는 것은 불가능하다(= It is impossible to부정사).
> 　There is no accounting for tastes. 기호를 설명하는 것은 불가능하다.
> ㉢ cannot help + 동명사 : ~하지 않을 수 없다(= cannot out + 동사원형).
> 　I cannot help laughing at the sight. 나는 그 광경에 웃지 않을 수 없다.
> ㉣ feel like + 동명사 : ~하고 싶다(= feel inclined to부정사, be in a mood to부정사).
> 　She felt like crying when she realized her mistake.
> 　그녀가 그녀의 실수를 깨달았을 때, 그녀는 울고 싶었다.
> ㉤ of one's own + 동명사 : 자신이 ~한(= p.p. + by oneself)
> 　This is a picture of his own painting. 이것은 그 자신이 그린 그림이다.
> ㉥ be on the point(verge, blink) of + 동명사 : 막 ~하려 하다(= be about to부정사).
> 　He was on the point of breathing his last.
> 　그는 막 마지막 숨을 거두려 하고 있었다.
> ㉦ make a point of + 동명사 : ~하는 것을 규칙으로 하다(= be in the habit of + 동명사).
> 　He makes a point of attending such a meeting.
> 　그는 그러한 모임에 참석하는 것을 규칙으로 한다.
> ㉧ be accustomed to + 동명사 : ~히는 버릇(습관)이 있다(= be used to + 동명사).
> 　My grandfather was accustomed to rising at dawn.
> 　나의 할아버지는 새벽에 일어나는 습관이 있었다.

ⓩ on(upon) + 동명사 : ~하자마자 곧(= as soon as + S + V)

On hearing the news, he turned pale. 그 뉴스를 듣자마자 그는 창백해졌다.

ⓩ look forward to + 동명사 : ~하기를 기대하다(= expect to부정사)

He looked forward to seeing her at the Christmas party.

그는 크리스마스 파티에서 그녀를 보기를 기대하였다.

❸ 부정사와 동명사의 비교

(1) 부정사만을 목적어로 취하는 동사(주로 미래지향적이면서 긍정적인 의미를 갖는 동사들이 주요하다)

ask, choose, decide, demand, expect, hope, order, plan, pretend, promise, refuse, tell, want, wish 등이 있다.

예 She pretended to asleep. 그녀는 자는 체했다.

(2) 동명사만을 목적어로 취하는 동사(주로 과거지향적이면서 부정적인 의미를 갖는 동사들이 주요하다)

admit, avoid, consider, deny, enjoy, escape, finish, give up, keep, mind, miss, postpone, practice, stop 등이 있다.

예 I'd like to avoid meeting her now. 나는 지금 그녀와 만나는 것을 피하고 싶다.

(3) 부정사와 동명사 둘 다를 목적어로 취하는 동사

begin, cease, start, continue, fear, decline, intend, mean 등이 있다.

예 Do you still intend to go(going) there? 너는 여전히 그 곳에 갈 작정이니?

(4) 부정사와 동명사 둘 다를 목적어로 취하지만 의미가 변하는 동사

① remember(forget) + to부정사 / 동명사 … ~할 것을 기억하다[잊어버리다(미래)] / ~했던 것을 기억하다[잊어버리다(과거)].

예 I remember to see her. 나는 그녀를 볼 것을 기억한다.

I remember seeing her. 나는 그녀를 보았던 것을 기억한다.

② regret + to부정사 / 동명사 … ~하려고 하니 유감스럽다 / ~했던 것을 후회하다.

예 I regret to tell her that Tom stole her ring.

나는 Tom이 그녀의 반지를 훔쳤다고 그녀에게 말하려고 하니 유감스럽다.

I regret telling her that Tom stole her ring.

나는 Tom이 그녀의 반지를 훔쳤다고 그녀에게 말했던 것을 후회한다.

③ need(want) + to부정사 / 동명사 … ~할 필요가 있다(능동) / ~될 필요가 있다(수동).

예 We need to check this page again. 우리는 이 페이지를 재검토할 필요가 있다.

= This page needs checking again. 이 페이지는 재검토될 필요가 있다.

④ try + to부정사 / 동명사 … ~하려고 시도하다, 노력하다, 애쓰다 / ~을 시험삼아 (실제로) 해보다.

　　예 She tried to write in fountain pen. 그녀는 만년필로 써보려고 노력했다.

　　　She tried writing in fountain pen. 그녀는 만년필로 써보았다.

⑤ mean + to부정사 / 동명사 … ~할 작정이다(= intend to do) / ~라는 것을 의미하다.

　　예 She means to stay at a hotel. 그녀는 호텔에 머무를 작정이다.

　　　She means staying at a hotel. 그녀가 호텔에 머무른다는 것을 의미한다.

⑥ like(hate) + to부정사 / 동명사 … ~하고 싶다[하기 싫다(구체적 행동)] / ~을 좋아하다[싫어하다(일반적 상황)].

　　예 I hate to lie. 나는 거짓말하기 싫다.

　　　I hate lying. 나는 거짓말하는 것이 싫다.

⑦ stop + to부정사 / 동명사 … ~하기 위해 멈추다(부사구) / ~하기를 그만두다(목적어).

　　예 He stopped to smoke(1형식). 그는 담배를 피우려고 걸음을 멈췄다.

　　　He stopped smoking(3형식). 그는 담배를 끊었다.

06 분사

❶ 분사의 용법

'동사원형 + -ing(현재분사)'와 '동사원형 + -ed(과거분사)'를 이용해 형용사형으로 만든 것으로 형용사의 역할을 한다.

(1) 명사 앞에서 수식하는 분사
분사가 단독으로 사용될 때 명사 앞에서 수식한다.

① 현재분사 … 진행(자동사의 현재분사), 능동(타동사의 현재분사)의 뜻

　　예 A sleeping baby = A baby who is sleeping 잠자는 아기

　　　A rolling stone gathers no moss. 구르는 돌은 이끼가 끼지 않는다.

② 과거분사 … 완료(자동사의 과거분사), 수동(타동사의 과거분사)의 뜻

　　예 fallen leaves = leaves which are fallen(which have fallen) 떨어진 나뭇잎

　　　Two wounded soldiers were sent to the hospital. 두 명의 부상병이 병원으로 이송되었다.

(2) 명사 뒤에서 수식하는 분사

① 분사가 보어나 목적어 또는 부사적 수식어(구)와 함께 구를 이룰 때 명사 뒤에서 수식한다.

   예 Who is the boy reading a letter written in English?
   영어로 쓰여진 편지를 읽은 소년은 누구인가?

② 분사가 단독으로 사용될지라도 대명사를 수식할 때에는 뒤에서 수식한다.

   예 Those killed were innumerable. 전사한 사람들이 무수히 많았다.

> **TIP** 현재분사와 동명사의 구별
> ―ing형이 명사를 수식할 때 현재 진행 중인 동작을 나타내면 현재분사, 용도를 나타내면 동명사이다.
> • a dancing girl (현재분사)춤추는 소녀
> • a dancing room＝a room for dancing(동명사) 무도장

(3) 보어 역할의 분사

2형식에서의 주격보어와 5형식에서의 목적격 보어로 쓰이는 분사

예 He stood looking at the picture. 그는 그 사진을 보면서 서 있었다.
The mystery remained unsettled. 미스테리는 풀리지 않고 남겨졌다.
He kept me waiting for two hours. 그는 나를 두 시간 동안 기다리게 하였다.
I don't like to see you disappointed. 나는 네가 실망하는 것을 보고 싶지 않다.

❷ 분사구문

(1) 분사구문

부사절에서 접속사(의미를 명확하게 하고자 할 때는 접속사를 생략하지 않는다), 주어(주절의 주어와 다를 때는 생략하지 않고 일반인 주어나 예측 가능한 주어일 때는 주절의 주어와 다를지라도 생략할 수 있다)를 생략하고 동사를 분사로 바꾸어 구로 줄인 것을 분사구문이라고 하는데 현재분사가 이끄는 분사구문은 능동의 뜻을, 과거분사가 이끄는 분사구문은 수동의 뜻을 가진다.

① **시간** … '~할 '의 뜻으로 쓰인다(= when, while, as, after + S + V).

   예 Thinking of my home, I felt sad. 집 생각을 할 때면, 나는 슬퍼진다.
   = When I think of my home, I felt sad.

> **TIP** 접속사 + 분사구문
> 주로 시간과 양보의 부사절에서 분사구문의 의미를 명확히 하기 위하여 접속사를 남겨두기도 한다.
> While swimming in the river, he was drowned.
> 강에서 헤엄치는 동안 그는 익사했다.
> = While he was swimming in the river, he was drowned.

② **이유 · 원인** … '~하기 때문에, ~이므로'의 뜻으로 쓰인다(= as, because, since + S + V).

  예 Tired with working, I sat down to take a rest. 일에 지쳤기 때문에, 나는 앉아서 휴식을 취했다.

    = As I was tired with working, I sat down to take a rest.

③ **조건** … '~한다면'의 뜻으로 쓰인다(= If + S + V).

  예 Once seen, it can never been forgotten. 그것은 한번 보면 잊을 수 없다.

    = If it is once seen, it can never been forgotten.

④ **양보** … '비록 ~ 한다 할지라도'의 뜻으로 쓰인다(= though, although + S + V).

  예 Admitting the result, I can't believe him. 그 결과를 인정한다고 할지라도 나는 그를 믿을 수 없다.

    = Although I admit the result, I can't believe him.

⑤ **부대상황**

  ㉠ **연속동작** : 그리고 ~하다(= and + 동사).

    예 A fire broke out near my house, destroying some five houses.
      우리 집 근처에서 화재가 발생해서 다섯 집 정도를 태웠다.

      = A fire broke out near my house, and destroyed some five houses.

  ㉡ **동시동작** : ~하면서(= as, while)

    예 Smiling brightly, she extended her hand. 그녀는 밝게 웃으면서, 손을 내밀었다.

      = While she smiled brightly, she extended her hand.

      TIP 분사구문의 부정
      분사 앞에 not, never 등을 쓴다.
      Not knowing what to do, he asked me for help.
      무엇을 해야 할지 몰랐기 때문에 그는 나에게 도움을 청했다.
      = As he did not know what to do, he asked me for help.

(2) 독립분사구문

① **독립분사구문** … 주절의 주어와 분사구문의 의미상 주어가 다른 경우를 독립분사구문이라고 하고, 분사 앞에 의미상 주어를 주격으로 표시한다.

  예 It being fine, we went for a walk. 날씨가 맑았으므로, 우리는 산책했다.

    = As it was fine, we went for a walk.

② **비인칭 독립분사구문** … 분사구문의 의미상 주어가 일반인(we, you, they, people, etc)일 경우 주어를 생략하고 관용적으로 쓰인다.

  ㉠ generally speaking : 일반적으로 말하면(= If we speak generally)

  ㉡ strictly speaking : 엄격히 말한다면(= If we speak strictly)

  ㉢ roughly speaking : 대충 말한다면(= If we speak roughly)

  ㉣ frankly speaking : 솔직히 말한다면(= If we speak frankly)

  ㉤ talking of ~ : ~으로 말할 것 같으면, 이야기가 났으니 말인데

ⓑ judging from ~ : ~으로 판단하건대

ⓢ compared with ~ : ~와 비교해 보면

ⓞ taking ~ into consideration : 모든 것을 고려해 볼 때(considering ~ : ~을 고려해 보니, 생각해 보면, ~으로서는)

ⓩ providing that : 만약 ~이면(= provided that)

ⓒ supposing that : 만약에 ~하면(= supposed that)

ⓚ granting that : 가령 ~라고 치고, 만약 ~이면(= granted that)

ⓣ seeing that : ~인 점에서 보면, ~라는 점에 비추어(= now that)

ⓟ concerning ~ : ~에 대하여

ⓗ notwithstanding ~ : ~에도 불구하고

③ with + 독립분사구문 … 'with + 목적어 + 분사·형용사·부사(구)'의 형태로, 부대상황을 나타내는 독립분사구문에 with를 함께 써서 묘사적 표현을 강조하며, 해석은 ~하면서, ~한채, ~해서로 해석된다.

　　예 He stood there, with his eyes closed. 그는 그 곳에 서서 눈을 감고 있었다.
　　　= He stood there, his eyes (being) closed (by him).
　　　= He stood there, and his eyes were closed (by him).

(3) 분사구문의 시제

① 단순분사구문 … '동사원형 + -ing'로 주절의 시제와 일치한다.

　　예 Opening the window, I felt fresh. 창문을 연 후에 나는 상쾌함을 느꼈다.
　　　= After I opened the window, I felt fresh.

② 완료분사구문 … 'Having + p.p.'로 주절의 시제보다 한 시제 앞서거나 완료를 나타낸다.

　　예 Having finished my work, I went to bed. 나는 내 일을 끝낸 후에 자러 갔다.
　　　= After I had finished my work, I went to bed.

　　　　🔊 TIP 분사구문에서 분사의 생략
　　　　　　Being + p.p., Having been + p.p.의 수동형식인 분사구문의 경우 being과 having been이 생략되는 경우가 많다.
　　　　　　(Being) Taken by surprise, he gave up the contest.
　　　　　　그는 불시에 기습을 당했으므로 그 시합을 포기했다.
　　　　　　= As he was taken by surprise, he gave up the contest.

07 관계사

❶ 관계대명사의 종류와 격

관계대명사는 문장과 문장을 연결하는 접속사의 역할과 대명사의 역할을 동시에 한다. 관계대명사가 이끄는 절은 선행사(관계대명사 앞에 오는 명사)를 수식하는 형용사절이다.

[관계대명사의 종류에 따른 격]

선행사	주격	소유격	목적격
사람	who	whose	whom
동물, 사물	which	whose, of which	which
사람, 동물, 사물	that	없음	that

❷ 관계대명사 who, which, that, what

(1) 관계대명사 who

관계대명사 who는 선행사가 사람일 때 쓴다.

① who(주격) … 자신이 이끄는 절에서 주어 역할을 하며, 동사의 형태는 선행사의 인칭과 수, 주절의 시제에 좌우된다.

> 예 I know the boy who did it. 나는 그 일을 했던 소년을 안다.
> →I know the boy. + He did it.

② whose(소유격) … 명사와 결합하여 형용사절을 이끈다.

> 예 A child whose parents are dead is called an orphan. 부모가 돌아가신 아이는 고아라 불린다.
> →A child is called an orphan. + His parents are dead.

③ whom(목적격) … 자신이 이끄는 절에서 타동사와 전치사의 목적어로 쓰인다.

> 예 She is the girl whom I am fond of. 그녀는 내가 좋아하는 소녀이다.
> →She is the girl. + I am fond of her(전치사의 목적어).

(2) 관계대명사 which

관계대명사 which는 선행사가 사물·동물일 때 쓴다.

① which(주격)

> 예 The road which leads to the station is narrow. 역에 이르는 길은 폭이 좁다.
> → The road is narrow. + The road leads to the station.

② of which(= whose, 소유격)

> 예 This is the car of which the engine(the engine of which) is of the latest type.
> 이것은 엔진이 최신형인 차이다.
> = This is the car whose engine is of the latest type.
> → This is the car. + Its engine is of the latest type.

③ which(목적격)

> 예 This is the book which I bought yesterday. 이것은 내가 어제 산 책이다.
> → This is the book. + I bought it yesterday(타동사의 목적어).

(3) 관계대명사 that

① 관계대명사 that은 who 또는 which를 대신하여 선행사에 관계없이 두루 쓸 수 있다.

> 예 I know the boy that broke the window. 나는 그 창문을 깨뜨렸던 소년을 안다.

> **TIP** 관계대명사 that을 쓸 수 없는 경우
> ㉠ 전치사 + that : 관계대명사 that은 전치사의 목적격으로 쓸 수 없으므로 그 전치사는 문미에 둔다.
> This is the book that I spoke of(○). 이것이 내가 말했던 책이다.
> → This is the book of that I spoke(×).
> ㉡ 계속적 용법 : 관계대명사 that은 한정적 용법으로만 쓰인다. 즉, 콤마(,) 다음에 쓸 수 없다.
> I met the man, who did not tell me the truth(○).
> 나는 그 사람을 만났다. 그러나 그는 나에게 진실을 말하지 않았다.
> I met the man, that did not tell me the truth(×).

② 관계대명사 that만을 쓸 수 있는 경우

㉠ 선행사가 최상급, 서수사, the only, the very, the last, the same, every, no 등에 의해 수식될 때

> 예 He is the fastest runner that I have ever seen. 그는 내가 본 가장 빠른 주자이다.

㉡ 선행사가 '사람 + 동물(사물)'일 때

> 예 He spoke of the men and the things that he had seen.
> 그는 그가 보았었던 사람들과 일들에 대해서 말했다.

㉢ 선행사가 부정대명사 또는 부정형용사(−thing, −body −one, none, little, few, much, all, any, some, etc)일 때

> 예 I'll give you everything that you want. 나는 당신이 원하는 모든 것을 당신에게 줄 것이다.

(4) 관계대명사 what

① 관계대명사 what은 선행사가 포함된 관계대명사로 명사절을 이끌어 문장 속에서 주어, 목적어, 보어의 역할을 한다. 이때 what은 the thing which 등으로 바꿔 쓸 수 있다.

 ㉠ 주어 역할

  예 What(The thing which, That which) cannot be cured must be endured.
   고칠 수 없는 것은 견뎌내어야만 한다.

 ㉡ 목적어 역할

  예 Don't put off until tomorrow what you can do today. 오늘 할 수 있는 일을 내일로 미루지 말아라.

 ㉢ 보어 역할

  예 Manners are what makes men different from animals. 예절은 사람을 동물과 다르게 만드는 것이다.

② 관용적 표현

 ㉠ what is better : 더욱 더 좋은 것은, 금상첨화로

  예 This book is instructive and, what is better, interesting.
   이 책은 교육적인 데다가 금상첨화로 재미있기도 하다.

 ㉡ what is worse : 더욱 더 나쁜 것은, 설상가상으로

  예 It is blowing very hard and, what is worse, it begin to snow hard.
   바람이 매우 세차게 불고 있는데, 설상가상으로 눈이 심하게 내리기 시작한다.

 ㉢ what is more : 게다가

 ㉣ what is called : 소위, 이른바[= what we(you, they) call]

  예 He is what is called a self-made man. 그는 이른바 자수성가한 사람이다.

 ㉤ A is to B what C is to D : A와 B의 관계는 C와 D의 관계와 같다.

  예 Reading is to the mind what food is to the body.
   독서와 정신의 관계는 음식과 육체의 관계와 같다.
   = Reading is to the mind as food is to the body.
   = What food is to the body, reading is to the mind.
   = Just as food is to the body, so is reading to the mind.

 ㉥ What + S + be : S의 인격 · 상태

 ㉦ What + S + have : S의 재산 · 소유물

  예 She is charmed by what he is, not by what he has.
   그녀는 그의 재산이 아니라 그의 인격에 반했다.

❸ 관계대명사의 한정적 · 계속적 용법

(1) 한정적 용법
선행사를 수식하는 형용사절을 이끌어 수식을 받는 선행사의 뜻을 분명히 해주며 뒤에서부터 해석한다.

예 He smiled at the girl who nodded to him. 그는 그에게 목례를 한 소녀에게 미소지었다.

(2) 계속적 용법
관계대명사 앞에 'comma(,)'를 붙이며 관계대명사절이 선행사를 보충 설명한다. 문맥에 따라 '접속사(and, but, for, though, etc) + 대명사'로 바꾸어 쓸 수 있다.

예 He smiled at the girl, who nodded to him. 그는 소녀에게 미소지었고, 그녀는 그에게 목례를 하였다.
  = He smiled at the girl, and she nodded to him.

(3) which의 계속적 용법
계속적 용법으로 쓰인 which는 형용사, 구, 절, 또는 앞문장 전체를 선행사로 받을 수 있다.

예 Tom is healthy, which I am not. Tom은 건강하지만 나는 그렇지 못하다.
  = Tom is healthy, but I am not healthy(형용사가 선행사).

❹ 관계대명사의 생략

(1) 목적격 관계대명사의 생략
한정적 용법(관계대명사 앞에 콤마가 없는 경우)으로 쓰인 관계대명사가 타동사 또는 전치사의 목적격으로 쓰일 때는 생략할 수 있다.

① 관계대명사가 타동사의 목적어로 쓰일 때
  예 Roses are the flowers (which) I like most. 장미는 내가 제일 좋아하는 꽃이다.
    →Roses are flowers. + I like roses most(타동사의 목적어).

② 관계대명사가 전치사의 목적어로 쓰일 때
  예 Things (which) we are familiar with are apt to escape our notice.
    우리에게 익숙한 것들은 우리의 주의를 벗어나기 쉽다.
    →Things are apt to escape our notice. + We are familiar with things(전치사의 목적어).

TIP 관계대명사를 생략할 수 없는 경우

목적격 관계대명사라 할지라도 다음의 경우 생략할 수 없다.

㉠ 계속적 용법으로 쓰였을 때

　I bowed to the gentleman, whom I knew well(whom = for him).

　나는 그 신사에게 인사를 했는데, 나는 그를 잘 알고 있었기 때문이다.

㉡ '전치사 + 목적격 관계대명사'가 함께 쓰였을 때

　I remember the day on which he went to the front.

　나는 그가 전선에 간 날을 기억하고 있다.

㉢ of which가 어느 부분을 나타낼 때

　I bought ten pencils, the half of which I gave my brother.

　나는 연필 열 자루를 사서, 내 동생에게 그 중의 반을 주었다.

(2) 주격 관계대명사의 생략

주격 관계대명사는 생략할 수 없는 것이 원칙이지만, 다음의 경우에는 생략해도 된다.

① 관계대명사가 보어로 쓰일 때

㉠ 주격보어로 쓰일 때

　예 He is not the man (that) he was. 그는 예전의 그가 아니다.

㉡ 목적격보어로 쓰일 때

　예 I'm not a fool (that) you think me (to be). 나는 당신이 생각하는 그런 바보가 아니다.

② 관계대명사 다음에 'there + be동사'가 이어질 때

예 He is one of the greatest scholars (that) there are in the world.

그는 세계적인 대학자 중의 하나이다.

③ There is ~, It is ~로 시작되는 구문에서 쓰인 주격 관계대명사

예 There is a man (who) wants to see you. 당신을 만나려는 사람이 있다.

It was he (that) met her yesterday(It ~ that 강조구문).

어제 그녀를 만난 사람은 바로 그였다.

④ '주격 관계대명사 + be동사'의 경우 둘 다를 함께 생략한다.

예 The cap (which is) on the table belongs to Inho. 탁자 위의 모자는 인호의 것이다.

❺ 유사관계대명사

접속사인 as, but, than 등이 관계대명사와 같은 역할을 하는 경우 유사관계대명사라고 한다.

(1) 유사관계대명사 as

① **제한적 용법** ··· the same, such, as ~ 가 붙은 선행사 뒤에서 상관적으로 쓰인다.

> 예 This is the same watch as I lost(유사물). 이것은 내가 잃어버린 것과 같은 시계이다.
> This is the very same watch that I lost(동일물). 이것은 내가 잃어버린 바로 그 시계이다.
> This book is written in such easy English as I can read(as : 관계대명사).
> 이 책은 내가 읽을 수 있는 그런 쉬운 영어로 쓰여져 있다.
> This book is written in such easy English that I can read it(that : 접속사).
> 이 책은 매우 쉬운 영어로 쓰여져 있어서 내가 읽을 수 있다.

② **계속적 용법** ··· 문장 전체를 선행사로 할 때도 있다.

> 예 As is usual with him, he was late for school. 그에게는 흔한데, 그는 학교에 늦었다.

(2) 유사관계대명사 but

부정어구가 붙은 선행사 뒤에 쓰여 이중부정(강한 긍정)의 뜻을 지닌다(= who ~ not, which ~ not, that ~ not).

> 예 There is no rule but has some exceptions. 예외 없는 규칙은 없다.
> = There is no rule that has not exceptions.
> = Every rule has exceptions.

(3) 유사관계대명사 than

비교급이 붙은 선행사 뒤에 쓰인다.

> 예 Children should not have more money than is needed.
> 아이들은 필요한 돈보다 더 많은 돈을 가지지 않아야 한다.

6 관계형용사와 관계부사

(1) 관계형용사
which, what 등이 다음에 오는 명사를 수식하여 관계형용사(접속사 + 형용사)의 역할을 한다.

① what + 명사 = all the + 명사 + that ~

  예 I have sold what few things I had left. 나는 몇 개 안되지만 내가 남겨 두었던 물건 전부를 팔았다.

  = I have sold all the few things (that) I had left.

② which + 명사 = 접속사 + 지시형용사 + 명사 … 관계형용사 which는 계속적 용법으로만 쓰인다.

  예 He spoke to me in French, which language I could not understand.

  그는 나에게 불어로 말했는데, 나는 그 언어를 이해할 수가 없었다.

  = He spoke to me in French, but I could not understand that language.

(2) 관계부사
관계부사는 '접속사 + 부사'의 역할을 하여 선행사를 수식하며, '전치사 + 관계대명사'로 바꿔 쓸 수 있다.

① where(= on, at, in which) … 선행사가 장소를 나타낼 때 쓰이며, 종종 상황이나 입장을 나타낼 때에도 쓰인다.

  예 This is the house where he lived. 이 곳이 그가 살았던 집이다.

  = This is the house in which he lived.

② when(= on, at, in which) … 선행사가 시간을 나타낼 때 쓰인다.

  예 I know the time when he will arrive. 나는 그가 도착할 시간을 안다.

  = I know the time on which he will arrive.

③ why(= for which) … 선행사가 이유를 나타낼 때 쓰인다.

  예 That is the reason why I was late. 그것이 내가 늦었던 이유이다.

  = That is the reason for which I was late.

④ how(= in which) … 선행사가 방법을 나타낼 때 쓰이며, 보통 the way와 how 중 하나를 생략해야 한다.

  예 I don't like (the way) how he talks. 나는 그가 이야기하는 방법을 좋아하지 않는다.

  = I don't like the way in which he talks.

> **TIP** 관계부사의 계속적 용법
> 관계부사 중 when, where는 계속적 용법으로 쓸 수 있다.
> Wait till nine, when the meeting will start.
> 9시까지 기다려라. 그러면 모임을 시작할 것이다.
> = Wait till nine, and then the meeting will start.
> We went to Seoul, where we stayed for a week.
> 우리는 서울에 가서, 거기서 1주일간 머물렀다.
> = We went to Seoul, and we stayed there for a week.

❼ 복합관계사

(1) 복합관계대명사
복합관계대명사는 '관계대명사 + ever'의 형태로서 '선행사 + 관계대명사'의 역할을 하며, 명사절이나 양보의 부사절을 이끈다.

① 명사절을 이끌 때

    ㉠ whatever, whichever = anything that

        예 I will accept whatever you suggest. 나는 네가 제안하는 것은 무엇이든지 받아들이겠다.

          = I will accept anything that you suggest.

    ㉡ whoever = anyone who

        예 Whoever comes first may take it. 누구든 가장 먼저 오는 사람이 그것을 가져도 좋다.

          = Anyone who comes first may take it.

    ㉢ whosever = anyone whose

        예 Whosever horse comes in first wins the prize. 누구의 말이든 먼저 들어오는 말이 상을 탄다.

          = Anyone whose horse comes in first wins the prize.

    ㉣ whomever = anyone whom

        예 She invited whomever she met. 그녀는 그녀가 만나는 사람은 누구든지 초대하였다.

          = She invited anyone whom she met.

② 양보의 부사절을 이끌 때 … 'no matter + 관계대명사'로 바꿔 쓸 수 있다.

    ㉠ whoever = no matter who : 누가 ~하더라도

        예 Whoever may object, I will not give up. 누가 반대하더라도 나는 포기하지 않을 것이다.

          = No matter who may object, I will not give up.

    ㉡ whatever = no matter what : 무엇이(을) ~하더라도

        예 Whatever may happen, I am ready. 어떤 일이 일어나더라도 나는 준비되어 있다.

          = No matter what may happen, I am ready.

    ㉢ whichever = no matter which : 어느 것을 ~하더라도

        예 Whichever you may choose, you will be pleased. 어느 것을 고르든 마음에 드실 겁니다.

          = No matter which you choose, you will be pleased.

(2) 복합관계형용사
복합관계형용사는 '관계형용사 + ever'의 형태로 명사절이나 양보의 부사절을 이끈다.

① 명사절을 이끌 때 … whatever, whichever = any(all the) + 명사 + that ~

    예 Take whatever ring you like best. 당신이 가장 좋아하는 어떤 반지라도 가져라.

      = Take any ring that you like best.

② 양보의 부사절을 이끌 때

ㄱ whatever + 명사 = no matter what + 명사

ㆍ Whatever results follow, I will go. 어떠한 결과가 되든 나는 가겠다.

= No matter what results follow, I will go.

ㄴ whichever + 명사 = no matter which + 명사

ㆍ Whichever reasons you may give, you are wrong.

당신이 어떤 이유들을 제시하든 당신은 잘못하고 있다.

= No matter which reasons you may give, you are wrong.

(3) 복합관계부사

복합관계부사는 '관계부사 + ever'의 형태로 '선행사 + 관계부사'의 역할을 하며, 장소·시간의 부사절이나 양보의 부사절을 이끈다.

① 장소, 시간의 부사절을 이끌 때

ㄱ whenever = at(in, on) any time when

ㆍ You may come whenever it is convenient to you. 편리할 때면 언제든지 와도 좋다.

= You may come at any time when it is convenient to you.

ㄴ wherever = at(in, on) any place where

ㆍ She will be liked wherever she appears. 그녀는 어디에 나오든지 사랑받을 것이다.

= She will be liked at any place where she appears.

② 양보의 부사절을 이끌 때 … 주로 may를 동반한다.

ㄱ whenever = no matter when

ㆍ Whenever you may call on him, you'll find him reading something.

당신이 언제 그를 찾아가더라도 당신은 그가 어떤 것을 읽고 있는 것을 발견할 것이다.

= No matter when you may call on him, you'll find him reading something.

ㄴ wherever = no matter where

ㆍ Wherever you may go, you will not be welcomed.

너는 어디에 가더라도 환영받지 못할 것이다.

= No matter where you may go, you will not be welcomed.

ㄷ however = no matter how

ㆍ However cold it may be, he will come. 날씨가 아무리 춥더라도 그는 올 것이다.

= No matter how cold it may be, he will come.

08 가정법

❶ 가정법 과거, 과거완료

(1) 가정법 과거

'If + 주어 + 동사의 과거형(were) ~, 주어 + would(should, could, might) + 동사원형'의 형식이다. 현재의 사실에 반대되는 일을 가정하는 것으로, if절에서는 주어의 인칭 · 수에 관계없이 be동사는 were를 쓰고, 현재형으로 해석한다.

예 If I were a bird, I could fly to you. 내가 새라면, 당신에게 날아갈 수 있을텐데.
= As I am not a bird, I can't fly to you(직설법 현재).

(2) 가정법 과거완료

'If + 주어 + had + p.p. ~, 주어 + would(should, could, might) + have + p.p.'의 형식이다. 과거의 사실에 반대되는 일을 가정하는 것으로, 해석은 과거형으로 한다.

예 If you had done it at once, you could have saved him.
내가 그것을 즉시 했었더라면, 그를 구할 수 있었을텐데.
= As you didn't do it at once, you could not save him(직설법 과거).

> **TIP 혼합가정법**
> 과거의 사실이 현재에까지 영향을 미치고 있는 경우 현재에 영향을 미치는 과거의 사실과 반대되는 일을 가정하는 것으로 'If + 주어 + had p.p.~(가정법 과거완료), 주어 + would(should, could, might) + 동사원형 (가정법 과거)'의 형식으로 나타낸다.
> If he had not helped her then, she would not be here now.
> 그가 그때 그녀를 도와주지 않았다면, 그녀는 지금 여기에 없을텐데.
> = As he helped her then, she is here now.
> = She is here now because he helped her then.

❷ 가정법 현재, 미래

(1) 가정법 현재

'If + 주어 + 동사원형(현재형) ~, 주어 + will(shall, can, may) + 동사원형'의 형식이다. 현재 또는 가까운 미래의 불확실한 일을 가정하여 상상한다. 현대 영어에서는 if절의 동사를 주로 현재형으로 쓰며, 거의 직설법으로 취급된다.

예 If he be(is) healthy, I will employ him. 그가 건강하다면, 나는 그를 고용할 것이다.

(2) 가정법 미래

① If + 주어 + should + 동사원형, 주어 + will[would, shall(should), can(could), may (might)] + 동사원형 … 비교적 실현가능성이 없는 미래의 일에 대한 가정이다.

　　예 If I should fail, I will(would) try again. 내가 실패한다면, 다시 시도할 것이다.

② If + 주어 + were to + 동사원형, 주어 + would(should, could, might) + 동사원형 … 절대적으로 실현 불가능한 미래의 일에 대한 가정이다.

　　예 If I were to be born again, I would be a doctor. 내가 다시 태어난다면, 나는 의사가 되겠다.

> **TIP** 가정법을 직설법으로 전환하는 방법
> ㉠ 접속사 If를 as로 바꾼다.
> ㉡ 가정법 과거는 현재시제로, 가정법 과거완료는 과거시제로 고친다.
> ㉢ 긍정은 부정으로, 부정은 긍정으로 바꾼다.
> 　If I had money, I could buy it(가정법 과거).
> 　돈이 있다면, 그것을 살 텐데.
> 　= As I don't have money, I can't buy it(직설법 현재).
> 　= I don't have money, so I can't buy it.
> 　If I had been there, I could have seen it(가정법 과거완료).
> 　거기에 있었다면 그것을 볼 수 있었을 텐데.
> 　= As I was not there, I couldn't see it(직설법 과거).
> 　= I was not there, so I couldn't see it.

❸ 주의해야 할 가정법

(1) I wish 가정법

① I wish + 가정법 과거…~하면 좋을 텐데(아니라서 유감스럽다). 현재사실에 반대되는 소망이다(wish를 뒤따르는 절의 시제는 wish와 같은 시제).

② I wish + 가정법 과거완료…~했으면 좋았을 텐데(아니라서 유감스럽다). 과거사실에 반대되는 소망이다(wish를 뒤따르는 절의 시제는 wish보다 한 시제 앞선다).

> **예** I wish I were rich. 부자라면 좋을 텐데(아니라서 유감스럽다).
> = I am sorry (that) I am not rich.
> I wish I had been rich. 부자였다면 좋을 텐데(아니라서 유감스럽다).
> = I am sorry (that) I was not rich.
> I wished I were rich. 부자였다면 좋았을 텐데(아니라서 유감스러웠다).
> = I was sorry (that) I was not rich.
> I wished I had been rich. 부자였었다면 좋았을 텐데(아니라서 유감스러웠다).
> = I was sorry (that) I had been rich.

> **TIP** I wish 가정법을 직설법으로 전환
> ㉠ I wish를 I am sorry로, I wished는 I was sorry로 바꾼다.
> ㉡ wish 뒤의 절에서 과거는 현재시제로, 과거완료는 과거시제로 고친다. wished 뒤의 절에서는 시제를 그대로 둔다.
> ㉢ 긍정은 부정으로, 부정은 긍정으로 바꾼다.
> I wish it were true.
> 그것이 사실이라면 좋을 텐데(아니라서 유감스럽다).
> = I am sorry (that) it is not true.
> = It is a pity that it is not true.
> I wish it had been true.
> 그것이 사실이었다면 좋을 텐데(아니라서 유감스럽다).
> = I am sorry (that) it was not true.
> = It is a pity that it was not true.
> I wished it were true.
> 그것이 사실이었다면 좋았을 텐데(아니라서 유감스러웠다).
> = I was sorry (that) it was not true.
> = It was a pity that it was not true.
> I wished it had been true.
> 그것이 사실이었었다면 좋았을 텐데(아니라서 유감스러웠다).
> = I was sorry (that) it had been true.
> = It was a pity that it had not been true.

(2) as if 가정법

'마치 ~처럼'의 뜻으로 쓰인다.

① as if + 가정법 과거 ⋯ 마치 ~인 것처럼. 현재의 사실에 대한 반대·의심이다(주절과 종속절이 같은 시제).

② as if + 가정법 과거완료 ⋯ 마치 ~였던 것처럼. 과거의 사실에 대한 반대·의심이다(종속절이 주절보다 한 시제 앞섬).

> 예 He looks as if he were sick(in fact he is not sick).
>
> 그는 마치 아픈 것처럼 보인다(현재사실의 반대).
>
> He looks as if he had been sick(in fact he was not sick).
>
> 그는 마치 아팠던 것처럼 보인다(과거사실의 반대).
>
> He looked as if he were sick(in fact he was not sick).
>
> 그는 마치 아픈 것처럼 보였다(과거사실의 반대).
>
> He looked as if he had been sick(in fact he had not been sick).
>
> 그는 마치 아팠던 것처럼 보였다(과거 이전 사실의 반대).

(3) if only + 가정법 과거(과거완료)

'~한다면(했다면) 얼마나 좋을(좋았을)까'의 뜻으로 쓰인다.

> 예 If only I were married to her! 그녀와 결혼한다면 얼마나 좋을까!
>
> If only I had been married to her! 그녀와 결혼했다면 얼마나 좋았을까!

❹ if절 대용어구 & if의 생략

(1) 주어

> 예 An wise man would not do such a thing. 현명한 사람이라면 그런 일을 하지 않을텐데.
>
> = If he were an wise man, he would not do such a thing.

(2) without[= but(except) for]

① ~가 없다면 ⋯ If it were not for ~ = Were it not for ~ = If there were no ~ (가정법 과거)

> 예 Without air and water, we could not live. 공기와 물이 없다면, 우리는 살 수 없을텐데.
>
> = If it were not for air and water, we could not live.

② ~가 없었다면 ⋯ If it had not been for ~ = Had it not been for ~ = If there had not been ~ (가정법 과거완료)

> 예 Without air and water, we could not have lived. 물과 공기가 없었다면, 우리는 살 수 없었을텐데.
>
> = If it had not been for air and water, we could not have lived.

(3) to부정사

예 To try again, you would succeed. 한 번 더 시도한다면 당신은 성공할텐데.

= If you tried again, you would succeed.

(4) 직설법 + otherwise(or, or else)

'그렇지 않다면, 그렇지 않았더라면'의 뜻으로 쓰인다.

예 I am busy now, otherwise I would go with you. 내가 지금 바쁘지 않다면 너와 함께 갈텐데.

= If I were not busy, I would go with you.

(5) if의 생략

조건절의 if는 생략할 수 있으며, 이때 주어와 동사의 어순은 도치된다.

예 If I should fail, I would not try again. 만일 실패한다면 나는 다시는 시도하지 않을 것이다.

= Should I fail, I would not try again.

09 관사와 명사·대명사

❶ 관사

(1) 부정관사 a / an

셀수 있는 명사 앞에서 "one(하나)", "any(어떤)"이라는 의미로 쓰인다. 명사의 발음이 모음인지 자음인지에 따라서 a(자음일 경우), an(모음일 경우)를 사용한다.

예 I bought an apple and a banana.

나는 사과와 바나나를 샀다.

(2) 정관사 the

앞에 언급한 명사를 반복하거나, 말하는 당사자 간에 이미 알고 있는 특정한 명사 앞, 또는 최상급이나 서수 앞에서 쓰인다.

예 Please open the window. 창문을 열어라.

❷ 명사

(1) 명사의 종류

① 보통명사

　㉠ a(the) + 단수보통명사 : 복수보통명사로 종족 전체를 나타내는 뜻으로 쓰인다.

　　에 A dog is a faithful animal(구어체). 개는 충실한 동물이다.

　　　= The dog is a faithful animal(문어체).

　　　= Dogs are faithful animals(구어체).

　㉡ 관사 없이 쓰인 보통명사 : 사물 본래의 목적을 표시한다.

　　에 go to sea(선원이 되다), in hospital(입원 중), at table(식사중)

　　　📢TIP 명사의 전용

　　　　the + 보통명사 → 추상명사

　　　　The pen is mightier than the sword. 문(文)은 무(武)보다 강하다.

② 집합명사

　㉠ family형 집합명사 : 집합체를 하나의 단위로 볼 때는 단수 취급, 집합체의 구성원을 말할 때는 복수 취급
　　(군집명사)한다. family(가족), public(대중), committee(위원회), class(계층), crew(승무원) 등이 있다.

　　에 My family is a large one. 우리 가족은 대가족이다.

　　　My family are all very well. 우리 가족들은 모두 잘 지내고 있다.

　㉡ police형 집합명사 : the를 붙여 항상 복수 취급한다. police(경찰), clergy(성직자), gentry(신사계급),
　　nobility(귀족계급) 등 사회적 계층이나 신분을 뜻하는 명사를 말한다.

　　에 The police are on the murderer's track. 경찰들은 살인범의 흔적을 좇고 있다.

　㉢ cattle형 집합명사 : 관사를 붙일 수 없으며 복수 취급한다. people(사람들), poultry(가금), vermin(해
　　충) 등이 있다.

　　에 There are many people in the theater. 그 극장에 많은 사람들이 있다.

　㉣ 부분을 나타내는 집합명사 : 뒤에 오는 명사에 따라 단·복수가 결정된다. part, rest, portion, half,
　　the bulk, the majority, most 등이 있다.

　　에 Half of the apple is rotten. 그 사과의 반쪽이 썩었다.

　　　Half of the apples are rotten. 그 사과들의 절반이 썩었다.

　　　📢TIP people이 '국민, 민족'의 뜻일 경우 단수 취급한다.

　　　　㉠ many peoples : 많은 민족들

　　　　㉡ many people : 많은 사람들

③ 추상명사 … 성질, 상태, 동작 등과 같이 형태가 없는 것을 나타낸다. 관사를 붙일 수 없으며 복수형도 없
다. happiness, beauty, peace, success, truth, knowledge, learning, discovery, shopping 등이 있다.

TIP 명사의 전용

a(an) + 추상명사, 복수형 추상명사 → 보통명사

She is a failure as an actress, but a success as a mother.

그녀는 배우로서는 실패이지만 어머니로서는 성공한 사람이다.

　㉠ of + 추상명사 : 형용사(구)로서 앞의 명사를 수식한다.

　　예 This is a matter of importance. 이것은 중요한 문제이다.

　　　= This is an important matter.

　㉡ all + 추상명사 = 추상명사 itself = very + 형용사

　　예 Mary is all beauty. Mary는 대단히 아름답다.

　　　= Mary is beauty itself.

　　　= Mary is very beautiful.

　㉢ 전치사(with, by, in, on 등) + 추상명사 = 부사(구)

　　예 I met him by accident. 나는 우연히 그를 만났다.

　　　= I met him accidently.

　㉣ have + the 추상명사 + to + 동사원형 : 대단히 ~하게도 …하다.

　　예 She had the kindness to help me. 그녀는 대단히 친절하게도 나를 도와주었다.

　　　= She was kind enough to help me.

　　　= She was so kind as to help me.

　　　= She was so kind that she helped me.

　　　= She kindly helped me.

　　　= It was kind of her to help me.

　㉤ 추상명사가 집합명사로 쓰일 때는 복수 취급을 하기도 한다.

　　예 Youth(= young people) should respect age(= aged people). 젊은이들은 노인들을 존경해야 한다.

　㉥ 추상명사의 가산법(수량표시) : 보통 a piece of, a little, some, much, a lot of, lots of 등에 의해서 표시된다.

　　예 a piece of advice 충고 한 마디, a stroke of good luck 한 차례의 행운

④ 물질명사 … 일정한 형체가 없이 양으로 표시되는 물질을 나타내는 명칭이다. 관사를 붙일 수 없고, 복수형으로 만들 수 없으며 항상 단수 취급한다. gold, iron, stone, cheese, meat, furniture, money 등이 있다.

　㉠ 정관사의 사용 : 물질명사가 수식어의 한정을 받을 때에는 정관사 the를 붙인다.

　　예 The water in this pond is clear. 이 연못의 물은 깨끗하다.

　㉡ 집합적 물질명사 : 물건의 집합체이지만 양으로 다루므로 항상 단수 취급한다. furniture(가구), clothing(의류), baggage(짐), machinery(기계류), produce(제품) 등이 있다.

　　예 She bought two pieces of furniture. 그녀는 가구 두 점을 샀다.

　㉢ 물질명사의 가산법(수량표시) : 물질명사를 셀 때에는 단위를 표시하는 말을 사용하여 단·복수를 나타낸다.

　　예 a spoon(ful) of sugar 설탕 한 숟가락, a cake of soap 비누 한 개

② 물질명사의 양의 적고 많음을 나타낼 때 : (a) little, some, much, lots of, a lot of, plenty of 등을 쓴다.
  예 There is much beef in the refrigerator. 냉장고에 많은 쇠고기가 있다.
⑤ **고유명사** … 사람, 사물 및 장소의 이름을 나타내는 명칭으로, 유일무이하게 존재하는 것이다. 항상 대문자로 시작하고 대부분 관사를 붙일 수 없으며 복수형도 없다. David Bowie, Central Park, the Korea Herald, July 등이 있다.

[가산명사와 불가산명사]

구분		개념
가산명사 (셀 수 있는 명사)	보통명사	같은 종류의 사람 및 사물에 붙인 이름
	집합명사	사람 또는 사물의 집합을 나타내는 이름
불가산명사 (셀 수 없는 명사)	고유명사	특정한 사람 또는 사물의 고유한 이름
	물질명사	일정한 형체가 없는 원료, 재료 등에 붙인 이름

TIP 혼동하기 쉬운 가산명사와 불가산명사
  ㉠ a poem 시, poetry (총칭적) 시
  ㉡ a country 국가, country 시골
  ㉢ a right 권리, right 정의
  ㉣ a pig 돼지, pork 돼지고기
  ㉤ a cow 소, beef 쇠고기
  ㉥ a meal 식사, food 음식

(2) 명사의 수

① 명사의 복수형 만들기
  ㉠ 규칙변화
    • 일반적으로는 어미에 -s를 붙인다.
      예 cats, desks, days, deaths 등
    • 어미가 s, x, sh, ch, z로 끝나면 -es를 붙인다. 단, ch의 발음이 [k]인 경우에는 -s를 붙인다.
      예 buses, boxes, dishes, inches, stomachs, monarchs 등
    • '자음 + y'는 y를 i로 고치고 -es를 붙인다.
      예 cities, ladies, armies 등
    • '자음 + o'는 -es를 붙인다(예외 : pianos, photos, solos, autos 등).
      예 potatoes, heroes, echoes 등
    • 어미가 f, fe로 끝나면 f를 v로 고치고 -es를 붙인다
      예 lives, leaves, wolves 등
        예외 : roofs, chiefs, handkerchiefs, griefs, gulfs, safes(금고) 등

📢 **TIP** 불규칙변화

　　ⓐ 모음이 변하는 경우 : man → men, foot → feet, tooth → teeth, mouse → mice, ox → oxen

　　ⓑ 단수, 복수가 같은 경우 : sheep, deer, salmon, corps, series, species, Chinese, Swiss 등

　　ⓒ 외래어의 복수형

　　　• -um, -on → -a : medium → media, phenomenon → phenomena

　　　• -us → -i : stimulus → stimuli, focus → foci, fungus → fungi

　　　• -sis → -ses : oasis → oases, crisis → crises, thesis → theses, analysis → analyses, basis → bases

ⓛ **복합명사의 복수형**

• 중요한 말이나 명사에 -s를 붙인다.

　예 step-mother → step-mothers(계모), passer-by → passers-by(통행인)

• 중요한 말이나 명사가 없는 경우 끝에 -s나 -es를 붙인다.

　예 forget-me-not → forget-me-nots(물망초), have-not → have-nots(무산자),

• 'man, woman + 명사'는 둘 다 복수형으로 고친다.

　예 man-servant(하인) → men-servants, woman-doctor(여의사) → women-doctors

② **절대 · 상호 · 분화복수**

ⓐ **절대복수** : 항상 복수형으로 쓰이는 명사이다.

• 짝을 이루는 의류, 도구 : 복수 취급한다(수를 셀 때는 a pair of, two pairs of ~를 씀).

　예 trousers(바지), braces(멜빵바지), glasses(안경), scissors(가위), 등

• 학문, 학과명(-ics로 끝나는 것), 게임명, 병명 : 단수 취급한다.

　예 statistics(통계학), billiards(당구), measles(홍역) 등

• 기타 : 복수 취급한다(예외 : news, series, customs는 단수 취급).

　예 goods(상품), riches(재산), belongs(소유물), savings(저금)

ⓑ **상호복수** : 상호 간에 같은 종류의 것을 교환하거나 상호작용을 할 때 쓰는 복수이다.

　예 shake hands with(악수를 하다), change cars(차를 갈아타다)

ⓒ **분화복수** : 복수가 되면서 본래의 의미가 없어지거나, 본래의 의미 외에 또 다른 의미가 생겨나는 복수이다.

　예 letter(문자) / letters(문자들, 문학), arm(팔) / arms(팔들, 무기), good(선) / goods(상품), pain(고통) / pains(고생, 수고), force(힘) / forces(군대)

　　📢 **TIP** 복수형을 쓰지 않는 경우

　　　ⓐ '수사 + 복수명사'가 다른 명사를 수식할 경우 복수형에서 s를 뺀다.
　　　　a ten-dollar bill, three-act drama, a five-year plan

　　　ⓑ 시간, 거리, 가격, 중량을 한 단위로 취급할 때는 형태가 복수일지라도 단수 취급을 한다.
　　　　Ten dollars a day is a good pay.
　　　　하루에 10달러는 높은 급료이다.

(3) 명사의 소유격

① **원칙** … 명사가 생물인 경우에는 's를 붙이고, 무생물인 경우에는 'of + 명사'로 표시하며, 복수명사(-s)인 경우에는 '만 붙이는 것을 원칙으로 한다.

> 🔊 **TIP** 무생물의 소유격
> ㉠ 일반적으로 'of + 명사'를 쓴다.
> the legs of the table(○) 다리가 네 개인 책상
> → the table's legs(✕)
> ㉡ 의인화된 경우 's를 붙인다.
> heaven's will 하늘의 의지, fortune's smile 운명의 미소
> ㉢ 시간, 거리, 가격, 중량 등을 나타내는 명사는 of를 쓰지 않고 -'s를 붙인다.
> ten mile's distance 10마일의 거리, a pound's weight 1파운드의 무게

② **독립소유격** … 소유격 뒤에 올 명사가 예측 가능할 때 생략한다.

　㉠ 같은 명사의 반복을 피하기 위해 생략한다.

　　예 My car is faster than Tom's (car). 내 차는 Tom의 것보다 빠르다.

　㉡ 장소 또는 건물 등을 나타내는 명사 house, shop, office, restaurant, hospital 등은 생략한다.

　　예 I am going to the dentist's (clinic). 나는 치과에 갈 예정이다.

③ **이중소유격** … a, an, this, that, these, those, some, any, no, another 등과 함께 쓰이는 소유격은 반드시 이중소유격(a + 명사 + of + 소유대명사)의 형태로 해야 한다.

　예 He is an old friend of mine(○). 그는 나의 오랜 친구이다.
　　→ He is a my old friend(✕).
　　→ He is an old my friend(✕).

④ **명사 + of + 명사(목적격)** … '명사 + 명사'의 형태로 변환시킬 수 있다.

　예 a rod of iron = an iron rod 쇠막대기

⑤ **명사(A) + of + a(n) + 명사(B)** … 'B와 같은 A'의 뜻으로 해석된다.

　예 a wife of an angel 천사같은 아내
　　= an angelic wife

❸ 대명사

(1) 인칭대명사 it의 용법

① **특정한 단어, 구절을 받을 때** … 이미 한 번 언급된 사물·무생물·성별불명의 유아 등이나 구절을 가리킬 때 it을 쓴다.

　예 Where is my pen? I left it on the table(it = my pen).
　　내 펜이 어디에 있니? 나는 그것을 책상 위에 두고 갔어.

② **비인칭주어** … 날씨, 시간, 거리, 계절, 명암 등과 같은 자연현상이나 측정치를 나타내는 비인칭주어로 쓰일 때의 it은 해석하지 않는다.

> ⑩ It is cold outside. 밖은 춥다. It is two o'clock. 2시이다.

③ **가주어** … to부정사나 that절이 문장의 주어로 쓰이는 경우 이를 뒤로 보내고 대신 가주어 it을 문장의 주어로 세울 수 있다.

> ⑩ It is impossible to start at once(to start 이하가 진주어). 즉시 출발하는 것은 불가능하다.

④ **가목적어** … 5형식의 문장에서 목적어로 to부정사나 that절이 올 때 반드시 가목적어 it을 쓰고 to부정사나 that절을 문장의 뒤로 보낸다.

> ⑩ I think it wrong to tell a lie(to tell 이하가 진목적어). 나는 거짓말하는 것을 나쁘다고 생각한다.

⑤ **강조용법** … 문장 내에서 특정한 어구[주어, 목적어, 부사(구·절) 등]를 강조하려 할 때 It is ~ that 구문을 쓴다.

> ⑩ I met him in the park yesterday. 나는 어제 그를 공원에서 만났다.
> → It was I that(who) met him in the park yesterday(주어 강조).
> 어제 공원에서 그를 만난 사람은 나였다.
> → It was him that(whom) I met in the park yesterday(목적어 강조).
> 어제 공원에서 내가 만난 사람은 그였다.
> → It was in the park that(where) I met him yesterday(부사구 강조).
> 내가 어제 그를 만난 곳은 공원이었다.
> → It was yesterday that(when) I met him in the park(부사 강조).
> 내가 공원에서 그를 만난 때는 어제였다.

(2) 지시대명사

① this와 that

    ㉠ this(these)는 '이것'을, that(those)은 '저것'을 가리키는 대표적인 지시대명사이다.

    ㉡ this와 that이 동시에 쓰일 경우 this는 후자, that은 전자를 가리킨다.

> ⑩ I can speak English and Japanese ; this is easier to learn than that(this = Japanese, that = English). 나는 영어와 일어를 할 줄 안다. 후자가 전자보다 배우기 쉽다.

② this의 용법

    ㉠ this는 사물뿐만 아니라 사람을 가리키는 주격 인칭대명사로도 쓰인다.

> ⑩ This is Mrs. Jones. 이쪽은 Jones 부인입니다.

    ㉡ this는 다음에 이어질 문장의 내용을 지칭할 수 있다.

> ⑩ I can say this. He will never betray you.
> 나는 이 말을 할 수 있습니다. 그는 결코 당신을 배신하지 않을 것입니다.

③ that의 용법

　　㉠ those는 주격 관계대명사 who와 함께 쓰여 '~하는 사람들'의 의미를 나타낸다.

　　　　예 Heaven helps those who help themselves. 하늘은 스스로 돕는 자를 돕는다.

　　㉡ 동일한 명사의 반복을 피하기 위해 that(= the + 명사)을 쓴다. 복수형 명사일 때에는 those를 쓴다.

　　　　예 His dress is that of a gentleman, but his speech and behaviors are those of a clown(that = the dress, those = the speech and behaviors).

　　　　　그의 옷은 신사의 것이지만 말투나 행동거지는 촌뜨기의 것이다.

(3) such의 용법

앞에 나온 명사 혹은 앞문장 전체를 받을 때 such를 쓴다.

예 If you are a gentleman, you should behave as such. 만약 당신이 신사라면, 당신은 신사로서 행동해야 한다.

(4) so의 용법

① so는 동사 believe, expect, guess, hope, think, say, speak, suppose, do 등의 뒤에 와서 앞문장 전체 혹은 일부를 대신한다.

　　예 A : Is he a liar? 그는 거짓말쟁이니?

　　　　B : I think so. / I don't think so. 나는 그렇게(거짓말쟁이라고) 생각해 / 나는 그렇게 생각하지 않아.

② 동의 · 확인의 so ··· ~도 그렇다.

　　㉠ 긍정문에 대한 동의(= 주어 + 동사 + too)

　　　• A와 B의 주어가 다른 경우 : So + (조)동사 + 주어

　　　• A와 B의 주어가 같은 경우 : So + 주어 + (조)동사

　　　　예 A : I like watermelons. 나(A)는 수박을 좋아해.

　　　　　　B : So do I(= I like them, too). 나(B)도 그래(좋아해).

　　　　　　　So you do. 너(A)는 정말 그래(좋아해).

　　㉡ 부정문에 대한 동의 : Neither + (조)동사 + 주어[= 주어 + (조)동사 + either]

　　　　예 A : I don't like watermelons. 나(A)는 수박을 좋아하지 않아.

　　　　　　B : Neither do I(= I don't like them, either). 나(B)도 그래(좋아하지 않아).

(5) 부정대명사

① all과 each의 용법

　　㉠ all의 용법 : '모든 사람(전원) · 것(전부)'을 의미한다.

　　　• all이 사람을 나타내면 복수, 사물을 나타내면 단수로 취급한다.

　　　　예 All were dead at the battle. 모두가 전쟁에서 죽었다.

　　　　　All that glitters is not gold. 반짝이는 모든 것이 다 금은 아니다.

- all과 인칭대명사 : all of + 인칭대명사 = 인칭대명사 + all(동격대명사)
  - **예** All of us have to go. 우리들 전원은 가야 한다.
    = We all have to go.
  - ㉡ each의 용법 : '각자, 각각'을 의미하는 each는 부정어를 수반하는 동사와 함께 쓰이지 않으며 'each of (the) + 복수명사 + 단수동사 = 복수명사 + each(동격대명사) + 복수동사 = each(형용사) + 단수명사 + 단수동사'의 형태로 단수 취급한다.
    - **예** Each of the boys has his duty. 그 소년들은 각자 그의 의무를 가지고 있다.
      = The boys each have their duty.
      = Each boy has his duty.

② both와 either의 용법
  - ㉠ both의 용법 : '둘(두 사람 또는 두 개의 사물) 모두'를 의미하는 both는 'both of the + 복수명사 + 복수동사 = 복수명사 + both(동격대명사)'의 형태로 복수로 취급한다.
    - **예** Both of the questions were difficult. 질문은 둘 다 어려웠다.
  - ㉡ either의 용법 : '둘(두 사람 또는 두 개의 사물) 중 어느 한쪽'을 의미하는 either는 원칙적으로 단수 취급하지만 'either of (the) + 복수명사 + 단수동사(원칙) / 복수동사(구어)'의 형태로 쓰이기도 한다.
    - **예** Either of them is(are) good enough. 그 둘 중 어느 쪽도 좋다.

③ none과 neither의 용법
  - ㉠ none의 용법 : no one(아무도 ~않다)을 의미하며 셋 이상의 부정에 사용한다.
    - 'none of the + 복수명사 + 단수동사 / 복수동사'의 형태로 단·복수를 함께 사용한다.
      - **예** None of them goes out. 그들 모두가 외출하지 않는다.
        None of them go out. 그들 중 아무도 외출하지 않는다.
    - 'none of the + 물질·추상명사 + 단수동사'의 형태로 단수로만 취급하기도 한다. neither은 모두 단수 취급을 한다.
      - **예** None of the money is hers. 그 돈은 한 푼도 그녀의 것이 아니다.
  - ㉡ neither의 용법 : both의 부정에 사용되며 '둘 중 어느 쪽도 ~않다[= not ~ either of (the) + 복수명사]'를 의미하는 neither는 원칙적으로 단수 취급하지만, 'neither of (the) + 복수명사 + 단수동사(원칙) / 복수동사(구어) = neither + 단수명사 + 단수동사'의 형태로 쓰이기도 한다.
    - **예** Neither of his parents is(are) alive. 그의 부모님들 중 한 분도 살아계시지 않다.

④ some과 any의 용법 … '약간'을 의미하는 some과 any는 불특정한 수 또는 양을 나타내는 대명사로 'some /any of the + 단수명사 + 단수동사, some /any of the + 복수명사 + 복수동사'의 형태로 쓰인다.
  - ㉠ some의 용법 : 긍정문, 평서문의 대명사로 쓰인다.
    - **예** Some of the fruit is rotten. 그 과일 중 몇 개는 썩었다.
  - ㉡ any의 용법 : 부정문, 의문문, 조건문의 대명사로 쓰인다.
    - **예** Any of the rumors are not true. 그 소문들 중 몇몇은 사실이 아니었다.

⑤ some-, any-, every-, no-와 결합된 대명사 -body, -one, -thing은 단수로 취급한다(no-와 -one은 no one의 형태로 결합).

　예 Someone has left his bag. 누군가 가방을 두고 갔다.

⑥ another와 other의 용법

　㉠ another의 용법 : 불특정한 '(또 하나의) 다른 사람·것'을 의미하며, 단수로만 쓰인다.

　　• 하나 더(= one more)

　　　예 He finished the beer and ordered another(= one more beer).

　　　　그는 맥주를 다 마시고 하나 더 주문했다.

　　• 다른(= different)

　　　예 I don't like this tie. Show me another(= different tie).

　　　　나는 이 넥타이가 마음에 안들어요. 다른 것을 보여주세요.

　㉡ other의 용법

　　• '(나머지) 다른 사람·것'을 의미하며, 정관사 the와 함께 쓰이면 특정한 것을 나타내고, the 없이 무관사로 쓰이면 불특정한 것을 나타낸다.

　　• 복수형은 others이다.

　　　🔊 TIP　another와 other의 주요 용법

　　　　㉠ A is one thing, B is another : A와 B는 별개이다(다르다).

　　　　　To say is one thing, to do is another. 말하는 것과 행하는 것은 별개이다.

　　　　㉡ some + 복수명사, others ~ : (불특정 다수 중) 일부는 ~, 또 일부는 ~

　　　　　Some people like winter, others like summer.

　　　　　어떤 사람들은 겨울을 좋아하고 또 어떤 사람들은 여름을 좋아한다.

　　　　㉢ some + 복수명사, the others ~ : (특정 다수 중) 일부는 ~, 나머지는 ~

　　　　　Some of the flowers are red, but the others are yellow.

　　　　　몇몇 꽃들은 빨갛지만 나머지들은 노랗다.

　　　　㉣ one, the others ~ : (특정 다수 중) 하나는 ~, 나머지는 ~

　　　　　I keep three dogs ; one is black and the others are white.

　　　　　나는 개를 세 마리 키운다. 하나는 까맣고 나머지들은 하얗다.

　　　　㉤ one, the other ~ : (둘 중) 하나는 ~, 나머지 하나는 ~

　　　　　There are two flowers in the vase ; one is rose, the other is tulip.

　　　　　꽃병에 두 송이의 꽃이 있다. 하나는 장미이고 하나는 튤립이다.

　　　　㉥ one, another, the other ~ : (셋을 열거할 때) 하나는 ~, 또 하나는 ~, 나머지 하나는 ~

　　　　　One is eight years, another is ten, the other is twelve.

　　　　　하나는 여덟 살이고, 또 하나는 열 살이고, 나머지 하나는 열두 살이다.

　　　　㉦ one, another, a third ~ : (셋 이상을 열거할 때) 하나는 ~, 또 하나는 ~, 세 번째는 ~

　　　　　One man was killed, another was wounded, and a third was safe.

　　　　　하나는 죽고 또 하나는 다치고 세 번째 사람은 무사하였다.

⑦ one의 용법

　　㉠ 수의 개념을 지니는 부정대명사 one의 복수형은 some이다.

　　　　예 There are some apples. You may take one. 사과가 몇 개 있다. 네가 하나를 가져가도 된다.

　　㉡ 형용사의 수식을 받는 단수보통명사를 대신해 쓰이며, 이때 복수형은 ones이다.

　　　　예 His novel is a successful one(one = novel). 그의 소설은 성공적이다.

　　㉢ a + 단수보통명사 = one, the + 단수보통명사 = it

　　　　예 I bought a camera, but I lost it(it = the camera). 나는 카메라를 샀는데, 그것을 잃어버렸다.

(6) 재귀대명사

① **강조용법** … 주어·목적어·보어의 뒤에 와서 동격으로 그 뜻을 강조하는 경우 생략해도 문장이 성립한다.

　예 You must do it yourself. 너는 네 스스로 그것을 해야 한다.

② **재귀용법** … 문장의 주어와 동일인물이 타동사의 목적어로 쓰이는 경우로 자동사의 의미로 해석될 때가 많다.

　예 enjoy oneself 즐기다, avail oneself of ~을 이용하다, pride oneself on ~을 자랑스럽게 여기다(= take pride in), repeat oneself 되풀이하다

③ **전치사 + 재귀대명사**(관용적 표현) … 재귀대명사가 전치사의 목적어로 쓰이는 경우에 해당한다.

　예 for oneself 자기 힘으로, 남의 도움 없이(= without other's help), by oneself 혼자서, 홀로(= alone), beside oneself 제 정신이 아닌(= insane)

(7) 의문대명사

① 의문대명사의 용법

　　㉠ who : 사람의 이름, 혈연관계 등을 물을 때 사용한다.

　　　　예 A : Who is he? 그는 누구니?

　　　　　　B : He is Jinho, my brother. 그는 내 동생 진호야.

　　㉡ what : 사람의 직업, 신분 및 사물을 물을 때 사용한다.

　　　　예 A : What is he? 그는 뭐하는 사람이니?

　　　　　　B : He is an English teacher. 그는 영어 선생님이야.

　　㉢ which : 사람이나 사물에 대한 선택을 요구할 때 사용한다.

　　　　예 Which do you like better, this or that? 이것과 저것 중 어떤 것이 더 좋으니?

② **의문사가 문두로 나가는 경우** … 간접의문문에서 주절의 동사가 think, suppose, imagine, believe, guess 등일 때 의문사가 문두로 나간다(yes나 no로 대답이 불가능).

　예 A : Do you know what we should do? 우리가 무엇을 해야 할지 알겠니?

　　　B : Yes, I do. I think we should tell him the truth. 응. 내 생각에는 그에게 사실을 말해줘야 해.

　　　A : What you guess we should do? 우리가 무엇을 해야 할 것 같니?

　　　B : I guess we'd better tell him the truth. 내 생각에는 그에게 사실을 말해 주는 것이 낫겠어.

10 형용사와 부사

❶ 형용사

(1) 형용사의 용법과 위치

① 형용사의 용법

　　㉠ 한정적 용법

　　　• 명사의 앞·뒤에서 직접 명사를 수식한다.

　　　　예 I saw a beautiful girl. 나는 아름다운 소녀를 보았다.

　　　• 한정적 용법으로만 쓰이는 형용사 : wooden, only, former, latter, live, elder, main 등

　　　　예 This is a wooden box. 이것은 나무(로 만들어진) 상자이다.

　　㉡ 서술적 용법

　　　• 2형식 문장에서 주격보어나 5형식 문장에서 목적격보어로 쓰여 명사를 간접적으로 수식한다.

　　　　예 The girl is beautiful. 그 소녀는 아름답다.
　　　　　 I think him handsome. 나는 그가 잘생겼다고 생각한다.

　　　• 서술적 용법으로만 쓰이는 형용사 : absent, alive, alike, alone, awake, asleep, aware, afraid 등

　　　　예 I am afraid of snakes. 나는 뱀을 무서워한다.

> **TIP** 한정적·서술적 용법에 따라 뜻이 달라지는 형용사
> present(현재의 / 참석한), late(故 / 늦은), ill(나쁜 / 아픈), able(유능한 / 할 수 있는), certain(어떤 / 확실한),
> right(오른쪽의 / 옳은)
> the late Dr. Brown 故 브라운 박사
> She was late. 그녀는 늦었다.

② 형용사의 위치

　　㉠ 형용사가 한정적 용법으로 쓰일 때 보통 형용사가 명사의 앞에서 수식(전치수식)한다.

　　㉡ 형용사는 원칙적으로 명사의 앞에서 전치수식하지만, 다음의 경우 형용사가 명사의 뒤에 위치한다(후치
　　　수식).

　　　• 여러 개의 형용사가 겹칠 때

　　　　예 She is a lady kind, beautiful, and rich. 그녀는 친절하고 아름답고 부유한 아가씨이다.

　　　• 다른 수식어구를 동반하여 길어질 때

　　　　예 This is a loss too heavy for me to bear. 이것은 내가 견디기에는 너무 큰 손실이다.

　　　• -thing, -body, -one 등으로 끝나는 부정대명사를 수식할 때

　　　　예 Is there anything strange about him? 그에게 뭔가 이상한 점이 있나요?

　　　• -ble, -able 등으로 끝나는 형용사가 최상급이나 all, every 등이 붙은 명사를 수식할 때

　　　　예 Please send me all tickets available. 구할 수 있는 모든 표를 보내주세요.

ⓒ all, both, double, such, half 등의 형용사는 맨 먼저 나온다.

② 그 밖의 형용사의 어순

관사 등	서수	기수	성질	대소	상태, 색깔	신구, 재료	소속	명사
those	first	three	brave			young	American	soldiers
her		two	nice	little	black		Swiss	watches
고정적			강조, 관용, 결합성의 관계에 따라 다소 유동적					

③ 주의해야 할 형용사 every … all과 each와의 구별이 중요하다.

ⓐ every는 '모든'을 뜻하면서 셋 이상의 전체를 포괄하는 점에서 all과 같으나 둘 이상의 개개의 것을 가리키는 each와 다르다.

ⓑ every는 'every + 단수명사 + 단수동사'의 형태로 단수명사를 수식하는 점에서 each와 같으나(each + 단수명사 + 단수동사), 복수명사를 수식하는 all과 다르다(all + 복수명사 + 복수동사).

ⓒ every는 형용사로만 쓰이나 all과 each는 형용사 외에 대명사로도 쓰인다.

② 매(每) ~마다 : every + 기수 + 복수명사 = every + 서수 + 단수명사

　例 The Olympic Games are held every four years(every fourth year).
　　올림픽 경기는 4년마다 개최된다.

(2) 수량형용사와 수사

① 수량형용사

ⓐ many와 much : many는 수를, much는 양·정도를 나타낸다.

• many : many는 가산명사와 결합하며, 'many a / an + 단수명사 + 단수동사 = many + 복수명사 + 복수동사'의 형태로 쓰인다.

　例 Many boys are present at the party. 많은 소년들이 그 파티에 참석했다.
　　= Many a boy is present at the party.

• much : 'much + 불가산명사 + 단수동사'의 형태로 쓰인다.

　例 Much snow has fallen this winter. 많은 눈이 이번 겨울에 내렸다.

ⓑ few와 little : few는 수를, little은 양이나 정도를 나타내며 a few (= several), a little(= some)은 '약간 있는', few(= not many), little(= not much)은 '거의 없는'의 뜻이다.

• (a) few + 복수(가산)명사 + 복수동사

　例 She has a few friends. 그녀는 친구가 약간 있다.
　　She has few friends. 그녀는 친구가 거의 없다.

• (a) little + 불가산명사 + 단수동사

　例 I have a little time to study. 나는 공부할 시간이 약간 있다.
　　I have little time to study. 나는 공부할 시간이 거의 없다.

ⓒ **막연한 수량형용사** : dozens of(수십의), hundreds of(수백의), thousands of(수천의), millions of(수백만의), billions of(수십억의) 등은 막연한 불특정다수의 수를 나타낸다(dozen, hundred, thousand, million, billion 등 수량을 나타내는 명사가 수사와 함께 다른 명사를 직접적으로 수식하는 형용사의 역할을 할 때는 단수형태를 유지해야 하며 복수형태를 취할 수 없음).

　　　📖 dozens of pear 수십 개의 배

② **수사**

　　ⓐ **수사와 명사의 결합**

　　　• '수사 + 명사'의 표현방법 : 무관사 + 명사 + 기수 = the + 서수 + 명사

　　　• 수사 + 명사(A) + 명사(B) : '수사 + 명사(A)'가 명사(B)를 수식하는 형용사의 역할을 할 경우에는 일반적으로 수사와 명사(A) 사이에 Hypen(-)을 넣으며 명사(A)는 단수로 나타낸다.

　　　• 기수로 표시된 수량을 나타내는 복수형 단위명사가 한 단위를 나타내면 단수로 취급한다.

　　ⓑ **수사 읽기**

　　　• 세기 : 서수로 읽는다.

　　　📖 This armor is 15th century. 이 갑옷은 15세기의 것이다.

　　　　→15th century : the fifteenth (century)

　　　• 연도 : 두 자리씩 나누어 읽는다.

　　　📖 Between 1898 and 1906, Peary tried five times to reach the North Pole.

　　　　1898 ~ 1906년 사이에 Peary는 북극(점)에 도달하기 위해서 다섯 번 시도하였다.

　　　　→1898 : eighteen ninety-eight, →1906 : nineteen O-six

　　　• 전화번호 : 한 자리씩 끊어 읽으며, 국번 다음에 comma(,)를 넣는다.

　　　📖 123 − 0456 : one two three, O four five six

　　　• 분수 : 분자는 기수로, 분모는 서수로 읽으며 분자가 복수일 때는 분모에 −s를 붙인다.

　　　📖 1 / 3 : a third, 2 / 5 : two fifths

　　　　📣 **TIP** 주의해야 할 수사 읽기
　　　　　　ⓐ 제2차 세계대전 : World War Two, the Second World War
　　　　　　ⓑ 엘리자베스 2세 : Elizabeth the Second
　　　　　　ⓒ 7쪽 : page seven, the seventh page
　　　　　　ⓓ −5℃ : five degrees below zero Centigrade
　　　　　　ⓔ 18℃ : eighteen degrees Centigrade
　　　　　　ⓕ 제3장 : chapter three, the third chapter

(3) 주의해야 할 형용사

① **명사 + −ly = 형용사** … neighborly(친절한), worldly(세속적인), shapely(몸매 좋은) 등

② **형용사 + −ly = 형용사** … kindly(상냥한, 친절한) 등

③ 현재분사 · 과거분사 → 형용사

　　㉠ 감정을 나타내는 타동사의 현재분사(-ing)가 형용사의 역할을 하는 경우 사물 · 동물과 함께 쓰이며, 그 과거분사(-ed)가 형용사의 역할을 하는 경우 사람과 함께 쓰인다.

　　㉡ boring / bored, depressing /depressed, embarrassing / embarrassed, frightening / frightened, exciting / excited, satisfying / satisfied 등

④ 주어를 제한하는 형용사

　　㉠ 사람을 주어로 할 수 없는 형용사 : convenient, difficult, easy, possible, probable, improbable, necessary, tough, painful, dangerous, useful, delightful, natural, hard, regrettable, useless 등

　　　예 It is necessary for you to help me. 너는 나를 도울 필요가 있다.

　　㉡ 사람만을 주어로 하는 형용사 : happy, anxious, afraid, proud, surprised, willing, thankful, excited, sorry, angry, sure, pleased 등의 형용사는 무생물이 주어가 될 수 없다.

　　　예 I was afraid that he would attack me. 그가 나를 공격할 것이 두려웠다.

　　　　🔊 **TIP** 사람이 주어가 될 수 있는 경우

　　　　　주어가 to부정사의 의미상의 목적어일 경우에는 사람이 주어가 될 수 있다.

　　　　　It is hard to please him. 그를 만족시키기는 어렵다.

　　　　　= He is hard to please(주어 He는 to please의 의미상 목적어임).

⑤ be worth -ing = be worthy of -ing = be worthy to be p.p. = be worthwhile to do(doing) ~할 가치가 있다.

　　예 These books are worth reading carefully. 이 책들은 신중하게 읽을 가치가 있다.

　　　= These books are worthy of careful reading.

　　　= These books are worthy to be read carefully.

　　　= These books are worthwhile to read(reading) carefully.

❷ 부사

(1) 부사의 용법과 위치

① 동사를 수식할 때 … '동사 + (목적어) + 부사'의 어순을 취한다.

　　예 He speaks English well. 그는 영어를 잘한다.

　　　🔊 **TIP** '타동사 + 부사'의 2어동사에서 목적어의 위치

　　　　㉠ 목적어가 명사일 때 : 부사의 앞 · 뒤 어디에나 올 수 있다.

　　　　　Put the light out. 불을 꺼라.

　　　　　= Put out the light.

　　　　㉡ 목적어가 대명사일 때 : 반드시 동사와 부사의 사이에 와야 한다.

　　　　　Give it up(○). 그것을 포기해라.

　　　　　→ Give up it(×).

② 형용사나 다른 부사(구, 절)를 수식할 때 … 수식하는 단어의 앞에 놓인다.

> 예 I am very tired(형용사 수식). 나는 무척 피곤하다.
>
> She works very hard(부사 수식). 그녀는 매우 열심히 일한다.
>
> I did it simply because I felt it to be my duty(부사절 수식).
>
> 나는 단지 그것이 내 의무였기 때문에 했다.

③ 명사나 대명사를 수식할 때 … 'even(only) + (대)명사'의 형태를 취한다.

> 예 Even a child can do it(명사 수식). 심지어 어린이조차도 그것을 할 수 있다.
>
> Only he can solve the problem(대명사 수식). 오직 그만이 문제를 해결할 수 있다.

④ 문장 전체를 수식할 때 … 주로 문장의 처음에 놓인다.

> 예 Happily he did not die. 다행히도 그는 죽지 않았다.
>
> He did not die happily(동사 die 수식). 그는 행복하게 죽지 않았다.

⑤ 주의해야 할 부사의 위치

> ㉠ 부사의 어순 : 부사가 여러 개일 때는 장소(방향→위치)→방법(양태)→시간의 순이고, 시간·장소의
> 부사는 작은 단위→큰 단위의 순이다.
>
> > 예 He will come here at six tomorrow. 그는 내일 6시에 여기 올 것이다.
>
> ㉡ 빈도부사의 위치 : always, usually, sometimes, often, seldom, rarely, never, hardly 등 'How
> often ~?'에 대한 대답이 되는 부사를 말한다. be동사 뒤, 조동사 뒤, 일반동사 앞, used to do와 함께
> 쓰이면 used의 앞·뒤에 위치한다.
>
> ㉢ 시간을 나타내는 부사 : yesterday, today, tomorrow 등은 항상 문두(강조) 또는 문미(일반)에 위치한다.
>
> ㉣ enough의 위치 : 부사로 쓰일 때는 수식하는 단어의 뒤에 놓이며, 형용사로 쓰여 명사를 수식할 때는
> 주로 명사의 앞에 온다.

(2) 주의해야 할 부사의 용법

① too와 either … '또한, 역시'의 뜻이다.

> ㉠ too : 긍정문에서 쓰인다(too가 '너무나'의 의미로 형용사·부사를 수식할 때에는 형용사·부사 앞에서 수식함).
>
> > 예 I like eggs, too. 나도 역시 달걀을 좋아한다.
>
> ㉡ either : 부정문에서 쓰인다.
>
> > 예 I don't like eggs, either. 나도 역시 달걀을 좋아하지 않는다.

② very와 much

> ㉠ very : 형용사·부사의 원급과 현재분사를 수식한다.
>
> > 예 He asked me a very puzzling question. 그는 나에게 매우 난처한 질문을 하였다.
>
> ㉡ much : 형용사·부사의 비교급·최상급과 과거분사를 수식한다.
>
> > 예 He is much taller than I. 그는 나보다 키가 훨씬 더 크다.

③ ago, before, since

    ㉠ ago : (지금부터) ~전에, 현재가 기준, 과거형에 쓰인다.

        예 I saw her a few days ago. 나는 몇 년 전에 그녀를 보았다.

    ㉡ before : (그때부터) ~전에, 과거가 기준, 과거 · 현재완료 · 과거완료형에 쓰인다.

        예 I have seen her before. 나는 이전부터 그녀를 봐왔다.

    ㉢ since : 과거를 기준으로 하여 현재까지를 나타내고, 주로 현재완료형에 쓰인다.

        예 I have not seen him since. 나는 (그때) 이후로 그를 만나지 못했다.

④ already, yet, still

    ㉠ already : 긍정문에서 '이미, 벌써'의 뜻으로 동작의 완료를 나타낸다.

        예 I have already read the book. 나는 그 책을 벌써 읽었다.

    ㉡ yet : 부정문에서 부정어의 뒤에서 '아직 ~않다', 의문문에서 '벌써', 긍정문에서 '여전히, 아직도'의 뜻으로 쓰인다.

        예 I haven't yet read the book. 나는 아직 그 책을 읽지 않았다.

        Have you read the book yet? 당신은 벌써 그 책을 읽었습니까?

    ㉢ still : '여전히, 아직도'의 뜻으로 쓰이며, 그 위치에 따라 '가만히'의 뜻으로 쓰이기도 한다.

        예 I still read the book. 나는 여전히 그 책을 읽는다.

        I stood still. 나는 가만히 서 있었다.

⑤ 부정을 나타내는 부사

    ㉠ 준부정의 부사 never, hardly, scarcely, rarely, seldom 등은 다른 부정어와 함께 사용할 수 없다.

        예 I can hardly believe it. 나는 그것을 거의 믿을 수가 없다.

    ㉡ 강조하기 위해 준부정의 부사를 문두에 위치시키며 '주어 + 동사'의 어순이 도치되어 '(조)동사 + 주어 + (일반동사의 원형)'의 어순이 된다.

        예 Hardly can I believe it. 나는 거의 그것을 믿을 수 없다.

11 비교

❶ 원급에 의한 비교

(1) 동등비교와 열등비교

① 동등비교 ··· as A as B는 'B만큼 A한'의 뜻이다.

   예 I am as tall as she (is tall). 나는 그녀만큼 키가 크다.

     →I am as tall as her(×).

        TIP 직유의 표현 ··· B처럼 매우 A한

           I am as busy as a bee. 나는 꿀벌처럼 매우 바쁘다.

② 열등비교 ··· not so(as) A as B는 'B만큼 A하지 못한'의 뜻이다.

   예 He is not so tall as I. 그는 나만큼 키가 크지 않다.

     =I am taller than he.

(2) 배수사 + as A as B

'B의 몇 배만큼 A한'의 뜻으로 쓰인다.

예 The area of China is forty times as large as that of Korea. 중국의 면적은 한국 면적의 40배이다.

   =The area of China is forty times larger than that of Korea.

(3) as A as possible

'가능한 한 A하게'의 뜻으로 쓰이며, as A as + S + can의 구문과 바꿔쓸 수 있다.

예 Go home as quickly as possible. 가능한 한 빨리 집에 가거라.

   =Go home as quickly as you can.

(4) as A as (A) can be

'더할 나위 없이 ~한, 매우 ~한'의 뜻으로 쓰인다.

예 He is as poor as (poor) can be. 그는 더할 나위 없이 가난하다.

(5) 최상급의 뜻을 가지는 원급비교

① as A as any + 명사 ··· 어떤 ~에도 못지않게 A한

   예 She is as wise as any girl in her class. 그녀는 자기 반의 어느 소녀 못지않게 현명하다.

② as A as ever + 동사 … 누구 못지않게 A한, 전례 없이 A한

　　예 He was as honest a merchant as ever engaged in business.
　　　그는 지금까지 사업에 종사했던 어느 상인 못지않게 정직한 상인이었다.

③ 부정주어 + so A as B … B만큼 A한 것은 없다.

　　예 Nothing is so precious as time. 시간만큼 귀중한 것은 없다.

> **TIP** 원급을 이용한 관용표현
> ㉠ not so much as A as B = rather B than A = more B than A : A라기보다는 B이다.
> 　He is not so much as a novelist as a poet. 그는 소설가라기보다는 시인이다.
> 　= He is rather a poet than a novelist.
> 　= He is more a poet than a novelist.
> ㉡ A as well as B = not only B but (also) A : B뿐만 아니라 A도
> 　He is handsome as well as tall. 그는 키가 클 뿐만 아니라 잘생기기도 했다.
> 　= He is not only tall but (also) handsome.
> ㉢ may as well A as B : B하기보다는 A하는 편이 낫다.
> 　You may as well go at once as stay. 너는 머물기보다는 지금 당장 가는 편이 낫다.
> ㉣ as good as = almost : ~와 같은, ~나 마찬가지인
> 　The wounded man was as good as dead. 그 부상자는 거의 죽은 것이나 마찬가지였다.
> 　= The wounded man was almost dead.
> ㉤ A is as B as C : A는 C하기도 한 만큼 B하기도 하다.
> 　Gold is as expensive as useful. 금은 유용하기도 한 만큼 비싸기도 하다.

❷ 비교급에 의한 비교

(1) 우등비교와 열등비교

① 우등비교 … '비교급 + than ~'은 '~보다 더 …한'의 뜻이다.

　　예 I am younger than he. 나는 그보다 어리다.

> **TIP** 동일인물 · 사물의 성질 · 상태 비교
> -er을 쓰지 않고, 'more + 원급 + than'을 쓴다. 여기서 more는 rather의 뜻이다.
> He is more clever than wise.
> 그는 현명하다기보다는 영리하다.

② 열등비교 … 'less + 원급 + than ~'은 '~만큼 …하지 못한'의 뜻이다[= not so(as) + 형용사 + as].

　　예 I am less clever than she. 나는 그녀만큼 똑똑하지 못하다.
　　　= I am not so clever as she.

③ 차이의 비교 … '비교급 + than + by + 숫자'의 형태로 차이를 비교한다.

　　예 She is younger than I by three years. 그녀는 나보다 세 살 더 어리다.
　　　= She is three years younger than I.
　　　= I am three years older than she.
　　　= I am three years senior to her.

TIP 라틴어 비교급

어미가 −or로 끝나는 라틴어 비교급(senior, junior, superior, inferior, exterior, interior, major, minor, anterior 등)은 than을 쓰지 않고 to를 쓴다.

He is two years senior to me.
그는 나보다 두 살 위이다.

(2) 비교급의 강조

비교급 앞에 much, far, even, still, a lot 등을 써서 '훨씬'의 뜻을 나타낸다.

예 She is much smarter than he. 그녀는 그보다 훨씬 더 총명하다.

(3) the + 비교급

비교급 표현임에도 불구하고 다음의 경우에는 비교급 앞에 the를 붙인다.

① 비교급 다음에 of the two, for, because 등이 오면 앞에 the를 붙인다.

예 He is the taller of the two. 그가 두 명 중에 더 크다.
I like him all the better for his faults.
나는 그가 결점이 있기 때문에 그를 더욱 더 좋아한다.
He studied the harder, because his teacher praised him.
선생님이 그를 칭찬했기 때문에 그는 더욱 열심히 공부했다.

② 절대비교급 … 비교의 특정상대가 없을 때 비교급 앞에 the를 붙인다.

예 the younger generation 젊은 세대

③ The + 비교급 ~, the + 비교급 ~ … '~하면 할수록 그만큼 더 ~하다'의 관용적인 의미로 쓰인다.

예 The more I know her, the more I like her. 그녀를 알면 알수록 그녀가 더 좋아진다.

(4) 최상급의 뜻을 가지는 비교급 표현

'부정주어 + 비교급 + than ~'을 사용하여 '~보다 …한 것은 없다'를 나타낸다. '긍정주어 + 비교급 + than any other + 단수명사[all other + 복수명사, anyone(anything) else]'의 구문으로 바꿔 쓸 수 있다.

예 No one is taller than Tom in his class. 그의 반에서 Tom보다 키가 큰 사람은 아무도 없다.
= Tom is taller than any other student in his class.
= Tom is taller than all other students in his class.
= Tom is taller than anyone else in his class.
= Tom is the tallest student in his class.

(5) 비교급을 이용한 관용표현

① much more와 much less

㉠ much(still) more : ~은 말할 것도 없이(긍정적인 의미)

예 He is good at French, much more English. 그는 영어는 말할 필요도 없고 불어도 잘한다.

ⓛ much(still) less : ~은 말할 것도 없이(부정적인 의미)

　㉠ He cannot speak English, still less French. 그는 영어는 말할 필요도 없고, 불어도 못한다.

② no more than과 not more than

　㉠ no more than : 겨우, 단지(= only)

　　㉠ I have no more than five dollars. 나는 겨우 5달러밖에 없다.

　ⓛ not more than : 기껏해야(= at most)

　　㉠ I have not more than five dollars. 나는 기껏해야 5달러 가지고 있다.

③ no less than과 not less than

　㉠ no less than : ~만큼이나[= as many(much) as]

　　㉠ He has no less than a thousand dollars. 그는 1,000달러씩이나 가지고 있다.

　ⓛ not less than : 적어도(= at least)

　　㉠ He has not less than a thousand dollars. 그는 적어도 1,000달러는 가지고 있다.

④ no less ~ than과 not less ~ than

　㉠ no less A than B : B만큼 A한[= as (much) A as B]

　　㉠ She is no less beautiful than her sister. 그녀는 언니만큼 예쁘다.

　　　= She is as beautiful as her sister.

　ⓛ not less A than B : B 못지않게 A한

　　㉠ She is not less beautiful than her sister. 그녀는 언니 못지않게 예쁘다.

　　　= She is perhaps more beautiful than her sister.

⑤ A is no more B than C is D … A가 B가 아닌 것은 마치 C가 D가 아닌 것과 같다[= A is not B any more than C is D, A is not B just as C is D(B = D일 때 보통 D는 생략)].

　㉠ A bat is no more a bird than a rat is (a bird). 박쥐가 새가 아닌 것은 쥐가 새가 아닌 것과 같다.

　　= A bat is not a bird any more than a rat is (a bird).

　　= A bat is not a bird just as a rat is (a bird).

　　　🔊 TIP 기타 비교급을 이용한 중요 관용표현
　　　　㉠ not more A than B : B 이상은 A 아니다.
　　　　ⓛ no better than ~ : ~나 다를 바 없는(= as good as)
　　　　ⓒ no less 명사 than ~ : 다름아닌, 바로(= none other than ~)
　　　　ⓔ little more than ~ : ~내외, ~정도
　　　　ⓜ little better than ~ : ~나 마찬가지의, ~나 다름없는
　　　　ⓗ nothing more than ~ : ~에 지나지 않는, ~나 다름없는
　　　　ⓢ none the less : 그럼에도 불구하고

❸ 최상급에 의한 비교

(1) 최상급의 형식

최상급은 셋 이상의 것 중에서 '가장 ~한'의 뜻을 나타내며 형용사의 최상급 앞에는 반드시 the를 붙인다.

예 Health is the most precious (thing) of all. 건강은 모든 것 중에서 가장 귀중한 것이다.

> **TIP** 최상급을 이용한 관용표현
> ㉠ at one's best : 전성기에
> ㉡ at (the) most : 많아야
> ㉢ at last : 드디어, 마침내
> ㉣ at least : 적어도
> ㉤ at best : 기껏, 아무리 잘 보아도
> ㉥ at (the) latest : 늦어도
> ㉦ for the most part : 대부분
> ㉧ had best ~ : ~하는 것이 가장 낫다(had better ~ : ~하는 것이 더 낫다).
> ㉨ try one's hardest : 열심히 해보다
> ㉩ make the best(most) of : ~을 가장 잘 이용하다.
> ㉪ do one's best : 최선을 다하다.
> ㉫ not in the least : 조금도 ~않다.

(2) 최상급의 강조

최상급 앞에 much, far, by far, far and away, out and away, the very 등을 써서 '단연'의 뜻을 나타낸다.

예 He is the very best student in his class. 그는 그의 학급에서 단연 최우수학생이다.

(3) 최상급 앞에 the를 쓰지 않는 경우

① 동일인, 동일물 자체를 비교할 때

예 The river is deepest at this point. 그 강은 이 지점이 가장 깊다.

② 부사의 최상급일 때

예 Which season do you like best? 어느 계절을 가장 좋아하세요?

③ **절대최상급 표현일 때** … 비교대상을 명확히 나타내지 않고 그 정도가 막연히 아주 높다는 것을 표현할 때 'a most + 원급 + 단수명사', 'most + 원급 + 복수명사'의 절대최상급 구문을 이용한다(이때 most는 very의 의미).

예 He is a most wonderful gentleman. 그는 매우 멋진 신사분이다.
　= He is a very wonderful gentleman.

④ most가 '매우(= very)'의 뜻일 때

예 You are most kind to me. 너는 나에게 매우 친절하다.

⑤ 명사나 대명사의 소유격과 함께 쓰일 때

　📖 It is my greatest pleasure to sing. 노래하는 것은 나의 가장 큰 기쁨이다.

(4) 최상급을 이용한 양보의 표현

'아무리 ~라도'의 뜻으로, 이 때 최상급 앞에 even을 써서 강조할 수 있다.

📖 (Even) The wisest man cannot know everything. 아무리 현명한 사람이라도 모든 것을 다 알 수는 없다.

　= However wise a man may be, he cannot know everything.

(5) The last + 명사

'결코 ~하지 않을'의 뜻으로 쓰인다.

📖 He is the last man to tell a lie. 그는 결코 거짓말을 하지 않을 사람이다.

　= He is the most unlikely man to tell a lie.

12　접속사와 전치사

❶ 접속사

(1) 등위접속사

① 등위접속사 … 단어·구·절을 어느 한쪽에 종속되지 않고 대등하게 연결해 주는 접속사이다.

　㉠ and : '~와, 그리고, (명령문, 명사구 다음) 그러면'의 뜻으로 쓰인다.

　　📖 Another step, and you are a dead man! 한 발만 더 내디디면 당신은 죽은 목숨이다!

　㉡ or : '또는(선택), 즉, 말하자면, (명령문, 명사구 다음) 그렇지 않으면'의 뜻으로 쓰인다.

　　📖 Will you have coffee or tea? 커피를 마시겠습니까? 아니면 차를 마시겠습니까?

　　　Hurry up, or you will miss the train. 서둘러라. 그렇지 않으면 기차를 놓칠 것이다.

　㉢ but

　　• '그러나(대조, 상반되는 내용의 연결)'의 뜻으로 쓰인다.

　　　📖 He tried hard, but failed. 그는 열심히 노력했지만, 실패하였다.

　　• not A but B : A가 아니라 B, A하지 않고 B하다.

　　　📖 I did not go, but stayed at home. 나는 가지 않고 집에 있었다.

　㉣ for : '~이니까, ~을 보니(앞의 내용에 대한 이유의 부연설명)'의 뜻으로 쓰인다.

　　📖 We can't go, for it's raining hard. 비가 심하게 와서 갈 수 없겠다.

② 대등절의 평행구조

　　㉠ **평행구조** : 문장에서 등위접속사는 동일한 성분의 구나 절을 연결해야 하고, 이를 평행구조를 이룬다고 말한다.

　　㉡ **A and(but, or) B일 때** : A가 명사, 형용사, 부사, 부정사, 동명사, 절이면 B도 명사적 어구, 형용사적 어구, 부사적 어구, 부정사, 동명사, 절이어야 한다.

　　　例 She is kind and beautiful(형용사끼리 연결). 그녀는 친절하고 아름답다.
　　　　He look on me questioningly and distrustfully(부사끼리 연결).
　　　　그가 나를 미심쩍고 의심스럽게 본다.

(2) 상관접속사

① **상관접속사** … 양쪽이 상관관계를 갖고 서로 짝을 이루게 연결시키는 접속사로 다음 A와 B는 같은 문법구조를 가진 동일성분이어야 한다.

　　㉠ **both A and B** : 'A와 B 둘 다'의 뜻으로 쓰인다.

　　　例 Both brother and sister are dead. 오누이가 다 죽었다.

　　㉡ **not only A but also B**(= B as well as A) : 'A뿐만 아니라 B도'의 뜻으로 쓰인다.

　　　例 Not only you but also he is in danger. 너뿐만 아니라 그도 위험하다.
　　　　= He as well as you is in danger.

　　㉢ **either A or B** : 'A 또는 B 둘 중에 하나'의 뜻으로 쓰인다.

　　　例 He must be either mad or drunk. 그는 제 정신이 아니거나 취했음에 틀림없다.

　　㉣ **neither A nor B** : 'A 또는 B 둘 중에 어느 것도 (아니다)'의 뜻으로 쓰인다.

　　　例 She had neither money nor food. 그녀는 돈도 먹을 것도 없었다.

② **주어와 동사의 일치**

　　㉠ **both A and B** : 복수 취급한다.

　　　例 Both you and I are drunk(복수 취급). 너와 나 모두 취했다.

　　㉡ **not only A but also B**(= B as well as A) : B에 동사의 수를 일치시킨다.

　　　例 Not only you but also I am drunk(후자에 일치). 너뿐만 아니라 나도 취했다.
　　　　= I as well as you am drunk(전자에 일치).

　　㉢ **either A or B** : B에 동사의 수를 일치시킨다.

　　　例 Either you or I am drunk(후자에 일치). 너와 나 둘 중에 하나는 취했다.

　　㉣ **neither A nor B** : B에 동사의 수를 일치시킨다.

　　　例 Neither you nor I am drunk(후자에 일치). 너도 나도 취하지 않았다.

(3) 종속접속사

① 명사절을 이끄는 종속접속사 … 명사절은 문장 속에서 주어, 보어, 목적어 및 명사와 동격으로 쓰인다.

ⓐ that : '~하는 것'의 뜻으로 주어, 보어, 목적어, 동격으로 쓰인다.

> 예 That he stole the watch is true(주어로 쓰임). 그가 시계를 훔쳤다는 것은 사실이다.
>
> The fact is that he stole the watch(보어로 쓰임). 사실은 그가 시계를 훔쳤다.
>
> I know that he stole the watch(목적어로 쓰임). 나는 그가 시계를 훔쳤다는 것을 알고 있다.
>
> There is no proof that he stole the watch(동격으로 쓰임).
>
> 그가 시계를 훔쳤다는 증거는 없다.

> **TIP** 명사절을 이끄는 종속접속사 that의 생략
> ㉠ that절이 동사의 목적어 또는 형용사의 보어가 되는 경우 that은 생략해도 된다.
> ㉡ that절이 주어인 경우 또는 주격보어인 경우 that은 생략할 수 없다.
> ㉢ that으로 된 명사절이 둘 이상일 때 처음에 나오는 that절의 that은 생략할 수 있으나, 그 다음에 나오는 that절의 that은 생략할 수 없다.

ⓑ whether와 if : '~인지(아닌지)'의 뜻으로 쓰인다. whether가 이끄는 명사절은 문장에서 주어, 보어, 목적어로 쓰일 수 있으나 if절은 타동사의 목적어로만 쓰인다.

> 예 Whether he will come is still uncertain(주어 – if로 바꿔 쓸 수 없음).
>
> 그가 올지는 여전히 불확실하다.
>
> The question is whether I should pay or not(보어 – if로 바꿔 쓸 수 없음).
>
> 문제는 내가 돈을 지불하느냐 마느냐이다.
>
> I don't know whether(if) I can do it(타동사의 목적어 – if로 바꿔 쓸 수 있음).
>
> 내가 그것을 할 수 있을지 모르겠다.

② 시간의 부사절을 이끄는 종속접속사

ⓐ while : ~하는 동안

> 예 Make hay while the sun shines. 해가 빛나는 동안 건초를 말려라.

ⓑ before : ~전에

> 예 I want to take a trip around the world before I die.
>
> 나는 죽기 전에 세계일주여행을 하고 싶다.

ⓒ after : ~후에

> 예 I'll go to bed after I finish studying. 나는 공부를 마친 후에 자러갈 것이다.

ⓓ when, as : ~할 때

> 예 The event occurred when I was out on a trip.
>
> 그 사건은 내가 여행으로 집에 없을 때 일어났다.
>
> He was trembling as he spoke. 그는 이야기할 때 떨고 있었다.

ⓔ whenever : ~할 때마다

> 예 Whenever she drinks, she weeps. 그녀는 술 마실 때마다 운다.

ⓑ since : '~한 이래'의 의미로 주로 '현재완료 + since + S + 동사의 과거형 ~[~한 이래 (현재까지) 계속 …하다]'의 형태로 쓰인다.

　　예 He has been ill since he had the accident. 그는 그 사고를 당한 이래로 계속 아팠다.

ⓢ not ~ until … : '…할 때까지 ~하지 않다, …하고 나서야 비로소 ~하다'의 의미로 It is not until … that ~ (= ~ only after …) 구문으로 바꿔쓸 수 있다.

　　예 He did not come until it grew dark. 그는 어두워진 후에야 왔다.
　　　= It was not until it grew dark that he came.
　　　= Not until it grew dark did he come.

ⓞ as soon as + S + 동사의 과거형 ~, S + 동사의 과거형 ~ : '~하자마자 …했다'의 의미로 다음 구문과 바꿔쓸 수 있다.

　• The moment(Immediately) + S + 동사의 과거형 ~, S + 동사의 과거형
　• No sooner + had + S + p.p. + than + S + 동사의 과거형
　• Hardly(Scarcely) + had + S + p.p. + when(before) + S + 동사의 과거형

　　예 As soon as he saw me, he ran away. 그는 나를 보자마자 도망쳤다.
　　　= The moment(Immediately) he saw me, he ran away.
　　　= No sooner had he seen me than he ran away.
　　　= Hardly(Scarcely) had he seen me when(before) he ran away.

③ 원인·이유의 부사절을 이끄는 종속접속사

ⓖ since, as, now(seeing) that ~ : '~이므로'의 뜻으로 쓰이며, 간접적이거나 가벼운 이유를 나타낸다.

　　예 Since it was Sunday, she woke up late in the morning. 일요일이었기에 그녀는 아침 늦게 일어났다.
　　　As he often lies, I don't like him. 그가 종종 거짓말을 했기 때문에 나는 그를 좋아하지 않는다.
　　　Now (that) he is absent, you go there instead. 그가 부재중이므로 당신이 대신 거기에 간다.

ⓛ because : '~이기 때문에'의 뜻으로 쓰이며, 강한 인과관계를 표시한다.

　　예 Don't despise a man because he is poorly dressed. 초라하게 차려입었다고 사람을 무시하지 마라.

④ 목적·결과의 부사절을 이끄는 종속접속사

ⓖ 목적의 부사절을 이끄는 종속접속사

　• 긍정의 목적 : (so) that : may(can, will) ~(= in order that)의 구문을 사용하며 '~하기 위해, ~하도록(긍정)'의 뜻으로 쓰인다.

　　예 I stood up so that I might see better. 나는 더 잘 보기 위해 일어났다.
　　　= I stood up in order that I might see better.
　　　= I stood up in order to see better.

　• 부정의 목적 : lest … (should) ~(= for fear that … should ~ = so that … not ~)의 구문을 사용하며 '~하지 않기 위해, ~하지 않도록(부정)'의 뜻으로 쓰인다.

　　예 He worked hard lest he should fail. 그는 실패하지 않도록 열심히 일했다.
　　　= He worked hard so that he would not fail.
　　　= He worked hard in case he should fail.
　　　= He worked hard for fear that he should fail.

ⓛ 결과의 부사절을 이끄는 종속접속사
- so (that)은 '그래서'의 뜻으로 쓰이며, 이때 so 앞에 반드시 comma(,)가 있어야 한다.
- so(such) : that ~의 구문을 사용하며 '너무 …해서 (그 결과) ~하다'의 뜻으로 쓰인다.
  - 예 He is so kind a man that everyone likes him[so + 형용사 + (a / an) + 명사].
    그는 너무 친절해서 모든 사람들이 좋아한다.
    = He is such a kind man that everyone likes him[such + (a / an) + 형용사 + 명사].

⑤ 조건 · 양보 · 양태의 부사절을 이끄는 종속접속사
  ㉠ 조건의 부사절을 이끄는 종속접속사
  - if : '만약 ~라면'의 뜻으로 쓰이며 실현가능성이 있는 현실적 · 긍정적 조건절을 만든다.
    - 예 We can go if we have the money. 만약 우리가 돈을 가지고 있다면 우리는 갈 수 있다.
  - unless : '만약 ~가 아니라면(= if ~ not)'의 뜻이며 부정적 조건절을 만든다.
    - 예 I shall be disappointed unless you come. 만약 당신이 오지 않는다면 나는 실망할 것이다.
  - 조건을 나타내는 어구 : provided (that), providing, suppose, supposing (that) 등이 있다.
    - 예 I will come provided (that) I am well enough. 건강이 괜찮으면 오겠습니다.
  ㉡ 양보의 부사절을 이끄는 종속접속사
  - whether ~ or not : ~이든 아니든
    - 예 Whether it rains or not, I will go. 비가 내리든 내리지 않든 나는 갈 것이다.
  - though, although, even if : 비록 ~라 할지라도
    - 예 Even if I am old, I can still fight. 내가 비록 늙었다 할지라도 나는 여전히 싸울 수 있다.
  - 형용사 · 부사 · (관사 없는) 명사 + as + S + V ~(= as + S + V + 형용사 · 부사 · 명사) : 비록 ~라 할지라도, ~이지만
    - 예 Pretty as the roses are, they have many thorns. 장미꽃들은 예쁘지만, 그것들은 가시가 많다.
  - 동사원형 + as + S + may, might, will, would(= as + S + may, might, will, would + 동사원형) : 비록 ~라 하더라도, ~이지만
    - 예 Laugh as we would, he maintained the story was true.
      우리가 웃었지만 그는 그 이야기가 사실이라고 주장하였다.
  - no matter + 의문사(what, who, when, where, which, how) + S + V : 비록 (무엇이, 누가, 언제, 어디에서, 어느 것이, 어떻게) ~할지라도, 아무리 ~해도
    - 예 No matter what I say or how I say it, he always thinks I'm wrong.
      내가 아무리 무슨 말을 하거나 그것을 어떻게 말해도, 그는 항상 내가 틀렸다고 생각한다.
  ㉢ 양태의 부사절을 이끄는 종속접속사 : (just) as를 사용하며 '~하는 대로, ~하듯이'의 뜻으로 쓰인다.
    - 예 Everything happened just as I had said. 모든 일이 내가 말해 왔던 대로 일어났다.

❷ 전치사

(1) 시간을 나타내는 전치사

① 특정한 때를 나타내는 전치사

    ㉠ at : (시각, 정오, 밤)에

        예 at ten, at noon, at night

    ㉡ on : (날짜, 요일)에

        예 on July 4, on Sunday

    ㉢ in : (월, 계절, 연도, 세기, 아침, 오후, 저녁)에

        예 in May, in winter, in 2001, in the 21th century, in the morning(afternoon, evening)

② 기간을 나타내는 전치사

    ㉠ 'for + 숫자'로 표시되는 기간 : ~동안에

        예 He was in hospital for six months. 그는 여섯 달 동안 병원에 있었다.

    ㉡ during + 특정기간 : ~동안에

        예 He was in hospital during the summer. 그는 여름 동안 병원에 있었다.

    ㉢ through + 특정기간 : (처음부터 끝까지) ~내내(기간의 전부)

        예 He worked all through the afternoon. 그는 오후 내내 일하였다.

③ 시간의 추이를 나타내는 전치사

    ㉠ in : ~안에(시간의 경과)

        예 I will be back in an hour. 나는 1시간 후에 돌아올 것이다.

    ㉡ within : ~이내에(시간의 범위)

        예 I will be back within an hour. 나는 1시간 이내에 돌아올 것이다.

    ㉢ after : ~후에(시간의 경과)

        예 I will be back after an hour. 나는 1시간 후에 돌아올 것이다.

④ '~까지는'의 뜻을 가지는 전치사

    ㉠ until : ~까지(동작 · 상태의 계속)

        예 I will wait until seven. 나는 7시까지 기다릴 것이다.

    ㉡ by : ~까지는(동작의 완료)

        예 I will come by seven. 나는 7시까지 돌아올 것이다.

    ㉢ since : ~이래(현재까지 계속)

        예 It has been raining since last night. 어젯밤 이래 계속 비가 내리고 있다.

⑤ 예외적으로 on을 사용하는 경우 … 특정한 날의 아침, 점심, 저녁, 밤 등이거나 수식어가 붙으면 on을 쓴다.

    예 on the evening of August 27th, on Friday morning, on a rainy(clear, gloomy) night

(2) 장소를 나타내는 전치사

① 상하를 나타내는 전치사

   ㉠ on과 beneath

     • on : (표면에 접촉하여) ~위에

       예 There is a picture on the wall. 벽에 그림이 하나 있다.

     • beneath : (표면에 접촉하여) ~아래에

       예 The earth is beneath my feet. 지구는 내 발 아래에 있다.

   ㉡ over와 under

     • over : (표면에서 떨어져 바로) ~위에

       예 There is a bridge over the river. 강 위에 다리가 하나 있다.

     • under : (표면에서 떨어져 바로) ~아래에

       예 There is a cat under the table. 탁자 아래에 고양이가 한 마리 있다.

   ㉢ above와 below

     • above : (표면에서 멀리 떨어져) ~위에

       예 The sun has risen above the horizon. 태양이 수평선 위에 떴다.

     • below : (표면에서 멀리 떨어져) ~아래에

       예 The moon has sunk below the horizon. 달이 수평선 아래로 졌다.

   ㉣ up과 down

     • up : (방향성을 포함하여) ~위로

       예 I climbed up a ladder. 나는 사닥다리 위로 올라갔다.

     • down : (방향성을 포함하여) ~아래로

       예 Tears were rolling down his cheeks. 눈물이 그의 볼 아래로 흘러내리고 있었다.

② 방향을 나타내는 전치사

   ㉠ to, for, toward(s)

     • to : ~으로(도착지점으로)

       예 He went to the bank. 그는 은행에 갔다.

     • for : ~을 향해(방향, 목표)

       예 He left for New York. 그는 뉴욕으로 떠났다.

     • toward(s) : ~쪽으로(막연한 방향)

       예 He walked towards the church. 그는 교회쪽으로 걸었다.

   ㉡ in, into, out of

     • in : ~안에[정지상태(= inside of)]

       예 There was no one in this building. 이 건물 안에는 아무도 없었다.

     • into : (밖에서) ~안으로(운동방향)

       예 A car fell into the river. 자동차가 강물에 빠졌다.

• out of : (안에서) ~밖으로(운동방향)

　　예 He ran out of the house. 그는 그 집에서 도망쳤다.

③ 앞뒤를 나타내는 전치사

　ㄱ before : ~앞에(위치)

　　예 The family name comes before the first name in Korea. 한국에서는 성이 이름 앞에 온다.

　ㄴ in front of : ~의 앞에, 정면에(장소)

　　예 There are a lot of sunflowers in front of the cafe. 그 카페 앞에는 해바라기가 많이 있다.

　ㄷ behind : ~뒤에(장소)

　　예 The man hid behind the tree. 그 남자는 나무 뒤에 숨었다.

　ㄹ opposite : ~의 맞은편에(위치)

　　예 She sat opposite me at the party. 모임에서 그녀는 내 맞은편에 앉았다.

　ㅁ after : ~을 뒤쫓아(운동상태), ~다음에(전후순서)

　　예 Come after me. 나를 따라와.

　　　B comes after A in the alphabet. B는 알파벳에서 A 다음에 온다.

≡ 최근 기출문제 분석 ≡

2022 지방직 간호8급

┃1~2┃ 우리말을 영어로 잘못 옮긴 것을 고르시오.

1 ① 그는 지금 자신에게 화가 나 있다.

　　→ He is angry with himself now.

② 나는 말하던 것을 멈추고 주위를 둘러보았다.

　　→ I stopped to talk and looked around.

③ 그는 그가 듣고 있는 것을 거의 믿을 수 없었다.

　　→ He could hardly believe what he was hearing.

④ 많은 다른 선택권이 있었다.

　　→ There were a number of different options.

> **TIP** ① himself는 주어 자신을 의미하기 때문에 적절하다.
> ② stop + to 부정사는 '~하기 위해 멈추다'라는 의미로 우리말과는 맞지 않는다. '~하는 것을 멈추다'는 stop + -ing로 표현한다.
> ③ hardly는 부정의 의미로 적절히 사용되었다.
> ④ a number of + 복수명사, 주어 options에 대한 동사 were, 모두 알맞게 사용되었다.

2 ① 나는 그를 전에 어디에서도 본 기억이 없다.

　　→ I don't remember seeing him anywhere before.

② 나는 이 음악을 들을 때마다 나의 어머니가 항상 생각난다.

　　→ Whenever I listen to this music, I always think of my mother.

③ 다행히 그녀는 지난 밤 트럭에 치이는 것을 모면했다.

　　→ Luckily, she escaped from running over by a truck last night.

④ 나의 어머니는 종종 영화를 보는 중에 잠이 드신다.

　　→ My mother often falls asleep while watching a movie.

> **TIP** ① remember + -ing는 '(과거에) -한 것을 기억하다'는 의미로 적절하게 사용되었다
> ② whenever는 '~할때마다'라는 의미의 복합 관계부사로 적절하게 사용되었다.
> ③ 차에 치이는 수동의 의미이기 때문에 running over를 being run over로 바꿔야 한다.
> ④ 부사절과 주절의 주어가 같으므로, 주어를 생각한 접속사 +-ing의 형태는 적절하다.

Answer　1.② 2.③

❚3~4❚ 어법상 옳지 않은 것을 고르시오.

3 ① He is the person I need to talk to about my daughter.

② My final exams are starting next week, so I've got to study hard.

③ This story was about the incidents that were happened in the 1920s.

④ I was just going to clean the office, but someone had already done it.

> **TIP** ① I 앞에 목적격 관계대명사가 생략된 올바른 문장이다.
> ② 미래를 나타내는 부사구에서 현재진행은 미래를 나타낼 수 있다.
> ③ happen은 자동사로서 수동태 문장이 될 수 없다. 따라서 that were happened → that happened가 되어야 한다.
> ④ 누군가가 청소한 시점은 주어 I가 청소하려고 했던 시점보다 이전인 대과거 이다. 따라서 had already done은 올바른 문장이다.
>
> 「① 그는 내가 내 딸에 대해 이야기해야 할 사람이다.
> ② 다음 주에 기말고사가 시작되니까 열심히 공부해야겠어.
> ③ 이 이야기는 1920년대에 일어났던 사건들에 관한 것이었다.
> ④ 방금 사무실 청소하려고 했는데, 누군가가 이미 청소해 놓은 상태였다.」

4 ① The speaker said a few thing that was interesting.

② We saw John coming back with a drink in his hand.

③ This book is one of the best novels I have ever read.

④ We were absolutely amazed at the response to our appeal.

> **TIP** ① a few는 셀 수 있는 복수명사 앞에 쓰이므로 뒤에 나오는 명사는 복수명사 things가 되어야 하고, was → were가 되어야 한다.
> ② saw는 지각동사로, 목적격 보어 자리에 -ing가 올 수 있다.
> ③ novels 뒤에 목적격 관계대명사 that이 생략된 문장이다.
> ④ 주어 we가 놀랐다는 수동의 의미이므로, 과거분사 amazed는 알맞게 사용되었다.
>
> 「① 그 연사는 흥미로운 몇 가지를 말했다.
> ② 우리는 존이 음료수를 들고 돌아오는 것을 보았다.
> ③ 이 책은 내가 읽어본 최고의 소설 중 하나이다.
> ④ 우리는 우리의 호소에 대한 반응에 굉장히 놀랐다.」

Answer 3.③ 4.①

5 어법상 옳은 것은?

① A horse should be fed according to its individual needs and the nature of its work.

② My hat was blown off by the wind while walking down a narrow street.

③ She has known primarily as a political cartoonist throughout her career.

④ Even young children like to be complimented for a job done good.

TIP ② 주절의 주어와 종속절의 주어가 다르기 때문에, "while I walked ∼"로 고쳐야 한다.
③ 그녀가 ∼로서 알려진 것이기 때문에 수동태가 되어야 한다. 따라서 "has been known"으로 고쳐야 한다.
④ 과거분사 done을 수식해야 하므로 형용사 good → 부사 well이 되어야 한다.

「① 말은 개인의 필요와 일의 성질에 따라 먹이를 주어야 한다.
② 좁은 길을 걷다가 나의 모자가 바람에 날아갔다
③ 그녀는 자신의 경력 내내 주로 정치 만화가로 알려져 왔다.
④ 심지어 어린 아이들도 잘한 일에 대해 칭찬받는 것을 좋아한다.」

6 밑줄 친 부분 중 어법상 옳지 않은 것은?

To find a good starting point, one must return to the year 1800 during ① which the first modern electric battery was developed. Italian Alessandro Volta found that a combination of silver, copper, and zinc ② were ideal for producing an electrical current. The enhanced design, ③ called a Voltaic pile, was made by stacking some discs made from these metals between discs made of cardboard soaked in sea water. There was ④ such talk about Volta's work that he was requested to conduct a demonstration before the Emperor Napoleon himself.

TIP copper 구리   zinc 아연   electrical current 전류   enhance 향상시키다   stack 쌓아올리다   request 요구하다
demonstration 시연
② that절의 주어가 combination으로 3인칭 단수이기 때문에 동사는 were가 아닌 was가 되어야 한다.

「좋은 출발점을 찾기 위해서는 최초의 현대식 전기 배터리가 개발되었던 1800년으로 돌아가야 한다. 이탈리아의 알레산드로 볼타는 은, 구리, 아연의 조합이 전류를 만드는 데 이상적이라는 것을 발견했다. 볼타 전퇴라고 불리는 이 강화된 디자인은 바닷물에 적신 판지로 만들어진 원반 사이에 이 금속들로 만들어진 원반들을 쌓아올림으로써 만들어졌다. 볼타의 성과에 대한 이야기가 많아서 그는 나폴레옹 황제 앞에서 직접 시연을 하라는 요청을 받았다.」

Answer   5.① 6.②

|7~8| 우리말을 영어로 잘못 옮긴 것을 고르시오.

7 ① 우리가 영어를 단시간에 배우는 것은 결코 쉬운 일이 아니다.

→ It is by no means easy for us to learn English in a short time.

② 우리 인생에서 시간보다 더 소중한 것은 없다.

→ Nothing is more precious as time in our life.

③ 아이들은 길을 건널 때 아무리 조심해도 지나치지 않다.

→ Children cannot be too careful when crossing the street.

④ 그녀는 남들이 말하는 것을 쉽게 믿는다.

→ She easily believes what others say.

> **TIP** ① by no means는 결코 ~하지 않다는 의미로서 맞는 표현이다.
> ② 비교급 구문이기 때문에 as대신 than을 넣어야 한다.
> ③ can't ~ too는 아무리 ~해도 지나치지 않다는 의미로서 맞는 표현이다.
> ④ believe의 목적어로 명사절 what others say를 이끌고 있고, 타동사 say의 목적어 역할을 하고 있으므로 what은 적절하게 쓰였다.

8 ① 커피 세 잔을 마셨기 때문에, 그녀는 잠을 이룰 수 없다.

→ Having drunk three cups of coffee, she can't fall asleep.

② 친절한 사람이어서, 그녀는 모든 이에게 사랑받는다.

→ Being a kind person, she is loved by everyone.

③ 모든 점이 고려된다면, 그녀가 그 직위에 가장 적임인 사람이다.

→ All things considered, she is the best-qualified person for the position.

④ 다리를 꼰 채로 오랫동안 앉아 있는 것은 혈압을 상승시킬 수 있다.

→ Sitting with the legs crossing for a long period can raise blood pressure.

> **TIP** ① 커피를 마신 시점은 과거 시점으로, 완료 분사구문의 표현은 맞는 표현이다.
> ② Being a kind person은 분사구문으로 바르게 쓰였다.
> ③ 분사구문의 주어와 주절의 주어가 다르기 때문에 분사구문의 주어를 생략하지 않았고, All things는 의미상 '고려된다'는 수동의 의미이므로 considered가 알맞게 쓰였다.
> ④ 다리가 꼬여진 수동의 의미이기 때문에 crossing을 crossed로 바꾸어야 한다.

Answer 7.② 8.④

┃9～10┃ 우리말을 영어로 잘못 옮긴 것을 고르시오.

9 ① 그의 소설들은 읽기가 어렵다.

→ His novels are hard to read.

② 학생들을 설득하려고 해 봐야 소용없다.

→ It is no use trying to persuade the students.

③ 나의 집은 5년마다 페인트칠된다.

→ My house is painted every five years.

④ 내가 출근할 때 한 가족이 위층에 이사 오는 것을 보았다.

→ As I went out for work, I saw a family moved in upstairs.

> **TIP** persuade 설득하다 upstairs 위층
> ④ moved→ move 또는 moving, 지각동사 see의 목적격보어는 목적어와의 관계가 능동이면 동사원형이나 현재분사로 써야 한다.

10 ① 경찰 당국은 자신의 이웃을 공격했기 때문에 그 여성을 체포하도록 했다.

→ The police authorities had the woman arrested for attacking her neighbor.

② 네가 내는 소음 때문에 내 집중력을 잃게 하지 말아라.

→ Don't let me distracted by the noise you make.

③ 가능한 한 빨리 제가 결과를 알도록 해 주세요.

→ Please let me know the result as soon as possible.

④ 그는 학생들에게 모르는 사람들에게 전화를 걸어 성금을 기부할 것을 부탁하도록 시켰다.

→ He had the students phone strangers and ask them to donate money.

> **TIP** police authorities 경찰기관 distracted 산만해진 donate 기부하다
> ② distracted→ be distracted, 사역동사 let은 목적어와 목적격보어의 관계가 수동일 때 be p.p. 형태로 써야 한다.

Answer 9.④ 10.②

11 어법상 옳은 것은?

① My sweet-natured daughter suddenly became unpredictably.

② She attempted a new method, and needless to say had different results.

③ Upon arrived, he took full advantage of the new environment.

④ He felt enough comfortable to tell me about something he wanted to do.

> **TIP** unpredictably 예측할 수 없게
> ① unpredictably → unpredictable, 불완전자동사 become 다음에는 보어가 와야 한다.
> ③ Upon arrived → Upon arriving, 전치사 Upon 다음에는 ~ing 형태가 와야 한다. '(up)on ~ing'는 준동사 표현으로 '~ 하자마자'를 의미한다.
> ④ enough comfortable → comfortable enough, 부사 enough는 다른 부사나 형용사를 수식할 때는 부사나 형용사 뒤에서 수식한다.
> 「① 나의 다정한 딸이 갑자기 예측불허가 되었다.
> ② 그녀는 새로운 방법을 시도했고, 말할 것도 없이 결과는 달랐다.
> ③ 도착하자마자, 그는 새로운 환경의 이점을 충분히 활용했다.
> ④ 그는 그가 하고 싶은 것을 나에게 말할 수 있을만큼 편안함을 느꼈다.」

12 어법상 옳지 않은 것은?

① Fire following an earthquake is of special interest to the insurance industry.

② Word processors were considered to be the ultimate tool for a typist in the past.

③ Elements of income in a cash forecast will be vary according to the company's circumstances.

④ The world's first digital camera was created by Steve Sasson at Eastman Kodak in 1975.

> **TIP** earthquake 지진 insurance 보험 ultimate 최후의, 끝장의, 궁극적인 in the past 옛날에 forecast 예측하다 circumstance 상황
> ③ be vary → vary, vary는 자동사이므로, be를 지우거나 various로 바꿔줘야 한다.
> 「① 지진 뒤에 따라오는 화재는 보험업계의 특별한 관심사이다.
> ② 워드 프로세서는 옛날에 타자수를 위한 궁극적인 도구로 여겨졌다
> ③ 현금 예측에서 소득 요소는 회사 상황에 따라 달라질 수 있다.
> ④ 세계 최초의 디지털 카메라는 1975년 Eastman Kodak의 Steve Sasson에 의해 만들어졌다.」

Answer 11.② 12.③

13 어법상 옳은 것은?

① This guide book tells you where should you visit in Hong Kong.

② I was born in Taiwan, but I have lived in Korea since I started work.

③ The novel was so excited that I lost track of time and missed the bus.

④ It's not surprising that book stores don't carry newspapers any more, doesn't it?

TIP ② 시간의 부사절 since 절에 과거시제 started가, 주절에는 현재완료시제 have lived가 적절하게 쓰였다.
    ① where should you visit → where you should visit : tells의 직접목적어로 쓰인 where가 이끄는 의문사절은 간접의문문 어순을 취하기 때문에 "의문사+주어+동사"의 어순으로 써야 한다.
    ③ excited → exciting : 감정유발동사를 분사의 형용사적용법으로 사용할 때 사물을 꾸미게 되면 현재분사 즉 Ving 형태로 나타내야 한다.
    ④ doesn't it → is it : 부가의문문은 동사가 긍정일 때는 부정으로 부정일 때는 긍정으로 나타내야 한다.

「① 이 가이드 북은 당신이 홍콩에서 어디를 방문해야 하는지 알려준다.
 ② 나는 대만에서 태어났지만, 일을 시작한 이후 한국에서 살고 있다.
 ③ 그 소설이 너무 흥미로워서 나는 시간 가는 줄 모르고 버스를 놓쳤다.
 ④ 서점에서 더 이상 신문을 취급하지 않는 건 놀랍지 않다. 그렇지 않은가?」

14 밑줄 친 부분 중 어법상 옳지 않은 것은?

Urban agriculture (UA) has long been dismissed as a fringe activity that has no place in cities; however, its potential is beginning to ① be realized. In fact, UA is about food self-reliance: it involves ② creating work and is a reaction to food insecurity, particularly for the poor. Contrary to ③ which many believe, UA is found in every city, where it is sometimes hidden, sometimes obvious. If one looks carefully, few spaces in a major city are unused. Valuable vacant land rarely sits idle and is often taken over—either formally, or informally—and made ④ productive.

TIP dismiss 묵살하다 fringe 변두리, 주변 self-reliance 자립 insecurity 불안정 unused 사용되지 않은 vacant 비어 있는 idle 놀고 있는
    ③ which → what : 전치사 to 뒤에 올 수 있는 명사절을 이끌면서 many believe라는 관계사절의 목적어 역할을 할 수 있는 what으로 고쳐야 한다.

「도시 농업(UA)은 오랫동안 도시에 설 자리가 없는 변두리 활동이라고 일축되어 왔지만, 그것의 잠재력이 실현되기 시작하고 있다. 사실, UA는 식량자립에 관한 것인데, 그것은 일자리를 창출하는 것을 포함하며, 특히 가난한 사람들을 위한 식량 불안정에 대한 대응이다. 많은 사람들이 믿는 것과는 반대로, UA는 모든 도시에서 발견되는데, 이 곳에서 때로는 숨겨지고 때로는 확연하다. 주의 깊게 살펴보면, 대도시에는 사용되지 않는 공간이 거의 없다. 가치 있는 빈 땅은 거의 놀고 있지 않으며 종종 공식적으로나 비공식적으로 인계되어 생산적으로 만들어지기도 한다.」

Answer 13.② 14.③

|15 ~ 16| 우리말을 영어로 가장 잘 옮긴 것을 고르시오.

15 ① 나는 너의 답장을 가능한 한 빨리 받기를 고대한다.

→ I look forward to receive your reply as soon as possible.

② 그는 내가 일을 열심히 했기 때문에 월급을 올려 주겠다고 말했다.

→ He said he would rise my salary because I worked hard.

③ 그의 스마트 도시 계획은 고려할 만했다.

→ His plan for the smart city was worth considered.

④ Cindy는 피아노 치는 것을 매우 좋아했고 그녀의 아들도 그랬다.

→ Cindy loved playing the piano, and so did her son.

> **TIP** ④ '~ 또한 그러하다'는 의미의 so 뒤에서는 도치가 발생한다(so+V+S). 도치할 때 동사가 일반 동사이면 do동사를 대신 써서 도치해야 한다. '~ 또한 그러하다'의 표현은 긍정문의 경우는 so를 쓰고 부정문의 경우 neither를 사용한다.
> ① to receive → to receiving : '~하기를 고대하다'를 의미하는 준동사 주요 표현은 look forward to -ing를 써야 한다. 이 때의 to는 전치사이므로 목적어로 동명사가 와야 한다.
> ② rise → raise : rise는 자동사이므로 목적어를 가질 수 없다. 뒤에 목적어 my salary가 있으므로 타동사인 raise로 고쳐야 한다.
> ③ worth considered → worth considering : '~할 만한 가치가 있다'를 의미하는 준동사 주요 표현은 'be worth -ing'를 써야 한다. 주어인 그의 계획이 고려되는 것으로 수동의 의미이지만 'worth -ing'는 -ing 형태로 표현해도 수동의 의미를 가질 수 있으므로 수동형으로 쓰지 않는다.

16 ① 당신이 부자일지라도 당신은 진실한 친구들을 살 수는 없다.

→ Rich as if you may be, you can't buy sincere friends.

② 그것은 너무나 아름다운 유성 폭풍이어서 우리는 밤새 그것을 보았다.

→ It was such a beautiful meteor storm that we watched it all night.

③ 학위가 없는 것이 그녀의 성공을 방해했다.

→ Her lack of a degree kept her advancing.

④ 그는 사형이 폐지되어야 하는지 아닌지에 대한 에세이를 써야 한다.

→ He has to write an essay on if or not the death penalty should be abolished.

> **TIP** ② '너무 ~해서 ~하다'의 뜻을 가지는 'such+a(n)+형용사+명사+that' 구문이 적절하게 쓰였다. that절에 나온 대명사 it은 앞에 나온 storm을 지칭하므로 수에 맞게 쓰였다.
> ① Rich as if → Rich as : '비록 ~일지라도'를 의미하는 표현은 "형용사/부사/무관사 명사+as[though] 주어+동사" 구문을 사용한다.
> ③ kept her advancing → kept her from advancing : 'keep+O+v-ing'는 '목적어가 계속 ~하게 하다'라는 의미이다. 따라서 '목적어가 ~하지 못하게 하다'의 의미인 'keep+O+from v-ing'의 구문을 사용하여야 한다.
> ④ if → whether : '~인지 아닌지'를 의미하는 if는 타동사의 목적어로만 쓰일 수 있다. 따라서 전치사의 목적어 자리에서도 쓰일 수 있는 whether로 고쳐야 한다.

Answer 15.④ 16.②

17 어법상 옳은 것은?

① Of the billions of stars in the galaxy, how much are able to hatch life?

② The Christmas party was really excited and I totally lost track of time.

③ I must leave right now because I am starting work at noon today.

④ They used to loving books much more when they were younger.

> **TIP** hatch 낳다, 부화시키다 lose track of time 시간가는 줄 모르다
> ① 별들이 셀 수 있는 명사이기 때문에 much → many로 바꾸어야 한다.
> ② 크리스마스 파티가 나를 흥분시키는 것이기 때문에 excited → exciting이 되어야 한다.
> ④ '~하곤 했다', '~했었다'의 의미를 가지고 있는 used to RV의 형태로 고쳐야 한다. loving → love)
>
> 「① 은하계의 수십억 개의 별들 중 얼마나 많은 별들이 생명을 잉태시킬 수 있을까?
> ② 크리스마스 파티는 정말 흥분됐고 나는 완전히 시간 가는 줄 몰랐다.
> ③ 오늘 정오에 일을 시작하니까 지금 당장 떠나야 해.
> ④ 그들은 어렸을 때 책을 훨씬 더 좋아했었다.」

18 우리말을 영어로 잘못 옮긴 것은?

① 보증이 만료되어서 수리는 무료가 아니었다.

→ Since the warranty had expired, the repairs were not free of charge.

② 설문지를 완성하는 누구에게나 선물카드가 주어질 예정이다.

→ A gift card will be given to whomever completes the questionnaire.

③ 지난달 내가 휴가를 요청했더라면 지금 하와이에 있을 텐데.

→ If I had asked for a vacation last month, I would be in Hawaii now.

④ 그의 아버지가 갑자기 작년에 돌아가셨고, 설상가상으로 그의 어머니도 병에 걸리셨다.

→ His father suddenly passed away last year, and, what was worse, his mother became sick.

> **TIP** ② whomever뒤에 completes 동사가 있기 때문에 주어 역할을 할 수 있는 whoever가 적절하다.

Answer   17.③ 18.②

19 밑줄 친 부분 중 어법상 옳지 않은 것은?

Elizabeth Taylor had an eye for beautiful jewels and over the years amassed some amazing pieces, once ① declaring "a girl can always have more diamonds." In 2011, her finest jewels were sold by Christie's at an evening auction ② that brought in $115.9 million. Among her most prized possessions sold during the evening sale ③ were a 1961 bejeweled timepiece by Bulgari. Designed as a serpent to coil around the wrist, with its head and tail ④ covered with diamonds and having two hypnotic emerald eyes, a discreet mechanism opens its fierce jaws to reveal a tiny quartz watch.

TIP amass 모으다, 축적하다 declare 선언하다 possession 소유물 bejewel 보석으로 장식하다 timepiece 시계 serpent 뱀 coil (고리 모양으로) 감다, 휘감다 hypnotic 최면을 거는 듯한 discreet 분별 있는 fierce 사나운, 모진 jaw 턱 reveal 드러내다 quartz 석영

③ 도치된 문장으로서 동사 뒤에 있는 a 1961 bejeweled timepiece가 실제 주어이다. 단수주어이기 때문에 were를 was로 바꾸어야 한다.

① "a girl can always have more diamonds."을 선언하는 것이기 때문에 능동의 declaring이 옳은 표현이다.

② an evening auction을 선행사로 받는 관계대명사 that은 옳은 표현이다.

④ 머리와 꼬리가 다이아몬드로 덮여진 것이기 때문에 수동을 의미하는 covered가 옳은 표현이다.

「엘리자베스 테일러는 아름다운 보석에 대한 안목을 가지고 있었고, 몇 년 동안 "소녀는 항상 더 많은 다이아몬드를 가질 수 있다"라고 선언을 하면서 놀라운 작품들을 수집했다. 2011년, 그녀의 가장 훌륭한 보석들은 1억 1,590만 달러를 제출한 크리스티에 의해 저녁 경매에서 팔렸다. 저녁 세일 중에 판매된 가장 소중한 소유물 중에는 Bulgari가 1961년 보석으로 만든 시계가 있었다. 머리와 꼬리를 다이아몬드로 덮고 두 개의 최면을 거는 듯한 에메랄드 눈을 가진 손목을 감는 뱀으로 디자인된, 조심스러운 메커니즘이 작은 석영 시계를 드러내기 위해 사나운 턱을 연다.」

Answer 19.③

20 어법상 옳은 것은?

① The paper charged her with use the company's money for her own purposes.

② The investigation had to be handled with the utmost care lest suspicion be aroused.

③ Another way to speed up the process would be made the shift to a new system.

④ Burning fossil fuels is one of the lead cause of climate change.

> **TIP** ② 부사절 접속사인 lest는 'lest S (should) + 동사원형'의 형태로 사용되어 '~하지 않도록 하기 위해'라는 부정의 의미이다. be 앞에 should가 생략된 올바른 형태이다.
> ① 전치사 뒤에 use는 동명사인 using으로 고쳐야한다.
> ③ '~하는 방법은 ~하는 것이다'는 의미로 S be to v의 형태가 되어야 한다. be made를 to make로 고쳐야 한다.
> ④ one of 복수명사이다. cause가 causes가 되어야 한다.
>
> 「① 그 신문은 그녀를 그녀 자신의 목적을 위해 회사의 돈을 사용한 것으로 기소했다.
> ② 그 조사는 의심을 생기지 않기 위해서 매우 주의 깊게 다뤄져야만 했다.
> ③ 그 과정의 속도를 높이는 또 다른 방법은 새로운 체계로의 변화를 만드는 것일 것이다.
> ④ 화석연료를 태우는 것이 기후변화의 주요한 원인들 중의 하나다.」

21 밑줄 친 부분 중 어법상 가장 옳지 않은 것은?

> Inventor Elias Howe attributed the discovery of the sewing machine ① for a dream ② in which he was captured by cannibals. He noticed as they danced around him ③ that there were holes at the tips of spears, and he realized this was the design feature he needed ④ to solve his problem.

> **TIP** attribute ~의 탓으로 돌리다 sewing machine 재봉틀 cannibal 식인종 spear 창 attribute A to B A를 B의 탓으로 돌리다.
> ① for 대신 to가 들어가야 한다.
> ② in which + 완전구조로 옳은 표현이다.
> ③ noticed의 목적어로 that + 완전구조가 왔다. 옳은 표현이다.
> ④ to 부정사의 부사적용법(~하기 위해서)으로 맞게 쓰였다.
>
> 「발명가 Elias Howe는 재봉틀의 발견을 그가 식인종에게 붙잡힌 꿈의 탓으로 돌린다. 그는 그들이 그 주위에서 춤을 출 때 창 끝에 구멍들이 있다는 것을 알아차렸고, 그는 이것이 그가 이 문제를 풀기 위해서 필요로 했던 디자인의 특징이라는 것을 깨달았다.」

Answer 20.② 21.①

22 밑줄 친 부분 중 어법상 옳지 않은 것은?

I am writing in response to your request for a reference for Mrs. Ferrer. She has worked as my secretary ①for the last three years and has been an excellent employee. I believe that she meets all the requirements ②mentioned in your job description and indeed exceeds them in many ways. I have never had reason ③to doubt her complete integrity. I would, therefore, recommend Mrs. Ferrer for the post ④what you advertise.

TIP ④ what 앞에 선행사 the post가 있으므로 관계대명사인 that이나 which로 고쳐야 한다.
「Mrs. Ferrer을 위한 참조를 위한 당신의 요청에 대하여 답장을 쓰고 있습니다. 그녀는 지난 3년간 나의 비서로 일했고 훌륭한 직원이었습니다. 저는 그녀가 당신의 직무기술서에 언급된 모든 자격 요건을 충족시키고 여러 면에서 그것을 능가한다고 믿습니다. 저는 그녀의 완벽한 진실성을 의심할 이유가 없었습니다. 따라서 저는 당신이 광고하는 직책에 Mrs. Ferrer를 추천합니다.」

23 우리말을 영어로 잘못 옮긴 것은?

① 모든 정보는 거짓이었다.

→All of the information was false.

② 토마스는 더 일찍 사과했어야 했다.

→Thomas should have apologized earlier.

③ 우리가 도착했을 때 영화는 이미 시작했었다.

→The movie had already started when we arrived.

④ 바깥 날씨가 추웠기 때문에 나는 차를 마시려 물을 끓였다.

→Being cold outside, I boiled some water to have tea.

TIP 'Being cold outside'의 주어와 뒤에 이어지는 주절의 주어가 일치하지 않으므로 주어를 생략할 수 없다. 따라서 It being cold outside로 고쳐야 한다.

Answer 22.④ 23.④

24 어법상 옳은 것은?

① Please contact to me at the email address I gave you last week.

② Were it not for water, all living creatures on earth would be extinct.

③ The laptop allows people who is away from their offices to continue to work.

④ The more they attempted to explain their mistakes, the worst their story sounded.

> **TIP** ① contact는 완전타동사이므로 목적어 me가 바로 온다. contact to me → contact me
> ③ who ~ offices는 선행사 people을 수식하는 관계대명사 절로, 선행사가 복수이므로 is를 are로 고쳐야 한다.
> ④ the 비교급 s + v, the 비교급 s + v : ~하면 할수록 점점 더 ~하다. worst → worse
>
> 「① 제가 지난주에 알려 드린 이메일 주소로 연락 주세요.
> ② 물이 없다면 지구상의 모든 생물은 멸종할 것이다.
> ③ 노트북 컴퓨터는 사무실 밖에 있는 사람들이 일을 계속하도록 해 준다.
> ④ 그들이 자신들의 실수에 대해 설명하려고 하면 할수록 그들의 이야기는 최악으로 들렸다.」

25 우리말을 영어로 옳게 옮긴 것은?

① 그는 며칠 전에 친구를 배웅하기 위해 역으로 갔다.

→ He went to the station a few days ago to see off his friend.

② 버릇없는 그 소년은 아버지가 부르는 것을 못 들은 체했다.

→ The spoiled boy made it believe he didn't hear his father calling.

③ 나는 버팔로에 가본 적이 없어서 그곳에 가기를 고대하고 있다.

→ I have never been to Buffalo, so I am looking forward to go there.

④ 나는 아직 오늘 신문을 못 읽었어. 뭐 재미있는 것 있니?

→ I have not read today's newspaper yet. Is there anything interested in it?

> **TIP** ② '(~인) 체하다'는 make believe (that)으로 it을 삭제해야 한다. made it believe → made believe
> ③ '~을 고대하다'는 look forward to ~ing이므로 go를 going으로 고쳐야 한다.
> ④ anything이 interest한 감정을 느끼게 하는 것이므로 현재분사인 interesting이 와야 한다. interested → interesting

Answer 24.② 25.①

26 어법상 옳지 않은 것은?

① You might think that just eating a lot of vegetables will keep you perfectly healthy.

② Academic knowledge isn't always that leads you to make right decisions.

③ The fear of getting hurt didn't prevent him from engaging in reckless behaviors.

④ Julie's doctor told her to stop eating so many processed foods.

TIP 첫째, ②번에서 that이 관계대명사로 쓰인 것이라면 선행사가 있어야 하는데 that 앞에는 선행하는 명사가 존재하지 않으므로 관계대명사로 쓰인 것이 아니다.

둘째, that이 접속사로 쓰였다면 뒤에 문장이 주어+동사가 완벽히 갖추어져 있어야 하는데 that 이하에 주어가 없으므로 접속사로 쓰인 것도 아니다.

그러므로 ②번 문장은 어법상 옳지 않다.

「① 너는 단순히 많은 야채를 먹는 것이 너를 완전히 건강하게 해줄 것이라고 생각하는지도 모른다.

② 학문적 지식이 항상 올바른 결정을 할 수 있도록 하는 것은 아니다.

③ 다치는 것에 대한 두려움도 그가 무모한 행동을 하는 것을 막지 못했다.

④ Julie의 의사는 그녀에게 너무 많은 가공식품을 먹는 것을 멈추라고 이야기했다.」

Answer 26.②

출제 예상 문제

1 우리말을 영어로 잘못 옮긴 것은?

① 오늘 밤 나는 영화 보러 가기보다는 집에서 쉬고 싶다.

→I'd rather relax at home than going to the movies tonight.

② 경찰은 집안 문제에 대해서는 개입하기를 무척 꺼린다.

→The police are very unwilling to interfere in family problems.

③ 네가 통제하지 못하는 과거의 일을 걱정해봐야 소용없다.

→It's no use worrying about past events over which you have no control.

④ 내가 자주 열쇠를 엉뚱한 곳에 두어서 내 비서가 나를 위해 여분의 열쇠를 갖고 다닌다.

→I misplace my keys so often that my secretary carries spare ones for me.

TIP ① rather ~ than은 평행구조를 이뤄야 하므로 going을 go로 고친다.

2 어법상 옳은 것은?

① That place is fantastic whether you like swimming or to walk.

② She suggested going out for dinner after the meeting.

③ The dancer that I told you about her is coming to town.

④ If she took the medicine last night, she would have been better today.

TIP ① and, or, but 등은 전후가 같은 형식으로 연결된다. to walk → walking
③ 관계사 that 뒤에는 불완전한 문장이 오는 것이 어법상 옳다. 따라서 her를 삭제하거나 The dancer about whom I told you 으로 써야 한다.
④ 혼합가정법 형태는 If S had+p.p. ~, S would+V이다. took → had taken
「① 당신이 수영하는 것을 좋아하든 걷는 것을 좋아하든 그 장소는 환상적이다.
② 그녀는 미팅 후에 저녁 먹으러 가길 제안했다.
③ 내가 당신에게 말한 그 댄서는 시내로 오고 있는 중이다.
④ 만약 그녀가 어제 약을 먹었다면, 그녀는 오늘 좀 더 나을 것이다.」

Answer 1.① 2.②

3 밑줄 친 부분 중 어법상 가장 옳지 않은 것은?

> He acknowledged that ① <u>the number</u> of Koreans were forced ② <u>into</u> labor ③ <u>under harsh conditions</u> in some of the locations ④ <u>during the 1940's</u>.

....

TIP acknowledge 인정하다 harsh 가혹한, 냉혹한
    ① 복수명사(Koreans) + 복수동사(were)의 형태이므로 the number를 a number로 고쳐야 한다.
    「그는 1940년대 동안 몇몇 지역에서 많은 한국인들이 가혹한 상황하에서 강제노동에 동원되었음을 인정했다.」

4 다음 대화에서 어법상 가장 옳지 않은 것은?

> Ann : Your hair ① <u>looks nice</u>.
> Tori : I ② <u>had it cut by</u> the tall hairdresser in the new hair salon next to the cafeteria.
> Ann : Not that place where I ③ <u>got my head to stick</u> in the drier?
> Tori : ④ <u>Must be</u>, I suppose. Yes, that one.
> Ann : Huh, and they still let them open.

....

TIP ③ got my head to stick → got my head stuck
    「Ann : 너 머리 멋지다.
    Tori : 저 카페 옆에 있는 새로운 미용실에 키가 큰 미용사한테 머리를 잘랐어.
    Ann : 드라이어로 내 머리를 망하게 했었던 거기 말이야?
    Tori : 아마도 그럴 기야. 그래, 거기야.
    Ann : 허, 거기가 아직 영업 중이구나.」

Answer   3.① 4.③

5 어법상 옳은 것은?

① While worked at a hospital, she saw her first air show.

② However weary you may be, you must do the project.

③ One of the exciting games I saw were the World Cup final in 2010.

④ It was the main entrance for that she was looking.

TIP ① while 다음에 she was가 생략되었다. worked → working
③ One of 복수명사 뒤에는 단수동사를 쓴다. were → was
④ 전치사 뒤에는 관계 대명사 that이 올 수 없다. that → which로 고쳐야 한다.

6 밑줄 친 부분 중 어법상 옳은 것은?

Compared to newspapers, magazines are not necessarily up-to-the-minute, since they do not appear every day, but weekly, monthly, or even less frequently. Even externally they are different from newspapers, mainly because magazines ① resemble like a book. The paper is thicker, photos are more colorful, and most of the articles are relatively long. The reader experiences much more background information and greater detail. There are also weekly news magazines, ② which reports on a number of topics, but most of the magazines are specialized to attract various consumers. For example, there are ③ women's magazines cover fashion, cosmetics, and recipes as well as youth magazines about celebrities. Other magazines are directed toward, for example, computer users, sports fans, ④ those interested in the arts, and many other small groups.

TIP not necessarily 반드시 ~은 아닌
① resemble like a book → resemble a book
② 선행사가 magazines가 복수이므로 reports → report
③ cover → covering

「신문과 비교해볼 때, 잡지는 매일 나오는 것이 아니라 매주나 매달 또는 그보다 더 드물게 나오기 때문에 반드시 최신판은 아니다. 대게 외면조차도 잡지는 책과 닮았기 때문에 그것들은 신문과는 다르다. 종이는 더 두껍고, 사진은 보다 화려하고, 대부분의 기사들은 비교적 길다. 독자들은 훨씬 많은 배경정보들과 더 많은 세부사항들을 경험하게 된다. 주간 뉴스 잡지는 많은 주제를 보도하지만, 대부분의 잡지들은 다양한 소비자들의 마음을 끌기 위해 특화되어있다. 예를 들면 여성 잡지들은 패션, 화장품, 그리고 요리법을 다루고 청춘 잡지들은 유명 인사들을 다룬다. 다른 잡지들은 컴퓨터 사용자들, 스포츠팬들, 예술에 관심 있는 사람들, 그리고 많은 다른 소그룹을 겨냥한다.」

Answer 5.② 6.④

7 밑줄 친 부분에 들어갈 가장 적절한 것은?

> A tenth of the automobiles in this district alone _____ stolen last year.

① was

② had been

③ were

④ have been

TIP automobile 자동차 district (특정한) 지구(지역)

주어인 automobiles가 복수이고 과거 시제의 수동형이 되어야 하므로 were가 옳다.

「이 지역에 있는 자동차의 10분의 1이 지난 해 도난당했다.」

8 밑줄 친 부분 중 어법상 옳지 않은 것은?

> ① In the mid 1990s, ② it was estimated that 9 million Americans ③ were planning a summer vacation alone. Since then, the number of solo travelers ④ have increased.

TIP estimate 추정하다, 평가하다 Since then 그때 이래, 그때부터

④ the number는 단수로 취급되므로 have가 아닌 has를 사용해야 한다.

「1990년대 중반, 9백만명의 미국인 등이 홀로 여름휴가를 계획했던 것으로 추정되었다. 그때부터 점점 혼자 여행하는 사람들의 수가 증가하고 있다.」

9 다음 문장의 밑줄 친 부분 중에서 어법상 가장 어색한 것은?

①Written in the 1910s, the nature writer Ernest N. Seton estimated ②that by the end of the 18th century the ③original population of buffalo in North America ④had been 75 million.

....

TIP estimate 추정하다 population 인구, (어떤 지역 내) 개체군(수) buffalo 물소, 아메리카 들소
① 주절의 주어와의 관계가 능동의 관계(주어가 글을 쓴 것)이므로 Writting이다.
「1910년대에 글을 썼던 자연주의 작가 Ernest N. Seton은 18세기 말 무렵의 북아메리카 들소의 개체수가 7천 5백만마리가 있었을 것이라고 추정했다.」

10 다음 문장의 밑줄 친 부분 중 어법상 가장 어색한 것은?

Pro-life and pro-choice forces ①are bracing for ②competing observances on Jan. 22, the twelfth anniversary of the Supreme Court decision that ③was struck down ④most legal restrictions on abortion.

....

TIP pro-life 임신중절 합법화 반대의 pro-choice 임신중절 합법화 지지의 force 세력, 권력, 힘, 폭력 brace for (곤란 등에) 대비하다 competing 경쟁하는, 경합하는, 겨루는 observance(s) 행사, 의식 anniversary 기념일 Supreme Court 최고법원, 대법원 decision 결정, 판결 strike down 때려눕히다, 죽이다 legal 법률의, 합법의, 적법의 restriction 제한, 한정, 구속 abortion 낙태, 유산
③ that은 주격 관계대명사이고 선행사는 the Supreme Court decision이다. 대법원의 결정은 낙태에 대한 법적인 제재를 철폐시킨 것이므로 was struck down을 struck down으로 고쳐야 한다.
「임신중절 합법화에 반대하는 세력과 찬성(지지)하는 세력이 낙태에 대한 대부분의 법률적인 제재를 철폐시켰던 대법원의 판결이 내려진 지 12번째 기념일인 1월 22일에 서로 맞서는 행사들을 준비하고 있다.」

Answer 9.① 10.③

11 다음 밑줄 친 부분 중 어법에 맞지 않는 것은?

He has rejected an offer ①by the cabinet that ②it should resign to ③deflect criticism directed at him, but ④has called for a referendum on his rule, saying he would resign if the voters do not support him.

- -

TIP reject 거절하다   cabinet 내각, 상자   resign 사임하다, 그만두다   deflect 굴절하다, 피하다   referendum 국민투표

② it → he

「그는 그에게로 향하는 비난을 피하기 위해 내각을 사임해야 한다는 내각의 제안을 거절해 왔고, 대신 만약 투표자들이 그를 지지하지 않는다면 사임하겠다고 말하면서 그의 통치에 대한 국민투표를 요구해왔다.」

12 다음 우리 글을 영어로 옮긴 것 중 옳은 것은?

떠날 때 문을 잠그시오.

① Please lock the door when you leave.
② Please lock the door when you will leave.
③ Please lock the door when you would leave.
④ Please lock the door when you shall leave.

- -

TIP 시간이나 조건을 나타내는 부사절에서는 미래, 미래완료 대신 현재, 현재완료를 사용한다.

② will 제거   ③ would 제거   ④ shall 제기

13 다음 문장 중 틀린 부분은?

①How does the ②author's mother say ③will serve ④as mutual correctives for the Indian people?

......

TIP author 저자, 작가 serve as ~의 역할을 하다 mutual 공동의, 서로의 corrective 교정물, 조정책
'does the author's mother say'는 삽입절이므로 주어가 와야 한다. how는 부사이므로 what으로 바꿔야 한다.
「그 작가의 어머니는 무엇이 인디언들을 위한 서로의 교정정책들로서의 역할을 할 것인지 물었다.」

14 다음 빈칸에 알맞은 것은?

One would not wish to stay in such a desolate place even for a day, _____ would one be willing to stay all one's life.

① still more
② even though
③ as if
④ still less

......

TIP desolate 황폐한, 쓸쓸한 be willing to 기꺼이 ~하는
④ still less는 부정을 받아 '하물며 ~(않다)'로 쓰인다.
「사람은 하루라도 황폐한 곳에 머물기를 바라지 않는데, 하물며 평생을 머물러 있기는 더더욱 원하지 않을 것이다.」

Answer 13.① 14.④

15 빈칸에 들어갈 적합한 것은?

If you had not helped me, I _____ alive now.

① should not have been

② should not be

③ will not be

④ shall not be

TIP **혼합가정법** … if절에 가정법 과거완료, 주절에 가정법 과거를 써서 과거의 사실이 현재에까지 영향을 미치고 있음을 표현한다.

    ⊙ If I had taken your advice then, I would be happier now.
      (만일 내가 그때 네 충고를 들었더라면, 나는 지금 더 행복할텐데.)
      = As I did not take your advice then, I am not happier now.
    ⊙ If it had not rained last night, the road would not be so muddy today.
      (어젯밤에 비가 오지 않았더라면, 오늘 땅이 이렇게 질지는 않을텐데.)
      = As it rained last night, the road is so muddy today.

    「만일 당신이 나를 돕지 않았었다면, 지금 나는 살아있지 못했을 것이다.」

헌 생활영어

01 전화

- This is Mary speaking. I'd like to speak to Mr. Jones.
  Mary입니다. Jones씨 좀 부탁드립니다.
- Who's speaking(calling), please? 누구십니까?
- Whom do you wish to talk to? 누구를 바꿔 드릴까요?
  = Who would you like to speak to, sir?
- Hold the line a moment, please. I'll connect you with Mr. Smith.
  잠시 기다리세요. Smith씨에게 연결해 드리겠습니다.
- The party is on the line. Please go ahead. 연결됐습니다. 말씀하세요.
- What number are you calling? 몇 번에 거셨습니까?
- The line is busy. He's on another phone. 통화중입니다.
- The lines are crossed. 혼선입니다.
- A phone for you, Tom. Tom, 전화 왔어요.
- Please speak a little louder. 좀더 크게 말씀해 주세요.
- Who shall I say is calling, please? 누구라고 전해 드릴까요?
- May I take your message? 전할 말씀이 있나요?
  = Would you like to leave a message.
- May I leave a message, please? 메시지를 남겨 주시겠어요?
- Guess who this is. Guess who? 누구인지 알아 맞춰보시겠어요?
- You have the wrong number. 전화를 잘못 거셨습니다.
- There is no one here by that name. 그런 분은 안계십니다.
- What is she calling for? 그녀가 무엇 때문에 전화를 했지요?
- May I use your phone? 전화를 좀 빌려 쓸 수 있을까요?
- Give me a call(ring, phone, buzz). 나에게 전화하세요.

02 길안내

- Excuse me, but could you tell me the way to the station?
  실례지만, 역으로 가는 길을 가르쳐 주시겠습니까?
- Pardon me, but is this the (right) way to the station?
  실례지만, 이 길이 역으로 가는 (바른) 길입니까?
- Where am I(we)? 여기가 어디입니까?
- I'm sorry, but I can't help you(I don't know this area).
  죄송합니다만, 저도 길을 모릅니다.
- (I'm sorry, but) I'm a stranger here myself. (죄송합니다만) 저도 처음(초행길)입니다.
- Turn to the left. 왼쪽으로 가세요.
- Go straight on. 곧장 가세요.
- Walk until you come to the crossing. 교차로가 나올 때까지 계속 걸어가십시오.
- Take the left road. 왼쪽 도로로 가세요.
- Are there any landmarks?
  길을 찾는 데 도움이 되는 어떤 두드러진 건물 같은 것은 없습니까?
- How far is it from here to the station? 이 곳에서 역까지 얼마나 멉니까?
- I'll take you there. 제가 당신을 그 곳에 데려다 드리겠습니다.
- You can't miss it. You'll never miss it. 틀림없이 찾을 것입니다.

03 시간

- What time is it? 몇 시입니까?
  = What is the time?
  = Do you have the time?
  = What time do you have?
  = Could you tell me the time?
  = What time does your watch say?
- Do you have time? 시간 있습니까?
- What is the date? 몇 일입니까?
- What day is it today? 오늘이 무슨 요일입니까?

04 소개 · 인사 · 안부

(1) 소개

• May I introduce my friend Mary to you? 내 친구 Mary를 소개해 드릴까요?

• Let me introduce myself. May I introduce myself to you? 제 소개를 하겠습니다.

• Miss. Lee, this is Mr. Brown. Lee양, 이 분은 Brown씨입니다.

• I've been wanting to see you for a long time. 오래 전부터 뵙고 싶었습니다.

(2) 인사

① 처음 만났을 때

• How do you do? 처음 뵙겠습니다.

• I'm glad to meet you. 만나서 반가워요.

= I'm very pleased(delighted) to meet you.

= It's a pleasure to know you.

② 아는 사이일 때

How are you getting along? 안녕, 잘 있었니? 어떻게 지내니?

= How are you (doing)?

= How are things with you?

= How is it going?

= What happened?

= What's up?

③ 오랜만에 만났을 때

• How have you been? 그간 잘 있었니?

• I haven't seen you for ages(a long time). 정말 오랜만이야.

• Pretty good. It's been a long time, hasn't it? 그래, 오랜만이다, 그렇지 않니?

• I've been fine. It's ages since we met. 잘 지냈어. 우리가 만난 지 꽤 오래됐지.

④ 작별인사

㉠ 작별할 때

• I'd better be going. 이제 가봐야 되겠습니다.

= I really must be going now.

= I'm afraid I must go now.

= I really should be on my way.

= It's time to say good-bye.

= I must be off now.

- So soon? Why don't you stay a little longer?
  이렇게 빨리요? 좀더 있다가 가시지요?
  ㉴ 작별의 아쉬움을 나타낼 때
  - It's really a shame that you have to leave. 떠나셔야 한다니 정말 유감입니다.
  - It's too bad that you have to go. 가셔야 한다니 정말 유감입니다.

(3) 안부

- Remember me to Jane. Jane에게 안부 전해 주세요.
  = Give my regards to Jane.
  = Say hello to Jane.
  = Please send my best wishes to Jane.
- Sure, I will. 예, 꼭 그러겠습니다.
  = Certainly.

05 제안·권유·초대

(1) 제안

① 제안할 때
  - Let's have a party, shall we? 파티를 열자.
  - Why don't we go to see a movie? 영화 보러 가는 게 어때요?

② 제안을 수락할 때
  - (That's a) Good idea. 좋은 생각이에요.
  - That sounds great, Why not? 좋은 생각(제안)이야.

③ 제안을 거절할 때
  - I'm afraid not. 안되겠는데요.
  - I'm afraid I have something to do that afternoon.
    그 날 오후에는 할 일이 있어서 안되겠는데요.
  - I'd rather we didn't, if you don't mind. 괜찮다면, 그러지 말았으면 합니다만.

(2) 권유

① 권유할 때

- Won't you come and see me next Sunday?
  다음주 일요일에 놀러오지 않으시렵니까?
- How about going to the movies this evening?
  오늘 저녁에 영화 구경가는 것이 어떨까요?
- Would you like to go out this evening?
  오늘 저녁에 외출하지 않으시렵니까?
- I would like to have dinner with you this evening. Can you make it?
  오늘 저녁에 당신과 저녁식사를 같이 하고 싶습니다. 가능하십니까(괜찮으십니까)?

② 권유에 응할 때

- Yes, I'd like to. Yes, I'd love to. 예, 좋습니다.
- Thank you, I shall be very glad to. 감사합니다. 기꺼이 그렇게 하지요.
- That's very kind of you to say so. 그렇게 말씀해 주시니 매우 친절하십니다.

③ 권유를 거절할 때

- I should like to come, but I have something else to do.
  꼭 가고 싶지만 다른 할 일이 있어서요.
- I'm sorry to say, but I have a previous appointment.
  죄송하지만, 선약이 있어서요.

(3) 초대

① 초대할 때

- How about going out tonight? 오늘밤 외출하시겠어요?
- Would you like to come to the party tonight? 오늘밤 파티에 오시겠어요?

② 초대에 응할 때

- That's a nice idea. 그것 좋은 생각이군요.
- Yes. I'd like that. Fine with me. 감사합니다. 그러고 싶어요.

③ 초대를 거절할 때

- I'd love to but I'm afraid I can't. 그러고 싶지만 안될 것 같군요.
- Sorry. I'm afraid I can't make it. Maybe another time.
  죄송합니다만 그럴 수 없을 것 같군요. 다음 기회에 부탁드려요.

(4) 파티가 끝난 후 귀가할 때

• I must be going(leaving) now. I must say good-bye now. 이제 가야 할 시간입니다.

• Did you have a good time? Did you enjoy yourself? 즐거우셨어요?

• I sure did. Yes, really(certainly). 아주 즐거웠습니다.

06 부탁·요청

• Would you please open the window? 창문을 열어 주시겠습니까?

• All right. Certainly, with pleasure. 예, 알았습니다. 예, 그렇게 하죠.

• Would you mind opening the window? 창문을 열어 주시지 않겠습니까?

• (Would you mind ~?의 긍정의 대답으로) No, I wouldn't. 아니, 그렇게 하죠.

  = No, not at all.

  = No, of course not.

  = Certainly not.

  = Sure(ly).

• (Would you mind ~?의 부정의 대답으로) Yes. I will. 예, 안되겠습니다.

• May I ask a favor of you? 부탁을 하나 드려도 될까요?

• What is it? 무슨 일이죠?

• Sure, (if I can). 물론입니다. 부탁을 들어드리겠습니다.

  = By all means.

  = With great pleasure.

  = I'll do my best for you.

• Well, that depends (on what it is). 글쎄요, (무슨 일인지) 들어보고 해드리죠.

• I'm sorry to trouble you, but would you please carry this baggage for me?
  폐를 끼쳐 죄송하지만, 저를 위해 이 짐 좀 날라다 주시겠습니까?

≡ 최근 기출문제 분석 ≡

2022 지방직 간호8급

1 **두 사람의 대화 중 가장 어색한 것은?**

① A : Do you mind if I borrow your book?

　B : Of course not. Here you are.

② A : Mary is the winner of the cooking contest.

　B : Great! She must be excited.

③ A : What's wrong? You look unhappy.

　B : I'm worried about my father. He is very sick.

④ A : It's too hot. Let's dive into the water.

　B : Long time no see. How have you been?

> **TIP** 「① A : 책 좀 빌려도 될까?
> 　B : 물론이지. 여기 있어.
> ② A : 메리가 요리 경연 대회의 우승자야.
> 　B : 훌륭해! 그녀는 정말 신이 나겠다.
> ③ A : 왜 그래? 기분이 안 좋아 보여.
> 　B : 아버지가 걱정돼. 그는 매우 편찮으셔.
> ④ A : 너무 더워. 물속으로 뛰어들자.
> 　B : 오랜만이야. 어떻게 지냈어?」

Answer 1.④

2 밑줄 친 부분에 들어갈 말로 가장 적절한 것은?

A : You are not in a good mood.

B : I didn't win the English speech contest yesterday.

A : Oh, dear. Sorry to hear that.

B : I spent so much time and energy on the contest.

A : Come on. Remember you gave it a wonderful try. _____

B : I guess you're right. Thanks.

---

① I don't have a good memory.

② You won the contest.

③ That's what matters.

④ May I help you?

> **TIP** ① 나는 기억력이 좋지 않다.
> ② 네가 대회에서 우승했어.
> ③ 그게 중요한 거야.
> ④ 무엇을 도와드릴까요?
>
> 「A : 너 기분이 좋지 않구나.
> B : 어제 영어 말하기 대회에서 우승하지 못했어.
> A : 이런. 안됐구나.
> B : 나는 대회에 많은 시간과 에너지를 썼어.
> A : 그러지 마. 멋진 시도를 했다는 것을 기억해. <u>그게 중요한 거야.</u>
> B : 네 말이 맞는 것 같아. 고마워.」

Answer 2.③

┃3~4┃ 밑줄 친 부분에 들어갈 말로 가장 적절한 것을 고르시오.

3

A : I heard that the university cafeteria changed their menu.
B : Yeah, I just checked it out.
A : And they got a new caterer.
B : Yes. Sam's Catering.
A : _____?
B : There are more dessert choices. Also, some sandwich choices were removed.

① What is your favorite dessert

② Do you know where their office is

③ Do you need my help with the menu

④ What's the difference from the last menu

TIP ① 네가 가장 좋아하는 디저트는 뭐야?
② 그들의 사무실이 어디 있는지 알아?
③ 메뉴에 내 도움이 필요해?
④ 지난번 메뉴와 다른 점은 뭐야?

「A : 대학 구내식당에서 메뉴를 바꿨다고 들었어.
 B : 응. 방금 확인했어.
 A : 그리고 새로운 음식 공급업체를 구했어.
 B : 응. Sam's Catering이야.
 A : 지난번 메뉴와 다른 점은 뭐야?
 B : 디저트 종류가 더 많아. 또한, 몇몇 샌드위치는 없어졌어.」

Answer 3.④

4

A : Hi there. May I help you?

B : Yes, I'm looking for a sweater.

A : Well, this one is the latest style from the fall collection. What do you think?

B : It's gorgeous. How much is it?

A : Let me check the price for you. It's $120.

B : _____.

A : Then how about this sweater? It's from the last season, but it's on sale for $50.

B : Perfect! Let me try it on.

① I also need a pair of pants to go with it

② That jacket is the perfect gift for me

③ It's a little out of my price range

④ We are open until 7 p.m. on Saturdays

TIP ① 그것과 어울리는 바지 한 벌도 필요해요.
② 그 재킷은 나에게 완벽한 선물이에요.
③ 제 가격대를 조금 벗어났어요.
④ 토요일은 오후 7시까지 영업합니다.

「A : 안녕하세요. 무엇을 도와드릴까요?
B : 네, 스웨터를 찾고 있어요.
A : 음, 이건 가을 컬렉션의 최신 스타일이에요. 어때요?
B : 정말 멋져요. 얼마인가요?
A : 가격을 확인해 드릴게요. 120달러입니다.
B : 제 가격대를 조금 벗어났어요.
A : 그럼 이 스웨터는 어때요? 지난 시즌 제품인데, 50달러로 세일 중입니다.
B : 완벽해요! 한번 입어볼게요.」

Answer 4.③

5 밑줄 친 부분에 들어갈 말로 가장 적절한 것은?

A : Did you have a nice weekend?

B : Yes, it was pretty good. We went to the movies.

A : Oh! What did you see?

B : *Interstellar. It was really good.*

A : Really? _____

B : The special effects. They were fantastic. I wouldn't mind seeing it again.

---

① What did you like the most about it?

② What's your favorite movie genre?

③ Was the film promoted internationally?

④ Was the movie very costly?

TIP ① 어떤 점이 가장 좋았나요?

② 가장 좋아하는 장르가 무엇인가요?

③ 그 영화가 세계적으로 판촉 되었나요?

④ 그 영화가 매우 비쌌나요?

「A : 좋은 주말 보냈어요?

B : 네, 매우 좋았어요. 우리 영화보러 갔어요.

A : 오! 뭐 보셨나요?

B : 인터스텔라요. 아주 좋았어요.

A : 정말요? 어떤 점이 가장 좋았나요?

B : 특수 효과요. 환상적이었어요. 저는 그걸 기꺼이 다시 보겠어요.」

Answer 5.①

6 두 사람의 대화 중 가장 어색한 것은?

① A : I'm so nervous about this speech that I must give today.

　 B : The most important thing is to stay cool.

② A : You know what? Minsu and Yujin are tying the knot!

　 B : Good for them! When are they getting married?

③ A : A two-month vacation just passed like one week. A new semester is around the corner.

　 B : That's the word. Vacation has dragged on for weeks.

④ A : How do you say 'water' in French?

　 B : It is right on the tip of my tongue, but I can't remember it.

TIP nervous 불안해 하는 stay cool 침착하게 행동하다 semester 학기 around the corner 목전에 있는 drag 질질끌다 on the tip of my tongue 혀끝에 뱅뱅 도는(말·이름 등이 알기는 분명히 아는데 정확히 기억은 안 나는)

「① A : 오늘 해야 할 연설 때문에 불안해.

　 B : 가장 중요한 건 침착하게 행동하는 거야.

② A : 너 그거 알아? 민수랑 유진이랑 결혼한대!

　 B : 잘됐네! 언제 결혼한대?

③ A : 두 달의 방학이 마치 일주일처럼 지나갔어. 새 학기가 코 앞이네.

　 B : 내 말이 그 말이야. 방학은 몇 주 동안 질질 끌었어.

④ A : 프랑스어로 '물'을 어떻게 말하지

　 B : 분명히 아는 말인데 기억이 안 나.」

Answer 6.③

┃7~8┃ 밑줄 친 부분에 들어갈 말로 가장 적절한 것을 고르시오

7

> A : Were you here last night?
>
> B : Yes. I worked the closing shift. Why?
>
> A : The kitchen was a mess this morning. There was food spattered on the stove, and the ice trays were not in the freezer.
>
> B : I guess I forgot to go over the cleaning checklist.
>
> A : You know how important a clean kitchen is.
>
> B : I'm sorry. _____

① I won't let it happen again.

② Would you like your bill now?

③ That's why I forgot it yesterday.

④ I'll make sure you get the right order.

TIP shift (교대제의) 근무 시간 mess 엉망인 상태 spatter 튀기다, 튀다 go over ~을 점검(검토)하다 bill 계산서
① 다시는 그런 일 없도록 하겠습니다.
② 지금 계산해 드릴까요?
③ 그래서 제가 어제 그걸 잊은 거예요.
④ 주문하신 것을 제대로 받도록 하겠습니다.

「A : 어젯밤에 여기에 있었나요?
B : 네, 제가 마감 근무를 했어요. 무슨 일인가요?
A : 오늘 아침 주방이 엉망이었어요. 음식이 레인지 위에 튀어 있었고, 얼음 트레이가 냉동실 안에 있지 않았어요.
B : 제가 청소 체크리스트를 점검하는 걸 잊었나봐요.
A : 깨끗한 주방이 얼마나 중요한지 알잖아요.
B : 죄송합니다. 다시는 그런 일 없도록 하겠습니다.」

Answer 7.①

8

> A : Have you taken anything for your cold?
> B : No, I just blow my nose a lot.
> A : Have you tried nose spray?
> B : _____
> A : It works great.
> B : No, thanks. I don't like to put anything in my nose, so I've never used it.

① Yes, but it didn't help.

② No, I don't like nose spray.

③ No, the pharmacy was closed.

④ Yeah, how much should I use?

TIP pharmacy 약국

「A : 감기에 무엇이라도 하셨습니까?
B : 아뇨, 그저 코를 많이 풀고 있습니다.
A : 비강 스프레이는 사용해보셨습니까?
B : <u>아뇨, 저는 비강 스프레이를 좋아하지 않습니다.</u>
A : 그거 효과 좋습니다.
B : 사양할게요. 제 코에 무언가 넣는 것을 좋아하지 않아요. 그래서 그것을 사용해본 적 없습니다.」

Answer 8.②

9 밑줄 친 부분에 들어갈 말로 가장 적절한 것은?

A : Oh, another one! So many junk emails!

B : I know. I receive more than ten junk emails a day.

A : Can we stop them from coming in?

B : I don't think it's possible to block them completely.

A : _____?

B : Well, you can set up a filter on the settings.

A : A filter?

B : Yeah. The filter can weed out some of the spam emails.

---

① Do you write emails often

② Isn't there anything we can do

③ How did you make this great filter

④ Can you help me set up an email account

> **TIP** junk email＝spam email 광고성 단체 메일 completely 완전히 filter 필터, 여과 장치 weed out 제거하다
> ① 당신은 자주 이메일을 쓰나요?
> ② 우리가 할 수 있는 일이 없을까요?
> ③ 어떻게 이 훌륭한 필터를 만들었습니까?
> ④ 이메일 계정 설정을 도와줄 수 있습니까?
>
> 「B : 알아요. 저는 하루에 10통 이상의 정크 메일을 받아요.
> A : 그것들이 들어오는 것을 차단할 수 있나요?
> B : 그들을 완전히 차단하는 것은 불가능하다고 생각해요.
> A : <u>우리가 할 수 있는 일이 없을까요?</u>
> B : 음, 설정에서 필터를 설정할 수 있어요.
> A : 필터요?
> B : 네, 필터가 스팸 메일의 일부를 제거할 수 있어요.」

Answer 9.②

10 두 사람의 대화 중 가장 자연스러운 것은?

① A : Do you know what time it is?

B : Sorry, I'm busy these days.

② A : Hey, where are you headed?

B : We are off to the grocery store.

③ A : Can you give me a hand with this?

B : OK. I'll clap for you.

④ A : Has anybody seen my purse?

B : Long time no see.

> **TIP** grocery 식료품류 purse 돈지갑
>
> 「① A : 지금 몇 시인지 알아?
>   B : 미안, 요즘 바빠.
> ② A : 이봐, 어디 가는 거야?
>   B : 우리는 식료품점에 가.
> ③ A : 이것 좀 도와줄래?
>   B : 좋아, 박수를 쳐줄게.
> ④ A : 누가 내 지갑을 봤습니까?
>   B : 오랜만입니다.」

Answer 10.②

11 대화 중 가장 어색한 것은?

① A : What was the movie like on Saturday?

　B : Great. I really enjoyed it.

② A : Hello. I'd like to have some shirts pressed.

　B : Yes, how soon will you need them?

③ A : Would you like a single or a double room?

　B : Oh, it's just for me, so a single is fine.

④ A : What time is the next flight to Boston?

　B : It will take about 45 minutes to get to Boston.

TIP ① A : 토요일 영화는 어땠나요?

　　B : 좋았어요. 정말 재밌게 봤어요.

② A : 안녕하세요. 셔츠 몇 벌 다림질하기를 원합니다.

　　B : 네, 얼마나 빨리 그것들이 필요하신가요?

③ A : 싱글룸으로 하시겠습니까, 더블룸으로 하시겠습니까?

　　B : 아, 나만을 위한 것이요. 그래서 싱글룸이 좋겠어요.

④ A : Boston으로 가는 다음 비행기는 몇 시인가요?

　　B : Boston에 가는데 약 45분 걸릴 것입니다.

Answer 11.④

12 밑줄 친 부분에 들어갈 말로 가장 적절한 것은?

> A : Hello. I need to exchange some money.
> B : Okay. What currency do you need?
> A : I need to convert dollars into pounds. What's the exchange rate?
> B : The exchange rate is 0.73 pounds for every dollar.
> A : Fine. Do you take a commission?
> B : Yes, we take a small commission of 4 dollars.
> A : _____?
> B : We convert your currency back for free. Just bring your receipt with you.

① How much does this cost

② How should I pay for that

③ What's your buy-back policy

④ Do you take credit cards

TIP exchange 환전하다 currency 통화 exchange rate 환율 commission 수수료
① 이거 얼마입니까?
② 제가 그것을 어떻게 결제하면 됩니까?
③ 재매입 방침은 어떻게 되나요?
④ 신용카드도 되나요?

「A : 안녕하세요. 제가 돈을 좀 환전해야 해요.
 B : 그래요. 어떤 통화가 필요하세요?
 A : 달러를 파운드로 바꿔야 해요. 환율이 어떻게 되죠?
 B : 환율은 달러 당 0.73파운드에요.
 A : 좋아요. 수수료를 받으시나요?
 B : 네, 우리는 4달러의 약간의 수수료를 받습니다.
 A : 재매입 방침은 어떻게 되나요?
 B : 우리는 당신의 통화를 무료로 바꿔드려요. 그냥 영수증만 가져오세요.」

Answer 12.③

13 밑줄 친 부분에 들어갈 말로 가장 적절한 것은?

A : My computer just shut down for no reason. I can't even turn it back on again.

B : Did you try charging it? It might just be out of battery.

A : Of course, I tried charging it.

B : _____

A : I should do that, but I'm so lazy.

---

① I don't know how to fix your computer.

② Try visiting the nearest service center then.

③ Well, stop thinking about your problems and go to sleep.

④ My brother will try to fix your computer because he's a technician.

> **TIP** ① 난 네 컴퓨터를 고치는 법을 몰라.
> ② 그러면 가장 가까운 서비스센터를 찾아가 봐.
> ③ 음, 네 문제에 대해 그만 생각하고 잠이나 자.
> ④ 우리 오빠가 네 컴퓨터를 고쳐 보려고 할 거야. 오빠는 기술자니까.
>
> 「A : 내 컴퓨터가 이유 없이 그냥 꺼졌어. 난 다시 켤 수도 없어.
> B : 충전은 해봤어? 그냥 배터리가 다 된 걸 수도 있어.
> A : 당연하지. 충전해 봤어.
> B : 그러면 가장 가까운 서비스센터를 찾아가 봐.
> A : 그래야 하는데, 내가 너무 게을러서.」

출제 예상 문제

1 밑줄 친 부분에 들어갈 말로 가장 적절한 것은?

A : Would you like to get some coffee?

B : That's a good idea.

A : Should we buy Americano or Cafe-Latte?

B : It doesn't matter to me. _____

A : I think I'll get Americano.

B : Sounds great to me.

---

① Not really.

② Suit yourself.

③ Come see for yourself.

④ Maybe just a handful or so.

TIP handful 줌, 움큼

① 그렇지도 않아.

② 네 맘대로 해.

③ 네가 직접 보러 와라.

④ 아마 겨우 한 움큼 정도

「A : 커피 마시는 것 어때요?

B : 그거 괜찮은 데요.

A : 아메리카노하고 카페라떼 중 어떤 것 드실래요?

B : 나는 상관없어요. 당신 맘대로 하세요.

A : 내 생각엔 아메리카노가 좋겠어요.

B : 저도 좋습니다.」

Answer 1.②

2 대화의 흐름상 밑줄 친 부분에 들어갈 가장 적절한 표현은?

> A : I got my paycheck today, and I didn't get the raise I expected to get.
> B : There is probably a good reason.
> C : You should _____ right away and talk to the boss about it.
> A : I don't know. He might still be mad about the finance report last week.

① take the bull by the horns　　② let sleeping dogs lie
③ give him the cold shoulder　　④ throw in the towel

....

TIP paycheck 급여
　　① 용감히 난국에 맞서다, 정면대응하다.
　　② 긁어 부스럼 만들지 마라.
　　③ 쌀쌀맞게 대하다.
　　④ 항복하다, 포기하다.
　　「A : 오늘 월급 받았는데, 내가 기대했던 것만큼 인상되지 않았어.
　　 B : 아마도 이유가 있겠지.
　　 C : 정면대응을 하러 당장 사장님에게 가서 그것에 대하여 말을 하렴.
　　 A : 몰라. 사장님이 지난주 회계보고서에 대하여 아직까지 화가 나 있는 것일 수도 몰라.」

3 다음 대화문 중 어색한 것은?

① A : I don't want to go alone.

　 B : Do you want me to come along?

② A : I feel a little tired.

　 B : I think you need to take a break.

③ A : I can't take it anymore.

　 B : Calm down.

④ A : I'll keep my fingers crossed for you.

　 B : When did you hurt your fingers?

....

Answer　2.①　3.④

4 두 사람의 대화 중 가장 어색한 것은?

① A : Would you like to go to dinner with me this week?

　 B : OK. But what's the occasion?

② A : Why don't we go to a basketball game sometime?

　 B : Sure. Just tell me when.

③ A : What do you do in your spare time?

　 B : I just relax at home. Sometimes I watch TV.

④ A : Could I help you with anything?

　 B : Yes, I would like to. That would be nice.

Answer　4.④

5 밑줄 친 부분에 들어갈 말로 가장 적절한 것은?

> John : Excuse me. Can you tell me where Namdaemun Market is?
>
> Mira : Sure. Go straight ahead and turn right at the taxi stop over there.
>
> John : Oh, I see. Is that where the market is?
>
> Mira : _____

① That's right. You have to take a bus over there to the market.

② You can usually get good deals at traditional markets.

③ I don't really know. Please ask a taxi driver.

④ Not exactly. You need to go down two more blocks.

TIP 「John : 실례합니다. 남대문 시장이 어디에 있는지 알려줄 수 있나요?
Mira : 네, 앞쪽으로 쭉 가다 저기에 있는 택시 정류소에서 오른쪽으로 도세요.
John : 아, 알겠습니다. 저기가 시장이 있는 곳인가요?
Mira : <u>정확하진 않아요. 당신은 2블록 더 내려가야 돼요.</u>」

6 밑줄 친 부분에 가장 적절한 것은?

> A : Did you see Steve this morning?
>
> B : Yes. But why does he _____?
>
> A : I don't have the slightest idea.
>
> B : I thought he'd be happy.
>
> A : Me too. Especially since he got promoted to sales manager last week.
>
> B : He may have some problem with his girlfriend.

① have such a long face   ② step into my shoes

③ jump on the bandwagon   ④ play a good hand

Answer 5.④ 6.①

7 밑줄 친 부분에 가장 적절한 것은?

A : Excuse me. I'm looking for Nambu Bus Terminal.

B : Ah, it's right over there.

A : Where? _____

B : Okay. Just walk down the street, and then turn right at the first intersection. The terminal's on your left. You can't miss it.

① Could you be more specific?

② Do you think I am punctual?

③ Will you run right into it?

④ How long will it take from here by car?

TIP intersection 교차로 specific 구체적인, 명확한 punctual 시간을 지키는(엄수하는)

① 좀 더 구체적으로 말씀해주실 수 있나요?

② 제가 시간을 엄수했나요?

③ 바로 그곳으로 갈 건가요?

④ 차로 여기서 얼마나 걸릴까요?

「A: 실례합니다. 제가 남부터미널을 찾고 있는데요.

B: 아, 바로 저기예요.

A: 어디라고요? <u>좀 더 구체적으로 말씀해주실 수 있나요?</u>

B: 네, 그냥 길 아래로 걸어가다가, 첫 번째 교차로에서 오른쪽으로 꺾으세요. 터미널은 왼쪽에 있어요. 분명히 찾을 수 있을 거예요.」

Answer 7.①

┃8～9┃ 대화의 빈칸에 들어갈 말로 가장 적절한 것을 고르시오.

8 A : Would you like to get some coffee
     B : That's a good idea.
     A : Should we buy Americano or Cafe-Latte?
     B : It doesn't matter to me. _____
     A : I think I'll get Americano.
     B : Sounds great to me.

① Not really.   ② Suit yourself.
③ Come see for yourself.   ④ Maybe just a handful or so.

TIP ① 그렇지도 않아.
        ② 네 맘대로 해.
        ③ 네가 스스로 보러 와라.
        ④ 아마 한 스푼 또는 그 정도

「A : 커피 마시는 것 어때요?
 B : 그거 괜찮은 데요.
 A : 아메리카노하고 카페라떼 중 어떤 거 드실래요?
 B : 나는 상관없어요. 당신 맘대로 하세요.
 A : 아메리카노를 가져올 생각이에요.
 B : 좋습니다.」

9 A : Are you ready to go to the party, Amy?
     B : I don't know whether I can go. I'm feeling a little sick, and my dress is really not that
         nice. Maybe you should just go without me.
     A : Come on, Amy. Stop _____. I know you too well. You're not sick. What is the
         real root of the problem?

① shaking a leg   ② hitting the ceiling
③ holding your horses   ④ beating around the bush

TIP ① 다리 흔들기

② 봉창 두드리기

③ 말꼬리 잡기

④ 둘러서 말하기

「A : 파티에 갈 준비가 다 되었니, 에이미?

B : 내가 갈 수 있을지 잘 모르겠어. 난 조금 아픈 것 같고, 내 드레스는 정말 좋지 않아. 넌 어쩌면 나 없이 가야할지도 몰라.

A : 에이미. 돌려서 얘기하지 마. 난 너를 잘 알아 넌 아픈 게 아니야. 진짜 문제가 뭐야?」

10 다음 대화에서 밑줄 친 곳에 들어갈 알맞은 문장은?

A : Hello. This is the long distance operator.

B : Hello, operator. I'd like to make a person-to-person call to Mr. James at the Royal Hotel in Seoul.

A : Do you know the number of the Hotel?

B : No, I don't. _____

A : Just a moment, please. The number is 385 − 2824.

---

① Would you find out for me?

② Would you hold the line, please?

③ May I take a message?

④ What about you?

TIP person-to-person call 지명통화

「A : 여보세요. 장거리 전화교환원입니다.

B : 여보세요, 교환원. 서울 로얄호텔에 있는 James씨와 지명통화를 하고 싶은데요.

A : 호텔 전화번호를 아세요?

B : 아니요. 좀 알아봐주시겠어요?

A : 잠깐만 기다리세요. 385 − 2824번입니다.」

Answer 10.①

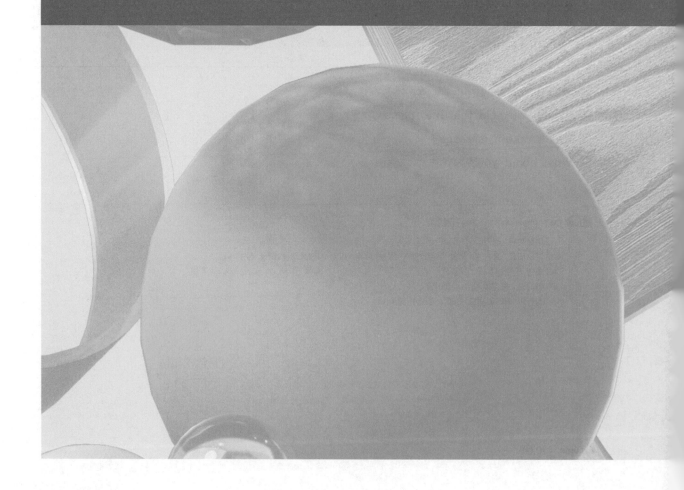

PART
02 한국사

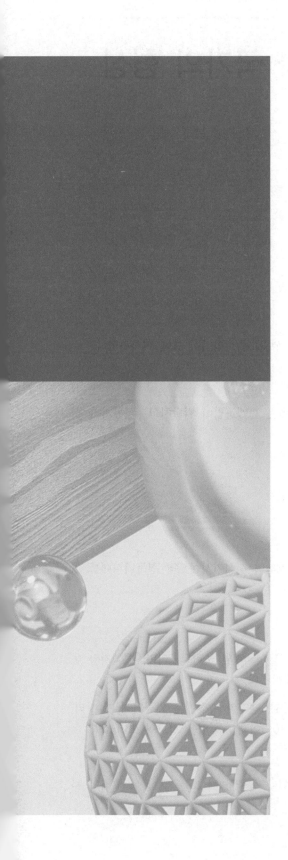

01 선사시대의 문화와 국가의 형성

01 선사시대의 전개

❶ 선사시대의 세계

(1) 신석기문화
농경과 목축의 시작으로 식량 생산 등의 경제활동을 전개하여 인류의 생활모습·양식이 크게 변화하였다.

(2) 청동기문명의 발생
기원전 3,000년경을 전후하여 4대 문명이 형성되었는데 청동기시대에는 관개농업이 발달하고, 청동기가 사용되었으며, 도시가 출현하고, 문자를 사용하고, 국가가 형성되었다.

❷ 우리나라의 선사시대

(1) 우리 민족의 기원
우리 조상들은 만주와 한반도를 중심으로 동북아시아에 넓게 분포하였으며 신석기시대부터 청동기시대를 거쳐 민족의 기틀이 형성되었다.

(2) 구석기시대

① **생활** … 주먹도끼·찍개·팔매돌 등은 사냥도구이고, 긁개·밀개 등은 대표적인 조리도구이며, 뗀석기와 동물의 뼈나 뿔로 만든 뼈도구를 사용하여 채집과 사냥을 하면서 생활하였다.

② **주거** … 동굴이나 바위 그늘에서 살거나 강가에 막집을 짓고 살았는데 후기의 막집에는 기둥자리, 담자리, 불땐 자리가 남아 있고 집터의 규모는 작은 것은 3~4명, 큰 것은 10명이 살 수 있을 정도의 크기였다.

③ **사회** … 무리생활을 했으며 평등한 공동체적 생활을 하였다.

④ **종교, 예술** … 풍성한 사냥감을 얻기 위한 주술적 의미로서 석회암이나 동물의 뼈 또는 뿔 등에 고래와 물고기를 새긴 조각품을 만들었다.

(3) 신석기시대

① **경제** … 활이나 창을 이용한 사냥과 작살, 돌이나 뼈로 만든 낚시 등을 이용한 고기잡이를 하였으며, 또한 가락바퀴나 뼈바늘이 출토되는 것으로 의복이나 그물을 제작하였다.

② **토기** … 이른 민무늬토기, 덧무늬토기, 눌러찍기토기 등이 발견되며 빗살무늬토기는 밑모양이 뾰족하며 크기가 다양하고, 전국 각지에 널리 분포되어 있다.

③ **주거** … 바닥이 원형 또는 둥근 네모꼴인 움집에서 4 ~ 5명 정도의 가족이 거주하였다. 남쪽으로 출입문을 내었으며, 화덕이나 출입문 옆에는 저장구덩을 만들어 식량이나 도구를 저장하였다.

④ **사회** … 혈연을 바탕으로 한 씨족이 족외혼을 통해 부족을 형성하였고, 평등한 사회였다.

⑤ **원시신앙의 출현**
 ㉠ **애니미즘** : 자연현상, 자연물에 영혼이 있다고 믿어 재난을 피하거나 풍요를 기원하는 것으로 태양과 물에 대한 숭배가 대표적이다.
 ㉡ **영혼, 조상숭배** : 사람이 죽어도 영혼은 없어지지 않는다는 믿음을 말한다.
 ㉢ **샤머니즘** : 인간과 영혼 또는 하늘을 연결시켜 주는 존재인 무당과 그 주술을 믿는 것이다.
 ㉣ **토테미즘** : 자기 부족의 기원을 특정 동물과 연결시켜 그것을 숭배하는 믿음이다.

02 국가의 형성

❶ 고조선과 청동기문화

(1) 청동기의 보급

① **사회 변화** … 생산경제의 발달, 청동기 제작과 관련된 전문 장인의 출현, 사유재산제도와 계급이 발생하게 되었다.

② **유물**
 ㉠ **석기** : 반달돌칼, 바퀴날도끼, 홈자귀
 ㉡ **청동기** : 비파형 동검과 화살촉 등의 무기류, 거친무늬거울
 ㉢ **토기** : 미송리식 토기, 민무늬토기, 붉은간토기
 ㉣ **무덤** : 고인돌, 돌널무덤, 돌무지무덤

(2) 철기의 사용

① **철기문화의 보급** … 철제 농기구의 사용으로 농업이 발달하여 경제 기반이 확대되었으며, 철제 무기와 철제 연모의 사용으로 청동기는 의식용 도구로 변하였다.

② **유물** … 명도전, 오수전, 반량전을 통하여 중국과 활발한 교류를 했음을 알 수 있으며 경남 창원 다호리 유적에서 나온 붓을 통해 한자를 사용했음을 알 수 있다.

③ **청동기의 독자적 발전** … 비파형 동검은 세형 동검으로, 거친무늬거울은 잔무늬거울로 형태가 변하였으며 거푸집도 전국의 여러 유적에서 발견되고 있다.

(3) 청동기 · 철기시대의 생활

① **경제생활의 발전** … 조, 보리, 콩, 수수 등 밭농사 중심이었지만 일부 저습지에서 벼농사가 시작되었다. 또한 사냥이나 고기잡이도 여전히 하고 있었지만 농경의 발달로 점차 그 비중이 줄어들었고 돼지, 소, 말 등 가축의 사육이 증가되었다.

② **주거생활의 변화**
    ㉠ **집터 유적** : 대체로 앞쪽에는 시냇물이 흐르고 뒤쪽에는 북서풍을 막아 주는 나지막한 야산이 있는 곳에 우물을 중심으로 자리잡고 있다.
    ㉡ **정착생활의 규모의 확대** : 집터는 넓은 지역에 많은 수가 밀집되어 취락형태를 이루고 있으며, 이는 농경의 발달과 인구의 증가로 정착생활의 규모가 점차 확대되었음을 보여 주는 것이다.

③ **사회생활의 변화** … 여성은 가사노동, 남성은 농경 · 전쟁에 종사하였다. 생산력의 증가에 따른 잉여생산물은 빈부의 격차와 계급의 분화를 촉진하였고 이는 무덤의 크기와 껴묻거리의 내용에 반영되었다.

④ **고인돌의 출현** … 고인돌은 청동기시대의 계급사회의 발생을 보여주는 대표적인 무덤으로 북방식 고인돌이 전형적인 형태이며 우리나라 전역에 걸쳐 분포되어 있는데 당시 지배층이 가진 정치권력과 경제력을 잘 반영해 주고 있다.

⑤ **군장의 출현** … 정치, 경제력이 우세한 부족이 선민사상을 가지고 주변의 약한 부족을 통합하거나 정복하고 공납을 요구하였으며 군장이 출현하게 되었다.

(4) 청동기 · 철기시대의 예술

청동으로 만든 도구의 모양이나 장식에는 미의식과 생활모습이 표현되었고, 흙으로 빚은 사람이나 짐승모양의 토우는 본래의 용도 외에도 풍요를 기원하는 주술적 의미를 가지고 있다. 울주반구대 바위그림을 통해 사냥과 고기잡이의 성공과 풍성한 수확을 기원하였음을, 고령 양전동 알터 바위그림을 통해 태양 숭배와 풍요를 기원하였음을 알 수 있다.

(5) 단군과 고조선

① **고조선의 건국** … 족장사회에서 가장 먼저 국가로 발전한 고조선은 단군왕검이 건국하였다(B.C. 2333).

② **고조선의 발전** … 초기에는 요령지방, 후기에는 대동강 유역의 왕검성 중심으로 독자적인 문화를 이룩하면서 발전하였다. 부왕, 준왕 같은 강력한 왕이 등장하여 왕위를 세습하였고 상(相), 대부(大夫), 장군 등의 관직을 두었으며 요서지방을 경계로 하여 연(燕)과 대립하였다.

(6) 위만의 집권

① **위만 조선의 성립 및 발전** … 준왕을 축출하고 중국 유이민 집단인 위만이 왕이 되었으며 지리적인 이점을 이용한 중계무역의 이득을 독점하기 위해 한과 대립하였다.

② **고조선의 멸망** … 위만 조선에 위협을 느낀 한의 무제는 대규모 침략을 강행하였으나 고조선은 한의 군대에 맞서 완강하게 대항하여 장기간의 전쟁으로 지배층의 내분이 일어나 왕검성이 함락되어 멸망하였다(B.C. 108). 고조선이 멸망하자 한은 고조선의 일부 지역에 군현을 설치하여 지배하고자 하였으나 고구려의 공격으로 소멸되었다.

(7) 고조선의 사회

① **8조법과 고조선의 사회상** … 권력과 경제력의 차이 및 사유 재산의 발생은 형벌과 노비가 생겨나게 하였다.

> 🔊 **고조선 8조법**
> ㉠ 중국 후한의 〈한서지리지〉에 8조법 중 3개 조항만 전해짐
> ㉡ 내용
> • 사람을 죽인 자는 즉시 사형에 처한다.
> • 사람에게 상해를 입힌 자는 곡물로써 배상하게 한다.
> • 남의 물건을 훔친 자는 노비로 삼되, 자속하려는 자는 50만전을 내야 한다.

② **한 군현의 엄한 율령 시행** … 한 군현의 설치 후 억압과 수탈을 당하던 토착민들은 이를 피하여 이주하거나 단결하여 한 군현에 대항하였다. 이에 한 군현은 엄한 율령을 시행하여 자신들의 생명과 재산을 보호하려 하였으며 법 조항도 60여 조로 증가시켜 풍속도 각박해져 갔다.

❷ 여러 나라의 성장

(1) 부여

① 정치
- ㉠ 왕 아래에는 가축의 이름을 딴 마가, 우가, 저가, 구가와 대사자, 사자 등의 관리가 있었다.
- ㉡ 가(加)는 저마다 따로 행정구획인 사출도를 다스리고 있어서 왕이 직접 통치하는 중앙과 합쳐 5부를 이루었다.
- ㉢ 왕의 권력이 미약하여 제가들이 왕을 추대·교체하기도 하였고, 수해나 한해로 농사가 잘 되지 않으면 그 책임을 왕에게 묻기도 하였다. 그러나 왕이 나온 대표 부족의 세력은 매우 강해서 궁궐, 성책, 감옥, 창고 등의 시설을 갖추고 있었다.

② 법률(부여의 4조목)
- ㉠ 살인자는 사형에 처하고, 그 가족은 데려다 노비로 삼는다.
- ㉡ 절도죄를 지은 자는 12배의 배상을 물린다.
- ㉢ 간음한 자는 사형에 처한다.
- ㉣ 부인이 투기가 심하면 사형에 처하되, 그 시체는 산 위에 버린다. 단, 그 여자의 집에서 시체를 가져가려면 소·말을 바쳐야 한다.

③ 풍습
- ㉠ 순장 : 왕이 죽으면 많은 사람들을 껴묻거리와 함께 묻는 순장의 풍습이 있었다.
- ㉡ 흰 옷을 좋아했고, 형사취수와 일부다처제 풍습이 있었다.
- ㉢ 은력(殷曆)을 사용하였다.
- ㉣ 제천행사 : 12월에 하늘에 제사를 지내고 노래와 춤을 즐기는 영고를 열었다.
- ㉤ 우제점복 : 소를 죽여 그 굽으로 길흉을 점치기도 하였다.

(2) 고구려

① 정치 … 왕 아래 상가, 고추가 등의 대가들이 있었으며, 대가들은 독립적인 세력을 유지하였다. 이들은 각기 사자, 조의, 선인 등의 관리를 거느리고 있었다.

② 풍속
- ㉠ 서옥제 : 혼인을 정한 뒤 신부집의 뒤꼍에 조그만 집을 짓고 거기서 자식을 낳고 장성하면 아내를 데리고 신랑집으로 돌아가는 제도이다.
- ㉡ 제천행사 : 10월에는 추수감사제인 동맹을 성대하게 열었다.
- ㉢ 조상신 제사 : 건국 시조인 주몽과 그 어머니 유화부인을 조상신으로 섬겨 제사를 지냈다.

(3) 옥저와 동예

① **옥저** … 비옥한 토지를 바탕으로 농사를 지었고 어물과 소금 등 해산물이 풍부하였으며, 민며느리제와 골장 제(가족공동무덤)가 유행하였다.

② **동예**

　　㉠ **경제** … 단궁(활)과 과하마(조랑말), 반어피(바다표범의 가죽) 등이 유명하였다.

　　㉡ **풍속** … 무천이라는 제천행사를 10월에 열었으며 족외혼을 엄격하게 지켰다. 또한 각 부족의 영역을 함 부로 침범하지 못하게 하고 만약 침범하면 노비와 소, 말로 변상하게 하였다(책화).

(4) 삼한

① **진(辰)의 성장과 발전** … 고조선 남쪽지역에는 일찍부터 진이 성장하고 있었는데, 고조선 사회의 변동에 따 라 대거 남하해 온 유이민에 의하여 새로운 문화가 보급되어 토착문화와 융합되면서 진이 발전하여 마한, 변한, 진한의 연맹체들이 나타나게 되었다.

② **삼한의 제정 분리** … 정치적 지배자 외에 제사장인 천군이 있었다. 그리고 신성지역으로 소도가 있었는데, 이곳에서 천군은 농경과 종교에 대한 의례를 주관하였다.

③ **삼한의 경제 · 사회상**

　　㉠ 두레조직을 통하여 여러 가지 공동작업을 하였다.

　　㉡ **제천행사** : 5월의 수릿날과 10월에 계절제를 열어 하늘에 제사를 지냈다.

　　㉢ **변한의 철 생산** : 철이 많이 생산되어 낙랑, 왜 등에 수출하였고 교역에서 화폐처럼 사용하기도 하였다. 마산의 성산동 등지에서 발견된 야철지는 제철이 성하였음을 보여준다.

≡ 최근 기출문제 분석 ≡

2022 지방직 간호8급

1 다음에 해당하는 나라에 대한 설명으로 옳은 것은?

> ○ 천군이 있어 소도라 불리는 신성한 지역을 다스렸다.
> ○ 씨를 뿌리고 난 5월과 농사를 마친 10월에는 하늘에 제사를 지냈다.

① 도읍을 국내성으로 옮겼다.　　② 과하마라는 특산물이 있었다.

③ 영고라는 제천 행사가 있었다.　　④ 신지, 읍차 등으로 불리는 지배자들이 다스렸다.

TIP 제시문의 국가는 삼한이다. 삼한의 정치는 신지, 읍차와 같은 군장이 통치하고, 종교적 지배자인 천군은 소도를 통치하는 제정분리 사회의 특징을 지니고 있었다. 또한 5월과 10월에 농경사회의 특징을 반영한 제천 행사의 풍습이 있었다.
① 고구려 유리왕
② 동예의 특산물
③ 부여의 제천행사

2022 국가직 9급

2 다음 풍습이 있었던 나라에 대한 설명으로 옳은 것은?

> • 가족이 죽으면 시체를 가매장하였다가 나중에 그 뼈를 추려서 가족 공동 무덤인 커다란 목곽에 안치하였다.
> • 목곽 입구에는 죽은 자가 먹을 양식으로 쌀을 담은 항아리를 매달아 놓기도 하였다.
> 　　　　　　　　　　　　　　　　　　　－『삼국지』위서 동이전 －

① 민며느리제라는 혼인 풍습이 있었다.　　② 제가가 별도로 사출도를 다스렸다.

③ 소도라는 신성 구역이 존재하였다.　　④ 무천이라는 제천행사를 열었다.

TIP 제시문의 국가는 옥저다. 옥저는 동예와 같이 읍군, 삼로라는 군장이 통치하는 군장국가였고, 풍습으로는 가족공동묘와 민며느리제가 있었다. 민며느리제는 어린 신부가 신랑과 혼인하여 노동력을 제공하고, 일정 기간 성장한 이후 신랑 쪽에서 예물을 가져와 혼인하는 제도로, 일종의 매매혼 제도이다.
② 부여　③ 삼한　④ 동예

Answer 1.④　2.①

3 다음에 해당하는 나라에 대한 설명으로 옳은 것은?

> • 은력(殷曆) 정월에 지내는 제천행사는 나라에서 여는 대회로 날마다 먹고 마시고 노래하고 춤추는데,
> 이를 영고라 하였다. 이때 형옥을 중단하고 죄수를 풀어주었다.
> • 국내에 있을 때의 의복은 흰색을 숭상하며, 흰 베로 만든 큰 소매 달린 도포와 바지를 입고 가죽신을
> 신는다. 외국에 나갈 때는 비단옷·수 놓은 옷·모직옷을 즐겨입는다.
>
> — 『삼국지』 위서 동이전 —

① 사람이 죽으면 뼈만 추려 가족 공동 무덤인 목곽에 안치하였다.

② 읍군이나 삼로라고 불린 군장이 자기 영역을 다스렸다.

③ 가축 이름을 딴 마가, 우가, 저가, 구가 등이 있었다.

④ 천신을 섬기는 제사장인 천군이 있었다.

> **TIP** 제시문은 부여에 관한 내용이다. 부여에서는 12월에 영고라는 제천행사를 지내면서 수렵사회의 전통을 기념하고 흰 옷을
> 즐겨 입었다. 정치적으로는 5부족 연맹체의 연맹왕국으로 왕이 존재했지만 왕 아래 마가, 우가, 구가, 저가 등의 부족장 세
> 력이 독자적 행정 구역인 사출도를 통치하였다.
> ① 옥저의 가족공동묘
> ② 옥저와 동예의 군장세력
> ④ 삼한의 종교적 지도자로 제정분리 사회 특징

4 〈보기〉에서 설명하는 시대의 문화유산으로 옳은 것은?

> ──────── 〈보기〉 ────────
>
> • 주로 움집에서 거주하였다.
> • 유적은 주로 큰 강이나 해안 지역에서 발견된다.
> • 농경 생활을 시작하였고, 조 · 피 등을 재배하였다.

① 고인돌 ② 세형동검

③ 거친무늬 거울 ④ 빗살무늬 토기

> **TIP** 제시문은 신석기 시대의 특징이다. 신석기 시대에는 이전과 달리 농경과 목축을 시작했으며 이는 정착 생활을 가능하게 하
> 여 큰 강이나 해안 지역에 움집을 짓고 거주하게 되었다. 농경은 조·피 같은 밭농사 위주였으며 곡물을 저장하고 조리하
> 기 위하여 빗살무늬와 같은 토기가 제작되었다.
> ①③ 청동기 ② 철기

Answer 3.③ 4.④

5 신석기시대 유적과 유물을 바르게 연결한 것만을 모두 고르면?

> ㉠ 양양 오산리 유적 – 덧무늬토기
> ㉡ 서울 암사동 유적 – 빗살무늬토기
> ㉢ 공주 석장리 유적 – 미송리식토기
> ㉣ 부산 동삼동 유적 – 아슐리안형 주먹도끼

① ㉠, ㉡
② ㉠, ㉣
③ ㉡, ㉢
④ ㉢, ㉣

TIP ㉢ 공주 석장리 유적(구석기) – 미송리식 토기(청동기)
　　　　㉣ 부산 동삼동 유적(신석기) – 아슐리안형 주먹도끼(구석기)
　　　　※ 신석기 시대의 유적과 유물

유적	유물
• 서울 암사동 유적	• 간석기
• 부산 동삼동 유적	• 갈돌과 갈판
• 제주 고산리 유적	• 빗살무늬토기
• 고성 문암리 유적	• 가락바퀴와 뼈바늘
• 양양 오산리 유적	• 조가비 탈

6 밑줄 친 '이 나라'에서 볼 수 있는 모습으로 적절한 것은?

> 이 나라는 대군왕이 없으며, 읍락에는 각각 대를 잇는 장수(長帥)가 있다. …… 이 나라의 토질은 비옥하며, 산을 등지고 바다를 향해 있어 오곡이 잘 자라며 농사짓기에 적합하다. 사람들의 성질은 질박하고, 정직하며 굳세고 용감하다. 소나 말이 적고, 창을 잘 다루며 보전(步戰)을 잘한다. 음식, 주거, 의복, 예절은 고구려와 흡사하다. 그들은 장사를 지낼 적에는 큰 나무 곽(槨)을 만드는데 길이가 십여 장(丈)이나 되며 한쪽 머리를 열어 놓아 문을 만든다.
>
> － 『삼국지』 위서 동이전 －

① 민며느리를 받아들이는 읍군
② 위만에게 한나라의 침입을 알리는 장군
③ 5월에 씨를 뿌리고 하늘에 제사를 지내는 천군
④ 국가의 중요한 일을 논의하고 있는 마가와 우가

Answer　5.①　6.①

> **TIP** 고대 국가인 옥저에 관한 내용이다. 옥저는 고대 중앙 집권 국가로 성장하지 못하고 군장 국가의 모습을 지니고 있었다. 읍군과 삼로라는 군장이 국가를 통치했으며 일종의 매매혼인 민며느리제와 가족 공동묘인 골장제의 사회 풍속을 지니고 있었고, 제천행사에 대한 기록은 없다.
> ② 위만 조선(고조선) 대의 사실이다.
> ③ 천군은 삼한의 제사장이다.
> ④ 마가, 우가는 부여의 족장 세력으로 사출도를 통치하였다.

2019 서울시 9급

7 고조선을 주제로 한 학술 대회를 개최할 경우, 언급될 내용으로 가장 적절하지 않은 것은?

① 위만의 이동과 집권 과정
② 진대법과 빈민 구제
③ 범금 8조(8조법)에 나타난 사회상
④ 비파형 동검 문화권과 국가의 성립

> **TIP** ② 진대법은 고구려 고국천왕 때 시행된 빈민 구휼 제도이다.

2019 지방직 9급

8 ㈎, ㈏ 국가에 대한 설명으로 옳은 것은?

> ㈎ 그 나라의 혼인풍속에 여자의 나이가 열 살이 되면 서로 혼인을 약속하고, 신랑 집에서는 (그 여자를) 맞이하여 장성하도록 길러 아내로 삼는다. (여자가) 성인이 되면 다시 친정으로 돌아가게 한다. 여자의 친정에서는 돈을 요구하는데, (신랑 집에서) 돈을 지불한 후 다시 신랑 집으로 돌아온다.
> ㈏ 은력(殷曆) 정월에 하늘에 제사를 지내며 나라에서 대회를 열어 연일 마시고 먹고 노래하고 춤추는데, 영고(迎鼓)라고 한다. 이때 형옥(刑獄)을 중단하여 죄수를 풀어 주었다.

① ㈎ – 무천이라는 제천행사가 있었다.
② ㈎ – 계루부집단이 권력을 장악하였다.
③ ㈏ – 사출도라는 구역이 있었다.
④ ㈏ – 철이 많이 생산되어 낙랑과 왜에 수출하였다.

> **TIP** ㈎는 옥저의 민며느리제, ㈏는 부여의 제천 행사인 영고이다. 부여는 5부족 연맹체로 구성된 연맹 왕국으로 마가, 우가, 구가, 저가를 비롯한 제가 세력들이 사출도를 통치하였다.
> ① 동예 ② 고구려 ④ 변한

Answer 7.② 8.③

9 다음은 각 유물과 그것이 사용되던 시기의 사회 모습에 대한 설명이다. 옳은 것만을 모두 고르면?

> ⊙ 슴베찌르개 – 벼농사를 짓기 시작하였고 나무로 만든 농기구를 사용하였다.
> ⓒ 붉은 간토기 – 거친무늬거울을 사용하여 제사를 지내거나 의식을 거행하였다.
> ⓒ 반달 돌칼 – 농사를 짓기 시작했지만 아직 지배와 피지배 관계는 발생하지 않았다.
> ⓔ 눌러찍기무늬 토기 – 가락바퀴와 뼈바늘을 이용하여 옷이나 그물을 만들어 사용하였다.

① ⊙, ⓒ
② ⊙, ⓒ
③ ⓒ, ⓔ
④ ⓒ, ⓔ

TIP ⓒ 청동기 시대, ⓔ 신석기 시대에 대한 설명이다.
ⓒ 슴베찌르개는 구석기 후기에 사용되었고, 벼농사가 시작된 것은 청동기 시대이다.
ⓒ 반달 돌칼은 청동기 시대에 사용되었다. 농사를 짓기 시작했지만 아직 지배와 피지배 관계는 발생하지 않은 시기는 신석기 시대이다.

10 한반도 선사시대에 대한 설명으로 옳지 않은 것은?

① 구석기시대 전기에는 주먹도끼와 슴베찌르개 등이 사용되었다.
② 신석기시대 집터는 대부분 움집으로 바닥은 원형이나 모서리가 둥근 사각형이다.
③ 신석기시대 사람들은 조개류를 많이 먹었으며, 때로는 장식으로 이용하기도 하였다.
④ 청동기시대의 전형적인 유물로는 비파형동검 · 붉은간토기 · 반달돌칼 · 흠자귀 등이 있다.

TIP ① 구석기시대 전기에는 주먹도끼와 찍개 등이 사용되었고, 슴베찌르개는 후기에 사용되었다.

Answer 9.③ 10.①

≡ 출제 예상 문제

1 밑줄 친 '이 시대'의 사회 모습으로 옳은 것은?

> 이 시대의 황해도 봉산 지탑리와 평양 남경 유적에서 탄화된 좁쌀이 발견되는 것으로 보아 잡곡류 경작이 이루어졌음을 알 수 있다. 농경의 발달로 수렵과 어로가 경제 생활에서 차지하는 비중이 줄어들기 시작하였지만, 여전히 식량을 얻는 중요한 수단이었다. 한편 가락바퀴나 뼈바늘을 이용하여 옷이나 그물을 만드는 등 원시적인 수공업 생산이 이루어지기 시작하였다.

① 생산물의 분배 과정에서 사유 재산 제도가 등장하였다.
② 마을 주변에 방어 및 의례 목적으로 환호(도랑)를 두르기도 하였다.
③ 흑요석의 출토 사례로 보아 원거리 교류나 교역이 있었음을 알 수 있다.
④ 집자리는 주거용 외에 창고, 작업장, 집회소, 공공 의식 장소 등도 확인되었다.

TIP 밑줄 친 이 시대는 신석기 시대이다.
①②④ 청동기

2 다음 유물이 만들어진 시대의 사회상으로 옳은 것은?

> • 충북 청주 산성동 출토 가락바퀴
> • 인천 옹진 소야도 출토 조개껍데기 가면
> • 경남 통영 연대도 출토 치레걸이
> • 강원 양양 오산리 출토 사람 얼굴 조각상

① 한자의 전래로 붓이 사용되었다.
② 무덤은 일반적으로 고인돌이 사용되었다.
③ 조, 피 등을 재배하는 농경이 시작되었다.
④ 반량전, 오수전 등의 중국 화폐가 사용되었다.

TIP 가락바퀴, 치레걸이, 조개껍데기 가면, 사람 얼굴 조각상과 같은 유물들은 모두 신석기시대를 대표하는 유물들이다. 또한 신석기시대부터 농경이 시작되었기 때문에 이 시대 사회상을 보여주는 보기는 ③번이다.

Answer 1.③ 2.③

3 고조선의 세력 범위가 요동반도에서 한반도에 걸쳐 있었음을 알게 해 주는 유물을 모두 고르면?

┌───┐
│ ㉠ 조개 껍데기 가면   ㉡ 거친무늬 거울   │
│ ㉢ 비파형 동검   ㉣ 미송리식 토기   │
└───┘

① ㉠㉡   ② ㉡㉢
③ ㉠㉡㉢   ④ ㉡㉢㉣

TIP 요령지방에서 출토된 비파형동검을 조형으로 한 세형동검이 B.C. 3C 초부터 대동강 일대에서 나타나는 사실로서 알 수 있으며, 고인돌과 비파형동검, 미송리식 토기 등이 대표적인 고조선의 유물에 해당한다.

4 다음 중 단군신화와 관련한 역사적 사실로 옳지 않은 것은?

① 홍익인간의 정신은 평등이념을 성립하게 되었다.
② 사유재산의 성립으로 지배층은 농사일을 하지 않았다.
③ 선민사상을 가지고 있던 부족은 우월성을 과시했다.
④ 각 부족들은 특정한 동물이나 식물을 자신의 부족과 연결하여 숭배하고 있었다.

TIP 단군신화에 나타난 사회의 모습 … 구릉지대에 거주하면서 농경생활을 하고 있었고 선민사상을 가지고 있었으며 사유재산의 성립과 계급의 분화에 따라 사회생활을 주도하였다.

5 다음 중 신석기 시대에 대한 설명으로 옳지 않은 것은?

① 토기를 사용하여 음식을 조리하고 저장하게 되었다.
② 움집생활을 하였으며 중앙에 화로를 두었다.
③ 주식으로 쌀을 먹었다.
④ 조, 피, 수수 등의 잡곡류의 경작과 개, 돼지 등을 목축하였다.

TIP ③ 신석기 시대의 유적지인 황해도 봉산 지탑리와 평양 남경의 유적에서 탄화된 좁쌀이 발견된 것으로 보아 잡곡류를 경작하였다는 것을 알 수 있다.

Answer 3.④ 4.① 5.③

6 다음과 같은 사상이 등장한 사회의 모습은?

> • 영혼이나 하늘을 인간과 연결시켜주는 무당과 그 주술을 믿었다.
> • 사람이 죽어도 영혼은 사라지지 않는다고 믿었다.

① 무리를 이끄는 지도자는 권력을 가지고 있었다.
② 가락바퀴를 이용하여 의복을 제작하였다.
③ 동굴이나 강가에 막집을 짓고 살았다.
④ 벼농사가 일반적으로 행해졌다.

TIP 제시된 사상은 영혼불멸사상과 샤머니즘으로 신석기시대의 신앙의 형태이다.
①④ 청동기 ③ 구석기

7 밑줄 친 이 나라에 대한 설명으로 옳은 것은?

> • 이 나라에는 왕 아래 가축의 이름을 딴 마가, 우가, 저가, 구가가 있었고 저마다 사출도를 다스리고 있었다.
> • 이 나라에는 수해나 한해로 농사가 잘되지 않으면 그 책임을 왕에게 묻기도 하였다.

① 철을 생산하여 왜와 교역하였다.
② 과하마, 단궁, 반어피와 특산물을 생산하였다.
③ 제천행사로 12월에 영고가 있었다.
④ 엄격한 족외혼의 풍습이 있었다.

TIP 밑줄친 이 나라는 5부족 연맹체로 구성된 연맹왕국 부여이다. 부여는 12월에 영고라는 제천행사를 지냈다.
① 변한 ②④ 동예

Answer 6.② 7.③

8 위만 조선이 한나라의 침입으로 왕검성이 함락되어 멸망하게 된 직접적인 원인으로 옳은 것은?

① 독자적인 문화를 발전시키지 못하였다.

② 철기 문화를 수용하지 못하여 군사력이 약하였다.

③ 상업과 무역이 발달하지 못하여 폐쇄적인 자급자족의 경제였다.

④ 예와 진의 무역을 막고 중계무역의 이득을 독점하였다.

TIP 위만 조선 … 본격적으로 철기문화를 수용하고 철기의 사용에 따른 무기생산과 농업이 발달하여 이에 따른 상업과 무역이 융성하였다. 중앙정치조직을 갖추고 우세한 무력을 기반으로 영토를 확장했으며 지리적 이점을 이용하여 예와 진이 직접 중국과 교역하는 것을 막고 중계무역의 이득을 독점하려 하였다. 이에 한나라의 무제는 대규모 공격을 감행하였는데 장기간의 전쟁으로 인한 고조선 지배층의 내분이 원인이 되어 B.C. 108년에 왕검성이 함락되면서 멸망하였다.

9 다음 풍습이 있었던 나라의 특징으로 옳은 것은?

> 이 나라에는 여자가 10살이 되기 전에 혼인을 약속하는 풍습이 있었다. 신랑 집에서는 어린 신부를 맞이하여 어른이 되면 아내로 삼고 친정으로 되돌려 보낸다. 이후 친정에서 돈을 요구하면 신랑 집에서 돈을 지불한 뒤 신부를 다시 데려온다.

① 천군이 소도를 통치하였다.

② 목지국의 지배자가 영역을 통치하였다.

③ 벼농사가 발달하여 5월, 10월에 계절제를 지냈다.

④ 읍군, 삼로라는 군장세력이 존재하였다.

TIP 옥저의 민며느리제 풍습에 관한 설명이다.
①②③ 삼한

10 다음 중 구석기시대에 관한 설명으로 옳지 않은 것은?

① 농경, 목축이 시작되었다.　　　② 평등한 공동체적 생활을 하였다.

③ 뗀석기와 골각기를 사용하였다.　　④ 주술적인 조각품을 남겼다.

TIP ① 농경과 목축이 시작된 시기는 신석기시대이다.

11 다음 중 씨족을 통해 부족을 형성하여 살았던 사람들의 생활상을 잘 재현한 것은?

① 가락바퀴나 뼈바늘로 그물을 손질하는 아낙네

② 반달돌칼로 추수하는 사람들

③ 민무늬토기에 음식을 담는 여자

④ 무리를 이루어 큰 사냥감을 찾아다니며 생활하는 사람들

TIP 씨족을 통한 부족을 이뤘던 시기는 신석기시대이다.
　　②③ 청동기시대의 생활상이다.
　　④ 구석기시대의 생활상이다.

12 철기문화의 전래에 관한 설명으로 옳지 않은 것은?

① 새로운 무덤 형태인 독무덤이 출현하였다.

② 한자가 전래되었다.

③ 청동기는 의기화되었다.

④ 지배와 피지배 관계가 형성되었다.

TIP ④ 계급이 발생하고 사유재산제도가 생긴 것은 청동기 시대이다.

Answer 10.① 11.① 12.④

13 다음과 같은 생활모습을 지녔던 사회에 대해 역사적 탐구를 하고자 할 때, 가장 거리가 먼 조사활동은?

> • 매년 5월 씨뿌리기가 끝날 때와 10월에 농사가 끝날 때면 제사를 올리고 음주가무를 즐겼다.
> • 철을 생산하여 낙랑 및 왜와 교역하였고, 시장에서 물건을 살 때 화폐처럼 사용하였다.

① 삼국지 동이전의 내용을 분석한다.
② 낙동강 유역의 철 산지를 알아본다.
③ 서남해안의 해류와 고대 항로를 조사한다.
④ 돌무지 덧널무덤의 분포를 조사한다.

TIP 제시된 내용은 삼한의 사회에 대한 설명이다.
④ 돌무지 덧널무덤은 신라에서 주로 만든 무덤으로 삼한 사회에 대한 역사적 탐구에는 적절하지 않다.

14 유적지에서 반달돌칼, 비파형 동검, 바퀴날도끼, 토기 파편, 탄화된 볍씨 등이 발견되었다. 당시의 사회 모습으로 옳지 않은 것은?

① 촌락은 배산임수형태를 가지고 있었다.
② 일부 저습지에서 벼농사가 이루어졌다.
③ 금속제 무기를 사용한 정복활동이 활발하였다.
④ 주로 해안이나 강가에서 농경 생활을 하였다.

TIP 반달돌칼, 바퀴날도끼, 토기 파편, 탄화된 볍씨 등은 청동기시대의 유물이다. 당시의 집자리 유적은 주로 구릉지나 산간지방에서 발견된다.

15 다음과 같은 현상을 바탕으로 일어난 역사적 사실은?

> 이 시기에는 고인돌이 많이 만들어졌다. 무게가 수십 톤 이상인 덮개돌을 채석하여 운반하고 무덤을
> 설치하기까지는 많은 인력이 필요하다. 따라서 이와 같은 무덤을 만들 수 있는 강한 세력이 나타났음
> 을 알 수 있다.

① 제정분리의 심화　　　　　　　　② 선민사상의 대두
③ 보편종교의 탄생　　　　　　　　④ 성 역할의 분리

TIP 청동기시대에는 고인돌 무덤을 만들 수 있을 정도로 상당한 정치력과 경제력을 갖춘 지배자가 나타났다. 이는 사유재산제도와 계급이 발생하면서 나타났으며, 부족 내에서 족장세력이 성장하여 세력이 약한 다른 부족을 통합하면서 국가가 성립되기 시작하였다. 정치·경제적 영향력이 강한 부족에서는 스스로 하늘의 자손이라 칭하는 선민사상이 나타나게 되었다.

Answer 15.②

02 통치구조와 정치활동

01 고대의 정치

❶ 고대국가의 성립

(1) 초기의 고구려

① **성장** : 졸본성에서 주변 소국을 통합하여 성장하였으며, 국내성으로 도읍을 옮겼다.

② **지배체제의 정비**

　㉠ **태조왕(1세기 후반)** : 옥저와 동예를 복속하고, 독점적으로 왕위를 세습하였으며 통합된 여러 집단들은 5부 체제로 발전하였다.

　㉡ **고국천왕(2세기 후반)** : 부족적인 전통의 5부가 행정적 성격의 5부로 개편되었고 왕위가 형제상속에서 부자상속으로 바뀌었으며, 족장들이 중앙귀족으로 편입하는 등 중앙집권화와 왕권 강화가 진전되었다.

(2) 초기의 백제

① **건국(B.C. 18)** : 한강 유역의 토착민과 고구려 계통의 북방 유이민의 결합으로 성립되었는데, 우수한 철기문화를 보유한 유이민 집단이 지배층을 형성하였다.

② **고이왕(3세기 중엽)** : 한강 유역을 완전히 장악하고, 중국의 문물을 수용하였다. 율령을 반포하였으며 관등제를 정비하고 관복제를 도입하는 등 지배체제를 정비하였다.

(3) 초기의 신라

① **건국(B.C. 57)** : 경주의 토착집단과 유이민집단의 결합으로 건국되었다.

② **발전** : 박·석·김의 3성이 번갈아 왕위를 차지하다가 주요 집단들이 독자적인 세력 기반을 유지하면서 유력 집단의 우두머리는 왕(이사금)으로 추대되었다.

③ **지배체제의 정비(내물왕, 4세기)** : 활발한 정복활동을 통해 낙동강 유역으로 영역을 확장하고 김씨가 왕위를 세습하였으며 마립간의 칭호를 사용하였다.

(4) 초기의 가야

① **위치** : 낙동강 하류의 변한지역에서는 철기문화를 토대로 한 정치집단들이 등장하였다.

② **전기 가야연맹**(금관가야 중심) : 김해를 주축으로 하여 경남해안지대에 소국연맹체를 형성하였는데 농경문화의 발달과 철의 생산(중계무역 발달)으로 경제적인 발전을 이루었다. 그러나 백제와 신라의 팽창으로 세력이 약화되어(4세기 초) 고구려군의 가야지방 원정으로 몰락하게 되었다. 이에 따라 중심세력이 해체되어 낙동강 서쪽 연안으로 축소되었다.

❷ 삼국의 발전과 통치체제

(1) 삼국의 정치적 발전

① **고구려** … 4세기 미천왕 때 서안평을 점령하고 낙랑군을 축출하여 압록강 중류를 벗어나 남쪽으로 진출할 수 있는 발판을 마련하였고, 고국원왕 때는 전연과 백제의 침략으로 국가적 위기를 맞기도 하였다. 4세기 후반 소수림왕 때에는 불교의 수용, 태학의 설립, 율령의 반포로 중앙집권국가로의 체제를 강화하였다.

② **백제** … 4세기 후반 근초고왕은 마한의 대부분을 정복하였으며, 황해도 지역을 두고 고구려와 대결하기도 하였다. 또한 낙동강 유역의 가야에 지배권을 행사하였고, 중국의 요서지방과 산둥지방, 일본의 규슈지방까지 진출하였으며 왕위의 부자상속이 시작되었다.

③ **신라**

　㉠ **지증왕**(6세기 초) : 국호(사로국→신라)와 왕의 칭호(마립간→왕)를 변경하고, 수도와 지방의 행정구역을 정리하였으며 대외적으로 우산국(울릉도)을 복속시켰다.

　㉡ **법흥왕**(6세기 중엽) : 병부의 설치, 율령의 반포, 공복의 제정 등으로 통치질서를 확립하였다. 또한 골품제도를 정비하고, 새로운 세력을 포섭하고자 불교를 공인하였다. 독자적 연호인 건원을 사용하여 자주국가로서의 위상을 높였고 금관가야를 정복하여 영토를 확장시켜 중앙집권체제를 완비하였다.

(2) 삼국 간의 항쟁

① **고구려의 대제국 건설**

　㉠ **광개토대왕**(5세기) : 영락이라는 연호를 사용하였고 만주지방에 대한 대규모 정복 사업(중국의 후연과 대립)을 단행하였으며, 백제를 압박하여(관미성 전투, 위례성 포위하여 백제 아신왕의 항복을 받아냄) 한강 이남으로 축출하였다. 또한 신라에 침입한 왜를 격퇴함으로써 한반도 남부에까지 영향력을 확대하였다.

　㉡ **장수왕**(5세기) : 남북조의 교류 및 평양 천도(427)를 단행하여 백제의 수도인 한성을 함락하였다. 죽령 ~ 남양만 이북을 확보(광개토대왕비와 중원고구려비 건립)하여 한강 유역으로 진출하였는데 만주와 한반도에 걸친 광대한 영토를 차지하여 중국과 대등한 지위의 대제국을 건설하였다.

② 백제의 중흥

ⓐ 5세기 후반 문주왕은 고구려의 남하정책으로 대외팽창이 위축되고 무역활동이 침체되어 서울을 웅진으로 천도하게 되고, 동성왕은 신라와 동맹을 강화하여 고구려에 대항, 무령왕은 지방의 22담로에 왕족을 파견하여 지방통제를 강화하는 등 체제를 정비하고자 하였다.

ⓒ **성왕**(6세기 중반) : 사비로 천도하고, 남부여로 국호를 개칭하고 중앙은 22부, 수도는 5부, 지방은 5방으로 정비하였다. 불교를 진흥시키고, 일본에 전파하였으며, 중국의 남조와 교류하였다.

③ **신라의 발전**(진흥왕, 6세기)

ⓐ **체제 정비** : 화랑도를 국가적 조직으로 개편하고, 불교를 통해 사상적 통합을 꾀하였다.

ⓒ **영토 확장** : 한강 유역을 장악하여 경제적 기반을 강화하고 전략적 거점을 확보할 수 있었고 중국 교섭의 발판이 되었다. 북으로는 함경도, 남으로는 대가야를 정복하였다(단양 적성비, 4개의 순수비(창녕 신라 진흥왕 척경비, 북한산 순수비, 황초령비, 마운령비).

(3) **삼국의 통치체제**

① **통치조직의 정비** … 삼국의 초기에는 부족 단위 각 부의 귀족들이 독자적으로 관리를 거느리는 방식으로 귀족회의에서 국가의 중요한 일을 결정하였는데 후에는 왕을 중심으로 한 통치체제로 왕의 권한이 강화되었고, 관등제와 행정구역이 정비되어 각 부의 귀족들은 왕권 아래 복속되고, 부족적 성격이 행정적 성격으로 개편되었다.

② **관등조직 및 중앙관제**

구분	관등	수상	중앙관서	귀족합의제
고구려	10여 관등	대대로(막리지)	―	제가회의
백제	16관등	상좌평	6좌평, 22부(시비천도 이후)	정사암회의
신라	17관등	상대등	병부, 집사부	화백회의

③ **지방제도**

ⓐ **지방조직**

구분	수도	지방(장관)	특수행정구역
고구려	5부	5부(욕살)	3경(평양성, 국내성, 한성)
백제	5부	5방(방령)	22담로(지방 요지)
신라	5부	6주(군주)	2소경〔중원경(충주), 동원경(강릉)〕

ⓒ **지방제도의 정비** : 최상급 지방행정단위로 부와 방 또는 주를 두고 지방장관을 파견하였고, 그 아래의 성이나 군에도 지방관을 파견하여 지방민을 직접 지배하였으나, 말단 행정단위인 촌에는 지방관을 파견하지 않고 토착세력을 촌주로 삼았다. 그러나 대부분의 지역은 중앙정부의 지배가 강력히 미치지 못하여 지방세력가들이 지배하게 되었다.

④ **군사조직** … 지방행정조직이 그대로 군사조직이기도 하여 각 지방의 지방관은 곧 군대의 지휘관(백제의 방령, 신라의 군주)이었다.

❸ 대외항쟁과 신라의 삼국통일

(1) 고구려와 수·당의 전쟁

① **수와의 전쟁** … 고구려가 요서지방을 선제공격하자 수의 문제와 양제는 고구려를 침입해왔는데 을지문덕이 살수에서 큰 승리를 거두었다(612).

② **당과의 전쟁** … 당 태종은 요동의 여러 성을 공격하고 전략상 가장 중요한 안시성을 공격하였으나 고구려에 의해 패하였다(645).

(2) 백제와 고구려의 멸망

① **백제의 멸망** … 정치질서의 문란과 지배층의 향락으로 국방이 소홀해진 백제는 황산벌에서 신라에게 패하면서 결국 사비성이 함락되고 말았다. 왕자 풍을 중심으로 복신과 흑치상지, 도침 등은 주류성과 임존성을 거점으로 하여 사비성과 웅진성을 공격하였으나 나·당연합군에 의하여 진압되었다.

③ **고구려의 멸망** … 지배층의 분열과 국력의 약화로 정치가 불안정한 틈을 탄 나·당연합군의 침입으로 평양성이 함락되었다(668). 안승과 검모장, 고연무 등은 한성과 오골성을 근거지로 평양성을 탈환하였으나 결국 실패하였다.

(3) 신라의 삼국통일

① **과정** … 당은 한반도에 웅진도독부(공주), 안동도호부(평양), 계림도독부(경주)를 설치하여 한반도를 지배하려 하였으나 신라·고구려·백제 유민의 연합으로 당 주둔군을 공격하여 매소성과 기벌포싸움에서 승리를 거두게 되고 당군을 축출하여 삼국통일을 이룩하였다(676).

② **삼국통일의 의의와 한계** … 당의 축출로 자주적 성격을 인정할 수 있으며 고구려와 백제 문화의 전통을 수용하여 민족문화 발전의 토대를 마련하였다는 점에서 큰 의의가 있으나, 외세의 협조를 받았다는 점과 대동강에서 원산만 이남에 국한된 불완전한 통일이라는 점에서 한계성을 가진다.

❹ 남북국시대의 정치 변화

(1) 통일신라의 발전

① **왕권의 전제화**

- ㉠ **무열왕** : 통일과정에서 왕권을 강화하였으며 이후 직계자손이 왕위를 계승하게 되었다.
- ㉡ **유교정치이념의 수용** : 통일을 전후하여 유교정치이념이 도입되었고, 중앙집권적 관료정치의 발달로 왕권이 강화되어 갔다.
- ㉢ **집사부 시중의 기능 강화** : 상대등의 세력을 억제하였고 왕권의 전제화가 이루어졌다.
- ㉣ **신문왕** : 관료전의 지급, 녹읍의 폐지, 국학을 설립하여 유교정치이념을 확립시켰다. 또한 김흠돌의 난을 계기로 진골귀족을 숙청하고 지방행정체제인 9주 5소경을 확립하였다.

② **정치세력의 변동** … 6두품은 학문적 식견을 바탕으로 왕의 정치적 조언자로 활동하거나 행정실무를 총괄하였다. 이들은 전제왕권을 뒷받침하고, 학문·종교분야에서 활약하였다.

③ **전제왕권의 동요** … 8세기 후반부터 진골귀족세력의 반발로 녹읍제가 부활하고, 사원의 면세전이 증가되어 국가재정의 악화를 가져왔다. 귀족들의 특권적 지위 고수 및 향락과 사치가 계속되자 농민의 부담은 가중되었다.

(2) 발해의 건국과 발전

① **건국** … 고구려 출신의 대조영이 길림성에 건국하였으며 지배층은 고구려인, 피지배층은 말갈인으로 구성되었다. 일본에 보낸 국서에 고려 또는 고려국왕이라는 칭호를 사용하였고, 고구려 문화와 유사성이 있다는 점에서 고구려 계승의식이 나타나고 있다.

② **발해의 발전**

- ㉠ **영토 확장(무왕)** : 동북방의 여러 세력을 복속시켜 북만주 일대를 장악하였고, 당의 산둥반도를 공격하고, 돌궐·일본과 연결하여 당과 신라에 대항하였다.
- ㉡ **체제 정비(문왕)** : 당과 친선관계를 맺고 문물을 수입하였는데 중경에서 상경으로 천도하였고, 신라와의 대립관계를 해소하려 상설교통로를 개설하였으며 천통(고왕), 인안(무왕), 대흥(문왕), 건흥(선왕) 등 독자적인 연호를 사용하였다.
- ㉢ **중흥기(선왕)** : 요동지방으로 진출하였으며 남쪽으로는 신라와 국경을 접할 정도로 넓은 영토를 차지하고, 지방제도를 완비하였다. 당에게서 '해동성국'이라는 칭호를 받았다.
- ㉣ **멸망** : 거란의 세력 확대와 귀족들의 권력투쟁으로 국력이 쇠퇴하고 거란에 의해 멸망하였다.

(3) 남북국의 통치체제

① 통일신라

　　㉠ **중앙정치체제** : 전제왕권의 강화를 위해 집사부 시중의 지위 강화 및 집사부 아래에 위화부와 13부를 두고 행정업무를 분담하였으며 관리들의 비리와 부정 방지를 위한 감찰기관인 사정부를 설치하였다.

　　㉡ **유교정치이념의 수용** : 국학을 설립하였다.

　　㉢ **지방행정조직의 정비**(신문왕) : 9주 5소경으로 정비하여 중앙집권체제를 강화하고, 지방관의 감찰을 위하여 외사정을 파견하고 상수리제도를 실시하였으며, 향·부곡이라 불리는 특수행정구역을 설치하였다.

　　㉣ **군사조직의 정비**

　　　• 9서당 : 옷소매의 색깔로 표시하였는데 부속민에 대한 회유와 견제의 양면적 성격이 있다.

　　　• 10정 : 9주에 각 1정의 부대를 배치하였으나 한산주에는 2정(남현정, 골내근정)을 두었다.

② 발해

　　㉠ **중앙정치체계** : 당의 제도를 수용하였으나 명칭과 운영은 독자성을 유지하였다.

　　　• 3성

　　　－정당성 : 대내상이 국정을 총괄하고, 그 밑에 좌사정(충, 인, 의부), 우사정(지, 예, 신부)을 두었다.

　　　－선조성 : 조서를 심의하였다.

　　　－중대성 : 왕명출납을 담당하였다.

　　　• 6부 : 충부, 인부, 의부, 자부, 예부, 신부

　　　• 중정대(감찰), 문적원(서적 관리), 주자감(중앙의 최고교육기관)

　　㉡ **지방제도** : 5경 15부 62주로 조직되었고, 촌락은 주로 말갈인 촌장이 지배하였다.

　　㉢ **군사조직** : 중앙군(10위), 지방군

(4) 신라 말기의 정치 변동과 호족세력의 성장

① **전제왕권의 몰락** ··· 진골귀족들의 반란과 왕위쟁탈전이 심화되고 집사부 시중보다 상대등의 권력이 더 커졌으며 지방민란의 발생으로 중앙의 지방통제력이 더욱 약화되었다.

② **농민의 동요** ··· 과중한 수취체제와 자연재해는 농민의 몰락을 가져오고, 농민은 신라 정부에 저항하게 되었다.

③ **호족세력의 등장** ··· 지방의 행정·군사권과 경제적 지배력을 가진 호족세력은 성주나 장군을 자처하며 반독립적인 세력으로 성장하였다.

④ **개혁정치** ··· 6두품 출신의 유학생과 선종의 승려가 중심이 되어 골품제 사회를 비판하고 새로운 정치이념을 제시하였다. 지방의 호족세력과 연계하여 사회 개혁을 추구하였다.

02 중세의 정치

❶ 중세사회의 성립과 전개

(1) 고려의 성립과 민족의 재통일

① **고려의 건국** … 왕건은 송악의 호족으로서 처음에는 궁예 휘하로 들어가 한강 유역과 나주지방을 점령하여 후백제를 견제하였는데 궁예의 실정을 계기로 정권을 장악하게 되었으며, 고구려의 후계자임을 강조하여 국호를 고려라 하고 송악에 도읍을 세웠다.

② **민족의 재통일** … 중국의 혼란기를 틈타 외세의 간섭 없이 통일이 성취되었다.

(2) 태조의 정책

① **취민유도(取民有度) 정책** … 조세경감, 노비해방 및 빈민구제기관인 흑창을 설치하였다.

② **통치기반 강화**
  ㉠ **관제 정비** : 태봉의 관제를 중심으로 신라와 중국의 제도를 참고하여 정치제도를 만들고, 개국공신과 호족을 관리로 등용하였다.
  ㉡ **호족 통합** : 호족과 정략결혼을 하였으며 그들의 향촌지배권을 인정하고, 공신들에게는 역분전을 지급하였다.
  ㉢ **호족 견제** : 사심관제도(우대)와 기인제도(감시)를 실시하였다.
  ㉣ **통치 규범** : 정계, 계백료서를 지어 관리들이 지켜야 할 규범을 제시하였고, 후손들이 지켜야 할 교훈이 담긴 훈요 10조를 남겼다(숭불정책, 연등회 및 팔관회 중시 등).

③ **북진정책** … 고구려를 계승하였음을 강조하여 국호를 고려라 하고 국가의 자주성을 강조하기 위해 천수(天授)라는 연호를 사용하였다. 북진정책의 전진 기지로 서경을 중시하고, 북방 영토를 청천강~영흥만 이남까지 확장하였다.

(3) 광종의 개혁정치

왕권의 안정과 중앙집권체제를 확립하기 위하여 노비안검법, 과거제도 실시(쌍기의 건의), 공복제도, 불교 장려(귀법사 창건), 제위보의 설치, 독자적인 연호 사용(광덕, 준풍) 및 송과의 문화적·경제적 목적에서 외교관계를 수립하였으나, 군사적으로는 중립적 자세를 취하였다.

(4) 유교적 정치질서의 강화

① **최승로의 시무 28조** … 유교정치이념을 강조하고 지방관의 파견과 문벌귀족 중심의 정치를 이루게 되었다.

② **성종의 중앙집권화** … 6두품 출신의 유학자를 등용, 12목에 지방관 파견, 향리제도 실시, 국자감과 향교의 설치 및 과거제도를 실시하고, 중앙통치기구는 당, 태봉, 신라, 송의 관제를 따랐다.

❷ 통치체제의 정비

(1) 중앙의 통치조직

① 정치조직(2성 6부)

　㉠ 2성
　　• 중서문하성 : 중서성과 문하성의 통합기구로 문하시중이 국정을 총괄하였다.
　　－재신 : 2품 이상의 고관으로 백관을 통솔하고 국가의 중요정책을 심의·결정하였다.
　　－낭사 : 3품 이하의 관리로 정책을 건의하거나, 정책 집행의 잘못을 비판하는 일을 담당하였다.
　　• 상서성 : 실제 정무를 나누어 담당하는 6부를 두고 정책의 집행을 담당하였다.
　㉡ **중추원(추부)** : 군사기밀을 담당하는 2품 이상의 추밀과 왕명 출납을 담당하는 3품의 승선으로 구성되었다.
　㉢ **삼사** : 화폐와 곡식의 출납에 대한 회계업무만을 담당하였다.
　㉣ **어사대** : 풍속을 교정하고 관리들의 비리를 감찰하는 감찰기구이다.
　㉤ **6부** : 상서성에 소속되어 실제 정무를 분담하던 관청으로 각 부의 장관은 상서, 차관은 시랑이었다.

② 귀족 중심의 정치

　㉠ **귀족합좌 회의기구**(중서문하성의 재신, 중추원의 추밀)
　　• 도병마사 : 재신과 추밀이 함께 모여 회의로 국가의 중요한 일을 결정하는 곳이다. 국방문제를 담당하는 임시기구였으나, 도평의사사(도당)로 개편되면서 구성원이 확대되고 국정 전반에 걸친 중요사항을 담당하는 최고 정무기구로 발전하였다.
　　• 식목도감 : 임시기구로서 재신과 추밀이 함께 모여 국내 정치에 관한 법의 제정 및 각종 시행규정을 다루던 회의기구였다.
　㉡ **대간(대성)제도** : 어사대의 관원과 중서문하성의 낭관으로 구성되었다. 비록 직위는 낮았지만 왕, 고위관리들의 활동을 지원하거나 제약하여 정치 운영의 견제와 균형을 이루었다.
　　• 서경권 : 관리의 임명과 법령의 개정이나 폐지 등에 동의하는 권리
　　• 간쟁 : 왕의 잘못을 말로 직언하는 것
　　• 봉박 : 잘못된 왕명을 시행하지 않고 글로 써서 되돌려 보내는 것

(2) 지방행정조직의 정비

① 정비과정

　ㄱ 초기 : 호족세력의 자치로 이루어졌다.

　ㄴ 성종 : 12목을 설치하여 지방관을 파견하였다.

　ㄷ 현종 : 4도호부 8목으로 개편되어 지방행정의 중심이 되었고, 그 후 전국을 5도와 양계, 경기로 나눈 다음 그 안에 3경·4도호부·8목을 비롯하여 군·현·진을 설치하였다.

② 지방조직

　ㄱ 5도(일반행정구역) : 상설 행정기관이 없는 일반 행정 단위로서 안찰사를 파견하여 도내의 지방을 순찰하게 하였다. 도에는 주와 군(지사)·현(현령)이 설치되고, 주현에는 지방관을 파견하였지만 속현에는 지방관을 파견하지 않았다.

　ㄴ 양계(군사행정구역) : 북방의 국경지대에는 동계와 북계의 양계를 설치하여 병마사를 파견하고, 국방상의 요충지에 군사특수지역인 진을 설치하였다.

　ㄷ 8목 4도호부 : 행정과 군사적 방비의 중심적인 역할을 맡은 곳이다.

　ㄹ 특수행정구역

　　• 3경 : 풍수설과 관련하여 개경(개성), 서경(평양), 동경(경주, 숙종 이후 남경)에 설치하였다.

　　• 향·소·부곡 : 특수행정구역으로 일반 양인보다 더 많은 조세, 역을 부담하였다.

　ㅁ 지방행정 : 실제적인 행정사무는 향리가 실질적으로 처리하여 지방관보다 영향력이 컸다(속현, 향, 소, 부곡 등).

(3) 군역제도와 군사조직

① 중앙군

　ㄱ 2군 6위 : 국왕의 친위부대인 2군과 수도 경비와 국경 방어를 담당하는 6위로 구성되었다.

　ㄴ 직업군인 : 군적에 올라 군인전을 지급받고 군역을 세습하였으며, 군공을 세워 신분을 상승시킬 수 있는 중류층이었다. 이들은 상장군, 대장군 등의 무관이 지휘하였다.

② 지방군

　ㄱ 주진군(양계) : 상비군으로 좌군, 우군, 초군으로 구성되어 국경을 수비하는 의무를 지녔다.

　ㄴ 주현군(5도) : 지방관의 지휘를 받아 치안과 지방방위·노역에 동원되었고 농민으로 구성하였다.

(4) 관리임용제도

① 과거제도(법적으로 양인 이상이면 응시가 가능)

　ㄱ 제술과 : 문학적 재능과 정책을 시험하는 것이다.

　ㄴ 명경과 : 유교경전에 대한 이해능력을 시험하는 것이다.

　ㄷ 잡과 : 기술관을 선발하는 것으로 백정이나 농민이 응시하였다.

ⓒ **한계와 의의** : 능력 중심의 인재 등용과 유교적 관료정치의 토대 마련의 계기가 되었으나 과거출신자보다 음서출신자가 더 높이 출세할 수 밖에 없었고, 무과는 거의 실시하지 않았다

② **음서제도** … 공신과 종실의 자손 외에 5품 이상 고관의 자손은 과거를 거치지 않고 관직에 진출할 수 있는 제도이다.

❸ 문벌귀족사회의 성립과 동요

(1) 문벌귀족사회의 성립

① 지방호족 출신이 중앙관료화된 것으로, 신라 6두품 계통의 유학자들이 과거를 통해 관직에 진출하여 성립되었으며, 대대로 고위관리가 되어 중앙정치에 참여하게 되고, 과거와 음서를 통해 관직을 독점하였다.

② **문벌귀족사회의 모순**

　㉠ **문벌귀족의 특권** : 정치적으로 과거와 음서제를 통해 고위 관직을 독점하였으며 경제적으로 과전, 공음전, 사전 등의 토지 겸병이 이루어지고, 사회적으로 왕실 및 귀족들 간의 중첩된 혼인관계를 이루었다.

　㉡ **측근세력의 대두** : 과거를 통해 진출한 지방 출신의 관리들이 국왕을 보좌하면서 문벌귀족과 대립하였다.

　㉢ **이자겸의 난, 묘청의 서경천도운동** : 문벌귀족과 측근세력의 대립으로 발생한 사건들이다.

(2) 이자겸의 난과 서경천도운동

① **이자겸의 난**(인종, 1126) … 문종 ~ 인종까지 경원 이씨가 80여년간 권력을 독점하였다. 이자겸 정권은 여진(금)의 사대관계 요구에 굴복하여 사대관계를 유지하였으나, 인종의 척준경 회유로 이자겸의 왕위찬탈반란은 실패로 돌아가게 되었다. 이는 귀족사회의 동요와 묘청의 서경천도운동의 계기가 되었다.

② **묘청의 서경천도운동**(1135) … 묘청이 풍수지리설을 근거로 서경(평양) 천도, 칭제건원, 금국정벌을 주장하며 대위국을 세웠으나 문벌귀족의 반대에 부딪혔으며, 김부식이 이끄는 관군에 의해 진압되고 말았다.

(3) 무신정권의 성립

① **무신정변**(1170) … 숭문천무정책으로 인한 무신을 천시하는 풍조와 의종의 실정이 원인이 되어 문신 중심의 귀족사회에서 관료체제로 전환되는 계기가 되었으며, 전시과 체제가 붕괴되고 무신에 의해 토지의 독점이 이루어져 사전과 농장이 확대되었다.

② **사회의 동요** … 무신정권에 대한 반발로 김보당의 난과 조위총의 난이 일어났으며, 신분해방운동으로 농민의 난(김사미·효심의 난), 천민의 난(망이·망소이의 난)이 일어났다.

③ 최씨 정권
  ㉠ 최씨 정권의 기반
    • 정치적 : 교정도감(최충헌-봉사10조)과 정방·삼별초(최우), 서방(최우)을 중심으로 전개되었다.
    • 경제적 : 광대한 농장을 소유하였다.
    • 군사적 : 사병을 보유하고 도방을 설치하여 신변을 경호하였다.
  ㉡ 한계 : 정치적으로 안정되었지만 국가통치질서는 오히려 악화되었다.

④ 대외관계의 변화

(1) 거란의 침입과 격퇴

① 고려의 대외정책 … 친송배요정책으로 송과는 친선관계를 유지했으나 거란은 배척하였다.

② 거란의 침입과 격퇴
  ㉠ 1차 침입 : 서희의 담판으로 강동 6주를 확보하였으며, 거란과 교류관계를 맺었다.
  ㉡ 2차 침입 : 고려의 계속되는 친송정책과 강조의 정변을 구실로 침입하여 개경이 함락되었고, 현종의 입조(入朝)를 조건으로 퇴군하였다.
  ㉢ 3차 침입 : 현종의 입조(入朝)를 거부하여 다시 침입하였으나 강감찬이 귀주대첩으로 큰 승리를 거두어 양국은 강화를 맺었다.
  ㉣ 결과 및 영향 : 고려, 송, 거란 사이의 세력 균형이 유지되고, 고려는 나성과 천리장성(압록강 ~ 도련포)을 축조하여 수비를 강화하였다.

(2) 여진 정벌과 9성 개척

기병을 보강한 윤관의 별무반이 여진을 토벌하여 동북 9성을 축조하였으나 고려를 침략하지 않고 조공을 바치겠다는 조건을 수락하면서 여진에게 9성을 돌려주었다. 그러나 여진은 더욱 강해져 거란을 멸한 뒤 고려에 대해 군신관계를 요구하였고, 당시의 집권자 이자겸은 현실적인 어려움으로 금의 요구를 받아들였다.

(3) 몽고와의 전쟁

① 몽고와의 전쟁
  ㉠ 원인 : 몽고의 과중한 공물 요구와, 몽고의 사신 저고여가 피살되는 사건이 일어났다.
  ㉡ 몽고의 침입
    • 제1차 침입(1231) : 몽고 사신의 피살을 구실로 몽고군이 침입하였고 박서가 항전하였으나, 강화가 체결되고 철수되었다.
    • 제2차 침입(1232) : 최우는 강화로 천도하였고, 용인의 김윤후가 몽고의 장군 살리타를 죽이고 몽고 군대는 쫓겨갔다(처인성전투).

- 제3차 ~ 제8차 침입 : 농민, 노비, 천민들의 활약으로 몽고를 끈질기게 막아냈다.
  - ⓒ **결과** : 전 국토가 황폐화되고 민생이 도탄에 **빠졌으며** 대장경(초판)과 황룡사의 9층탑이 소실되었다.
- ② **삼별초의 항쟁**(1270 ~ 1273) … 몽고와의 굴욕적인 강화를 맺는 데 반발하여 진도로 옮겨 저항하였고, 여 · 몽연합군의 공격으로 진도가 함락되자 다시 제주도로 가서 김통정의 지휘 아래에 계속 항쟁하였으나 여 · 몽연합군에 의해 진압되었다.

(4) 홍건적과 왜구의 침입

① **홍건적의 격퇴** … 제1차 침입은 모거경 등 4만군이 서경을 침입하였으나 이승경, 이방실 등이 격퇴하였으며, 제2차 침입은 사유 등 10만군이 개경을 함락하였으나 정세운, 안우, 이방실 등이 격퇴하였다.

② **왜구의 침략** … 왜구의 잦은 침입에 따른 사회의 불안정은 시급히 해결해야 할 국가적 과제였다. 왜구를 격퇴하고 이 문제를 해결하는 과정에서 신흥무인세력이 성장하였다(이성계 황산대첩).

❺ 고려후기의 정치 변동

(1) 원(몽고)의 내정 간섭

① **정치적 간섭**
  - ㉠ **일본 원정** : 두 차례의 원정에 인적 · 물적 자원이 수탈되었으나 실패하였다.
  - ㉡ **영토의 상실과 수복**
    - **쌍성총관부** : 원은 화주(영흥)에 설치하여 철령 이북 땅을 직속령으로 편입하였는데, 공민왕(1356) 때 유인우가 무력으로 탈환하였다.
    - **동녕부** : 자비령 이북 땅을 차지하여 서경에 두었는데, 충렬왕(1290) 때 고려의 간청으로 반환되었다.
    - **탐라총관부** : 삼별초의 항쟁을 평정한 후 일본 정벌 준비를 위해 제주도에 설치하고(1273) 목마장을 두었다. 충렬왕 27년(1301)에 고려에 반환하였다.
  - ㉢ **관제의 개편** : 관제를 격하시키고(3성→첨의부, 6부→4사) 고려를 부마국 지위의 왕실호칭을 사용하게 하였다.
  - ㉣ **원의 내정 간섭**
    - **다루가치** : 1차 침입 때 설치했던 몽고의 군정지방관으로 공물의 징수 · 감독 등 내정간섭을 하였다.
    - **정동행성** : 일본 원정준비기구로 설치된 정동행중서성이 내정간섭기구로 남았다. 고려 · 원의 연락기구였다.
    - **이문소** : 정동행성에 설립된 사법기구로 고려인을 취조 · 탄압하였다.
    - **응방** : 원에 매를 생포하여 조달하는 기구였으나 여러 특권을 행사해 폐해가 심하였다.

② **사회 · 경제적 수탈** … 금 · 은 · 베 · 인삼 · 약재 · 매 등의 막대한 공물의 부담을 가졌으며, 몽고어 · 몽고식 의복과 머리가 유행하고, 몽고식 성명을 사용하는 등 풍속이 변질되었다.

(2) 공민왕의 개혁정치

① **반원자주정책** … 친원세력의 숙청, 정동행성 이문소를 폐지, 몽고식 관제의 폐지, 원의 연호·몽고풍을 금지, 쌍성총관부를 공격하여 철령 이북의 땅을 수복하고 요동지방을 공격하여 요양을 점령하였다.

② **왕권강화책** … 정방 폐지, 성균관을 통한 유학교육 강화 및 과거제도 정비를 하고, 신돈을 등용하여 전민변정도감을 설치한 개혁으로 권문세족들의 경제기반을 약화시키고 국가재정수입의 기반을 확대하였다.

③ **개혁의 실패원인** … 개혁추진세력인 신진사대부 세력이 아직 결집되지 못한 상태에서 권문세족의 강력한 반발을 효과적으로 제어하지 못하였고, 원나라의 간섭 등으로 인해 실패하고 말았다.

(3) 신진사대부의 성장

① 학문적 실력을 바탕으로 과거를 통하여 중앙에 진출한 지방의 중소지주층과 지방향리 출신이 많았다. 성리학을 수용하였으며, 불교의 폐단을 비판하였고 권문세족의 비리와 불법을 견제하였다. 신흥무인세력과 손을 잡으면서 사회의 불안과 국가적인 시련을 해결하고자 하였다.

② **한계** … 권문세족의 인사권 독점으로 관직의 진출이 제한되었고, 과전과 녹봉도 제대로 받지 못하는 등 경제적 기반이 미약하다는 한계를 가졌다.

(4) 고려의 멸망

우왕 말에 명은 쌍성총관부가 있던 땅에 철령위를 설치하여 명의 땅으로 편입하겠다고 통보하였다. 이에 최영은 요동정벌론을, 이성계는 4불가론을 주장하여 대립하였는데, 최영의 주장에 따라 요동정벌군이 파견되었으나 위화도 회군으로 이성계가 장악하였다. 결국 급진 개혁파(혁명파)는 정치적 실권을 장악하고 온건 개혁파를 제거한 후 도평의사사를 장악하여 공양왕의 왕위를 물려받아 조선을 건국하였다.

03 근세의 정치

❶ 근세사회의 성립과 전개

(1) 국왕 중심의 통치체제정비와 유교정치의 실현

① **태조** … 국호를 '조선'이라 하고 수도를 한양으로 천도하였으며, 3대 정책으로 숭유억불정책, 중농억상정책, 사대교린정책을 실시하였다.

② **태종** … 왕권 확립을 위해 개국공신세력을 견제하고 숙청하였으며 6조직계제를 실시, 사간원을 독립시켜 대신들을 견제하였고, 신문고의 설치, 양전사업의 실시 및 호패법을 시행하고 사원전의 몰수, 노비 해방, 사병을 폐지하였다.

③ **세종** … 집현전을 설치, 한글 창제 및 6조직계제를 폐지하고 의정부서사제(재상합의제)로 정책을 심의하였으며, 국가행사를 오례에 따라 거행하였다.

(2) 문물제도의 정비

① **세조** … 왕권의 재확립과 집권체제의 강화를 위하여 6조직계제를 실시하고 집현전과 경연을 폐지하였으며, 경국대전의 편찬에 착수하였다.

② **성종** … 홍문관의 설치, 경연의 활성화 및 경국대전의 완성·반포를 통하여 조선의 기본통치방향과 이념을 제시하였다.

❷ 통치체제의 정비

(1) 중앙정치체제

① **양반관료체제의 확립** … 경국대전으로 법제화하고 문·무반이 정치와 행정을 담당하게 하였으며, 18품계로 나누어 당상관(관서의 책임자)과 당하관(실무 담당)으로 구분하였다.

② **의정부와 6조**
  ㉠ **의정부** : 최고 관부로서 재상의 합의로 국정을 총괄하였다.
  ㉡ **6조** : 직능에 따라 행정을 분담하였다.
  • 이조 : 문관의 인사(전랑이 담당), 공훈, 상벌을 담당하였다.
  • 호조 : 호구, 조세, 회계, 어염, 광산, 조운을 담당하였다.
  • 예조 : 외교, 교육, 문과과거, 제사, 의식 등을 담당하였다.
  • 병조 : 국방, 통신(봉수), 무과과거, 무관의 인사 등을 담당하였다.
  • 형조 : 형률, 노비에 대한 사항을 담당하였다.
  • 공조 : 토목, 건축, 수공업, 도량형, 파발에 대한 사항을 담당하였다.

③ **언론학술기구** … 삼사로 정사를 비판하고 관리들의 부정을 방지하였다.
  ㉠ **사간원(간쟁)·사헌부(감찰)** : 서경권을 행사하였다(관리 임명에 동의권 행사).
  ㉡ **홍문관** : 학문적으로 정책 결정을 자문하는 기구이다.

④ **왕권강화기구** … 왕명을 출납하는 승정원과 큰 죄인을 다스리는 국왕 직속인 의금부, 서울의 행정과 치안을 담당하는 한성부가 있다.

⑤ **그 밖의 기구** … 역사서의 편찬과 보관을 담당하는 춘추관, 최고 교육기관인 성균관 등이 있다.

(2) 지방행정조직

① **지방조직** … 전국을 8도로 나누고, 하부에 부·목·군·현을 설치하였다.

   ㉠ **관찰사(감사)** : 8도의 지방장관으로서 행정, 군사, 감찰, 사법권을 행사하였다. 수령에 대한 행정을 감찰하는 역할을 담당하였다.

   ㉡ **수령** : 부, 목, 군, 현에 임명되어 관내 주민을 다스리는 지방관으로서 행정, 사법, 군사권을 행사하였다 (수령7사).

   ㉢ **향리** : 6방에 배속되어 향역을 세습하면서 수령을 보좌하였다(아전).

② **향촌사회**

   ㉠ **면·리·통** : 향민 중에서 책임자를 선임하여, 수령의 명령을 받아 인구 파악과 부역 징발을 주로 담당하게 하였다.

   ㉡ **양반 중심의 향촌사회질서 확립**

     • 경재소 : 유향소와 정부간 연락을 통해 유향소를 통제하여 중앙집권을 효율적으로 강화하였다.

     • 유향소(향청) : 향촌양반의 자치조직으로 좌수와 별감을 선출하고, 향규를 제정하며, 향회를 통한 여론의 수렴과 백성에 대한 교화를 담당하였다.

(3) 군역제도와 군사조직

① **군역제도**

   ㉠ **양인개병제** : 양인(현직 관료와 학생을 제외한 16세 이상 60세 이하의 남자)의 신분이면 누구나 병역의 의무를 지는 제도이다.

   ㉡ **보법** : 정군(현역 군인)과 보인(정군의 비용 부담)으로 나눈다.

   ㉢ **노비** : 권리가 없으므로 군역이 면제되고, 특수군(잡색군)으로 편제되었다.

② **군사조직**

   ㉠ **중앙군(5위)** : 궁궐과 서울을 수비하며 정군을 중심으로 갑사(시험을 거친 직업군인)나 특수병으로 지휘 책임을 문관관료가 맡았다.

   ㉡ **지방군** : 병영(병마절도사)과 수영(수군절도사)으로 조직하였다.

   ㉢ **잡색군** : 서리, 잡학인, 신량역천인(신분은 양인이나 천한 일에 종사), 노비 등으로 조직된 일종의 예비군으로 유사시에 향토 방위를 담당한다(농민은 제외).

③ **교통·통신체계의 정비**

   ㉠ **봉수제(통신)** : 군사적 목적으로 설치하였으며, 불과 연기를 이용하여 급한 소식을 알렸다.

   ㉡ **역참** : 물자 수송과 통신을 위해 설치되어 국방과 중앙집권적 행정 운영이 한층 쉬워졌다.

(4) 관리등용제도

① **과거** … 문과는 예조에서 담당하였으며 무과는 병조에서 담당하고 28명을 선발하였다. 또한 잡과는 해당 관청에서 역과, 율과, 의과, 음양과의 기술관을 선발하였다.

② **취재** … 재주가 부족하거나 나이가 많아 과거 응시가 어려운 사람이 특별채용시험을 거쳐 하급 실무직에 임명되는 제도이다.

③ **음서와 천거** … 과거를 거치지 않고 고관의 추천을 받아 간단한 시험을 치른 후 관직에 등용되거나 음서를 통하여 관리로 등용되는 제도이다. 그러나 천거는 기존의 관리들을 대상으로 하였으며, 음서도 고려시대에 비하여 크게 줄어들었고 문과에 합격하지 않으면 고관으로 승진하기 어려웠다.

④ **인사관리제도의 정비**
　ⓐ **상피제** : 권력의 집중과 부정을 방지하였다.
　ⓑ **서경제** : 사헌부와 사간원에서 관리 임명 시 심사하여 동의하는 절차로서 5품 이하 관리 임명에 적용하는 것이다.
　ⓒ **근무성적평가** : 하급관리의 근무성적평가는 승진 및 좌천의 자료가 되었다.

❸ 사림의 대두와 붕당정치

(1) 훈구와 사림

① **훈구세력** … 조선 초기 문물제도의 정비에 기여하였으며 고위관직을 독점 및 세습하고, 왕실과의 혼인으로 성장하였다.

② **사림세력** … 여말 온건파 사대부의 후예로서 길재와 김종직에 의해 영남과 기호지방에서 성장한 세력으로 대부분이 향촌의 중소지주이다.

(2) 사림의 정치적 성장

① **사화의 발생**
　ⓐ **무오사화**(1498) · **갑자사화**(1504) : 연산군의 폭정으로 발생하였으며 영남 사림은 몰락하게 되었다.
　ⓑ **조광조의 개혁정치** : 현량과의 실시로 사림을 등용하여 급진적 개혁을 추진하였다. 위훈삭제사건으로 훈구세력을 약화시켰으며, 공납의 폐단을 시정, 불교와 도교행사를 폐지, 소학교육을 장려, 향약을 보급하였다. 그러나 훈구세력의 반발을 샀으며 기묘사화(1519)로 조광조는 실각되고 말았다.
　ⓒ **을사사화**(명종, 1545) : 중종이 다시 사림을 등용하였으나 명종 때 외척 다툼으로 을사사화가 일어나고 사림은 축출되었다.

② **결과** … 사림은 정치적으로 위축되었으나 중소지주를 기반으로 서원과 향약을 통해 향촌에서 세력을 회복하게 되었다.

(3) 붕당의 출현(사림의 정계 주도)

① 동인과 서인 … 척신정치의 잔재를 청산하기 위한 방법을 둘러싸고 대립행태가 나타났다.

　㉠ 동인 : 신진사림 출신으로서 정치 개혁에 적극적이며 수기(修己)와 지배자의 도덕적 자기 절제를 강조하고 이황, 조식, 서경덕의 학문을 계승하였다.

　㉡ 서인 : 기성사림 출신으로서 정치 개혁에 소극적이며 치인(治人)에 중점을 두고 제도 개혁을 통한 부국안민에 힘을 썼고 이이, 성혼의 문인들을 중심으로 구성되었다.

② 붕당의 성격과 전개 … 정파적 성격과 학파적 성격을 지닌 붕당은 초기에는 강력한 왕권으로의 형성이 불가능하였으나, 중기에 이르러 왕권이 약화되고 사림정치가 전개되면서 붕당이 형성되었다.

(4) 붕당정치의 전개

① 동인의 분당은 정여립의 모반사건을 계기로 세자책봉문제를 둘러싸고 시작되었다. 남인은 온건파로 초기에 정국을 주도하였으며 북인은 급진파로 임진왜란이 끝난 뒤부터 광해군 때까지 정권을 장악하였다.

② 광해군의 개혁정치 … 명과 후금 사이의 중립외교를 펼쳤으며, 전후복구사업을 추진하였으나 무리한 전후복구사업으로 민심을 잃은 광해군과 북인세력은 서인이 주도한 인조반정으로 몰락하였다.

③ 주로 서인이 집권하여 남인 일부가 연합하고, 상호비판 공존체제가 수립되었던 것이 서인과 남인의 경신환국으로 정치 공존이 붕괴되었다.

(5) 붕당정치의 성격

비변사를 통한 여론 수렴이 이루어졌으며, 3사의 언관과 이조전랑의 정치적 비중이 증대되었고 재야의 여론이 수렴되어 재야의 공론주도자인 산림이 출현하였고, 서원과 향교를 통한 수렴이 이루어졌다. 그러나 국가의 이익보다는 당파의 이익을 앞세워 국가 발전에 지장을 주기도 하였고, 현실문제보다는 의리와 명분에 치중하였으며 지배층의 의견만을 정치에 반영하였다.

❹ 조선 초기의 대외관계

(1) 명과의 관계

명과의 관계에서는 사대외교를, 중국 이외의 주변 민족에게는 교린정책을 기본으로 하였다.

(2) 여진과의 관계

① 대여진정책 … 회유책으로 귀순을 장려하였고, 북평관을 세워 국경무역과 조공무역을 허락하였으며 강경책으로 본거지를 토벌하고 국경지방에 자치적 방어체제를 구축하여 진ㆍ보를 설치하였다.

② 북방개척

　ⓒ **4군 6진** : 최윤덕, 김종서 등은 압록강에서 두만강에 이르는 4군 6진을 설치하였다.

　ⓒ **사민정책** : 삼남지방의 주민을 강제로 이주시켜 북방 개척과 국토의 균형 있는 발전을 꾀하였다.

　ⓒ **토관제도** : 토착인을 하급관리로 등용하는 것이다.

(3) 일본 및 동남아시아와의 관계

① 대일관계

　ⓒ **왜구의 토벌** : 수군을 강화하고 화약무기를 개발해 오던 조선은 왜구가 무역을 요구해오자 제한된 무역을 허용하였으나 왜구의 계속된 약탈로 이종무가 쓰시마섬을 토벌하였다(세종).

　ⓒ **교린정책** : 3포(부산포, 제포, 염포)를 개항하여, 계해약조를 맺고 조공무역을 허용하였다.

② **동남아시아와의 교역** … 조공, 진상의 형식으로 물자 교류를 하고 특히 불경, 유교경전, 범종, 부채 등을 류큐(오키나와)에 전해주어 류큐의 문화 발전에 기여하였다.

❺ 양 난의 극복과 대청관계

(1) 왜군의 침략

① 조선의 정세

　ⓒ **왜구 약탈** : 3포왜란(임신약조) → 사량진왜변(정미약조) → 을묘왜변(교역 중단)

　ⓒ **국방대책** : 3포왜란 이후 군사문제를 전담하는 비변사가 설치되었다.

　ⓒ **16세기 말** : 사회적 혼란이 가중되면서 국방력이 약화되어 방군수포현상이 나타났다

② **임진왜란**(1592) … 왜군 20만이 기습하고 정발과 송상현이 분전한 부산진과 동래성의 함락과 신립의 패배로 국왕은 의주로 피난하였다. 왜군은 평양, 함경도까지 침입하였고 명에 파병을 요청하였다.

(2) 수군과 의병의 승리

① 수군의 승리

　ⓒ **이순신**(전라좌수사)**의 활약** : 판옥선과 거북선을 축조하고, 수군을 훈련시켰다.

　ⓒ **남해의 재해권 장악** : 옥포(거제도)에서 첫 승리를 거두고, 사천(삼천포, 거북선을 이용한 최초의 해전), 당포(충무), 당항포(고성), 한산도대첩(학익진 전법) 등지에서 승리를 거두어 남해의 제해권을 장악하였고 전라도지방을 보존하였다.

② 의병의 항쟁

　ⓒ **의병의 봉기** : 농민이 주축이 되어 전직관리, 사림, 승려가 주도한 자발적인 부대였다.

ⓛ **전술** : 향토지리와 조건에 맞는 전술을 사용하였다. 매복, 기습작전을 통해 아군의 적은 희생으로 적에게 큰 타격을 주었다.

ⓒ **의병장** : 곽재우(의령), 조헌(금산), 고경명(담양), 정문부(길주), 서산대사 휴정(평양, 개성, 한성 등), 사명당 유정(전후 일본에서 포로 송환) 등이 활약하였다.

ⓔ **전세** : 관군이 편입되어 대일항전이 조직화되고 전력도 강화되었다.

(3) 전란의 극복과 영향

① **전란의 극복**

ⓐ **조 · 명연합군의 활약** : 평양성을 탈환하고 행주산성(권율) 등지에서 큰 승리를 거두었다.

ⓛ **조선의 군사력 강화** : 훈련도감과 속오군을 조직하였고 화포 개량과 조총을 제작하였다.

ⓒ **휴전회담** : 왜군은 명에게 휴전을 제의하였으나, 무리한 조건으로 3년만에 결렬되었다.

ⓔ **정유재란** : 왜군은 조선을 재침하였으나 이순신에게 명량 · 노량해전에서 패배하였다.

② **왜란의 영향**

ⓐ **국내적 영향** : 인구와 농토가 격감되어 농촌의 황폐화, 민란의 발생 및 공명첩의 대량 발급으로 인한 신분제의 동요, 납속의 실시, 토지대장과 호적의 소실, 경복궁, 불국사, 서적, 실록 등의 문화재가 소실 · 약탈당했으며, 일본을 통하여 조총, 담배, 고추, 호박 등이 전래되었다.

ⓛ **국제적 영향** : 일본은 문화재를 약탈하고, 성리학자와 도공을 납치하여 일본 문화가 발전하는 계기가 되었으나 명은 여진족의 급성장으로 인하여 쇠퇴하였다.

(4) 광해군의 중립외교

① **내정개혁** … 양안(토지대장)과 호적을 재작성하여 국가재정기반을 확보하고, 산업을 진흥하였으며 동의보감(허준)을 편찬하고 소실된 사고를 5대 사고로 재정비하였다.

② **대외정책** … 임진왜란 동안 조선과 명이 약화된 틈을 타 여진이 후금을 건국하였다(1616). 후금은 명에 대하여 전쟁을 포고하고, 명은 조선에 원군을 요청하였으나, 조선은 명의 원군 요청을 적절히 거절하면서 후금과 친선정책을 꾀하는 중립적인 정책을 취하였다. 광해군의 중립외교는 국내에 전쟁의 화가 미치지 않아 왜란 후의 복구사업에 크게 기여하였다.

(5) 호란의 발발과 전개

① **정묘호란(1627)** … 명의 모문룡 군대의 가도 주둔과 이괄의 난 이후 이괄의 잔당이 후금에 건너가 조선 정벌을 요구한 것으로 발생하였으며, 후금의 침입에 정봉수, 이립 등이 의병으로 활약하였다. 후금의 제의로 쉽게 화의(정묘조약)가 이루어져 후금의 군대는 철수하였다.

② **병자호란(1636)** … 후금의 군신관계 요구에 조선이 거부한 것이 발단이 되어 발생하였으며, 삼전도에서 항복하고 청과 군신관계를 맺게 되었으며 소현세자와 봉림대군이 인질로 끌려갔다.

(6) 북벌운동의 전개

① 서인세력(송시열, 송준길, 이완 등)은 군대를 양성하는 등의 계획을 세웠으나 실천하지 못하였다.

② **효종의 북벌계획** … 이완을 훈련대장으로 임명하고 군비를 확충하였으나 효종의 죽음으로 북벌계획은 중단되었다.

04 정치상황의 변동

❶ 통치체제의 변화

(1) 정치구조의 변화

① **비변사의 기능 강화** … 중종 초 여진족과 왜구에 대비하기 위해 설치한 임시기구였으나, 임진왜란을 계기로 문무고관의 합의기구로 확대되었다. 군사뿐만 아니라 외교, 재정, 사회, 인사 등 거의 모든 정무를 총괄하였으며, 왕권의 약화, 의정부 및 6조 기능의 약화를 초래하였다.

② **정치 운영의 변질** … 3사는 공론을 반영하기보다 각 붕당의 이해관계를 대변하기에 급급하고 이조 · 병조의 전랑 역시 상대 붕당을 견제하는 기능으로 변질되어 붕당 간의 대립을 격화시켰다.

(2) 군사제도의 변화

① **중앙군(5군영)**

　㉠ **훈련도감** : 삼수병(포수 · 사수 · 살수)으로 구성되었으며, 직업적 상비군이었다.

　㉡ **어영청** : 효종 때 북벌운동의 중추기관이 되었다. 기 · 보병으로 구성되며, 지방에서 교대로 번상하였다.

　㉢ **총융청** : 북한산성 등 경기 일대의 방어를 위해 속오군으로 편성되었다.

　㉣ **수어청** : 정묘호란 후 인조 때 설치되어 남한산성을 개축하고 이를 중심으로 남방을 방어하기 위해 설치되었다.

　㉤ **금위영** : 숙종 때 수도방위를 위해 설치되었다. 기 · 보병 중심의 선발 군사들로 지방에서 교대로 번상케 하였다.

② **지방군(속오군)**

　㉠ **지방군제의 변천**

　　• 진관체제 : 세조 이후 실시된 체제로 외적의 침입에 효과가 없었다.

- 제승방략체제(16세기) : 유사시에 필요한 방어처에 각 지역의 병력을 동원하여 중앙에서 파견되는 장수가 지휘하게 하는 방어체제이다.
- 속오군체제 : 진관을 복구하고 속오법에 따라 군대를 정비하였다.
ⓒ 속오군 : 양천혼성군(양반, 농민, 노비)으로서, 농한기에 훈련하고 유사시에 동원되었다.

(3) 수취제도의 개편

① **전세제도의 개편** … 전세를 풍흉에 관계없이 1결당 미곡 4두로 고정시키는 영정법은 전세율이 다소 낮아졌으나 농민의 대다수인 전호들에게는 도움이 되지 못하였고, 전세 외에 여러 가지 세가 추가로 징수되어 조세의 부담은 증가하였다.

② **공납제도의 개편** … 방납의 폐단으로 토지의 결수에 따라 미, 포, 전을 납입하는 대동법을 시행하였는데 그 결과 농민의 부담은 감소하였으나 지주에게 부과된 대동세가 소작농에게 전가되는 경우가 있었으며, 조세의 금납화 촉진, 국가재정의 회복 및 상공업의 발달과 상업도시의 발전을 가져왔다. 그러나 진상·별공은 여전히 존속하였다.

③ **군역제도의 개편** … 균역법(군포 2필에서 1필로 내게 함)의 실시로 일시적으로 농민부담은 경감되었으나, 폐단의 발생으로 인하여 전국적인 저항을 불러왔다.

❷ 정쟁의 격화와 탕평정치

(1) 탕평론의 대두

공리공론보다 집권욕에만 집착하여 균형관계가 깨져서 정쟁이 끊이지 않고 사회가 분열되었으며, 이에 강력한 왕권을 토대로 세력 균형을 유지하려는 탕평론이 제기되었다. 숙종은 공평한 인사 관리를 통해 정치집단 간의 세력 균형을 추구하려 하였으나 명목상의 탕평책에 불과하여 편당적인 인사 관리로 빈번한 환국이 발생하였다.

(2) 영조의 탕평정치

① 탕평파를 육성하고, 붕당의 근거지인 서원을 정리하였으며, 이조전랑의 후임자 천거제도를 폐지하였다. 그 결과 정치권력은 국왕과 탕평파 대신에게 집중되었다. 또한 균역법의 시행, 군영의 정비, 악형의 폐지 및 사형수에 대한 삼심제 채택, 속대전을 편찬하였다.

② **한계** … 왕권으로 붕당 사이의 다툼을 일시적으로 억제하기는 하였으나 소론 강경파의 변란(이인좌의 난, 나주괘서사건) 획책으로 노론이 권력을 독점하게 되었다.

(3) 정조의 탕평정치

① **정치세력의 재편** … 탕평책을 추진하여 벽파를 물리치고 시파를 고루 기용하여 왕권의 강화를 꾀하였다. 또한 영조 때의 척신과 환관 등을 제거하고, 노론과 소론 일부, 남인을 중용하였다.

② **왕권 강화 정책** … 규장각의 육성, 초계문신제의 시행, 장용영의 설치, 수원 육성, 수령의 권한 강화, 서얼과 노비의 차별 완화, 금난전권의 폐지(신해통공), 대전통편, 동문휘고, 탁지지 등의 편찬을 하였다.

❸ 정치질서의 변화

(1) 세도정치의 전개(19세기)

정조가 죽은 후 정치세력 간의 균형이 다시 깨지고 몇몇 유력가문 출신의 인물들에게 집중되었다. 순조 때에는 정순왕후가 수렴청정을 하면서 노론 벽파가 정권을 잡았으나, 정순왕후가 죽자 순조의 장인인 김조순을 중심으로 안동 김씨의 세도정치가 시작되었으며 헌종, 철종 때까지 풍양조씨, 안동 김씨의 세도정치가 이어졌다.

(2) 세도정치의 폐단

① 수령직의 매관매직으로 탐관오리의 수탈이 극심해지고 삼정(전정, 군정, 환곡)이 문란해졌으며, 그 결과 농촌경제는 피폐해지고, 상품화폐경제는 둔화되었다. 그 결과 홍경래의 난, 임술농민봉기가 발생하기도 하였다.

② **세도정치의 한계** … 고증학에 치중되어 개혁의지를 상실하였고 지방의 사정을 이해하지 못했다.

❹ 대외관계의 변화

(1) 청과의 관계

① **북벌정책** … 17세기 중엽, 효종 때 추진한 것으로 청의 국력 신장으로 실현가능성이 부족하여 정권 유지의 수단이 되기도 하였으나 양난 이후의 민심 수습과 국방력 강화에 기여하였다.

② **북학론의 대두** … 청의 국력 신장과 문물 융성에 자극을 받아 18세기 말 북학파 실학자들은 청의 문물 도입을 주장을 하였으며 사신들은 천리경, 자명종, 화포, 만국지도, 천주실의 등의 신문물과 서적을 소개하였다.

(2) **일본과의 관계**

① **대일외교관계**

    ㉠ **기유약조**(1609) : 임진왜란 이후 도쿠가와 막부의 요청으로 부산포에 왜관을 설치하고, 대일무역이 행해졌다.

    ㉡ **조선통신사 파견** : 17세기 초 이후부터 200여년간 12회에 걸쳐 파견하였다. 외교사절의 역할뿐만 아니라 조선의 선진학문과 기술을 일본에 전파하였다.

② **울릉도와 독도** … 안용복이 일본으로 건너가(숙종) 일본 막부에게 울릉도와 독도가 조선 영토임을 확인받고 돌아왔다. 그 후 조선 정부는 울릉도의 주민 이주를 장려하였고, 울릉도에 군을 설치하고 관리를 파견하여 독도까지 관할하였다.

≡ 최근 기출문제 분석 ≡

2022 지방직 간호8급

1. **밑줄 친 '왕'의 재위 기간에 있었던 사실로 옳지 않은 것은?**

> 왕께서 즉위한 해로부터 8년까지는 정치와 교화가 청렴하고 공평하였으며, 형벌과 상이 법도에 어긋나지 않았습니다. 그러나 쌍기를 등용한 후로는 문사들을 높이고 중용하여 대접이 지나치게 후하셨습니다. 이로 인해 재능이 없는 사람들이 지나치게 등용되어 순서를 따르지 않고 별안간 승진하여 일 년도 안 되어 갑자기 재상이 되기도 하였습니다.
>
> － 『고려사』 －

① 노비안검법을 실시하였다.

② 백관의 공복 제도를 정하였다.

③ 천수라는 독자 연호를 사용하였다.

④ 개경을 황도라 불러 황제국의 위상을 강화하였다.

> **TIP** 제시문의 왕은 고려 광종이다. 광종은 왕권 강화를 위하여 불법으로 노비가 된 자들을 해방하는 노비안검법을 시행하여 호족의 경제적, 군사적 기반을 약화시키는 것과 동시에 백관의 공복 제도를 정비하고, 쌍기를 등용하여 과거제를 시행하였다. 또한 '광덕', '준풍'이라는 독자적 연호를 사용하고 개경을 황도라 칭하며 황제국의 위상을 강화하였다.
> ③ '천수'는 고려 태조 왕건이 사용한 연호이다.

Answer 1.③

2 (가), (나) 인물에 대한 설명으로 옳은 것은?

> 위화도 회군 후 신진 사대부는 사회 개혁을 둘러싸고 급진 개혁파와 온건 개혁파로 나뉘었다. 훗날 '동방 이학(理學)의 조(祖)'라고 불린 | (가) |을/를 중심으로 한 다수의 온건 개혁파는 고려 왕조를 유지하려 하였다. 반면 | (나) |은/는 『불씨잡변』을 통해 불교를 비판하고 성리학을 새로운 통치이념으로 제시하였다.

① (가)는 『조선경국전』을 편찬하였다.　　② (가)는 과전법 실시를 주장하였다.

③ (나)는 『고려국사』를 편찬하였다.　　④ (나)는 만권당에서 원의 학자들과 교류하였다.

> **TIP** 제시문의 (가)는 정몽주, (나)는 정도전이다. 정몽주와 정도전은 고려 말 신진사대부 출신으로, 고려 사회 개혁을 두고 정몽주 중심의 온건 개혁파와 정도전 중심의 급진 개혁파로 나뉘어 대립하였다. 이후 신흥 무인 출신인 이성계는 정도전을 중심으로 하는 급진 개혁파와 함께 조선 왕조를 개창하였다.
> ③ 『고려국사』는 조선 건국의 정당성을 위해 정도전이 편찬하였다.
> ① 『조선경국전』을 편찬을 편찬한 인물은 정도전이다.
> ② 과전법은 고려 말 시행된 토지 개혁 정책으로 정도전을 중심으로 한 급진 개혁파가 주장하였다.
> ④ 만권당에서 원의 학자들과 교류한 인물은 이제현이다.

3 밑줄 친 '왕'의 재위 기간에 있었던 사실로 옳은 것은?

> 왕이 명정전에 나아가 양역의 변통에 대해 대신들에게 말하기를 "호포나 결포나 모두 구애되는 사단은 있기 마련이다. 이제 납부할 포를 한 필로 감하고자 하니 한 필을 감하고 난 후 부족해질 재정을 보충할 대책을 강구하도록 하라."라고 하였다.

① 초계문신제를 실시하였다.

② 『속대전』, 『속오례의』 등을 편찬하였다.

③ 삼정이정청을 설치하여 농민의 부담을 완화하려 하였다.

④ 청과 조선 사이의 국경을 확정하고자 백두산정계비를 세웠다.

> **TIP** 제시문의 왕은 조선 영조이다. 양난 이후 조선의 수취 체제에 대한 변화가 나타났는데 영정법, 대동법, 균역법 등이 시행되었고, 그 중 균역법은 영조 대 시행되었다. 균역법은 기존에 2필을 징수하던 군포를 1필로 경감해 준 제도로, 부족분은 선무군관포, 결작 등으로 보충하였다. 또한 영조는 탕평파를 육성하고 산림의 공론 축소, 서원 정리 등을 통해 탕평책을 시행하였으며 『속대전』, 『속오례의』 등을 편찬하였다.
> ① 정조 ③ 철종 ④ 숙종

Answer　2.③　3.②

4 밑줄 친 '왕'의 업적을 기록한 문화유산은?

> 왕의 이름은 담덕이며, 장수왕의 아버지이다. 후연과 거란을 격파하였다. 영토를 크게 확장한 정복 군주이다. 재위 시에 '영락'이라는 연호를 사용하였다.

① 칠지도
② 사택지적비
③ 광개토 대왕릉비
④ 창녕 신라 진흥왕 척경비

TIP 제시문의 왕은 고구려 광개토대왕(391~412)이다. 광개토대왕은 '영락'이라는 연호를 사용했으며 남으로는 백제를 공격해 아신왕의 항복을 받아내고, 신라에 침입한 왜구를 소탕하였다. 이후 후연을 공격해 요동을 공략하는 등 고구려의 대외 영토 확장에 기여하였다. 광개토대왕의 업적은 아들인 장수왕이 계승하였고, 장수왕은 광개토대왕의 업적을 기리며 길림성에 광개토대왕릉비를 세웠다.
① 칠지도는 백제왕이 왜왕에게 하사하였다.
② 백제의 대좌평 사택지적이 인생의 무상함을 표현하였고 이를 통해 당대 도교적 세계관을 이해할 수 있다.
④ 신라 진흥왕이 비화가야를 점령한 후 세운 비석이다.

5 다음 사건을 시기순으로 바르게 나열한 것은?

> (가) 임진왜란   (나) 병자호란
> (다) 삼포왜란   (라) 정묘호란

① (가)→(다)→(나)→(라)
② (가)→(다)→(라)→(나)
③ (다)→(가)→(나)→(라)
④ (다)→(가)→(라)→(나)

TIP (다) 삼포왜란(1510) : 조선 중종 때 삼포(부산포, 제포, 염포)의 왜구들이 일으킨 난
(가) 임진왜란(1592) : 조선 선조 때 발생한 난
(라) 정묘호란(1627) : 조선 인조 때 후금이 침입하여 발생한 난
(나) 병자호란(1636) : 조선 인조 때 후금이 세운 청이 침입하여 발생한 난

Answer 4.③ 5.④

2022 지방직 간호8급

6 묘청의 서경 천도 운동에 대한 설명으로 옳지 않은 것은?

① 봉사십조라고 불리는 개혁안을 제시하였다.

② 풍수도참 사상을 내세워 서경명당설을 주장하였다.

③ 칭제건원과 금 정벌을 주장하며 천도를 추진하였다.

④ 서경에서 국호를 대위, 연호를 천개라 하고 반란을 일으켰다.

> **TIP** 묘청의 서경천도운동(1135)은 고려 인종 때 발생한 사건으로, 이자겸의 난 이후 문벌귀족 사회 내부의 분열을 가속화하는 계기가 되었다. 서경 출신 승려 묘청이 주도한 사건으로, 풍수도참에 기반하여 서경길지설을 내세우고 서경으로의 천도를 주장하며 국호를 대위, 연호를 천개라 하고 반란을 일으켰다. 당시 이들은 고려에 침입한 금국에 대한 사대를 반대하며 금 국정벌론을 주장하였지만, 김부식을 중심으로 하는 개경파에 의해 진압되면서 실패하였다.
> ① '봉사10조'는 무신정권기 최충헌이 이의민을 제거하고 명종에게 올린 개혁안이다.

2022 국가직 9급

7 (가) 왕에 대한 설명으로 옳은 것은?

> 당 현종 개원 7년에 대조영이 죽으니, 그 나라에서 사사로이 시호를 올려 고왕(高王)이라 하였다. 아들 [(가)]이/가 뒤이어 왕위에 올라 영토를 크게 개척하니, 동북의 모든 오랑캐가 겁을 먹고 그를 섬겼으며, 또 연호를 인안(仁安)으로 고쳤다.
>
> — 『신당서』 —

① 수도를 상경성으로 옮겼다.

② '해동성국'이라고 불릴 만큼 전성기를 이루었다.

③ 장문휴를 시켜 당의 등주(산둥성)를 공격하였다.

④ 고구려 유민과 말갈족을 이끌고 동모산에 도읍을 정하였다.

> **TIP** 제시문의 왕은 발해 무왕이다. 무왕은 장문휴로 하여금 당의 등주를 공격하는 등 당과 대립하였으며, 인안이라는 독자적인 연호를 사용하였다. 또한 당과의 대립 관계 속에서 일본에 외교 사절을 보내 통교하였으며, 당시 일본에 보낸 국서에 발해 가 고구려를 계승하였음을 밝히기도 하였다.
> ① 발해 문왕
> ② 발해 선왕
> ④ 발해 고왕(대조영)

Answer 6.① 7.③

8 조선 시대의 관청에 대한 설명으로 옳은 것은?

① 사간원 – 교지를 작성하였다.

② 한성부 – 시정기를 편찬하였다.

③ 춘추관 – 외교문서를 작성하였다.

④ 승정원 – 국왕의 명령을 출납하였다.

> **TIP** 승정원은 왕명 출납을 담당하던 기구이다. 승정원의 고려의 중추원의 기능을 계승하였다.
> ① 사간원은 사헌부, 홍문관과 더불어 삼사를 구성하는 기구로 간쟁과 봉박 기능을 담당하였다. 사헌부는 관리 감찰, 홍문관은 경연을 담당했으며, 교지를 작성한 기관은 예문관이다.
> ② 한성부는 수도 한양의 행정과 치안을 담당하는 곳이다. 시정기는 춘추관에서 편찬한 것으로, 관청들의 업무를 기록하였고 사초와 함께 조선왕조실록 편찬의 자료로 활용되었다.
> ③ 춘추관은 역사서를 편찬하고 보관하던 곳이다. 외교 문서는 승문원에서 작성하였다.

9 밑줄 친 '사건'의 명칭은?

중종에 의해 등용된 조광조는 현량과를 통해 사림을 대거 등용하였다. 그는 3사의 언관직을 통해 개혁을 추진해 나갔고, 위훈삭제를 주장하기도 하였다. 이러한 움직임은 반발을 불러일으켰으며, 중종도 급진적인 개혁 조치에 부담을 느껴 조광조 등을 제거하였다. 이 <u>사건</u>으로 사림은 큰 피해를 입었다.

---

① 갑자사화   ② 기묘사화

③ 무오사화   ④ 을사사화

> **TIP** 제시문의 사건은 조선 중종 대 발생한 기묘사화(1519)이다. 당시 기득권 세력이었던 훈구파를 견제하기 위해 등용된 조광조는 현량과 실시를 건의하고 전국에 서원과 향약을 보급하는 등 사림 세력의 중앙 진출을 위한 정책을 제시하였다. 또한 소격서를 폐지하고 위훈삭제사건을 주장하여 급진적인 개혁 정책을 건의하였지만 훈구파의 반대와 개혁에 대한 부담을 느낀 중종이 조광조를 비롯한 사림 세력을 제거하였다.
> ①③ 무오사화(1498), 갑자사화(1504)는 모두 연산군 대 발생한 사건이다. 무오사화는 김종직의 〈조의제문〉을 김일손이 사초에 실으면서 문제가 되었고, 갑자사화는 폐비 윤씨의 복위 문제를 둘러싸고 발생한 사건이다.
> ④ 을사사화(1545)는 명종 대 발생한 사건으로 왕실 외척인 대윤과 소윤의 권력 다툼 과정에서 발생한 사건이다.

Answer 8.④ 9.②

10 (가)~(라) 국왕 대에 있었던 사실로 옳지 않은 것은?

조선 시대 국가를 운영하는 핵심 법전인 『경국대전』은 세조 대에 그 편찬이 시작되어 ☐(가)☐ 대에 완성되었다. 이후 여러 차례의 전쟁으로 혼란에 빠진 국가 체제를 수습하고 새로운 정치·사회적 변화에 대응하기 위해 법전 정비가 필요하게 되었다. 이에 따라 ☐(나)☐ 대에 『속대전』을 편찬하였으며, ☐(다)☐ 대에 『대전통편』을, 그리고 ☐(라)☐ 대에는 『대전회통』을 편찬하였다.

---

① (가) – 홍문관을 두어 집현전을 계승하였다.

② (나) – 서원을 붕당의 근거지로 인식하여 대폭 정리하였다.

③ (다) – 사도세자의 무덤을 옮기고 화성을 축조하였다.

④ (라) – 삼정의 문란을 바로잡기 위해 삼정이정청을 설치했다.

TIP 제시문의 (가)는 성종, (나)는 영조, (다)는 정조, (라)는 고종이다. 성종 대에는 조선의 통치 체제가 정비되었고 세조 대부터 편찬된 〈경국대전〉을 완성하였다. 조선 후기 붕당정치의 폐단을 개혁하고자 영조와 정조는 탕평책을 시행하였다. 영조 대에는 탕평파를 육성하고 붕당의 근거지인 서원을 정리하였으며 〈속대전〉을 편찬하였다. 정조는 왕권 중심의 탕평책을 이전보다 강력히 시행하고자 규장각을 설치하고 장용영을 육성하였으며, 〈대전통편〉을 편찬하였다. 또한 상공업 육성을 위하여 신해통공 정책을 시행하고 수원을 통상의 중심지로 육성하기 위해 화성을 축조하였다. 고종 대에는 흥선대원군의 주도로 세도정치의 폐단을 개혁하고자 비변사를 혁파하고 의정부와 삼군부의 기능 부활, 서원 철폐, 호포제 실시 등의 정책을 시행하였다.
④ 19세기 삼정의 문란으로 홍경래의 난, 임술농민봉기 등이 발생하자 이를 시정하고자 삼정이정청을 설치하여 삼정이정절목을 반포한 것은 철종 대이다.

Answer 10.④

11 밑줄 친 '이 왕'에 대한 설명으로 옳은 것은?

> 백제 개로왕은 장기와 바둑을 좋아하였는데, 도림이 고하기를 "제가 젊어서부터 바둑을 배워 꽤 묘한 수를 알게 되었으니 개로왕께 알려드리기를 원합니다."라고 하였다. … (중략) … 개로왕이 (도림의 말을 듣고) 나라 사람을 징발하여 흙을 쪄서 성(城)을 쌓고 그 안에는 궁실, 누각, 정자를 지으니 모두가 웅장하고 화려하였다. 이로 말미암아 창고가 비고 백성이 곤궁하니, 나라의 위태로움이 알을 쌓아 놓은 것보다 더 심하게 되었다. 그제야 도림이 도망을 쳐 와서 그 실정을 고하니 <u>이 왕</u>이 기뻐하여 백제를 치려고 장수에게 군사를 나누어 주었다.
>
> ―『삼국사기』―

① 평양으로 도읍을 천도하였다.

② 진대법을 처음으로 시행하였다.

③ 낙랑군을 점령하고 한 군현 세력을 몰아내었다.

④ 신라에 침입한 왜군을 낙동강 유역에서 물리쳤다.

> **TIP** 제시문의 왕은 5세기 고구려 장수왕이다. 장수왕은 국내성에서 평양성 천도 이후 남하정책을 적극적으로 추진하며 대외적 영토 확장을 시도하였다. 이 과정에서 고구려 승려 도림을 백제에 들어가게 하여 바둑을 좋아하는 백제 개로왕의 신임을 얻게 한 이후 백제 내정을 어지럽히게 하였다. 이후 장수왕은 백제 한성을 공격하여 개로왕을 살해하고 한강 유역 일대를 점령하였으며, 이후 백제는 수도를 한성에서 웅진으로 천도하였다.
> ② 고국천왕
> ③ 미천왕
> ④ 광개토대왕

12 (개) 시기의 사실로 옳지 않은 것은?

① 만권당이 만들어졌다.　　　　　② 정동행성이 설치되었다.

③ 쌍성총관부가 수복되었다.　　　④ 『제왕운기』가 저술되었다.

> **TIP** 제시문 (개)의 시기는 원 간섭기이다.
> ① 만권당(1314)은 고려 후기 충선왕이 원의 연경에 세운 독서당으로, 학술연구기관이다.
> ② 정동행성(1280)은 원이 일본 원정을 위해 설치하였지만 원정 실패 이후에는 고려의 내정 간섭 기구 역할을 담당했다.
> ④ 이승휴의 〈제왕운기〉(1287)는 충렬왕 때 편찬된 사서로, 자주적 민족의식을 고취하는 역사서이다.
> ③ 쌍성총관부 수복은 공민왕 즉위 이후이고, 그 결과 철령 이북의 땅을 수복하였다(1356).

13 (개)에 들어갈 기구로 옳은 것은?

> 고려 시대 중서문하성과 중추원의 고위 관료들은 도병마사와 　(개)　에서 국가의 중요한 일을 논의하였다. 도병마사에서는 국방과 군사 문제를 다루었고, 　(개)　에서는 제도와 격식을 만들었다.

① 삼사　　　　　　　　　　　② 상서성

③ 어사대　　　　　　　　　　④ 식목도감

> **TIP** 고려의 중앙 관제는 당의 영향을 받아 2성 6부제를 근간으로 하고 있다. 2성은 중서문하성(재신, 낭사)과 상서성, 6부는 이부, 병부, 호부, 형부, 예부, 공부로 구성하여 국가의 중대사를 심의, 결정, 집행하였다. 또한 중국 송의 영향을 받아 중추원 (추밀, 승선)을 두어 군국기무와 왕명 출납을 담당하기도 하였다. 반면 고려의 독자성을 반영한 도병마사와 식목도감을 설치하여 군사 및 대내적 격식에 관한 중대사를 귀족 간 합의체로 운영하였는데, 이는 중서문하성의 재신과 중추원 추밀이 참여하였다.
> ① 삼사는 화폐와 곡식의 출납, 회계를 담당하였다.
> ② 상서성은 정책을 집행하는 기구로 그 예하에 6부를 두고 있다.
> ③ 어사대는 관리 감찰 및 풍기 단속을 담당하였다.

Answer 　12.③　13.④

14 (가) 나라에 대한 설명으로 옳은 것은?

> 북쪽 구지에서 이상한 소리로 부르는 것이 있었다. … (중략) … 구간(九干)들은 이 말을 따라 모두 기뻐하면서 노래하고 춤을 추었다. 자줏빛 줄이 하늘에서 드리워져서 땅에 닿았다. 그 줄이 내려온 곳을 따라가 붉은 보자기에 싸인 금으로 만든 상자를 발견하고 열어보니, 해처럼 둥근 황금알 여섯 개가 있었다. 알 여섯이 모두 변하여 어린아이가 되었다. … (중략) … 가장 큰 알에서 태어난 수로(首露)가 왕위에 올라 ___(가)___ 를/을 세웠다.
>
> - 『삼국유사』 -

① 해상 교역을 통해 우수한 철을 수출하였다.
② 박, 석, 김씨가 교대로 왕위를 계승하였다.
③ 경당을 설치하여 학문과 무예를 가르쳤다.
④ 정사암 회의를 통해 재상을 선발하였다.

> **TIP** (가)는 김수로왕을 시조로 하는 금관가야이다. 가야는 6가야 연맹의 연맹왕국으로 초기에는 금관가야(김해)가 중심이 되었지만 광개토대왕의 남하로 그 중심지가 대가야(고령)으로 이동하였다. 가야는 우수한 철을 생산하여 철을 제조하는 기술이 발달하였고, 해상 중계 무역을 통해 철을 수출하였다.
> ② 신라 초기 ③ 고구려 교육기관 ④ 백제 귀족회의

15 (가)에 대한 설명으로 옳은 것은?

> 건국 초부터 북진 정책을 추진한 고려는 발해를 멸망시킨 ___(가)___ 를/을 견제하고 송과 친선 관계를 맺었다. 이에 송과 대립하던 ___(가)___ 는/은 고려를 경계하여 여러 차례 고려에 침입하였다.

① 강조의 정변을 구실로 고려를 침략하였다.
② 고려에 동북 9성을 돌려달라고 요구하였다.
③ 다루가치를 배치하여 고려의 내정을 간섭하였다.
④ 쌍성총관부를 두어 철령 이북의 땅을 지배하였다.

> **TIP** (가)는 거란이다. 고려 초 거란은 고려의 친송정책에 반발하며 3차례에 걸쳐 고려를 침공하였다. 1차 침입(993)은 서희의 외교 담판으로 고려가 강동 6주를 확보하였고, 이후 강조의 정변을 계기로 강동 6주 반환을 요구하며 2차 침입(1010)을 감행하였으나 양규의 활약과 현종의 거란 입조를 조건으로 퇴각하였다. 이후 거란의 요구 조건이 관철되지 않자 3차 침입(1018)을 단행했지만 강감찬이 이끄는 고려 군이 귀주대첩에서 거란에 승리하였다.
> ② 여진 ③ 몽골의 내정간섭 감찰관 ④ 몽골

Answer 14.① 15.①

16 (가)에 들어갈 기구로 옳은 것은?

• 무릇 관직을 받은 자의 고신(임명장)은 5품 이하일 때는 ☐(가)☐ 과/와 사간원의 서경(署經)을 고려하여 발급한다.

• ☐(가)☐ 는/은 시정(時政)을 논하고, 모든 관원을 규찰하며, 풍속을 바르게 하는 등의 일을 맡는다.

ㅡ 『경국대전』 ㅡ

---

① 사헌부   ② 교서관

③ 승문원   ④ 승정원

> **TIP** 조선의 삼사(三司)는 사간원, 사헌부, 홍문관을 일컫는다. 사간원은 간쟁과 논박, 사헌부는 관리를 규찰하고 탄핵, 홍문관은 경연을 담당하였다. 초기에는 양사(兩司)라 하여 사간원과 사헌부를 중심으로 운영되었고, 이후 홍문관이 설치되면서 삼사 체제를 완성하였다. 조선 시대 서경(署經)은 5품 이하 관리의 임명 시에 대간(양사 관원)의 서명을 거치게 하는 제도이다.
> ② 서적을 간행하는 기관
> ③ 외교 문서 작성을 담당하는 기관
> ④ 왕명 출납 담당하는 기관

17 밑줄 친 '그'에 대한 설명으로 옳은 것은?

그가 왕에게 아뢰었다. "삼교는 솥의 발과 같아서 하나라도 없어서는 안 됩니다. 지금 유교와 불교는 모두 흥하는데 도교는 아직 번성하지 않으니, 소위 천하의 도술(道術)을 갖추었다고 할 수 없습니다. 엎드려 청하오니 당에 사신을 보내 도교를 구해 와서 나라 사람들을 가르치게 하소서."

ㅡ 『삼국사기』 ㅡ

---

① 당나라와 동맹을 체결하였다.   ② 천리장성의 축조를 맡아 수행하였다.

③ 수나라의 군대를 살수에서 격퇴하였다.   ④ 남진 정책을 추진하여 한성을 점령하였다.

> **TIP** 제시문의 인물은 연개소문이다. 연개소문은 막강한 정치, 군사적 영향력을 강화하는 과정에서 기존의 불교, 유교적 이념을 중심으로 한 귀족 세력의 반발을 초래하였고 이에 대한 대안적 이념으로 중국으로 도교를 수용하고자 하였다. 〈삼국사기〉에는 당 태종이 도사 숙달 등 8명을 노자의 〈도덕경〉과 함께 고구려로 보냈다는 기록이 있다. 연개소문은 외세 침입을 방어하기 위해 천리장성 축조를 주도하였다.
> ① 나당 동맹을 체결한 신라의 김춘추이다.
> ③ 살수대첩(612)에서 승리를 이끈 고구려의 을지문덕이다.
> ④ 고구려 장수왕이다.

Answer   16.①   17.②

2021 지방직 9급

18 다음 사건을 시기순으로 바르게 나열한 것은?

> (가) 정중부와 이의방이 정변을 일으켰다.
>
> (나) 최충헌이 이의민을 제거하고 권력을 잡았다.
>
> (다) 충주성에서 천민들이 몽골군에 맞서 싸웠다.
>
> (라) 이자겸이 척준경과 더불어 난을 일으켰다.

① (가) → (나) → (라) → (다)　　　② (가) → (다) → (나) → (라)

③ (라) → (가) → (나) → (다)　　　④ (라) → (가) → (다) → (나)

> **TIP** (라) 이자겸의 난(1126)은 이자겸과 척준경을 중심으로 인종을 제거하려 한 사건이다.
> (가) 무신정변(1170)은 고려 의종 때 무신들에 대한 차별 대우에 반발하여 정중부, 이의방 등이 중심이 되어 일으킨 사건이다.
> (나) 무신정변은 하극상이 반복되어 불안정한 체제가 나타났지만 최충헌이 이의민을 제거하고 최씨 무신 정권을 확립하였다 (1196).
> (다) 몽골의 1차 침입 과정에서 발생하였다(1231).

2021 지방직 9급

19 (가) 지역에 대한 설명으로 옳은 것은?

> 나는 삼한(三韓) 산천의 음덕을 입어 대업을 이루었다. ▢(가)▢ 는/은 수덕(水德)이 순조로워 우리나라 지맥의 뿌리가 되니 대업을 만대에 전할 땅이다. 왕은 춘하추동 네 계절의 중간달에 그곳에 가 100일 이상 머물러서 나라를 안녕케 하라.
>
> — 『고려사』 —

① 이곳에 대장도감을 설치하여 재조대장경을 만들었다.

② 지눌이 이곳에서 수선사 결사 운동을 펼쳤다.

③ 망이 · 망소이가 이곳에서 봉기하였다.

④ 몽골이 이곳에 동녕부를 두었다.

> **TIP** (가)는 서경(평양)으로 제시문은 고려 태조의 〈훈요 10조〉의 일부이다. 서경은 고려 북진정책의 전진기지이자 동시에 풍수지리 상의 길지로 여겨져 이후 묘청의 서경 천도 운동(1135)의 배경이 되었다. 또한 몽골 침입 이후 원의 세조는 자비령 이북 지역을 원의 영토로 귀속시킨 뒤 서경에 동녕부를 설치하여 통치하였다. 1369년 고려 공민왕은 이인임, 이성계로 하여금 동녕부를 정벌하게 하였다.
> ① 강화도　② 순천(송광사)　③ 공주(명학소)

Answer　18.③　19.④

20 밑줄 친 '이 왕'에 대한 설명으로 옳은 것은?

> 문무왕이 왜병을 진압하고자 감은사를 처음 창건하려 했으나, 끝내지 못하고 죽어 바다의 용이 되었다. 뒤이어 즉위한 이 왕이 공사를 마무리하였다. 금당 돌계단 아래에 동쪽을 향하여 구멍을 하나 뚫어 두었으니, 용이 절에 들어와서 돌아다니게 하려고 마련한 것이다. 유언에 따라 유골을 간직해 둔 곳은 대왕암(大王岩)이라고 불렀다.
>
> — 『삼국유사』 —

① 건원이라는 독자적인 연호를 사용하였다.

② 국학을 설립하여 유학을 교육하였다.

③ 백성에게 처음으로 정전을 지급하였다.

④ 진골 출신으로서 처음 왕위에 올랐다.

> **TIP** 제시문의 인물은 신라 문무왕의 아들인 신문왕이다. 신문왕은 즉위 이후 김흠돌의 난을 계기로 귀족들의 영향력을 축소하고 강력한 중앙집권체제 강화를 시도하였다. 이를 위해 상대등의 영향력을 축소하고 집사부 시중의 권한을 강화하고 6두품을 적극적으로 등용하였다. 뿐만 아니라 국학을 설립하여 유학 교육을 장려하고 지방 행정 체제로는 9주 5소경제를, 군사적으로는 9서당 10정 체제를 시행하여 신라의 삼국 통일 이후 중앙집권체제 정비를 추구하였다.
> ① 신라 법흥왕 ③ 신라 성덕왕 ④ 신라 무열왕

21 밑줄 친 '왕'의 재위 기간에 있었던 사실로 옳은 것은?

> 왕은 노론과 소론, 남인을 두루 등용하였으며 젊은 관료들을 재교육하기 위해 초계문신제를 시행하였다. 또 서얼 출신의 유능한 인사를 규장각 검서관으로 등용하였다.

① 동학이 창시되었다.

② 『대전회통』이 편찬되었다.

③ 신해통공이 시행되었다.

④ 홍경래의 난이 발생하였다.

> **TIP** 제시문은 조선 후기 정조 때의 일이다. 영조의 탕평책이 성공하지 못한 이후 정조는 보다 강력한 탕평책을 추진하고 왕권을 강화하고자 하였다. 이를 위해 장용영을 설치하고 규장각 검서관으로 서얼 출신들을 등용하기도 하였다. 또한 초계문신제를 시행하여 젊은 관리를 재교육하였으며, 상공업을 육성하기 위하여 육의전을 제외한 시전 상인의 금난전권을 폐지하는 신해통공(1791) 정책을 시행하였다. 법전으로 〈대전통편〉을 편찬하기도 하였다.
> ① 철종 때 경주 출신의 몰락 양반인 최제우가 창시(1860)
> ② 고종 때 흥선대원군의 주도 하에 편찬(1865)
> ④ 홍경래의 난은 순조 때 발생(1811)

Answer 20.② 21.③

22 〈보기〉의 밑줄 친 '이 법'을 제정한 왕의 업적으로 옳은 것은?

— 〈보기〉 —

임진왜란 이후 군역 대신 군포를 징수하여 1년에 2필을 납부하게 하였다. 그런데 군적이 제대로 정리되지 않았고, 지방관의 농간까지 겹쳐 실제 납부액이 훨씬 많았다. 이에 <u>이 법</u>을 제정하여 군포 부담을 절반으로 줄여 주었다.

① 속대전을 편찬하였다.　　② 대전통편을 편찬하였다.
③ 대전회통을 편찬하였다.　　④ 경국대전을 편찬하였다.

> **TIP** 제시문은 조선 후기 영조 때 제정된 균역법(1750)이다. 임진왜란 이후 국토의 황폐화와 인구 감소 등으로 인하여 백성들의 조세 부담은 증가하고 국가의 재정 수입은 감소하였다. 이를 극복하기 위하여 영정법, 대동법 등이 시행되었고, 영조 때에는 백성들의 군포 부담을 덜어주기 위하여 기존의 2필 납부를 1필로 경감하는 균역법이 시행되었다. 부족분은 선무군관포나 결작, 어장세 등으로 보충하였다. 속대전은 영조 때 편찬된 법전이다.
> ② 정조　③ 고종(흥선대원군 주도)　④ 성종

23 〈보기〉의 사건이 있었던 시기의 사실로 가장 옳은 것은?

— 〈보기〉 —

가을 9월에 고구려 왕 거련(巨璉)이 군사 3만 명을 이끌고 왕도(王都) 한성을 포위하였다. 왕은 성문을 닫고나가 싸우지 않았다. …… 왕은 곤궁하여 어찌할 바를 모르다가, 기병 수십을 거느리고 성문을 나가 서쪽으로 도망쳤다. 고구려인이 쫓아가 그를 살해하였다.

- 『삼국사기』 -

① 성왕이 신라군에게 살해되었다.
② 신라가 건원이라는 연호를 사용하였다.
③ 을지문덕이 살수에서 수의 군대를 물리쳤다.
④ 고구려가 중국의 남북조와 동시에 교류하였다.

> **TIP** 제시문은 475년 고구려 장수왕이 평양 천도 이후 남진 정책을 추진하면서 백제 한성을 공격한 내용이다. 당시 장수왕은 백제를 공격하여 개로왕을 살해하고 한강 유역을 점령하였으며 이후 충주까지 진출해 중원고구려비를 세웠다. 백제는 고구려에 수도를 빼앗긴 후 웅진으로 천도하였다. 장수왕 재위 당시 고구려는 사방으로 영역을 확장하며 대외적으로는 중국의 남북조와 동시에 교류하였다.
> ① 6세기 관산성 전투에서 백제 성왕이 신라에게 살해당하였다(544).
> ② 6세기 신라 법흥왕(536)
> ③ 7세기 살수대첩(612)

Answer　22.①　23.④

24 〈보기〉와 같이 기록된 고려 무신정권기 집권자는?

─────────── 〈보기〉 ───────────

경주 사람이다. 아버지는 소금과 체(篩)를 파는 것을 업(業)으로 하였고, 어머니는 연일현(延日縣) 옥령사(玉靈寺)의 노비였다. … 그는 수박(手搏)을 잘했기에 의종의 총애를 받아 대정에서 별장으로 승진하였고, … 그가 무신 정변때 참여하여 죽인 사람이 많으므로 중랑장(中郞將)으로 임명되었다가 얼마 후 장군으로 승진하였다.

– 『고려사』 권128, 반역전 –

① 최충헌
② 김준
③ 임연
④ 이의민

TIP 제시문은 소금장수 아버지와 옥령사 노비인 어머니를 둔 고려 무신집권자 이의민에 관한 내용이다. 이의민은 무신정변을 반대하며 일으킨 김보당, 조위총의 난을 진압한 이후 상장군이 되어 경대승 이후의 무신집권기를 주도하였다.
① 최충헌은 이의민을 제거한 후 최씨 무신 정권의 기반을 마련하였다.
② 김준은 최씨 무신기 마지막 집권자인 최의를 제거한 후 왕권을 회복하였다.
③ 임연은 김준을 살해한 후 정권을 장악하였다.

25 〈보기〉의 밑줄 친 '왕'이 재위하던 시기에 대한 설명으로 가장 옳은 것은?

─────────── 〈보기〉 ───────────

왕이 명령하여 노비를 안검하고 시비를 살펴 분별하게 하였다. (이 때문에) 종이 그 주인을 배반하는 자가 헤아릴 수 없을 정도였다. 이 때문에 윗사람을 능멸하는 기풍이 크게 행해지니, 사람들이 모두 원망하였다. 왕비가 간절히 말렸는데도 듣지 않았다.

① 서경 천도를 추진하였다.
② 광덕, 준풍 등의 연호를 사용하였다.
③ 지방관을 파견하고 향리제도를 마련하였다.
④ 기인제도를 최초로 실시하여 호족들을 통제하였다.

TIP 제시문은 고려 광종(949-975)의 노비안검법 시행과 관련된 내용이다. 광종은 즉위 후 귀족과 지방호족을 숙청하고 왕권 강화를 시도하였다. 이를 위해 과거제, 노비안검법을 시행하였다. 노비안검법은 불법으로 노비가 된 자들을 해방함으로써 지방호족들의 경제 및 군사적 기반을 약화시키는 동시에 국가 재정을 확충하는데도 기여하였다. 또한 광덕, 준풍 등의 연호를 사용하면서 중국과 대등한 세력이 되었음을 대내외적으로 표방하였다.
① 고려 정종 ③ 고려 성종 ④ 고려 태조

Answer 24.④ 25.②

26 〈보기〉의 ㈎, ㈏ 시기 사이에 있었던 사실로 가장 옳은 것은?

---〈보기〉---

㈎ 고구려는 백제를 선제 공격하였다가 패하고 고국원왕이 전사하는 위기를 맞았다.

㈏ 왜의 침입을 받은 신라를 구원하기 위해 원병을 보내고 낙동강 하류까지 진출하였다.

---

① 수도를 평양성으로 천도하였다.

② 낙랑군을 축출하고 대동강 유역을 차지하였다.

③ 요서지역에 대해 선제공격을 감행하였다.

④ 태학을 설립하고 율령을 반포하여 체제 안정화 정책을 실시하였다.

> **TIP** ㈎는 백제 근초고왕이 고구려 평양성을 공격하여 고국원왕을 살해한 사건(371)이고, ㈏는 신라 내물왕이 왜의 침입으로 고구려 광개토대왕에게 구원병을 요청하여 고구려군이 남하한 사건(400)이다.
> ④ 고구려는 고국원왕의 전사 이후 소수림왕이 집권을 태학을 설립하고 율령을 반포하여 체제 안정화 정책을 실시하였다.
> ① 고구려 장수왕(475) ② 고구려 미천왕(313) ③ 고구려 영양왕(598)

27 〈보기〉의 ㈎ 인물에 대한 설명으로 가장 옳은 것은?

---〈보기〉---

• 태조는 정예 기병 5천 명을 거느리고 공산(公山) 아래에서 ___㈎___ 을/를 맞아서 크게 싸웠다. 태조의 장수김락과 신숭겸은 죽고 모든 군사가 패하였으며, 태조는 겨우 죽음을 면하였다.

• ___㈎___ 이/가 크게 군사를 일으켜 고창군(古昌郡)의 병산 아래에 가서 태조와 싸웠으나 이기지 못하였다. 전사자가 8천여 명이었다.

---

① 오월에 사신을 보내 교류하였다.

② 송악에서 철원으로 도읍을 옮겼다.

③ 기훤, 양길의 휘하에서 세력을 키웠다.

④ 예성강을 중심으로 성장한 해상 세력이다.

> **TIP** 제시문의 인물은 견훤이다. 견훤은 상주 호족 출신으로 후백제를 건국하여 후삼국 시대를 주도하였다. 집권 시기 견훤은 후당, 오월 등과의 교류 관계를 중시하는 등 외교 활동에 적극적이었다. 하지만 태조 왕건과의 고창성 전투에서 패배하고, 왕위 계승 문제를 둘러싼 내분으로 그 세력이 약화되었다.
> ②③ 후고구려 궁예 ④ 고려 태조(왕건)

Answer 26.④ 27.①

28 〈보기〉의 사건들을 일어난 순서대로 바르게 나열한 것은?

┌─────────────────────── 〈보기〉 ───────────────────────┐

㉠ 남인이 제2차 예송을 통해 집권하였다.

㉡ 노론과 소론이 민비를 복위하는 과정을 거쳐 집권하였다.

㉢ 서인은 허적이 역모를 꾸몄다고 고발하여 남인을 축출하고 집권하였다.

㉣ 남인은 장희빈이 낳은 왕자가 세자로 책봉되는 과정을 거쳐 집권하였다.

└──┘

① ㉠ - ㉢ - ㉣ - ㉡   ② ㉡ - ㉣ - ㉢ - ㉠

③ ㉢ - ㉠ - ㉡ - ㉣   ④ ㉣ - ㉢ - ㉠ - ㉡

TIP ㉠ 예송논쟁: 효종과 효종비에 대한 복상 기간을 놓고 서인과 남인이 벌인 논쟁으로 1차 예송(1659)에서는 서인이 집권하고, 2차 예송(1674)에서는 남인이 집권하였다.
　　　㉢ 경신환국(1680): 조선 숙종 때 서인은 허적이 역모를 꾸몄다고 고발하여 남인을 축출하고 집권하였다.
　　　㉣ 기사환국(1689): 경신환국 이후 정계에서 축출당한 남인은 장희빈이 낳은 왕자가 세자로 책봉되는 과정에서 서인에게 승리하고 집권하였다.
　　　㉡ 갑술환국(1694): 기사환국 이후 정계에서 축출당한 서인은 장희빈을 몰아내고 민비(인현왕후)를 복위시키고자 하였고 남인에게 승리한 후 재집권하였다.

29 〈보기〉에 나타난 사건과 시기상 가장 먼 것은?

┌─────────────────────── 〈보기〉 ───────────────────────┐

처음 충주 부사 우종주가 매양 장부와 문서로 인하여* 판관 유홍익과 틈이 있었는데, 몽골군이 장차 쳐들어온다는 말을 듣고 성 지킬 일을 의논하였다. 그런데 의견상 차이가 있어서 우종주는 양반 별초를 거느리고, 유홍익은 노군과 잡류 별초를 거느리고 서로 시기하였다. 몽골군이 오자 우종주와 유홍익은 양반 등과 함께 다 성을 버리고 도주하고, 오직 노군과 잡류만이 힘을 합하여 쳐서 이를 쫓았다.

└──┘

① 처인성에서 몽골 장수를 사살하였다.

② 진주의 공·사노비와 합주의 부곡민이 합세하였다.

③ 수도를 강화도로 옮기고 주민을 산성과 섬으로 피난시켰다.

④ 몽골군이 경주의 황룡사 9층탑을 불태웠다.

Answer 28.① 29.②

30 〈보기〉의 제도가 처음 시행된 시기의 군사제도에 대한 설명으로 가장 옳은 것은?

─────── 〈보기〉 ───────

경성과 지방의 군사에 보인을 지급하는데 차등이 있다. 장기 복무하는 환관도 2보를 지급한다. 장정 2인을 1보로하고, 갑사에게는 2보를 지급한다. 기병, 수군은 1보1정을 준다. 보병, 봉수군은 1보를 준다. 보인으로서 취재에 합격하면 군사가 될 수 있다.

① 중앙군을 5군영으로 편성하였다.
② 2군 6위가 중앙과 국경을 수비하였다.
③ 지방군은 진관 체제를 바탕으로 조직되었다.
④ 양반부터 노비까지 모두 속오군에 편입시켰다.

31 다음 시가를 지은 왕의 재위 기간에 있었던 사실은?

> 펄펄 나는 저 꾀꼬리
> 암수 서로 정답구나
> 외로울사 이 내 몸은
> 뉘와 더불어 돌아가랴

① 진대법을 시행하였다.

② 낙랑군을 축출하였다.

③ 졸본에서 국내성으로 천도하였다.

④ 율령을 반포하여 중앙집권 체제를 강화하였다.

> **TIP** 제시된 시가는 고구려 유리왕의 '황조가'이다. 유리왕은 고구려의 2대 왕으로 건국 시조인 동명성왕이 도읍한 졸본에서 국
> 내성으로 천도하였다.
> ① 고국천왕 ② 미천왕 ④ 소수림왕

32 밑줄 친 '왕'에 대한 설명으로 옳은 것은?

> 1919년 3월 1일 탑골 공원에서 민족대표 33인이 서명한 독립선언서가 낭독되었다. 이 공원에 있는 탑은
> 왕이 세운 것으로 경천사 10층 석탑의 영향을 받았다.

① 우리나라 전쟁사를 정리한 『동국병감』을 편찬하였다.

② 우리나라 역대 문장의 정수를 모은 『동문선』을 편찬하였다.

③ 6조 직계제를 실시하여 국왕 중심의 정치체제를 구축하였다.

④ 한양으로 다시 천도하면서 이궁인 창덕궁을 창건하였다.

> **TIP** 밑줄 친 '왕'은 원각사지 10층 석탑을 세운 조선의 세조이다. 원각사지 10층 석탑은 고려 말에 건립된 경천사 10층 석탑의 영향
> 을 받았다.
> ③ 세조는 의정부 서사제를 폐지하고 6조 직계제를 실시하여 국왕 중심의 정치체제를 구축하였다.
> ① 김종서 ② 서거정 ④ 태종

Answer 31.③ 32.③

33 (가) 인물에 대한 설명으로 옳은 것은?

> ┌─────┐
> │ (가) │ 이/가 올립니다. "지방의 경우에는 관찰사와 수령, 서울의 경우에는 홍문관과 육경(六卿), 그
> └─────┘
> 리고 대간(臺諫)들이 모두 능력 있는 사람을 천거하게 하십시오. 그 후 대궐에 모아 놓고 친히 여러 정
> 책과 관련된 대책 시험을 치르게 한다면 인물을 많이 얻을 수 있을 것입니다. 이는 역대 선왕께서 하지
> 않으셨던 일이요, 한나라의 현량과와 방정과의 뜻을 이은 것입니다. 덕행은 여러 사람이 천거하는 바이
> 므로 반드시 헛되거나 그릇되는 일이 없을 것입니다."

① 기묘사화로 탄압받았다.

② 조의제문을 사초에 실었다.

③ 문정왕후의 수렴청정을 지지하였다.

④ 연산군의 생모 윤씨를 폐비하는 데 동조하였다.

TIP (가) 인물은 조선 중종 때 덕행이 뛰어난 인재를 천거하여 관리로 등용하자는 현량과 실시를 건의한 조광조이다.
① 기묘사화 : 조광조는 유교적 이상 정치를 현실에 구현하고자 다양한 개혁을 시도하였지만, 훈구 공신세력들의 반격을 받아 화를 당하였다.
② 무오사화 : 영남사림파였던 김일손은 스승인 김종직의 〈조의제문〉을 사초에 실은 것이 문제가 되어 희생되었다.
③ 을사사화 : 문정왕후는 명종의 어머니로, 명종이 12살의 어린 나이로 즉위하자 수렴청정을 하였다. 이때 문정왕후의 남동생인 윤원형을 비롯한 소윤이 권력을 잡고 대윤을 몰아냈다.
④ 갑자사화 : 연산군은 생모 윤씨를 폐비하는 데 동조한 윤필상, 이극균 등을 극형에 처하고 이미 죽은 한명회, 정창손 등을 부관참시하였다.

Answer 33.①

34 (가) 시기에 신라에서 있었던 사실은?

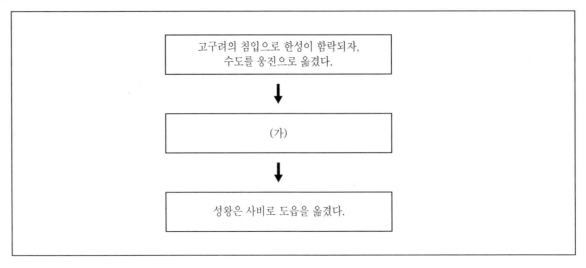

① 대가야를 정복하였다.

② 황초령순수비를 세웠다.

③ 거칠부가 『국사』를 편찬하였다.

④ 이차돈의 순교를 계기로 불교가 공인되었다.

> **TIP** • 고구려의 침입으로 수도를 웅진으로 옮긴 것은 475년 문주왕 때의 일이다.
> • 성왕이 사비로 도읍을 옮긴 것은 538년의 일이다.
> ④ 신라의 불교 공인 : 527년 법흥왕
> ① 대가야 정복 : 562년 진흥왕
> ② 황초령순수비 : 568년 진흥왕
> ③ 『국사』 편찬 : 545년 진흥왕

Answer 34.④

35 다음 상소문을 올린 왕대에 있었던 사실은?

석교(釋敎)를 행하는 것은 수신(修身)의 근본이요, 유교를 행하는 것은 이국(理國)의 근원입니다. 수신은 내생의 자(資)요, 이국은 금일의 요무(要務)로서, 금일은 지극히 가깝고 내생은 지극히 먼 것인데도 가까움을 버리고 먼 것을 구함은 또한 잘못이 아니겠습니까.

① 양경과 12목에 상평창을 설치하였다.

② 균여를 귀법사 주지로 삼아 불교를 정비하였다.

③ 국자감에 7재를 두어 관학을 부흥하고자 하였다.

④ 전지(田地)와 시지(柴地)를 지급하는 경정 전시과를 실시하였다.

> **TIP** 제시된 상소문은 최승로가 고려 성종에게 올린 시무 28조의 일부이다.
> ① 성종은 풍흉에 따른 물가를 조절하기 위한 기관으로 양경과 12목에 상평창을 설치하였다.
> ② 광종 ③ 예종 ④ 문종

36 밑줄 친 '왕'의 재위 기간에 있었던 사실로 옳은 것은?

이찬 이사부가 <u>왕</u>에게 "국사라는 것은 임금과 신하들의 선악을 기록하여, 좋고 나쁜 것을 만대 후손들에게 보여 주는 것입니다. 이를 책으로 편찬해 놓지 않는다면 후손들이 무엇을 보고 알겠습니까?"라고 아뢰었다. 왕이 깊이 동감하고 대아찬 거칠부 등에게 명하여 선비들을 널리 모아 그들로 하여금 역사를 편찬하게 하였다.

－『삼국사기』－

① 정전 지급   ② 국학 설치

③ 첨성대 건립   ④ 북한산 순수비 건립

> **TIP** 6세기 신라 진흥왕(540~576) 대의 사실이다. 진흥왕은 화랑도를 정비하여 국력을 대외로 확장하여 대가야, 한강 유역, 함경북도까지 진출하는 등 신라 최대의 영토를 확보하였다. 이 과정에서 단양 적성비와 4개의 순수비(창녕비, 북한산 순수비, 황초령비, 마운령비)를 세웠다.
> ① 신라 성덕왕 대에 왕토사상을 기반으로 백성들에게 정전을 지급하였다.
> ② 신라 신문왕 때 설치한 교육 기관이다.
> ③ 신라 선덕여왕 때 설립되었다.

Answer   35.①   36.④

37 다음 정책을 시행한 국왕 대에 있었던 사실로 옳은 것은?

> • 광덕, 준풍 등의 연호를 사용하였다.
> • 개경을 고쳐 황도라 하고 서경을 서도라고 하였다.

① 노비안검법을 시행하였다.　　　② 전시과 제도를 시행하였다.

③ 개경에 국자감을 설립하였다.　　④ 12목을 설치하고 지방관을 파견하였다.

> **TIP** 고려 광종(949~975) 때의 사실이다. 광종은 귀족과 지방호족을 숙청하고 왕권 강화를 시도하였다. 이를 위해 과거제, 노비안검법을 시행하였다. 노비안검법은 불법으로 노비가 된 자들을 해방함으로써 지방호족들의 경제 및 군사적 기반을 약화시키는 동시에 국가 재정을 확충하는데도 기여하였다. 또한 광덕, 준풍 등의 연호를 사용하면서 중국과 대등한 세력이 되었음을 대내외적으로 표방하였다.
> ② 고려 경종 대에 실시하였다.
> ③ 고려의 유학 교육 기관으로 성종 대에 정비하였다.
> ④ 최승로의 '시무 28조' 건의에 따라 성종 대에 시행되었다.

38 다음 사건 이후에 일어난 일로 옳은 것은?

> 개경을 떠나 피난 중인 왕이 안성현을 안성군으로 승격시켰다. 홍건적이 양광도를 침입하자 수원은 항복하였는데, 작은 고을인 안성만이 홀로 싸워 승리함으로써 홍건적이 남쪽으로 내려오지 못하게 하였기 때문이다.

① 화약 무기를 사용해 진포해전에서 승리하였다.

② 처인성 전투에서 적의 장수 살리타를 사살하였다.

③ 기철 일파를 제거하고 쌍성총관부의 관할 지역을 수복하였다.

④ 적의 침략을 물리치기 위한 염원에서 팔만대장경을 만들었다.

> **TIP** 해당 사건은 홍건적의 난으로 고려 공민왕 대에 발생한 사건이다. 당시 중국은 원명교체기라는 혼란한 상황이었고 이 과정에서 홍건적이 고려로 침입하여 발생한 사건이다. 진포해전은 고려 우왕 대에 왜구가 쌀을 비롯한 물자 약탈을 위해 진포(군산)에 침입한 사건으로 당시 최무선이 개발한 화약 무기를 사용하여 승리할 수 있었다.
> ② 고려 고종 대 몽골의 2차 침입에서 발생한 사건이다.
> ③ 공민왕의 반원자주개혁 정책으로 홍건적의 난 이전의 사건이다.
> ④ 고려 고종 대 몽골의 침입에 저항하는 호국불교의 성격을 보여주는 유물이다.

Answer　37.①　38.①

39 고려시대 군사제도에 대한 설명으로 가장 옳지 않은 것은?

① 북방의 양계지역에는 주현군을 따로 설치하였다.

② 2군(二軍)인 응양군과 용호군은 왕의 친위부대였다.

③ 6위(六衛) 중의 감문위는 궁성과 성문수비를 맡았다.

④ 직업군인인 경군에게 군인전을 지급하고 그 역을 자손에게 세습시켰다.

> **TIP** 고려 지방 행정 체계는 5도 양계로 5도는 일반 행정 구역으로 안찰사를 임명하고 주현군을 설치하였다. 하지만 북방의 군사적 요충지인 양계에는 병마사를 임명하고 그 특수성을 반영하여 주진군을 별도로 설치하였다.
> ②③④ 고려의 중앙군은 2군 6위로 구성되어 있고, 이들은 모두 직업 군인으로 군인전을 지급받았으며, 직역은 세습되었다.

40 다음 정책을 추진한 국왕 대에 있었던 사실로 옳은 것은?

> 옛적에 관가의 노비는 아이를 낳은 지 7일 후에 입역(立役)하였는데, 아이를 두고 입역하면 어린 아이에게 해로울 것이라 걱정하여 100일간의 휴가를 더 주게 하였다. 그러나 출산에 임박하여 일하다가 몸이 지치면 미처 집에 도착하기 전에 아이를 낳는 경우가 있다. 만일 산기에 임하여 1개월간의 일을 면제하여 주면 어떻겠는가. 가령 저들이 속인다 할지라도 1개월까지야 넘길 수 있겠는가. 상정소(詳定所)로 하여금 이에 대한 법을 제정하게 하라.

① 사형의 판결에는 삼복법을 적용하였다.

② 주자소를 설치하여 계미자를 주조하였다.

③ 국방력 강화를 위해 진관체제를 실시하였다.

④ 도평의사사를 개편하여 의정부를 설치하였다.

> **TIP** 조선 세종에 관한 내용이다. 세종은 노비들에 대한 처우를 개선하려 노력하였고, 사형수에 대해 3심제를 적용하는 금부삼복법을 제정하였다.
> ②④ 조선 태종 ③ 소선 세조

Answer 39.① 40.①

2018 지방직 9급

41 삼국 시대의 정치 제도에 대한 설명으로 옳은 것만을 모두 고르면?

> ㉠ 삼국의 관등제와 관직제도 운영은 신분제에 의하여 제약을 받았다.
> ㉡ 고구려는 대성(大城)에는 처려근지, 그 다음 규모의 성에는 욕살을 파견하였다.
> ㉢ 백제는 도성에 5부, 지방에 방(方)−군(郡) 행정제도를 시행하였다.
> ㉣ 신라는 10정 군단을 바탕으로 영역을 확장하고 삼국 통일을 이룩하였다.

① ㉠, ㉡   ② ㉠, ㉢

③ ㉡, ㉣   ④ ㉢, ㉣

> **TIP** ㉡ 고구려는 대성(大城)에는 욕살, 그 다음 규모의 성에는 처려근지를 파견하였다.
> ㉣ 10정은 통일 신라의 지방군이다. 신라의 지방군은 6정이다.

2018 지방직 9급

42 밑줄 친 '대의(大義)'를 이루기 위해 효종이 한 일로 옳은 것은?

> 병자년 일이 완연히 어제와 같은데, 날은 저물고 갈 길은 멀다고 하셨던 성조의 하교를 생각하니 나도 모르게 눈물이 솟는구나. 사람들은 그것을 점점 당연한 일처럼 잊어가고 있고 대의(大義)에 대한 관심도 점점 희미해져 북녘 오랑캐를 가죽과 비단으로 섬겼던 일을 부끄럽게 생각지 않고 있으니 그것을 생각한다면 그 아니 가슴 아픈 일인가.
>
> −『조선왕조실록』−

① 남한산성을 복구하고 어영청을 확대하였다.

② 훈련별대를 정초군과 통합하여 금위영을 발족시켰다.

③ 명과 후금 사이에서 실리를 추구하는 중립외교 정책을 펼쳤다.

④ 호위청, 총융청, 수어청 등의 부대를 창설하여 국방력을 강화하였다.

> **TIP** 밑줄 친 '대의(大義)'는 효종의 북벌론이다. 효종은 남한산성을 복구하고 어영청을 확대하였다.
> ② 금위영이 발족된 것은 숙종 때이다.
> ③ 광해군의 외교정책에 대한 설명이다.
> ④ 인조 때의 일이다.

Answer   41.② 42.①

43 밑줄 친 '이곳'에서 일어난 일로 옳은 것은?

> 고려 정종 때 이곳으로 천도 계획을 세웠으나 실현되지 못했고, 문종 때 이곳 주위에 서경기 4도를 두었다.

① 이곳에서 현존 세계 최고의 직지심체요절이 간행되었다.
② 지눌이 이곳을 중심으로 수선사 결사 운동을 전개하였다.
③ 조위총이 정중부 등의 타도를 위해 이곳에서 반란을 일으켰다.
④ 강조가 군사를 이끌고 이곳으로 들어와 김치양 일파를 제거하였다.

TIP 밑줄 친 '이곳'은 서경(평양)이다. 고려 정종은 외척과 공신 세력들로부터 벗어나기 위해 풍수지리설을 바탕으로 서경으로 천도 계획을 세웠으나 실현되지 못했다.
③ 서경 유수 조위총이 무신 정권에서 소외되자 정중부 등의 타도를 위해 난을 일으켰으나 실패하였다.
① 청주 흥덕사 ② 순천 송광사 ④ 개경

44 군사제도가 실시된 시기순으로 바르게 나열한 것은?

	중앙	지방
㉠	9서당	10정
㉡	5위	진관체제
㉢	5군영	속오군
㉣	2군과 6위	주현군과 주진군

① ㉠→㉡→㉢→㉣
② ㉠→㉣→㉡→㉢
③ ㉡→㉠→㉢→㉣
④ ㉡→㉣→㉠→㉢

TIP

시기	중앙	지방
㉠ 통일신라	9서당	10정
㉡ 조선 전기	5위	진관체제
㉢ 조선 후기	5군영	속오군
㉣ 고려	2군과 6위	주현군과 주진군

Answer 43.③ 44.②

45 다음 (가)에서 이루어진 합의제도를 시행한 국가의 통치체제로 옳은 것은?

> 호암사에는 [(가)](이)라는 바위가 있다. 나라에서 장차 재상을 뽑을 때에 후보 3, 4명의 이름을 써서 상자에 넣고 봉해 바위 위에 두었다가 얼마 후에 가지고 와서 열어 보고 그 이름 위에 도장이 찍혀 있는 사람을 재상으로 삼았다.
>
> ─「삼국유사」─

> ㉠ 중앙정치는 대대로를 비롯하여 10여 등급의 관리들이 나누어 맡았다.
> ㉡ 중앙관청을 22개로 확대하고 수도는 5부, 지방은 5방으로 정비하였다.
> ㉢ 16품의 관등제를 시행하고, 품계에 따라 옷의 색을 구별하여 입도록 하였다.
> ㉣ 지방 행정 조직을 9주 5소경 체제로 정비하였다.
> ㉤ 중앙에 3성 6부를 두고, 정당성을 관장하는 대내상이 국정을 총괄하도록 하였다.

① ㉠, ㉡ ② ㉡, ㉢

③ ㉢, ㉣ ④ ㉣, ㉤

TIP (가)는 정사암으로, 지문은 백제의 정사암 회의에 대한 설명이다.
㉡ 6세기 백제 성왕의 업적이다.
㉢ 3세기 백제 고이왕의 업적이다.
㉠ 고구려 ㉣ 통일신라 ㉤ 발해

Answer 45.②

출제 예상 문제

1 고구려와 신라의 관계를 다음과 같이 알려주고 있는 삼국시대의 금석문은?

- 고구려의 군대가 신라 영토에 주둔했던 것으로 이해할 수 있는 기록이 보인다.
- 고구려가 신라의 왕을 호칭할 때 '동이 매금(東夷 寐錦)'이라고 부르고 있다.
- 고구려가 신라의 왕과 신하들에게 의복을 하사하는 의식을 거행한 것으로 보인다.

① 광개토왕비
② 집안고구려비
③ 중원고구려비
④ 영일냉수리비

TIP 중원고구려비 … 충청북도 충주시에 있는 고구려의 고비(古碑)로서 현재 국보 제205로 지정되어 있다. 이 비는 고구려 비(碑) 중 한반도에서 발견된 유일한 예로 고구려가 당시 신라를 「동이(東夷)」라 칭하면서 신라왕에게 종주국으로서 의복을 하사했다는 내용이 실려 있는데 이는 「삼국사기(三國史記)」를 비롯한 여러 문헌에는 실려 있지 않은 사실이다. 또한 '신라토내당주(新羅土內幢主)'하는 직명으로 미루어 신라 영토 안에 고구려 군대가 주둔하였음을 확인할 수 있는 등의 내용이 담겨 있어 고구려사를 연구하는 데 많은 영향을 주었다.

Answer 1.③

2 (가) ~ (다)는 고려시대 대외관계와 관련된 자료이다. 이를 시기 순으로 바르게 나열한 것은?

> (가) 윤관이 "신이 여진에게 패한 이유는 여진군은 기병인데 우리는 보병이라 대적할 수 없었기 때문입니다."라고 아뢰었다.
>
> (나) 서희가 소손녕에게 "우리나라는 고구려의 옛 땅이오. 그러므로 국호를 고려라 하고 평양에 도읍하였으니, 만일 영토의 경계로 따진다면, 그대 나라의 동경이 모두 우리 경내에 있거늘 어찌 침식이라 하리요."라고 주장하였다.
>
> (다) 유승단이 "성곽을 버리며 종사를 버리고, 바다 가운데 있는 섬에 숨어 엎드려 구차히 세월을 보내면서, 변두리의 백성으로 하여금 장정은 칼날과 화살 끝에 다 없어지게 하고, 노약자들은 노예가 되게 함은 국가를 위한 좋은 계책이 아닙니다."라고 반대하였다.

① (가)→(나)→(다) ② (나)→(가)→(다)
③ (나)→(다)→(가) ④ (다)→(나)→(가)

> **TIP** (나) 서희(942~998)는 거란의 침입(993) 때 활약했던 인물이다.
> (가) 윤관(?~1111)은 1107년 20만 대군을 이끌고 여진을 정복하고 고려의 동북 9성을 설치하여 고려의 영토를 확장시킨 인물이다.
> (다) 유승단(1168~1232)은 1232년 최우가 재추회의를 소집하여 강화도로 천도를 논의할 때 반대했던 인물이다.

3 고려의 대외관계에 대한 설명으로 옳지 않은 것은?

① 송과는 문화적 · 경제적으로 밀접한 유대를 맺었다.
② 거란의 침입에 대비하여 광군을 조직하기도 하였다.
③ 송의 판본은 고려의 목판인쇄 발달에 영향을 주었다.
④ 고려는 송의 군사적 제의에 응하여 거란을 협공하였다.

> **TIP** 송은 고려에 대하여 정치 · 군사적 목적을 고려는 송에 대하여 경제 · 문화적 외교 목적을 갖고 있었다. 즉, 송의 국자감에 유학생을 파견한다든가 의술 및 약재 수입, 불경 · 경서 · 사서 등의 서적 구입에 대외관계를 구축하는 등 경제 · 문화 관계는 유지하였으나 군사적으로 송을 지원하지는 않았다.

Answer 2.② 3.④

4 다음 여러 왕들의 정책들과 정치적 목적이 가장 유사한 것은?

- 신라 신문왕 : 문무 관리에게 관료전을 지급하고 녹읍을 폐지하였다.
- 고려 광종 : 과거 제도를 시행하고 관리의 공복을 제정하였다.
- 조선 태종 : 6조 직계제를 확립하고 사병을 혁파하였다.

---

① 집사부 시중보다 상대등의 권력을 강화하였다.
② 향약과 사창제를 실시하고 서원을 설립하였다.
③ 장용영을 설치하고 규장각을 확대 개편하였다.
④ 중방을 실질적인 최고 권력 기관으로 만들었다.

TIP ㉠ 신문왕은 왕권 강화의 차원으로 녹읍제를 폐지하고 관료전의 지급을 실시하였다.
㉡ 광종은 신진관료 양성을 통한 왕권의 강화를 목적으로 하여 무력이 아닌 유교적 학식을 바탕으로 정치적 식견과 능력을 갖춘 관료층의 형성을 위해 과거제도를 실시하였으며 공복을 제정하여 관료제도의 질서를 통한 왕권의 확립을 꾀하였다.
㉢ 태종은 국정운영체제를 도평의사사에서 의정부사서제로, 다시 이를 6조직계제로 고쳐 왕권을 강화하였으며, 사원의 토지와 노비를 몰수하여 전제개혁을 마무리하고, 개인의 사병을 혁파하고 노비변정도감이라는 임시관청을 통해 수십만의 노비를 해방시키는 등 국가 재정과 국방을 강화하기 위한 노력을 하였다.

5 밑줄 친 왕의 시기에 해당하는 내용으로 옳은 것은?

북방의 흑수 말갈이 당나라와 공모해 압박해오자 이 왕은 자신의 아우인 대문예 등에게 군대를 이끌고 흑수 말갈을 치게 하였다. …(중략)… 이후 이 왕은 장문휴로 하여금 당나라의 등주를 공격해 자사 위준을 죽였다.

---

① 돌궐, 일본과 친선관계를 맺었다.
② 대흥이라는 독자적인 연호를 사용하였다.
③ 수도를 상경으로 천도하였다.
④ 중국으로부터 해동성국이라 불리었다.

TIP 제시문의 왕은 발해의 무왕이다. 무왕은 당과 신라를 견제하기 위하여 돌궐, 일본과 친선관계를 맺었고, 당시 일본에 보낸 국서에 발해가 고구려를 계승했음을 밝혔다. 인안이라는 독자적 연호를 사용하였다.
②③ 발해 문왕 ④ 발해 선왕

Answer 4.③ 5.①

6 영조 집권 초기에 일어난 다음 사건과 관련된 설명으로 옳지 않은 것은?

> 충청도에서 정부군과 반란군이 대규모 전투를 벌였으며 전라도에서도 반군이 조직되었다. 반란에 참가한 주동자들은 비록 정쟁에 패하고 관직에서 소외되었지만, 서울과 지방의 명문 사대부 가문 출신이었다. 반군은 청주성을 함락하고 안성과 죽산으로 향하였다.

① 주요 원인 중의 하나는 경종의 사인에 대한 의혹이다.
② 반란군이 한양을 점령하고 왕이 피난길에 올랐다.
③ 탕평책을 추진하는데 더욱 명분을 제공하였다.
④ 소론 및 남인 강경파가 주동이 되어 일으킨 것이다.

TIP 이인좌의 난(영조 4년, 1728년) … 경종이 영조 임금에게 독살되었다는 경종 독살설을 주장하며 소론과 남인의 일부가 영조의 왕통을 부정하여 반정을 시도한 것이다. 영조의 즉위와 함께 실각 당하였던 노론이 다시 집권하고 소론 대신이 처형을 당하자이에 불만을 품은 이인좌 등이 소론·남인세력과 중소상인, 노비를 규합하여 청주에서 대규모 반란을 일으켜 한성을 점령하려고 북진하다가 안성과 죽산전투에서 오명환이 지휘한 관군에게 패하여 그 목적이 좌절되었다.

7 다음 시기의 내용으로 옳지 않은 것은?

> 나라가 세워진 지 40년이 지났지만 신하들의 예복은 통일되지 않았다. 이전의 신라, 태봉의 관복을 입고 입궐하는 신하들이 많았고, 중국계 일부는 그들의 전통 복식으로 입궐하였다. 이에 왕은 등급에 따라 관복의 색을 정하여 입게 하는 공복 제도를 정비하였다.

① 과거제 시행
② 봉사10조 건의
③ 노비안검법 시행
④ 귀법사 창건

TIP 제시문은 고려 광종 때 시행된 백관의 공복 제도이다. 광종은 호족을 억압하고 왕권 강화를 위해 과거제와 노비안검법을 시행하였다. 또한 불교를 장려하고 균여를 중심으로 귀법사를 창건하였다.
② 고려 무신 최충헌

Answer 6.② 7.②

8 보기의 대화 내용에 해당하는 시기의 사건으로 옳은 것은?

> A : 현량과를 실시해서, 이 세력들을 등용하여 우리들의 세력이 약해졌어.
> B : 맞아. 위훈삭제로 우리 공을 깎으려고 하는 것 같아.

① 기묘사화가 발생하였다.
② 조광조 등 사림들이 개혁정치를 펼쳤다.
③ 훈구파가 제거되었다.
④ 김종직의 '조의제문'이 문제가 되어 일어났다.

....

TIP 기묘사화 … 1519년(중종 4)에 일어났는데, 조광조의 혁신정치에 불만을 품은 훈구세력이 위훈 삭제 사건을 계기로 계략을 써서 중종을 움직여 조광조 일파를 제거하였다. 이로 인하여 사림세력은 다시 한 번 크게 기세가 꺾였다.

9 다음 정책을 시행한 왕의 업적으로 옳은 것은?

> 6조는 저마다 직무를 먼저 의정부에 품의하고, 의정부는 가부를 헤아린 뒤에 전지를 받아 6조에 내려보내 시행한다. 만약 타당하지 않으면 의정부가 맡아 심의 논박하고 다시 시행하도록 한다.

① 호패법 시행
② 사병 혁파
③ 농사직설 편찬
④ 금양잡록 편찬

....

TIP 제시문은 세종 대 시행된 의정부서사제이다. 농사직설은 우리나라 환경과 토질에 맞는 농법을 소개한 농서로 세종 대에 편찬되었다.
①② 조선 태종
④ 조선 성종

Answer 8.② 9.③

10 다음 아래 각 시기의 사건에 대한 설명으로 옳은 것은?

| 임진왜란 | ㉠ | 인조반정 | ㉡ | 병자호란 | ㉢ | 경신환국 | ㉣ |

① ㉠ 시기에 북인정권이 외교정책을 추진했다.
② ㉡ 시기에 송시열이 북벌론을 주장하였다.
③ ㉢ 시기에는 예송논쟁이 펼쳐졌다.
④ ㉣ 시기에 남인이 집권하게 되었다.

TIP ② ㉢시기에 북벌론이 주장되었다.
③ ㉡시기에 예송논쟁이 있었다.
④ ㉣시기에 서인이 집권하였다.

11 발해를 우리 민족사의 일부로 포함시키고자 할 때 그 증거로 제시할 수 있는 내용으로 옳은 것은?

㉠ 발해의 왕이 일본에 보낸 외교문서에서 '고(구)려국왕'을 자처하였다.
㉡ 발해 피지배층은 말갈족이었다.
㉢ 발해 건국주체세력은 고구려 지배계층이었던 대씨, 고씨가 주류를 이루었다.
㉣ 수도상경에 주작 대로를 만들었다.

① ㉠㉣　　　　　　　　　　　② ㉠㉢
③ ㉠㉡　　　　　　　　　　　④ ㉠㉣

TIP 발해가 건국된 지역은 고구려 부흥운동이 활발하게 일어난 요동지역이었다. 발해의 지배층 대부분은 고구려 유민이었으며 발해의 문화는 고구려적 요소를 많이 포함하고 있었다.

12 삼국통일 후에 신라가 다음과 같은 정책을 실시하게 된 궁극적인 목적으로 옳은 것은?

- 문무왕은 고구려, 백제인에게도 관직을 내렸다.
- 옛 고구려, 백제 유민을 포섭하려 노력했다.
- 고구려인으로 이루어진 황금서당이 조직되었다.
- 말갈인으로 이루어진 흑금서당이 조직되었다.

---

① 민족융합정책
② 전제왕권강화
③ 농민생활안정
④ 지방행정조직의 정비

....

> **TIP** 삼국통일 이후 신라의 9서당은 중앙군사조직에 신라인뿐만 아니라 고구려·백제인·말갈인 등 다른 국민까지 포함시켜 조직함으로써 다른 국민에 대한 우환을 경감시키고 중앙병력을 강화할 수 있었다. 그러나 가장 궁극적인 목적은 민족융합에 있었다고 할 수 있다.

13 다음 중 원간섭기 때의 설명으로 옳지 않은 것은?

① 왕권이 원에 의해 유지되면서 통치 질서가 무너져 제기능을 수행하기 어려워졌다.
② 충선왕은 사림원을 통해 개혁정치를 실시하면서, 우선적으로 충렬왕의 측근세력을 제거하고 관제를 바꾸었다.
③ 공민왕 때에는 정치도감을 통해 개혁정치가 이루어지면서 대토지 겸병 등의 폐단이 줄어들었다.
④ 고려는 일년에 한 번 몽고에게 공물의 부담이 있었다.

....

> **TIP** **공민왕의 개혁정치** … 공민왕은 반원자주정책과 왕권 강화를 위하여 개혁정치를 펼쳤다. 친원세력을 숙청하고 정동행성을 폐지하였으며 관제를 복구하였다. 몽고풍을 금지하고 쌍성총관부를 수복하고 요동을 공격하였다. 그리고 정방을 폐지하고 전민변정도감을 설치하였으며 성균관을 설치하여 유학을 발달시키고 신진사대부를 등용하였다.
> ③ 정치도감을 통한 개혁정치는 충목왕이었다.

Answer 12.① 13.③

14 다음 보기의 내용을 순서대로 바르게 나열한 것은?

㉠ 세조를 비방한 조의제문을 사초에 기록한 것을 트집잡아 훈구파가 연산군을 충동질하여 사림파를 제거하였다.

㉡ 연산군의 생모 윤씨의 폐출사건을 들추어서 사림파를 제거하였다.

㉢ 조광조 등이 현량과를 실시하여 사림을 등용하여 급진적 개혁을 추진하자 이에 대한 훈구세력의 반발로 조광조는 실각되고 말았다.

㉣ 인종의 외척인 윤임과 명종의 외척인 윤형원의 왕위계승 문제가 발단이 되었는데, 왕실 외척인 척신들이 윤임을 몰아내고 정국을 주도하여 사림의 세력이 크게 위축되었다.

㉤ 심의겸과 김효원 사이에 이조 전랑직의 대립으로 붕당이 발생하여 동인과 서인이 나뉘었다.

---

① ㉠ - ㉡ - ㉢ - ㉣ - ㉤   ② ㉡ - ㉠ - ㉢ - ㉣ - ㉤

③ ㉡ - ㉢ - ㉠ - ㉣ - ㉤   ④ ㉤ - ㉣ - ㉢ - ㉡ - ㉠

TIP ㉠ **무오사화** : 1498년(연산군 4)에 일어났는데, 김종직의 제자인 김일손이 사관으로 있으면서 김종직이 지은 조의제문을 사초에 올린 일을 빌미로 훈구세력이 사림파 학자들을 죽이거나 귀양보냈다.

㉡ **갑자사화** : 1504년(연산군 10)에 일어났는데, 연산군이 그의 생모인 윤씨의 폐출사사사건을 들추어서 자신의 독주를 견제하려는 사림파의 잔존세력을 죽이거나 귀양보냈다.

㉢ **기묘사화** : 1519년(중종 4)에 일어났는데, 조광조의 혁신정치에 불만을 품은 훈구세력이 위훈 삭제 사건을 계기로 계략을 써서 중종을 움직여 조광조 일파를 제거하였다. 이로 인하여 사림세력은 다시 한 번 크게 기세가 꺾였다.

㉣ **을사사화** : 1545년(명종 즉위년)에 일어났는데, 중종의 배다른 두 아들의 왕위 계승을 에워싼 싸움의 결과로 일어났다. 인종과 명종의 왕위계승문제는 그들 외척의 대립으로 나타났고, 이에 당시의 양반관리들이 또한 부화뇌동하여 파를 이루었다. 인종이 먼저 즉위하였다가 곧 돌아간 뒤를 이어 명종이 즉위하면서 집권한 그의 외척세력이 반대파를 처치하였다. 이 때에도 사림세력이 많은 피해를 입었다.

㉤ **붕당정치의 출현** : 1575년(선조8)

Answer 14.①

15 다음 보기와 같은 시대의 왕의 업적으로 옳지 않은 것은?

> 적극적인 탕평책을 추진하여 벽파를 물리치고 시파를 고루 기용하여 왕권의 강화를 꾀하였다. 또한 영조 때의 척신과 환관 등을 제거하고, 노론과 소론 일부, 남인을 중용하였다.

① 군역 부담의 완화를 위하여 균역법을 시행하였다.

② 붕당의 비대화를 막고 국왕의 권력과 정책을 뒷받침하는 기구인 규장각을 육성하였다.

③ 신진 인물과 중·하급 관리를 재교육한 후 등용하는 초계문신제를 시행하였다.

④ 수령이 군현 단위의 향약을 직접 주관하게 하여 지방 사림의 영향력을 줄이고 국가의 백성에 대한 통치력을 강화하였다.

TIP ① 군역 부담을 줄이기 위하여 균역법을 시행한 것은 영조의 치적이다.
　※ **정조의 개혁정치**
　　㉠ 규장각의 육성
　　㉡ 초계문신제의 시행
　　㉢ 장용영의 설치
　　㉣ 수원 육성
　　㉤ 수령의 권한 강화
　　㉥ 서얼과 노비의 차별을 완화
　　㉦ 통공정책으로 금난전권을 폐지
　　㉧ 대전통편, 동문휘고, 탁지지 등을 편찬

03 경제구조와 경제활동

01 고대의 경제

❶ 삼국의 경제생활

(1) 삼국의 경제정책

① **정복활동과 경제정책** … 정복지역의 지배자를 내세워 공물을 징수하였고 전쟁포로들은 귀족이나 병사에게 노비로 지급하였다.

② **수취체제의 정비** … 노동력의 크기로 호를 나누어 곡물·포·특산물 등을 징수하고 15세 이상 남자의 노동력을 징발하였다.

③ **농민경제의 안정책** … 철제 농기구를 보급하고, 우경이나 황무지의 개간을 권장하였으며, 저수지를 축조하였다.

④ **수공업** … 노비들이 무기나 장신구를 생산하였으며, 수공업 생산을 담당하는 관청을 설치하였다.

⑤ **상업** … 도시에 시장이 형성되었으며, 시장을 감독하는 관청을 설치하였다.

⑥ **국제무역** … 왕실과 귀족의 수요품을 중심으로 공무역의 형태로 이루어졌다. 고구려는 남북조와 북방민족을 대상으로 하였으며 백제는 남중국, 왜와 무역하였고 신라는 한강 확보 이전에는 고구려, 백제와 교류하였으나 한강 확보 이후에는 당항성을 통하여 중국과 직접 교역하였다.

(2) 경제생활

① **귀족의 경제생활** … 자신이 소유한 토지와 노비, 국가에서 지급받은 녹읍과 식읍을 바탕으로 생활하였으며, 귀족은 농민의 지배가 가능하였고, 기와집, 창고, 마구간, 우물, 주방을 설치하여 생활하였다.

② **농민의 경제생활** … 자기 소유의 토지(민전)나 남의 토지를 빌려 경작하였으며, 우경이 확대되었다. 그러나 수취의 과중한 부담으로 생활개선을 위해 농사기술을 개발하고 경작지를 개간하였다.

❷ 남북국시대의 경제적 변화

(1) 통일신라의 경제정책

① 수취체제의 변화
- ㉠ 조세 : 생산량의 10분의 1 정도를 수취하였다.
- ㉡ 공물 : 촌락 단위로 그 지역의 특산물을 징수하였다.
- ㉢ 역 : 군역과 요역으로 이루어져 있었으며, 16 ~ 60세의 남자를 대상으로 하였다.

② 민정문서
- ㉠ 작성 : 정부가 농민에 대한 조세와 요역 부과 자료의 목적으로 작성한 것으로 추정되며, 자연촌 단위로 매년 변동사항을 조사하여 3년마다 촌주가 작성하였다. 토지의 귀속관계에 따라 연수유전답, 촌주위답, 관모전답, 내시령답, 마전 등으로 분류되어 있다.
- ㉡ 인구조사 : 남녀별, 연령별로 6등급으로 조사하였다. 양인과 노비, 남자와 여자로 나누어 기재되어 있다.
- ㉢ 호구조사 : 9등급으로 구분하였다.

③ 토지제도의 변화
- ㉠ 관료전 지급(신문왕) : 식읍을 제한하고, 녹읍을 폐지하였으며 관료전을 지급하였다.
- ㉡ 정전 지급(성덕왕) : 왕토사상에 의거 백성에게 정전을 지급하고, 구휼정책을 강화하였다.
- ㉢ 녹읍 부활(경덕왕) : 녹읍제가 부활되고 관료전이 폐지되었다.

(2) 통일신라의 경제

① 경제 발달
- ㉠ 경제력의 성장
  - 중앙 : 동시(지증왕) 외에 서시와 남시(효소왕)가 설치되었다.
  - 지방 : 지방의 중심지나 교통의 요지에서 물물교환이 이루어졌다.
- ㉡ 무역의 발달
  - 대당 무역 : 나·당전쟁 이후 8세기 초(성덕왕)에 양국관계가 재개되면서 공무역과 사무역이 발달하였다. 수출품은 명주와 베, 해표피, 삼, 금·은세공품 등이었고 수입품은 비단과 책 및 귀족들이 필요로 하는 사치품이었다.
  - 대일 무역 : 초기에는 무역을 제한하였으나, 8세기 이후에는 무역이 활발하였다.
  - 국제무역 : 이슬람 상인이 울산을 내왕하였다.
  - 청해진 설치 : 장보고가 해적을 소탕하였고 남해와 황해의 해상무역권을 장악하여 당, 일본과의 무역을 독점하였다.

② 귀족의 경제생활
- ㉠ **귀족의 경제적 기반** : 녹읍과 식읍을 통해 농민을 지배하여 조세와 공물을 징수하고 노동력을 동원하였으며, 국가에서 지급한 것 외에도 세습토지, 노비, 목장, 섬을 소유하기도 하였다.
- ㉡ **귀족의 일상생활** : 사치품(비단, 양탄자, 유리그릇, 귀금속)을 사용하였으며 경주 근처의 호화주택과 별장을 소유하였다(안압지, 포석정 등).

③ 농민의 경제생활
- ㉠ **수취의 부담** : 전세는 생산량의 10분의 1 정도를 징수하였으나, 삼베·명주실·과실류를 바쳤고, 부역이 많아 농사에 지장을 초래하였다.
- ㉡ **농토의 상실** : 8세기 후반 귀족이나 호족의 토지 소유 확대로 토지를 빼앗겨 남의 토지를 빌려 경작하거나 노비로 자신을 팔거나, 유랑민이나 도적이 되기도 하였다.
- ㉢ **향·부곡민** : 농민보다 많은 부담을 가졌다.
- ㉣ **노비** : 왕실, 관청, 귀족, 사원(절) 등에 소속되어 물품을 제작하거나, 일용 잡무 및 경작에 동원되었다.

(3) 발해의 경제 발달

① **수취제도**
- ㉠ **조세** : 조·콩·보리 등의 곡물을 징수하였다.
- ㉡ **공물** : 베·명주·가죽 등 특산물을 징수하였다.
- ㉢ **부역** : 궁궐·관청 등의 건축에 농민이 동원되었다.

② **귀족경제의 발달** … 대토지를 소유하였으며, 당으로부터 비단과 서적을 수입하였다.

③ **농업** … 밭농사가 중심이 되었으며 일부지역에서 철제 농기구를 사용하고, 수리시설을 확충하여 논농사를 하기도 하였다.

④ **목축·수렵·어업** … 돼지·말·소·양을 사육하고, 모피·녹용·사향을 생산 및 수출하였으며 고기잡이도구를 개량하고, 숭어, 문어, 대게, 고래 등을 잡았다.

⑤ **수공업** … 금속가공업(철, 구리, 금, 은), 직물업(삼베, 명주, 비단), 도자기업 등이 발달하였다.

⑥ **상업** … 도시와 교통요충지에 상업이 발달하고, 현물과 화폐를 주로 사용하였으며, 외국 화폐가 유통되기도 하였다.

⑦ **무역** … 당, 신라, 거란, 일본 등과 무역하였다.
- ㉠ **대당 무역** : 산둥반도의 덩저우에 발해관을 설치하였으며, 수출품은 토산품과 수공업품(모피, 인삼, 불상, 자기), 수입품은 귀족들의 수요품인 비단, 책 등이었다.
- ㉡ **대일 무역** : 일본과의 외교관계를 중시하여 활발한 무역활동을 전개하였다.
- ㉢ **신라와의 관계** : 필요에 따라 사신이 교환되고 소극적인 경제, 문화 교류를 하였다.

02 중세의 경제

❶ 경제 정책

(1) 전시과 제도

① **전시과 제도의 특징** … 토지소유권은 국유를 원칙으로 하나 사유지가 인정되었다. 수조권에 따라 공·사전을 구분하여 수조권이 국가에 있으면 공전, 개인·사원에 속해 있으면 사전이라 하였으며, 경작권은 농민과 외거노비에게 있었다. 관직 복무와 직역에 대한 대가로 지급되었기 때문에 세습이 허용되지 않았다.

② **토지제도의 정비과정**
- ㉠ **역분전(태조)** : 후삼국 통일과정에서 공을 세운 사람들에게 충성도와 인품에 따라 경기지방에 한하여 지급하였다.
- ㉡ **시정전시과(경종)** : 관직의 높고 낮음과 함께 인품을 반영하여 역분전의 성격을 벗어나지 못하였고 전국적 규모로 정비되었다.
- ㉢ **개정전시과(목종)** : 관직만을 고려하여 지급하는 기준안을 마련하고, 지급량도 재조정하였으며, 문관이 우대되었고 군인전도 전시과에 규정하였다.
- ㉣ **경정전시과(문종)** : 현직 관리에게만 지급하고, 무신에 대한 차별대우가 시정되었다.
- ㉤ **녹과전(원종)** : 무신정변으로 전시과 체제가 완전히 붕괴되면서 관리의 생계 보장을 위해 지급하였다.
- ㉥ **과전법(공양왕)** : 권문세족의 토지를 몰수하여 공전에 편입하고 경기도에 한해 과전을 지급하였다. 이로써 신진사대부의 경제적 토대가 마련되었다.
- ㉦ **공음전** : 5품 이상의 고위 관리에게 지급한 토지로, 자손에게 세습이 가능하였으며, 귀족 경제의 특징이 반영되었다.

(2) 토지의 소유

고려는 국가에 봉사하는 대가로 관료에게 전지와 시지를 차등있게 나누어 주는 전시과와 개인 소유의 토지인 민전을 근간으로 운영하였다.

❷ 경제활동

(1) 귀족의 경제생활

대대로 상속받은 토지와 노비, 과전과 녹봉 등이 기반이 되었으며 노비에게 경작시키거나 소작을 주어 생산량의 2분의 1을 징수하고, 외거노비에게 신공으로 매년 베나 곡식을 징수하였다.

(2) 농민의 경제생활

민전을 경작하거나, 국유지나 공유지 또는 다른 사람의 토지를 경작하여 품팔이를 하거나, 가내 수공업에 종사하였다. 삼경법이 일반화되었고 시비법의 발달, 윤작의 보급 및 이앙법이 남부지방에서 유행하였다.

(3) 수공업자의 활동

① **관청수공업** ⋯ 공장안에 등록된 수공업자와 농민 부역으로 운영되었으며, 주로 무기, 가구, 세공품, 견직물, 마구류 등을 제조하였다.

② **소(所)수공업** ⋯ 금, 은, 철, 구리, 실, 각종 옷감, 종이, 먹, 차, 생강 등을 생산하여 공물로 납부하였다.

③ **사원수공업** ⋯ 베, 모시, 기와, 술, 소금 등을 생산하였다.

④ **민간수공업** ⋯ 농촌의 가내수공업이 중심이 되었으며(삼베, 모시, 명주 생산), 후기에는 관청수공업에서 제조하던 물품(놋그릇, 도자기 등)을 생산하였다.

(4) 상업활동

① **도시의 상업활동** ⋯ 개경, 서경(평양), 동경(경주) 등 대도시에 서적점, 약점, 주점, 다점 등의 관영상점이 설치되었고 비정기 시장도 활성화되었으며 물가조절 기구인 경사서가 설치되었다.

② **지방의 상업활동** ⋯ 관아 근처에서 쌀이나 베를 교환할 수 있는 시장이 열렸으며 행상들의 활동도 두드러졌다.

③ **사원의 상업활동** ⋯ 소유하고 있는 토지에서 생산한 곡물과 승려나 노비들이 만든 수공업품을 민간에 판매하였다.

④ **고려 후기의 상업활동** ⋯ 벽란도가 교통로와 산업의 중심지로 발달하였고, 국가의 재정수입을 늘리기 위하여 소금의 전매제가 실시되었으며, 관청 · 관리 등은 농민에게 물품을 강매하거나, 조세를 대납하게 하였다.

(5) 화폐 주조와 고리대의 유행

① **화폐 주조 및 고리대의 성행** ⋯ 자급자족적 경제구조로 유통이 부진하였고 곡식이나 삼베가 유통의 매개가 되었으며, 장생고라는 서민금융기관을 통해 사원과 귀족들은 폭리를 취하여 부를 확대하였는데, 이로 인하여 농민은 토지를 상실하거나 노비가 되기도 하였다.

② **보(寶)** ⋯ 일정한 기금을 조성하여 그 이자를 공적인 사업의 경비로 충당하는 것을 말한다.
   ㉠ **학보**(태조) : 학교 재단
   ㉡ **광학보**(정종) : 승려를 위한 장학재단
   ㉢ **경보**(정종) : 불경 간행
   ㉣ **팔관보**(문종) : 팔관회 경비
   ㉤ **제위보**(광종) : 빈민 구제
   ㉥ **금종보** : 현화사 범종주조 기금

(6) 무역활동

① 공무역을 중심으로 발전하였으며, 벽란도가 국제무역항으로 번성하게 되었다.

② 고려는 문화적·경제적 목적으로, 송은 정치적·군사적 목적으로 친선관계를 유지하였으며 거란, 여진과는 은과 농기구, 식량을 교역하였다. 일본과는 11세기 후반부터 김해에서 내왕하면서 수은·유황 등을 가지고 와서 식량·인삼·서적 등과 바꾸어 갔으며, 아라비아(대식국)는 송을 거쳐 고려에 들어와 수은·향료·산호 등을 판매하였다. 또한 이 시기에 고려의 이름이 서방에 알려졌다.

③ **원 간섭기의 무역** … 공무역이 행해지는 한편 사무역이 다시 활발해졌고, 상인들이 독자적으로 원과 교역하면서 금, 은, 소, 말 등이 지나치게 유출되어 사회적으로 물의가 일어날 정도였다.

03 근세의 경제

❶ 경제정책

(1) 과전법의 시행과 변화

① **과전법의 시행** … 국가의 재정기반과 신진사대부세력의 경제기반을 확보하기 위해 시행되었는데, 경기지방의 토지에 한정되었고 과전을 받은 사람이 죽거나 반역을 한 경우에는 국가에 반환되었으며 토지의 일부는 수신전, 휼양전, 공신전 형태로 세습이 가능하였다.

② **과전법의 변화** … 토지가 세습되자 신진관리에게 나누어 줄 토지가 부족하게 되었다.
　ⓐ **직전법**(세조) : 현직 관리에게만 수조권을 지급하였고 수신전과 휼양전을 폐지하였다.
　ⓑ **관수관급제**(성종) : 관청에서 수조권을 행사하고, 관리에게 지급하여 국가의 지배권이 강화하였다.
　ⓒ **직전법의 폐지**(16세기 중엽) : 수조권 지급제도가 없어졌다.

③ **지주제의 확산** … 직전법이 소멸되면서 고위층 양반들이나 지방 토호들은 토지 소유를 늘리기 시작하여 지주전호제가 일반화되고 병작반수제가 생겼다.

(2) 수취체제의 확립

① 조세 … 토지 소유자의 부담이었으나 지주들은 소작농에게 대신 납부하도록 강요하는 경우가 많았다.

　㉠ 과전법 : 수확량의 10분의 1을 징수하고, 매년 풍흉에 따라 납부액을 조정하였다.

　㉡ 전분6등법 · 연분9등법(세종) : 1결당 최고 20두에서 최하 4두를 징수하였다.

　　• 전분6등법

　　－토지를 비옥한 정도에 따라 6등급으로 나누고 그에 따라 1결의 면적을 달리하였다.

　　－모든 토지는 20년마다 측량하여 대장을 만들어 호조, 각도, 각 고을에 보관하였다.

　　• 연분9등법

　　－한 해의 풍흉에 따라 9등급으로 구분하였다.

　　－작황의 풍흉에 따라 1결당 최고 20두에서 최하 4두까지 차등을 두었다.

　㉢ 조세 운송 : 군현에서 거둔 조세는 조창(수운창 · 해운창)을 거쳐 경창(용산 · 서강)으로 운송하였으며, 평안도와 함경도의 조세는 군사비와 사신접대비로 사용하였다.

② 공납 … 중앙관청에서 각 지역의 토산물을 조사해서 군현에 물품과 액수를 할당하여 징수하는 것으로, 납부 기준에 맞는 품질과 수량을 맞추기 어려워 농민들의 부담이 컸다.

③ 역 … 16세 이상의 정남에게 의무가 있다.

　㉠ 군역 : 정군은 일정 기간 군사복무를 위하여 교대로 근무했으며, 보인은 정군이 복무하는 데에 드는 비용을 보조하였다. 양반, 서리, 향리는 군역이 면제되었다.

　㉡ 요역 : 가호를 기준으로 정남의 수를 고려하여 뽑았으며, 각종 공사에 동원되었다. 토지 8결당 1인이 동원되었고, 1년에 6일 이내로 동원할 수 있는 날을 제한하였으나 임의로 징발하는 경우도 많았다.

④ 국가재정 … 세입은 조세, 공물, 역 이외에 염전, 광산, 산림, 어장, 상인, 수공업자의 세금으로 마련하였으며, 세출은 군량미나 구휼미로 비축하고 왕실경비, 공공행사비, 관리의 녹봉, 군량미, 빈민구제비, 의료비 등으로 지출하였다.

❷ 양반과 평민의 경제활동

(1) 양반 지주의 생활

농장은 노비의 경작과 주변 농민들의 병작반수의 소작으로 행해졌으며, 노비는 재산의 한 형태로 구매, 소유 노비의 출산 및 혼인으로 확보되었고, 외거노비는 주인의 땅을 경작 및 관리하고 신공을 납부하였다.

(2) 농민생활의 변화

① 농업기술의 발달

　㉠ 밭농사 : 조 · 보리 · 콩의 2년 3작이 널리 행해졌다.

ⓛ **논농사** : 남부지방에 모내기 보급과 벼와 보리의 이모작으로 생산량이 증가되었다.

ⓒ **시비법** : 밑거름과 덧거름을 주어 휴경제도가 거의 사라졌다.

ⓔ **농기구** : 쟁기, 낫, 호미 등의 농기구도 개량되었다.

ⓜ **수리시설의 확충**

② **상품 재배** … 목화 재배가 확대되어 의생활이 개선되었고, 약초와 과수 재배가 확대되었다.

(3) 수공업 생산활동

① **관영수공업** … 관장은 국역으로 의류, 활자, 화약, 무기, 문방구, 그릇 등을 제작하여 공급하였고, 국역기간 이 끝나면 자유로이 필수품을 제작하여 판매할 수 있었다.

② **민영수공업** … 농기구 등 물품을 제작하거나, 양반의 사치품을 생산하는 일을 맡았다.

③ **가내수공업** … 자급자족 형태로 생활필수품을 생산하였다.

(4) 상업활동

① **시전 상인** … 왕실이나 관청에 물품을 공급하는 특정 상품의 독점판매권(금난전권)을 획득하였으며, 육의전 (시전 중 명주, 종이, 어물, 모시, 삼베, 무명을 파는 점포)이 번성하였다. 또한 경시서를 설치하여 불법적 인 상행위를 통제하였고 도량형을 검사하고 물가를 조절하였다.

② **장시** … 서울 근교와 지방에서 농업생산력 발달에 힘입어 정기 시장으로 정착되었으며, 보부상이 판매와 유 통을 주도하였다.

③ **화폐** … 저화(태종, 조선 최초의 지폐)와 조선통보(세종)를 발행하였으나 유통이 부진하였다. 농민에겐 쌀과 무명이 화폐역할을 하였다.

④ **대외무역** … 명과는 공무역과 사무역을 허용하였으며, 여진과는 국경지역의 무역소를 통해 교역하였고 일본 과는 동래에 설치한 왜관을 통해 무역하였다.

(5) 수취제도의 문란

① **공납의 폐단 발생** … 중앙관청의 서리들이 공물을 대신 납부하고 수수료를 징수하는 것을 방납이라 하는데, 방납이 증가할수록 농민의 부담이 증가되었다. 이에 이이 · 유성룡은 공물을 쌀로 걷는 수미법을 주장하였다.

② **군역의 변질**

ⓖ **군역의 요역화** : 농민 대신에 군인을 각종 토목공사에 동원하게 되어 군역을 기피하게 되었다.

ⓛ **대립제** : 보인들에게서 받은 조역가로 사람을 사서 군역을 대신시키는 현상이다.

ⓒ **군적수포제** : 장정에게 군포를 받아 그 수입으로 군대를 양성하는 직업군인제로서 군대의 질이 떨어지고, 모병제화되었으며 농민의 부담이 가중되는 결과를 낳았다.

③ 환곡 … 농민에게 곡물을 빌려 주고 10분의 1 정도의 이자를 거두는 제도로서, 지방 수령과 향리들이 정한 이자보다 많이 징수하는 폐단을 낳았다.

04 경제상황의 변동

❶ 수취체제의 개편

(1) 영정법의 실시(1635)

① 배경 … 15세기의 전분 6등급과 연분 9등급은 매우 번잡하여 제대로 운영되지 않았고, 16세기에는 아예 무시된 채 최저율의 세액이 적용되게 되었다.

② 내용 … 풍흉에 관계 없이 전세로 토지 1결당 미곡 4두를 징수하였다.

③ 결과 … 전세율은 이전보다 감소하였으나 여러 명목의 비용을 함께 징수하여 농민의 부담은 다시 증가하였으며 또한 지주전호제하의 전호들에겐 적용되지 않았다.

(2) 공납의 전세화

① 방납의 폐단을 시정하고 농민의 토지 이탈을 방지하기 위해서 대동법을 실시하였다. 과세기준이 종전의 가호에서 토지의 결 수로 바뀌어 농민의 부담이 감소하였다.

② 영향 … 공인의 등장, 농민부담의 경감, 장시와 상공업의 발달, 상업도시의 성장, 상품·화폐경제의 성장, 봉건적 양반사회의 붕괴 등에 영향을 미쳤으나 현물 징수는 여전히 존속하였다.

③ 의의 … 종래의 현물 징수가 미곡, 포목, 전화 등으로 대체됨으로써 조세의 금납화 및 공납의 전세화가 이루어졌다.

(3) 균역법의 시행

① 균역법의 실시 … 농민 1인당 1년에 군포 1필을 부담하였으며 지주에게는 결작으로 1결당 미곡 2두를 징수하였다. 일부 상류층에게 선무군관이라는 칭호를 주고 군포 1필을 징수하였으며 어장세, 선박세 등 잡세 수입으로 부족분을 보충하였다.

② 결과 … 농민의 부담은 일시적으로 경감하였지만 농민에게 결작의 부담이 강요되었고 군적의 문란으로 농민의 부담이 다시 가중되었다.

❷ 서민경제의 발전

(1) 양반 지주의 경영 변화
상품화폐경제의 발달로 소작인의 소작권을 인정하고 소작료 인하 및 소작료를 일정액으로 정하는 추세가 등장하게 되었으며, 토지 매입 및 고리대로 부를 축적하거나 경제 변동에 적응하지 못한 양반이 등장하게 되었다.

(2) 농민경제의 변화
① **모내기법의 확대** … 이모작으로 인해 광작이 성행하였고, 농민의 일부는 부농으로 성장하였다.

② **상품작물의 재배** … 장시가 증가하여 상품의 유통(쌀, 면화, 채소, 담배, 약초 등)이 활발해졌다.

③ **소작권의 변화** … 소작료가 타조법에서 도조법으로 변화하였고, 곡물이나 화폐로 지불하였다.

④ **몰락 농민의 증가** … 부세의 부담, 고리채의 이용, 관혼상제의 비용 부담 등으로 소작지를 잃은 농민은 도시에서 상공업에 종사하거나, 광산이나 포구의 임노동자로 전환되었다.

(3) 민영수공업의 발달
① **민영수공업** … 관영수공업이 쇠퇴하고 민영수공업이 증가하였다.

② **농촌수공업** … 전문적으로 수공업제품을 생산하는 농가가 등장하여 옷감과 그릇을 생산하였다.

③ **수공업 형태의 변화** … 상인이나 공인으로부터 자금이나 원료를 미리 받고 제품을 생산하는 선대제수공업이나 독자적으로 제품을 생산하고 판매하는 독립수공업의 형태로 변화하였다.

(4) 민영 광산의 증가
① **광산 개발의 증가** … 민영수공업의 발달로 광물의 수요 증가, 대청 무역으로 은의 수요 증가, 상업자본의 채굴과 금광 투자가 증가하고, 잠채가 성행하였다.

② **조선 후기의 광업** … 덕대가 상인 물주로부터 자본을 조달받아 채굴업자와 채굴노동자, 제련노동자 등을 고용하여 분업에 토대를 둔 협업으로 운영하였다.

❸ 상품화폐경제의 발달

(1) 사상의 대두

① **상품화폐경제의 발달** ⋯ 농민의 계층 분화로 도시유입인구가 증가되어 상업활동은 더욱 활발해졌으며 이는 공인과 사상이 주도하였다.

② **사상의 성장** ⋯ 초기의 사상은 농촌에서 도시로 유입된 인구의 일부가 상업으로 생계를 유지하여 시전에서 물건을 떼어다 파는 중도아(中都兒)가 되었다가, 17세기 후반에는 시전상인과 공인이 상업활동에서 활기를 띠자 난전이라 불리는 사상들도 성장하였고 시전과 대립하였다. 이후 18세기 말, 정부는 육의전을 제외한 나머지 시전의 금난전권을 폐지하였다.

(2) 장시의 발달

① 15세기 말 개설되기 시작한 장시는 18세기 중엽 전국에 1,000여개 소가 개설되었으며, 보통 5일마다 열렸는데 일부 장시는 상설 시장이 되기도 하였으며, 인근의 장시와 연계하여 하나의 지역적 시장권을 형성하였다.

② **보부상의 활동** ⋯ 농촌의 장시를 하나의 유통망으로 연결하여 생산자와 소비자를 이어주는 데 큰 역할을 하였고, 자신들의 이익을 지키기 위하여 보부상단 조합을 결성하였다.

(3) 포구에서의 상업활동

① **포구의 성장**
　　㉠ 수로 운송 : 도로와 수레가 발달하지 못하여 육로보다 수로를 이용하였다.
　　㉡ 포구의 역할 변화 : 세곡과 소작료 운송기지에서 상업의 중심지로 성장하였다.
　　㉢ 선상, 객주, 여각 : 포구를 거점으로 상행위를 하는 상인이 등장했다.

② **상업활동**
　　㉠ 선상 : 선박을 이용하여 포구에서 물품을 유통하였다.
　　㉡ 경강상인 : 대표적인 선상으로 한강을 근거지로 소금, 어물과 같은 물품의 운송과 판매를 장악하여 부를 축적하였고, 선박의 건조 등 생산분야에까지 진출하였다.
　　㉢ 객주, 여각 : 선상의 상품매매를 중개하거나, 운송 · 보관 · 숙박 · 금융 등의 영업을 하였다.

(4) 중계무역의 발달

① **대청 무역** ⋯ 7세기 중엽부터 활기를 띠었으며, 공무역에는 중강개시, 회령개시, 경원개시 등이 있고, 사무역에는 중강후시, 책문후시, 회동관후시, 단련사후시 등이 있었다. 주로 수입품은 비단, 약재, 문방구 등이며 수출품은 은, 종이, 무명, 인삼 등이었다.

② **대일 무역** … 왜관개시를 통한 공무역이 활발하게 이루어졌고 조공무역이 이루어졌다. 조선은 수입한 물품들을 일본에게 넘겨 주는 중계무역을 하고 일본으로부터 은, 구리, 황, 후추 등을 수입하였다.

③ **상인들의 무역활동** … 의주의 만상, 동래의 내상, 개성의 송상 등이 있다.

(5) 화폐 유통

① **화폐의 보급** … 인조 때 동전이 주조되어 개성을 중심으로 유통되다가 효종 때 널리 유통되었다. 18세기 후반에는 세금과 소작료도 동전으로 대납이 가능해졌다.

② **동전 부족**(전황) … 지주, 대상인이 화폐를 고리대나 재산 축적에 이용하자 전황이 생겨 이익은 폐전론을 주장하기도 하였다.

③ **신용화폐의 등장** … 상품화폐경제의 진전과 상업자본의 성장으로 대규모 상거래에 환·어음 등의 신용화폐를 이용하였다.

≣ 최근 기출문제 분석 ≣

2022 지방직 간호8급

1 다음 정책을 추진한 통일 신라 시대의 국왕은?

> ○ 관료전을 폐지하고 녹읍을 부활하였다.
> ○ 국학을 태학감으로 고치고 유교 경전을 가르쳤다.

① 경덕왕   ② 원성왕

③ 문무왕   ④ 진성여왕

> **TIP** 제시문의 왕은 신라 경덕왕이다. 신라의 삼국통일 이후 신문왕 대에는 중앙집권체제를 강화하면서 녹읍 폐지, 관료전 지급 등을 통해 왕권을 강화하였다. 하지만 경덕왕 때는 귀족의 권한이 강화되면서 녹읍을 부활시키고, 국학을 태학감으로 고쳐 유교 경전을 교육하였다.

2022 지방직 간호8급

2 다음 제도에 대한 설명으로 옳지 않은 것은?

> 국가는 문무 관리로부터 군인, 한인에 이르기까지 18등급으로 나누어 곡물을 수취할 수 있는 전지와 땔감을 얻을 수 있는 시지를 주었다.

① 경종, 목종, 문종 대를 거치면서 제도가 정비되었다.

② 관원들과 향리 등에게 전지의 소유권을 지급하였다.

③ 군인전은 군역이 세습됨에 따라 자손에게 세습되었다.

④ 관리들에게 줄 토지가 부족해지면서 전지의 지급량이 점차 축소되었다.

> **TIP** 제시문은 고려 시대에 시행된 전시과 체제로, 관직이나 직역에 대한 반대 급부로 전지(농지)와 시지(임야)의 수조권을 지급하는 제도이다. 전시과는 시정전시과(경종), 개정전시과(목종), 경정전시과(문종)를 거치면서 정비되었으며, 직업군인에게는 군역의 대가로 군인전을 지급하고 군역 세습 시 군인전은 자손에게 세습되었다. 최초에는 관품과 인품을 기준으로 차등 있게 지급(시정전시과) 하였으나, 개정전시과에서는 인품이 사라지고 관직을 기준으로 지급하였다. 이후 경정전시과에서는 현직 관리 위주로 지급하며 지급량을 축소하였다.
> ② 전시과는 전지와 시지에 대한 수조권을 지급하였다.

Answer   1.①   2.②

3 다음 주장을 한 실학자가 쓴 책은?

> 토지를 겸병하는 자라고 해서 어찌 진정으로 빈민을 못살게 굴고 나라의 정치를 해치려고 했겠습니까? 근본을 다스리고자 하는 자라면 역시 부호를 심하게 책망할 것이 아니라 관련 법제가 세워지지 않은 것을 걱정해야 할 것입니다. … (중략) … 진실로 토지의 소유를 제한하는 법령을 세워, "어느 해 어느 달 이후로는 제한된 면적을 초과해 소유한 자는 더는 토지를 점하지 못한다. 이 법령이 시행되기 이전부터 소유한 것에 대해서는 아무리 광대한 면적이라 해도 불문에 부친다. 자손에게 분급해 주는 것은 허락한다. 만약에 사실대로 고하지 않고 숨기거나 법령을 공포한 이후에 제한을 넘어 더 점한 자는 백성이 적발하면 백성에게 주고, 관(官)에서 적발하면 몰수한다."라고 하면, 수십 년이 못 가서 전국의 토지 소유는 균등하게 될 것입니다.

① 반계수록
② 성호사설
③ 열하일기
④ 목민심서

TIP 제시문은 양반 지주 세력의 토지 겸병의 문제를 지적하고 토지 소유 상한선을 정해야 한다고 주장한 박지원의 '한전론'이다. 박지원은 조선 후기의 대표적인 실학자로 〈열하일기〉, 〈과농소초〉, 〈연암집〉, 〈호질〉, 〈허생전〉 등 많은 저서를 남겼으며, 그 중 〈열하일기〉는 청의 문물을 견학한 후에 작성한 기록이다. 한편 조선 후기 '한전론'을 주장한 실학자는 박지원 뿐만 아니라 이익도 있었는데, 이익은 영업전을 설정하여 '한전론'을 주장했다.
① 유형원
② 이익
④ 정약용

Answer 3.③

4 밑줄 친 '이 나라'의 경제 상황에 대한 설명으로 옳지 않은 것은?

> 이 나라에는 관리에게 정해진 면적의 토지에서 조세를 거둘 수 있는 권리를 나누어주는 전시과라는 제도가 있었다. 농민은 소를 이용해 깊이갈이를 하기도 했으며, 시비법의 발달로 휴경지가 점차 줄어들었다. 밭농사는 2년 3작의 윤작법이 점차 보급되었다. 이 나라의 말기에는 직파법 대신 이앙법이 남부 지방 일부에 보급될 정도로 논농사에 변화가 나타났다. 또한 이암에 의해 중국 농서인 『농상집요』도 소개되었다.

① 재정을 운영하는 관청으로 삼사를 두었다.
② 공물 부과 기준이 가호에서 토지로 바뀌었다.
③ 생산량의 10분의 1에 해당하는 조세를 거두었다.
④ '소'라는 행정구역의 주민이 국가에서 필요로 하는 물품을 생산하였다.

TIP 전시과 체제는 고려시대의 토지 제도이다. 또한 고려 말기에는 이암이 〈농상집요〉에서 원의 농법을 소개하였으며, 농법도 점차 발달하여 심경법과 시비법의 발달, 2년 3작의 윤작법 보급, 남부 일부 지방에서는 이앙법이 보급되기도 하였다.
② 공물 부과 기준이 가호에서 토지로 바뀐 것은 조선 후기 대동법 시행 이후이다.
① 고려 시대에는 전납의 출납, 회계를 담당하는 기구로 삼사가 있었다.
③ 고려 시대 조세 수취 기준은 생산량의 10분의 1이었다.
④ 고려 시대에는 일반행정구역과 다른 '향, 부곡, 소'라는 특수행정구역이 존재했고 일반 주현보다 더 많은 조세를 부담하였다.

Answer 4.②

5 〈보기〉와 같은 주장을 편 인물에 대한 설명으로 가장 옳은 것은?

───────── 〈보기〉 ─────────

토지 소유를 제한하는 법령을 세우십시오. 모년 모월이후부터 제한된 토지보다 많은 자는 더 가질 수 없고, 그 법령 이전부터 소유한 것은 비록 광대한 면적이라 해도 불문에 부치며, 그 자손에게 분급해 주는 것은 허락하고, 혹시 사실대로 하지 않고 숨기거나 법령 이후에 제한을 넘어 더 점유한 자는 백성이 적발하면 백성에게 주고, 관아에서 적발하면 관아에서 몰수하십시오. 이렇게 한다면 수십 년이 못 가서 전국의 토지는 균등하게 될 것입니다.

– 『한민명전의』 –

① 『북학의』를 저술하여 청 문물의 수용을 역설하였다.
② 「양반전」, 「호질」 등을 지어 놀고먹는 양반을 비판하였다.
③ 화폐 제도의 문제점을 지적하며 폐전론을 주장하였다.
④ 마을 단위로 토지를 공동 경작하여 분배할 것을 제안하였다.

TIP 제시문의 인물은 조선 후기 실학자 박지원이다. 그는 〈한민명전의〉에서 조선 후기 지주전호제에 의한 양반 지주들의 토지 겸병으로 인하여 농민들의 삶이 불안정하다는 점을 인지하고 이의 문제점을 개선하기 위하여 한전론(限田論)을 제시하였다. 즉 토지 소유의 상한선을 정하고 상한선 이상의 토지 거래를 금지하여 토지 겸병의 폐단을 막고자 하였으나, 하한선을 제시하지 않았다는 한계점이 있다.
② 박지원은 〈양반전〉, 〈호질〉, 〈열하일기〉 등을 저술하였다.
① 박제가
③ 이익
④ 정약용

Answer 5.②

6 밑줄 친 '이 농법'에 대한 설명으로 옳은 것만을 모두 고르면?

> 대개 <u>이 농법</u>을 귀중하게 여기는 이유는 다음과 같다. 두 땅의 힘으로 하나의 모를 서로 기르는 것이고, … (중략) … 옛 흙을 떠나 새 흙으로 가서 고갱이를 씻어 내어 더러운 것을 제거하는 것이다. 무릇 벼를 심는 논에는 물을 끌어들일 수 있는 하천이나 물을 댈 수 있는 저수지가 꼭 필요하다. 이러한 것이 없다면 볏논이 아니다.
>
> — 『임원경제지』 —

> ㉠ 세종 때 편찬된 『농사직설』에도 등장한다.
> ㉡ 고랑에 작물을 심도록 하였다.
> ㉢ 『경국대전』의 수령칠사 항목에서도 강조되었다.
> ㉣ 직파법보다 풀 뽑는 노동력을 절약할 수 있었다.

① ㉠, ㉡   ② ㉠, ㉣

③ ㉡, ㉢   ④ ㉢, ㉣

TIP 밑줄 친 '이 농법'은 이앙법이다.
   ㉡ 이앙법은 못자리에서 모를 어느 정도 키운 다음에 그 모를 본논으로 옮겨 심는 재배방법이다. 고랑에 작물을 심도록 한 것은 조선시대의 실학자 박세당·서유구에 의하여 소개된 농법인 견종법이다.
   ㉢ 수령 7사의 내용은 농상성(農桑盛:농상을 성하게 함)·호구증(戶口增:호구를 늘림)·학교흥(學校興:학교를 일으킴)·군정수(軍政修:군정을 닦음)·부역균(賦役均:역의 부과를 균등하게 함)·사송간(詞訟簡:소송을 간명하게 함)·간활식(奸猾息:교활하고 간사한 버릇을 그치게 함)의 일곱 가지로, 이앙법에 대한 강조는 포함되어 있지 않다.

Answer 6.②

7 〈보기〉의 고려 토지제도 ㈎~㈑ 각각에 대한 설명으로 가장 옳지 않은 것은?

───── 〈보기〉 ─────

㈎ 조신(朝臣)이나 군사들의 관계(官階)를 따지지 않고 그 사람의 성품, 행동의 선악(善惡), 공로의 크고 작음을 보고 차등 있게 역분전을 지급하였다.

㈏ 경종 원년 11월에 비로소 직관(職官), 산관(散官)의 각 품(品)의 전시과를 제정하였다.

㈐ 목종 원년 12월에 양반 및 군인들의 전시과를 개정하였다.

㈑ 문종 30년에 양반전시과를 다시 개정하였다.

① ㈎ – 후삼국 통일 전쟁에 공이 있는 사람들에게 지급하였다.

② ㈏ – 인품을 반영하여 토지를 지급하였다.

③ ㈐ – 실직이 없는 산관은 토지 지급대상에서 제외되었다.

④ ㈑ – 현직 관리에게만 토지가 지급되고, 문·무관의 차별이 거의 사라졌다.

> **TIP** ㈎ 역분전(태조) : 고려 개국에 공을 세운 신하들에게 지급한 논공행상의 성격을 지닌 토지제도이다.
> ㈏ 시정전시과(경종) : 직관과 산관 모두에게 관품과 인품에 따라 전지와 시지를 차등 지급하였다.
> ㈐ 개정전시과(목종) : 직관과 산관 모두에게 관품을 기준으로 토지를 지급하였다. 인품은 사라졌다.
> ㈑ 경정전시과(문종) : 현직 관료 위주로 토지를 지급하였으며 무신에 대한 차별을 완화하였다.
> ③ 개정전시과 체제에서 산관은 여전히 토지를 지급받았으며, 경정전시과에서 산관에 대한 토지 지급은 소멸되었다.

8 조선 태종 대의 주요 정책에 대한 설명으로 가장 옳은 것은?

① 사섬서를 두어 지폐인 저화를 발행하였다.

② 상평통보를 발행하여 화폐경제를 촉진하였다.

③ 지계를 발급하여 토지소유권을 공고히 하였다.

④ 연분 9등법과 전분 6등법을 시행하여 조세제도를 개편하였다.

> **TIP** 조선 태종은 저화의 유통과 보급을 위해 사섬서를 설치하였다. 하지만 저화에 대한 백성들의 불신 때문에 제대로 유통되지 못하였고, 이후 조선통보(1425)가 발행되면서 저화의 유통량은 더욱 줄어들게 되었다.
> ② 숙종
> ③ 고종(대한제국 광무개혁)
> ④ 세종

Answer 7.③ 8.①

9 통일신라의 경제상황에 대한 설명으로 옳지 않은 것은?

① 왕경에 서시전과 남시전이 설치되었다.

② 어아주, 조하주 등 고급비단을 생산하여 당나라에 보냈다.

③ 촌락의 토지 결수, 인구 수, 소와 말의 수 등을 파악하였다.

④ 시비법과 이앙법 등의 발달로 농민층에서 광작이 성행하였다.

> **TIP** 시비법과 이앙법의 발달로 광작이 성행한 시기는 조선 후기이다. 광작의 유행은 농민층의 분화를 심화시켜 조선 후기 신분제를 동요시키는 계기가 되었다.

10 〈보기〉의 토지 개혁안을 주장한 조선 후기 실학자를 옳게 짝지은 것은?

─── 〈보기〉 ───

㉠ 지금 농사를 하고자 하는 사람은 토지를 얻고, 농사를 하지 않는 사람은 토지를 얻지 못하도록 한다. 즉 여전(閭田)의 법을 시행하면 나의 뜻을 이룰 수 있을 것이다. … 무릇 1여의 토지는 1여의 사람들로 하여금 공동으로 경작하게 하고, 내 땅 네 땅의 구분 없이 오직 여장의 명령만을 따른다. 매 사람마다의 노동량은 매일 여장이 장부에 기록한다. 가을이 되면 무릇 오곡의 수확물을 모두 여장의 집으로 보내어 그 식량을 분배한다. 먼저 국가에 바치는 공세를 제하고, 다음으로 여장의 녹봉을 제하며, 그 나머지를 날마다 일한 것을 기록한 장부에 의거하여 여민들에게 분배한다.

㉡ 국가는 마땅히 한 집의 재산을 헤아려 전(田) 몇 부(負)를 한정하여 1호(戶)의 영업전(永業田)을 삼기를 당나라의 조제(租制)처럼 해야 한다. 그렇다고 해서 많이 소유한 자의 것을 줄이거나 빼앗지 않고, 모자라게 소유한 자라고 해서 더 주지 않는다. 돈이 있어 사고자 하는 자는 비록 천백 결(結)이라도 모두 허가하고, 토지가 많아 팔고자 하는 자도 단지 영업전 몇 부 이외에는 역시 허가한다.

	㉠	㉡
①	정약용	이익
②	박지원	유형원
③	정약용	유형원
④	이익	박지원

> **TIP** ㉠은 정약용의 여전론, ㉡은 이익의 한전론이다. 정약용과 이익은 유형원과 더불어 조선 후기를 대표하는 중농주의 실학자들이다. 이들은 토지 개혁을 통한 민생 안정을 주장하였다. 정약용은 마을 단위로 토지의 공동 소유와 공동 분배를 주장하였다. 이익은 토지 소유의 하한선을 주장하며 영업전을 보장하여 이의 매매를 금지할 것을 주장하였다. 유형원은 토지 소유의 균등한 분배를 추구하는 균전론을 주장하였다.

Answer 9.④ 10.①

11 다음 상황이 나타난 시기에 볼 수 있는 모습으로 옳은 것은?

> 대외 무역이 발전하면서 예성강 어귀의 벽란도가 국제 무역항으로 번성했으며, 대식국(大食國)으로 불리던 아라비아 상인들도 들어와 수은·향료·산호 등을 팔았다.

① 해동통보와 은병(銀甁) 같은 화폐를 만들어 사용하였다.

② 인구·토지면적 등을 기록한 장적(帳籍, 촌락문서)이 작성되었다.

③ 개성의 송상은 전국에 송방(松房)이라는 지점을 개설해서 활동하였다.

④ 지방 장시의 객주와 여각은 상품의 매매뿐 아니라 숙박·창고·운송 업무까지 운영하였다.

TIP 제시된 내용은 고려 전기의 무역 상황이다. 고려 숙종대에는 화폐에 대하여 적극적인 정책을 채택하여 숙종 7년에는 해동통보 1만 5천 개를 발행하기도 하였다.
② 통일신라 ③④ 조선 후기

Answer 11.①

출제 예상 문제

1 ㈎ 시기에 볼 수 있는 장면으로 적절한 것은?

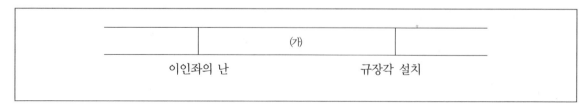

	㈎	
이인좌의 난		규장각 설치

① 당백전으로 물건을 사는 농민

② 금난전권 폐지를 반기는 상인

③ 전(錢)으로 결작을 납부하는 지주

④ 경기도에 대동법 실시를 명하는 국왕

TIP 이인좌의 난은 1728년에 일어났고 규장각은 1776년에 설치되었다.

③ 균역법은 영조 26년(1750)에 실시한 부세제도로 종래까지 군포 2필씩 징수하던 것을 1필로 감하고 그 세수의 감액분을 결미 (結米)·결전(結錢), 어(漁)·염(鹽)·선세(船稅), 병무군관포, 은·여결세, 이획 등으로 충당하였다.

① 당백전은 1866년(고종 3) 11월에 주조되어 약 6개월여 동안 유통되었던 화폐이다.

② 금난전권은 1791년 폐지(금지)되었다.

④ 대동법은 1608년(광해군 즉위년) 경기도에 처음 실시되었다.

Answer 1.③

2 통일신라시대 귀족경제의 변화를 말해주고 있는 밑줄 친 '이것'에 대한 설명으로 옳은 것은?

> 전제왕권이 강화되면서 신문왕 9년(689)에 이것을 폐지하였다. 이를 대신하여 조(租)의 수취만을 허락하는 관료전이 주어졌고, 한편 일정한 양의 곡식이 세조(歲租)로서 또한 주어졌다. 그러나 경덕왕 16년(757)에 이르러 다시 이것이 부활되는 변화과정을 겪었다.

① 이것이 폐지되자 전국의 모든 국토는 '왕토(王土)'라는 사상이 새롭게 나오게 되었다.
② 수급자가 토지로부터 조(租)를 받을 뿐 아니라, 그 지역의 주민을 노역(勞役)에 동원할 수 있었다.
③ 삼국통일 이후 국가에 큰 공을 세운 육두품 신분의 사람들에게 특별히 지급하였다.
④ 촌락에 거주하는 양인농민인 백정이 공동으로 경작하였다.

TIP ② 녹읍 : 신라 및 고려 초기 관리들에게 관직 복무의 대가로 일정 지역의 경제적 수취를 허용해 준 특정 지역이다.

3 다음에서 설명하는 제도가 시행되었던 왕대의 상황에 대한 설명으로 옳은 것은?

> 양인들의 군역에 대한 절목 등을 검토하고 유생의 의견을 들었으며, 개선 방향에 관한 면밀한 검토를 거친 후 담당 관청을 설치하고 본격적으로 시행하였다. 핵심 내용은 1년에 백성이 부담하는 군포 2필을 1필로 줄이는 것이었다.

① 증보문헌비고가 편찬, 간행되었다.
② 노론의 핵심 인물이 대거 처형당하였다.
③ 통공정책을 써서 금난전권을 폐지하였다.
④ 청계천을 준설하여 도시를 재정비하고자 하였다.

TIP 서문은 영조시대 백성에게 큰 부담이 된 군포제도를 개혁한 균역법에 대한 설명이다. 이 시대에는 도성의 중앙을 흐르는 청계천을 준설하는 준천사업을 추진하였고 1730년을 전후하여 서울인구가 급증하고 겨울용 땔감의 사용량이 증가하면서 서울 주변 산이 헐벗게 되고 이로 인하여 청계천에 토사가 퇴적되어 청계천이 범람하는 사건이 발생하였다.

Answer 2.② 3.④

4 고려시대의 경제 활동에 대한 설명으로 옳지 않은 것은?

① 전기에는 관청 수공업과 소 수공업 중심으로 발달하였다.

② 상업은 촌락을 중심으로 발달하였다.

③ 대외 무역에서 가장 큰 비중을 차지한 것은 송과의 무역이었다.

④ 사원에서는 베, 모시, 기와, 술, 소금 등의 품질 좋은 제품을 생산하였다.

TIP 고려시대에는 상품화폐경제가 발달하지 못하였고 상업은 촌락이 아니라 도시를 중심으로 발달하였다.

5 다음과 같은 문화 활동을 전후한 시기의 농업 기술 발달에 관한 내용으로 옳은 것을 모두 고르면?

• 서예에서 간결한 구양순체 대신에 우아한 송설체가 유행하였다.
• 고려 태조에서 숙종 대까지의 역대 임금의 치적을 정리한 「사략」이 편찬되었다.

ㄱ 2년 3작의 윤작법이 점차 보급되었다.
ㄴ 원의 「농상집요」가 소개되었다.
ㄷ 우경에 의한 심경법이 확대되었다.
ㄹ 상품 작물이 광범위하게 재배되었다.

---

① ㄱㄴ   ② ㄴㄷ

③ ㄱㄴㄷ   ④ ㄴㄷㄹ

TIP 구양순체는 고려 전기의 유행서체이며 송설체가 유행한 시기는 고려 후기에 해당한다. 또한 13세기 후반 성리학의 수용으로 대
의명분과 정통의식을 고수하는 성리학과 사관이 도입되었는데 이제현의 「사략」은 이 시기의 대표적인 역사서이다. 따라서 고려
후기의 농업 기술 발달에 관한 내용을 선택하여야 하며 상품작물이 광범위하게 재배된 것은 조선 후기의 특징에 해당하므로 제
외하여야 한다.

※ **고려 후기의 농업 발달**

ㄱ 밭농사에 2년 3작의 윤작법이 보급되었다.
ㄴ 원의 사농사에서 편찬한 화북지방의 농법 「농상집요」를 전통적인 것을 보다 더 발전시키려는 노력의 일단으로 소개 보급
하였다.
ㄷ 소를 이용한 심경법이 널리 보급되었다.

6 보기의 세 사람이 공통적으로 주장한 내용으로 옳은 것은?

• 유형원	• 이익	• 정약용

① 자영농을 육성하여 민생을 안정시키자고 주장하였다.
② 상공업의 진흥과 기술혁신을 주장하였다.
③ 개화기의 개화사상가들에 의해 계승되었다.
④ 농업부문에서 도시제도의 개혁보다는 생산력 증대를 중요시 하였다.

TIP 중농학파(경세치용)
ㄱ 농촌 거주의 남인학자들에 의해 발달
ㄴ 국가제도의 개편으로 유교적 이상국가의 건설을 주장
ㄷ 토지제도의 개혁을 강조하여 자영농의 육성과 농촌경제의 안정을 도모
ㄹ 대원군의 개혁정치, 한말의 애국계몽사상, 일제시대의 국학자들에게 영향

7 조선시대 토지제도에 대한 설명이다. 변천순서로 옳은 것은?

ㄱ 국가의 재정기반과 신진사대부세력의 경제기반을 확보하기 위해 시행되었다.
ㄴ 현직관리에게만 수조권을 지급하였다.
ㄷ 관청에서 수조권을 행사하여 백성에게 조를 받아, 관리에게 지급하였다.
ㄹ 국가가 관리에게 현물을 지급하는 급료제도이다.

① ㄱ – ㄴ – ㄷ – ㄹ
② ㄴ – ㄱ – ㄷ – ㄹ
③ ㄷ – ㄴ – ㄱ – ㄹ
④ ㄹ – ㄴ – ㄷ – ㄱ

TIP 토지제도의 변천
ㄱ **통일신라시대** : 전제왕권이 강화되면서 녹읍이 폐지되고 신문왕 관료전이 지급되었다.
ㄴ **고려시대** : 역분전 → 시정전시과 → 개정전시과 → 경정전시과 → 녹과전 → 과전법의 순으로 토지제도가 변천되었다.
ㄷ **조선시대** : 과전법 → 직전법 → 관수관급제 → 직전법의 폐지와 지주제의 확산 등으로 이루어졌다.

Answer 6.① 7.①

8 조선 후기 수취체제 개편과 관련하여 옳지 않은 것은?

① 공물 대신 1결당 미곡 12두를 수취하였다.

② 조세의 화폐납이 가능해지며 상품화폐경제가 발달하였다.

③ 결작이라 하여 1결당 미곡 2두를 수취하는 제도가 시행되었다.

④ 토지 비옥도와 풍흉에 따라 1결당 미곡 최대 20두를 수취하였다.

TIP 임난 이후 국토의 황폐화, 인구 감소 등의 문제가 확대되자 조세 부담을 경감하고 민생 안정을 위해 영정법, 대동법, 균역법 등으로 수취체제를 개편하였다. 영정법은 풍흉에 관계없이 결당 미곡 4두를 수취하고, 대동법은 방납의 폐단을 개선하기 위해 공물 대신 결당 미곡 12두 또는 포, 전으로 납부하게 하였다. 균역법은 군포 2필을 1필로 경감하면서 부족분을 결작, 선무군관포 등으로 충당하였다.
④ 조선 전기 공법체제(전분 6등, 연분 9등법)이다.

9 다음 중 민정문서(신라장적)에 대한 설명으로 옳은 것은?

① 천민 집단과 노비의 노동력은 기록하지 않았다.

② 소백 산맥 동쪽에 있는 중원경과 그 주변 촌락의 기록이다.

③ 인구를 연령별로 6등급으로 나누어 작성하였다.

④ 5년마다 촌락의 노동력과 생산력을 지방관이 작성하였다.

TIP ③ 연령과 성별에 따라 6등급으로, 호는 인구수에 따라 9등급으로 나누어 기록하였다.

Answer 8.④ 9.③

10 다음 제도가 시행된 시기에 해당하는 내용으로 옳은 것은?

> 신라 마지막 왕인 경순왕 김부가 항복한 이후, 왕은 그를 경주 사심관으로 임명하였다. 공신이나 고관을 자기 출신 지역의 사심관으로 임명하게 하여 지방호족을 통합하기 위한 목적으로 시행되었다.

① 역분전을 지급하였다

② 전지와 시지를 지급하였다.

③ 현직 관리만을 대상으로 지급하였다.

④ 수신전, 휼양전 명목으로 세습 가능하였다.

TIP 제시문은 고려 태조 대 시행된 사심관 제도이다. 태조는 후삼국의 재통일과 고려 건국에 공을 세운 신하들에게 역분전을 지급하였다. 이는 이후 전시과 체제의 토대가 되었다.
② 전시과 체제 ③ 경정전시과 ④ 과전법 시행 이후

11 다음은 통일신라 때의 토지 제도에 대한 설명이다. 이에 관한 설명으로 옳은 것은?

> 통일 후에는 문무 관료들에게 토지를 나누어 주고, 녹읍을 폐지하는 대신 해마다 곡식을 나누어 주었다.

① 농민 경제가 점차 안정되었다.

② 귀족들의 농민 지배가 더욱 강화되었다.

③ 귀족들의 기반이 더욱 강화되었다.

④ 귀족에 대한 국왕의 권한이 점차 강화되었다.

TIP 제시된 내용은 관료전을 지급하는 대신 녹읍을 폐지한 조치에 대한 설명이다. 녹읍은 토지세와 공물은 물론 농민의 노동력까지 동원할 수 있었으나 관료전은 토지세만 수취할 수 있었다.

Answer 10.① 11.④

12 다음 중 통일신라의 무역활동과 관계 없는 것은?

① 한강 진출로 당항성을 확보하여 중국과의 연결을 단축시켰다.

② 산둥반도와 양쯔강 하류에 신라인 거주지가 생기게 되었다.

③ 통일 직후부터 일본과의 교류가 활발해졌다.

④ 장보고가 청해진을 설치하고 남해와 황해의 해상무역권을 장악하였다.

TIP ③ 일본과의 무역은 통일 직후에는 일본이 신라를 견제하고, 신라도 일본의 여·제 유민을 경계하여 경제교류가 활발하지 못하였으나 8세기 이후 정치의 안정과 일본의 선진문화에 대한 욕구로 교류가 활발해졌다.

13 고대 여러 나라의 무역활동에 관한 설명으로 옳지 않은 것은?

① 고구려 – 중국의 남북조 및 유목민인 북방 민족과 무역하였다.

② 백제 – 남중국 및 왜와 무역을 하였다.

③ 발해 – 당과 평화관계가 성립되어 무역이 활발하게 이루어졌다.

④ 통일신라 – 삼국통일 직후 당, 일본과 활발하게 교류하였다.

TIP ④ 통일 이후 일본과의 교류를 제한하여 무역이 활발하지 못하였으며, 8세기 이후부터 다시 교역이 이루어졌다.

14 삼국시대의 수공업 생산에 대한 설명으로 옳은 것은?

① 국가가 관청을 두고 기술자를 배치하여 물품을 생산하였다.

② 도자기가 생산되어 중국에 수출하였다.

③ 수공업의 발달은 상품경제의 성장을 촉진하였다.

④ 노예들은 큰 작업장에 모여 공동으로 생산활동을 하였다.

TIP 초기에는 기술이 뛰어난 노비에게 국가가 필요로 하는 물품을 생산하게 하였으나, 국가체제가 정비되면서 수공업 제품을 생산하는 관청을 두고 수공업자를 배치하여 물품을 생산하였다.

Answer 12.③ 13.④ 14.①

15 다음에서 발해의 경제생활에 대한 내용으로 옳은 것을 모두 고르면?

> ㉠ 밭농사보다 벼농사가 주로 행하였다.
> ㉡ 제철업이 발달하여 금속가공업이 성행하였다.
> ㉢ 어업이 발달하여 먼 바다에 나가 고래를 잡기도 하였다.
> ㉣ 가축의 사육으로 모피, 녹용, 사향 등이 생산되었다.

① ㉠㉡   ② ㉠㉢

③ ㉠㉣   ④ ㉡㉢㉣

TIP ㉠ 발해의 농업은 기후가 찬 관계로 콩, 조 등의 곡물 생산이 중심을 이루었고 밭농사가 중심이 되었다.

04 사회구조와 사회생활

01 고대의 사회

❶ 신분제 사회의 성립

(1) 삼국시대의 계층구조
왕족을 비롯한 귀족·평민·천민으로 구분되며, 지배층은 특권을 유지하기 위하여 율령을 제정하고, 신분은 능력보다는 그가 속한 친족의 사회적 위치에 따라 결정되었다.

(2) 귀족·평민·천민의 구분
① **귀족** … 왕족을 비롯한 옛 부족장 세력이 중앙의 귀족으로 재편성되어 정치권력과 사회·경제적 특권을 향유하였다.

② **평민** … 대부분 농민으로서 신분적으로 자유민이었으나, 조세를 납부하고 노동력을 징발당하였다.

③ **천민** … 노비들은 왕실과 귀족 및 관청에 예속되어 신분이 자유롭지 못하였다.

❷ 삼국사회의 풍습

(1) 고구려
① **형법** … 반역 및 반란죄는 화형에 처한 뒤 다시 목을 베었고, 그 가족들은 노비로 삼았다. 적에게 항복한 자나 전쟁 패배자는 사형에 처했으며, 도둑질한 자는 12배를 배상하도록 하였다.

② **풍습** … 형사취수제, 서옥제가 있었고 자유로운 교제를 통해 결혼하였다.

(2) 백제
① **형법** … 반역이나 전쟁의 패배자는 사형에 처하고, 도둑질한 자는 귀양을 보내고 2배를 배상하게 하였으며, 뇌물을 받거나 횡령을 한 관리는 3배를 배상하고 종신토록 금고형에 처하였다.

② **귀족사회** … 왕족인 부여씨와 8성의 귀족으로 구성되었다.

(3) 신라

① **화백회의** … 여러 부족의 대표들이 함께 모여 정치를 운영하던 것이 기원이 되어 국왕 추대 및 폐위에 영향력을 행사하면서 왕권을 견제 및 귀족들의 단결을 굳게 하였다.

② **골품제도** … 관등 승진의 상한선이 골품에 따라 정해져 있어 개인의 사회활동과 정치활동의 범위를 제한하는 역할을 하였다.

③ **화랑도**

　　㉠ **구성** : 귀족의 자제 중에서 선발된 화랑을 지도자로 삼고, 귀족은 물론 평민까지 망라한 많은 낭도들이 그를 따랐다.

　　㉡ **국가조직으로 발전** : 진흥왕 때 국가적 차원에서 그 활동을 장려하여 조직이 확대되었고, 원광은 세속 5계를 가르쳤으며, 화랑도 활동을 통해 국가가 필요로 하는 인재가 양성되었다.

❸ 남북국시대의 사회

(1) 통일신라와 발해의 사회

① **통일 후 신라 사회의 변화**

　　㉠ **신라의 민족통합책** : 백제와 고구려 옛 지배층에게 신라 관등을 부여하였고, 백제와 고구려 유민들을 9서당에 편성시켰다.

　　㉡ **통일신라의 사회모습** : 전제왕권이 강화되었고 6두품이 학문적 식격과 실무 능력을 바탕으로 국왕을 보좌하였다.

② **발해의 사회구조** … 지배층은 고구려계가 대부분이었으며, 피지배층은 대부분이 말갈인으로 구성되었다.

(2) 통일신라 말의 사회모순

① **호족의 등장** … 지방의 유력자들을 중심으로 무장조직이 결성되었고, 이들을 아우른 큰 세력가들이 호족으로 등장하였다.

② **빈농의 몰락** … 토지를 상실한 농민들은 소작농이나 유랑민, 화전민이 되었다.

③ **농민봉기** … 국가의 강압적인 조세 징수에 대하여 전국 각지에서 농민봉기가 일어나게 되었다.

02 중세의 사회

❶ 고려의 신분제도

(1) 귀족

① **귀족의 특징** … 음서나 공음전의 혜택을 받으며 고위 관직을 차지하여 문벌귀족을 형성하였으며, 가문을 통해 특권을 유지하고, 왕실 등과 중첩된 혼인관계를 맺었다.

② **귀족층의 변화** … 무신정변을 계기로 종래의 문벌귀족들이 도태되면서 무신들이 권력을 장악하게 되었으나 고려 후기에는 무신정권이 붕괴되면서 등장한 권문세족이 최고권력층으로서 정계 요직을 장악하였다.

③ **신진사대부** … 경제력을 토대로 과거를 통해 관계에 진출한 향리출신자들이다.

(2) 중류

중앙관청의 서리, 궁중 실무관리인 남반, 지방행정의 실무를 담당하는 향리, 하급 장교 등이 해당되며, 통치체제의 하부구조를 맡아 중간 역할을 담당하였다.

(3) 양민

① **양민** … 일반 농민인 백정, 상인, 수공업자를 말한다.

② **백정** … 자기 소유의 민전을 경작하거나 다른 사람의 토지를 빌려 경작하였다.

③ **특수집단민**
　　㉠ 향·부곡 : 농업에 종사하였다.
　　㉡ 소 : 수공업과 광업에 종사하였다.
　　㉢ 역과 진의 주민 : 육로교통과 수로교통에 종사하였다.

(4) 천민

① **공노비** … 공공기관에 속하는 노비이다.

② **사노비** … 개인이나 사원에 예속된 노비이다.

③ **노비의 처지** … 매매·증여·상속의 대상이며, 부모 중 한 쪽이 노비이면 자식도 노비가 될 수밖에 없었다.

❷ 백성들의 생활모습

(1) 농민의 공동조직

① **공동조직** … 일상의례와 공동노동 등을 통해 공동체의식을 함양하였다.

② **향도** … 불교의 신앙조직으로, 매향활동을 하는 무리들을 말한다.

(2) 사회시책과 사회제도

① **사회시책** … 농번기에 잡역을 면제하여 농업에 전념할 수 있도록 배려하였고, 재해 시 조세와 부역을 감면해 주었다. 또한 법정 이자율을 정하여 고리대 때문에 농민이 몰락하는 것을 방지하였다. 황무지나 진전을 개간할 경우 일정 기간 면세해 주었다.

② **사회제도**
　　㉠ **의창** : 흉년에 빈민을 구제하는 춘대추납제도이다.
　　㉡ **상평창** : 물가조절기관으로 개경과 서경 및 각 12목에 설치하였다.
　　㉢ **의료기관** : 동 · 서대비원, 혜민국을 설치하였다.
　　㉣ **구제도감, 구급도감** : 재해 발생 시 백성을 구제하였다.
　　㉤ **제위보** : 기금을 조성하여 이자로 빈민을 구제하였다.

(3) 법률과 풍속 및 가정생활

① **법률과 풍속** … 중국의 당률을 참작한 71개조의 법률이 시행되었으나 대부분은 관습법을 따랐고, 장례와 제사에 대하여 정부는 유교적 의례를 권장하였으나 민간에서는 토착신앙과 융합된 불교의 전통의식과 도교의 풍습을 따랐다.

② **혼인과 여성의 지위** … 일부일처제가 원칙이었으며 왕실에서는 근친혼이 성행하였고, 부모의 유산은 자녀에게 골고루 분배되었으며 아들이 없을 경우 딸이 제사를 받들었다.

❸ 고려 후기의 사회 변화

(1) 무신집권기 하층민의 봉기

수탈에 대한 소극적 저항에서 대규모 봉기로 발전하였으며, 만적의 난, 공주 명학소의 망이 · 망소이의 난, 운문 · 초전의 김사미와 효심의 난 등이 대표적이다.

(2) 몽고의 침입과 백성의 생활

최씨무신정권은 강화도로 서울을 옮기고 장기항전 태세를 갖추었으며, 지방의 주현민은 산성이나 섬으로 들어가 전쟁에 대비하였으나 몽고군들의 살육으로 막대한 희생을 당하였다.

(3) 원 간섭기의 사회 변화

① **신흥귀족층의 등장** … 원 간섭기 이후 전공을 세우거나 몽고귀족과의 혼인을 통해서 출세한 친원세력이 권문세족으로 성장하였다.

② **원의 공녀 요구** … 결혼도감을 통해 공녀로 공출되었고 이는 고려와 원 사이의 심각한 사회문제로 대두되었다.

③ **왜구의 출몰**(14세기 중반) … 원의 간섭하에서 국방력을 제대로 갖추기 어려웠던 고려는 초기에 효과적으로 왜구의 침입을 격퇴하지 못하였으며, 이들을 소탕하는 과정에서 신흥무인세력이 성장하였다.

03 근세의 사회

❶ 양반관료 중심의 사회

(1) 양반

① 문무양반만 사족으로 인정하였으며 현직 향리층, 중앙관청의 서리, 기술관, 군교, 역리 등은 하급 지배신분인 중인으로 격하시켰다.

② 과거, 음서, 천거 등을 통해 고위 관직을 독점하였으며 각종 국역이 면제되고, 법률과 제도로써 신분적 특권이 보장되었다.

(2) 중인

좁은 의미로는 기술관, 넓은 의미로는 양반과 상민의 중간계층을 의미하며 전문기술이나 행정실무를 담당하였다.

(3) 상민

평민, 양인으로도 불리며 백성의 대부분을 차지하는 농민, 수공업자, 상인을 말한다. 과거응시자격은 있으나 과거 준비에는 많은 시간과 비용이 들었으므로 상민이 과거에 응시하는 것은 사실상 어려웠다.

(4) 천민

천민의 대부분은 비자유민으로, 재산으로 취급되어 매매·상속·증여의 대상이 되었다.

❷ 사회정책과 사회시설

(1) 사회정책 및 사회제도

① **목적** … 성리학적 명분론에 입각한 사회신분질서의 유지와 농민의 생활을 안정시켜 농본정책을 실시하는 데 그 목적이 있다.

② **사회시책** … 지주의 토지 겸병을 억제하고, 농번기에 잡역의 동원을 금지시켰으며, 재해시에는 조세를 감경해 주기도 하였다.

③ **환곡제 실시** … 춘궁기에 양식과 종자를 빌려 준 뒤에 추수기에 회수하는 제도로 의창과 상평창을 실시하여 농민을 구휼하였다.

④ **사창제** … 향촌의 농민생활을 안정시켜 양반 중심의 향촌질서가 유지되었다.

⑤ **의료시설** … 혜민국, 동·서대비원, 제생원, 동·서활인서 등이 있었다.

(2) 법률제도

① **형법** … 대명률에 의거하여 당률의 5형 형벌을 기본으로 하였고, 반역죄와 강상죄와 같은 중죄에는 연좌제가 적용되었다.

② **민법** … 지방관이 관습법에 따라 처리하였다.

③ **상속** … 종법에 따라 처리하였으며, 제사와 노비의 상속을 중요시하였다.

④ **사법기관**
- ㉠ **중앙** : 사헌부·의금부·형조(관리의 잘못이나 중대사건을 재판), 한성부(수도의 치안), 장례원(노비에 관련된 문제)이 있다.
- ㉡ **지방** : 관찰사와 수령이 사법권을 행사하였다.

❸ 향촌사회의 조직과 운영

(1) 향촌사회의 모습

① **향촌의 편제** … 행정구역상 군현의 단위인 향에는 중앙에서 지방관을 파견하였으며, 촌에는 면·리가 설치되었으나 지방관은 파견되지 않았다.

② **향촌자치**
    ㉠ 유향소 : 수령을 보좌하고 향리를 감찰하는 향촌사회의 풍속교정기구이다.
    ㉡ 경재소 : 중앙정부가 현직 관료로 하여금 연고지의 유향소를 통제하게 하는 제도이다.
    ㉢ 유향소의 변화 : 경재소가 혁파되면서 향소·향청으로 명칭이 변경되었고, 향안을 작성, 향규를 제정하였다.

③ **향약의 보급** … 면리제와 병행된 향약조직이 형성되었고, 중종 때 조광조에 의하여 처음 시행되었으며, 군현 내에서 지방 사족의 지배력 유지수단이 되었다.

(2) 촌락의 구성과 운영

① **촌락** … 농민생활 및 향촌구성의 기본 단위로서 동과 리(里)로 편제되었으며 면리제와 오가작통법을 실시하였다.

② **촌락의 신분 분화**
    ㉠ 반촌 : 주로 양반들이 거주하였으며, 18세기 이후에 동성 촌락으로 발전하였다.
    ㉡ 민촌 : 평민과 천민으로 구성되었고 지주의 소작농으로 생활하였다.

③ **촌락공동체**
    ㉠ 사족 : 동계·동약을 조직하여 촌락민을 신분적, 사회·경제적으로 지배하였다.
    ㉡ 일반 백성 : 두레·향도 등 농민조직을 형성하였다.

④ **촌락의 풍습**
    ㉠ 석전(돌팔매놀이) : 상무정신 함양 목적, 국법으로는 금지하였으나 민간에서 계속 전승되었다.
    ㉡ 향도계·동린계 : 남녀노소를 불문하고 며칠 동안 술과 노래를 즐기는 일종의 마을 축제였는데, 점차 장례를 도와주는 기능으로 전환되었다.

④ 성리학적 사회질서의 강화

(1) 예학과 족보의 보급

① **예학** ⋯ 성리학적 도덕윤리를 강조하고, 신분질서의 안정을 추구하였다.

　㉠ **기능** : 가부장적 종법질서를 구현하여 성리학 중심의 사회질서 유지에 기여하였다.

　㉡ **역할** : 사림은 향촌사회에 대한 지배력 강화, 정쟁의 구실로 이용, 양반 사대부의 신분적 우월성 강조, 가족과 친족공동체의 유대를 통해서 문벌을 형성하였다.

② **보학** ⋯ 가족의 내력을 기록하고 암기하는 것으로 종족의 종적인 내력과 횡적인 종족관계를 확인시켜 준다.

(2) 서원과 향약

① **서원**

　㉠ **목적** : 성리학을 연구하고 선현의 제사를 지내며 교육을 하는 데 그 목적이 있다.

　㉡ **기능** : 유교를 보급하고 향촌 사림을 결집시켰으며, 지방유학자들의 위상을 높이고 선현을 봉사하는 사묘의 기능이 있었다.

② **향약**

　㉠ **역할** : 풍속의 교화, 향촌사회의 질서 유지, 치안을 담당하고 농민에 대한 유교적 교화 및 주자가례의 대중화에 기여하였다.

　㉡ **문제점** : 토호와 향반 등 지방 유력자들의 주민 수탈 위협의 수단이 되었고, 향약 간부들의 갈등을 가져와 풍속과 질서를 해치기도 하였다.

04　사회의 변동

① 사회구조의 변동

(1) 신분제의 동요

① **조선의 신분제** ⋯ 법제적으로 양천제를 운영하였으나 실제로는 양반, 중인, 상민, 노비의 네 계층으로 분화되어 있었다.

② **양반층의 분화** ⋯ 권력을 장악한 일부의 양반을 제외한 다수의 양반(향반, 잔반)이 몰락하였다.

③ **신분별 구성비의 변화** ⋯ 양반의 수는 증가하고, 상민과 노비의 수는 감소하였다.

(2) 중간계층의 신분상승운동

① **서얼** … 임진왜란 이후 납속책과 공명첩을 통해 관직에 진출하였고, 집단상소를 통한 청요직에의 진출을 요구하였으며, 정조 때 규장각 검서관으로 진출하기도 하였다.

② **중인** … 신분 상승을 위한 소청운동을 전개하였다. 역관들은 청과의 외교업무에 종사하면서 서학 등 외래 문물의 수용을 주도하고 성리학적 가치 체계에 도전하는 새로운 사회의 수립을 추구하였다.

(3) 노비의 해방

① **노비 신분의 변화** … 군공과 납속 등을 통한 신분 상승의 움직임이 있었고, 국가에서는 공노비를 입역노비에서 신공을 바치는 납공노비로 전환시켰다.

② **공노비 해방** … 노비의 도망과 합법적인 신분 상승으로 순조 때 중앙관서의 노비를 해방시켰다.

③ **노비제의 혁파** … 노비의 신분 상승 및 도망이 일상화되고, 국가에서도 양인 확보를 통한 조세 확충이 필요하여 영조 대 노비종모법이 확정되었다. 이후 고종 대 노비세습제 철폐(1886), 갑오개혁에서 노비제 철폐(1894)로 이어졌다.

(4) 가족제도의 변화와 혼인

① **가족제도의 변화**
   ㉠ **조선 중기** : 혼인 후 남자가 여자 집에서 생활하는 경우가 있었으며 아들과 딸이 부모의 재산을 똑같이 상속받는 경우가 많았다.
   ㉡ **17세기 이후** : 성리학적 의식과 예절의 발달로 부계 중심의 가족제도가 확립되었다. 제사는 반드시 장자가 지내야 한다는 의식이 확산되었고, 재산 상속에서도 큰 아들이 우대를 받았다.
   ㉢ **조선 후기** : 부계 중심의 가족제도가 더욱 강화되었으며, 양자 입양이 일반화되었다.

② **가족윤리** … 효와 정절을 강조하였고, 과부의 재가는 금지되었으며, 효자와 열녀를 표창하였다.

③ **혼인풍습** … 일부일처를 기본으로 남자의 축첩이 허용되었고, 서얼의 차별이 있었다.

② 향촌질서의 변화

(1) 양반의 향촌지배 약화

① **양반층의 동향** … 족보의 제작 및 청금록과 향안 작성으로 향약 및 향촌자치기구의 주도권을 장악하였다.

② **향촌지배력의 변화** … 부농층은 관권과 결탁하여 향안에 참여하고 향회를 장악하고자 하였으며 향회는 수령의 조세징수자문기구로 전락하였다.

(2) 부농층의 대두

경제적 능력으로 납속이나 향직의 매매를 통해 신분 상승을 이루고 향임을 담당하여 양반의 역할을 대체하였으며, 향임직에 진출하지 못한 곳에서도 수령이나 기존의 향촌세력과 타협하여 상당한 지위를 확보하였다.

❸ 농민층의 변화

(1) 농민층의 분화

① **농민의 사회적 현실** ··· 농민들은 자급자족적인 생활을 하였으나 양 난 이후 국가의 재정 파탄과 기강 해이로 인한 수취의 증가는 농민의 생활을 어렵게 하였고, 대동법과 균역법이 효과를 거두지 못하자 농민의 불만은 커져 갔다.

② **농민층의 분화** ··· 부농으로 성장하거나, 상공업으로 생활을 영위하거나, 도시나 광산의 임노동자가 되기도 했다.

(2) 지주와 임노동자

① **지주** ··· 광작을 하는 대지주가 등장하였으며, 재력을 바탕으로 공명첩을 사거나 족보를 위조하여 양반의 신분을 획득한 부농층이 나타났다.

② **임노동자** ··· 토지에서 밀려난 다수의 농민은 임노동자로 전락하였다.

❹ 사회 변혁의 움직임

(1) 사회불안의 심화

정치기강이 문란해지고 재난과 질병이 거듭되어 굶주려 떠도는 백성이 속출하였으나 지배층의 수탈은 점점 심해지면서 농민의식이 향상되어 곳곳에서 적극적인 항거운동이 발생하였다.

(2) 예언사상의 대두

비기 · 도참을 이용한 말세의 도래, 왕조의 교체 및 변란의 예고 등 낭설이 횡행하였으며, 현세의 어려움을 미륵신앙에서 해결하려는 움직임과 미륵불을 자처하며 서민을 현혹하는 무리가 등장하였다.

(3) **천주교의 전파**

① 17세기에 중국을 방문한 우리나라 사신들에 의해 서학으로 소개되었다.

② **초기 활동** … 18세기 후반 남인계열의 실학자들이 신앙생활을 하게 되었으며, 이승훈이 베이징에서 영세를 받고 돌아온 이후 신앙활동이 더욱 활발해졌다.

③ **천주교 신앙의 전개와 박해**
    ㉠ **초기** : 제사 거부, 양반 중심의 신분질서 부정, 국왕에 대한 권위 도전을 이유로 사교로 규정하였다.
    ㉡ **정조 때** : 진산 양반 교인인 윤지충이 모친상을 당했음에도 신주를 모시지 않고, 제사를 지내지 않은 일에 대하여 천주교도 탄압이 발생하였다(1791, 신해박해, 진산사건).
    ㉢ **순조 때** : 벽파의 집권으로 대탄압을 받았으며 실학자와 양반계층이 교회를 떠나게 되었다(1801, 신유박해).
    ㉣ **세도정치기** : 탄압의 완화로 백성들에게 전파, 조선 교구가 설정되었다.

(4) **동학의 발생**

① **창시** … 1860년 경주의 몰락 양반 최제우가 창시하였다.

② **교리와 사상** … 신분 차별과 노비제도의 타파, 여성과 어린이의 인격 존중을 추구하였다. 유불선을 바탕으로 주문과 부적 등 민간신앙의 요소들이 결합되었고 사회모순의 극복 및 일본과 서양국가의 침략을 막아내자고 주장하였다.

③ **정부의 탄압** … 혹세무민을 이유로 최제우를 처형하였다.

(5) **농민의 항거**

① **배경** … 사회 불안이 고조되자 유교적 왕도정치가 점점 퇴색되었고 탐관오리의 부정, 삼정의 문란, 극도에 달한 수령의 부정은 중앙권력과 연결되어 갈수록 심해져 갔다.

② **홍경래의 난** : 몰락한 양반 홍경래의 지휘 아래 영세농민과 중소상인, 광산노동자들이 합세하여 일으킨 봉기였으나 5개월 만에 평정되었다.

③ **임술농민봉기**(1862) : 진주를 중심으로 확산되었다. 탐관오리와 토호의 탐학에 저항하였으며 한때 진주성을 점령하기도 하였다.

≡ 최근 기출문제 분석 ≡

2021 국가직 9급

1 고려시대 향리에 대한 설명으로 옳은 것만을 모두 고르면?

ㄱ 부호장 이하의 향리는 사심관의 감독을 받았다.

ㄴ 상층 향리는 과거로 중앙 관직에 진출할 수 있었다.

ㄷ 일부 향리의 자제들은 기인으로 선발되어 개경으로 보내졌다.

ㄹ 속현의 행정 실무는 향리가 담당하였다.

---

① ㄱ

② ㄱ, ㄴ

③ ㄴ, ㄷ, ㄹ

④ ㄱ, ㄴ, ㄷ, ㄹ

> **TIP** 보기에 제시된 내용 모두 옳은 설명이다.
> ㄱ 사심관은 고려시대 향직을 통괄한 지방관이다. 부호장 이하의 향리는 사심관의 감독을 받았다.
> ㄴ 상층 향리는 과거를 통하여 중악 관직에 진출할 수 있었다.
> ㄷ 태조 왕건은 지방 호족의 자제들을 볼모로 중앙에 머물게 하는 기인 제도를 실시함으로써 호족 세력을 견제하였다.
> ㄹ 고려시대 때는 조선과 달리 지방관이 파견되지 않은 속현이 많아 행정 실무는 향리가 담당하였다.

2019 서울시 9급

2 삼국의 사회·문화에 관한 설명으로 가장 옳지 않은 것은?

① 고구려는 영양왕 때 이문진이 유기를 간추려 신집 5권을 편찬했다.

② 백제의 승려 원측은 당나라에 가서 유식론(唯識論)을 발전시켰다.

③ 신라의 진흥왕은 두 아들의 이름을 동륜 등으로 짓고 자신은 전륜성왕으로 자처했다.

④ 백제 말기에는 미래에 중생을 구제한다는 미륵신앙이 유행하기도 하였다.

> **TIP** ② 원측은 7세기 신라의 승려이다.

Answer 1.④ 2.②

3 〈보기〉에서 밑줄 친 '그'가 활동하던 시대상황에 대한 설명으로 가장 옳지 않은 것은?

─────── 〈보기〉 ───────

그가 북산에서 나무하다가 공, 사노비를 불러 모아 모의하기를, "나라에서 경인, 계사년 이후로 높은 벼슬이 천한 노비에게서 많이 나왔으니, 장수와 재상이 어찌 씨가 따로 있으랴. 때가 오면 누구나 할 수 있는데, 우리들이 어찌 고생만 하면서 채찍 밑에 곤욕을 당해야 하겠는가?"라고 하니, 여러 노비들이 모두 그렇게 여겼다.

– 「고려사」 –

① 최충의 9재 학당을 비롯한 사학 12도가 융성하였다.

② 경주 일대에서 고려 왕조를 부정하는 신라부흥운동이 일어났다.

③ 정혜쌍수와 돈오점수를 주장하는 수선결사운동이 전개되었다.

④ 소(所)의 거주민은 금, 은, 철 등 광업품이나 수공업 제품을 생산하여 바치기도 하였다.

> **TIP** 고려 최씨 무신집권 초기(고려 신종, 1198) 최충헌의 노비였던 만적이 일으킨 난이다. 무신집권기에는 하극상이 빈번하여 사회가 극도로 혼란하였고, 만적을 비롯한 사노비들이 이 틈을 이용해 신분 해방 운동을 전개했지만 실패하였다. 이외에도 무신집권기에는 농민들에 대한 무신의 수탈 강화와 집권 세력의 일탈로 민생이 불안정해지자 전국에서 각종 민란이 발생하였다. 공주 명학소의 망이 · 망소이의 난, 운문 · 초전의 김사미 · 효심의 난 등이 대표적이다.
> ① 고려 문종(1046~1083)

4 발해의 사회 모습에 대한 설명으로 가장 옳지 않은 것은?

① 주민은 고구려 유민과 말갈인으로 구성되었다.

② 중앙 문화는 고구려 문화를 바탕으로 당의 문화가 가미된 형태를 보였다.

③ 당, 신라, 거란, 일본 등과 무역하였는데, 대신라 무역의 비중이 가장 컸다.

④ 유학 교육기관인 주자감을 설치하여 귀족 자제에게 유교 경전을 가르쳤다.

> **TIP** ③ 발해의 대외 무역에 있어 가장 비중이 큰 나라는 당이었다. 발해 건국 초기에는 일본과 교류하며 신라를 견제하고자 하였다. 하지만 이후 발해는 신라도를 통해 신라와 교류하였다.

Answer 3.① 4.③

5 다음 글을 지은 사람들의 공통점으로 옳은 것은?

> (개) 낭혜화상백월보광탑비문(朗慧和尙白月葆光塔碑文)
>
> (내) 대견훤기고려왕서(代甄萱寄高麗王書)
>
> (대) 낭원대사오진탑비명(朗圓大師悟眞塔碑銘)

① 골품제를 비판하고 호족 억압을 주장하였다.

② 국립 교육기관인 태학(太學)에서 공부하였다.

③ 신라뿐만 아니라 고려왕조에서도 벼슬하였다.

④ 당나라에 유학하여 빈공과(賓貢科)에 급제하였다.

> **TIP** (개) 최치원, (내) 최승우, (대) 최언위의 글이다.
> ④ 최치원, 최승우, 최언위는 신라 3최로 6두품 출신의 학자이다. 당나라에 유학하여 빈공과에 급제하였다.

6 우리나라 족보에 대한 설명으로 옳지 않은 것은?

① 조선후기에 부유한 농민들은 족보를 사거나 위조하기도 하였다.

② 조선초기의 족보는 친손과 외손을 구별하지 않고 모두 수록하였다.

③ 현존하는 가장 오래된 족보는 성종 7년에 간행된 「문화류씨가정보」이다.

④ 조선시대에는 족보가 배우자를 구하거나 붕당을 구별하는 데 중요한 자료로 활용되기도 하였다.

> **TIP** ③ 현존하는 가장 오래된 족보는 성종 7년(1476)에 간행된 「안동권씨성화보」이다. 「문화류씨가정보」는 1562년에 간행되었다.

Answer 5.④ 6.③

출제 예상 문제

1 다음과 같은 풍속이 행해진 국가의 사회모습에 대한 설명으로 옳지 않은 것은?

> 그 풍속에 혼인을 할 때 구두로 이미 정해지면 여자의 집에는 대옥(大屋) 뒤에 소옥(小屋)을 만드는데,
> 이를 서옥(婿屋)이라고 한다. 저녁에 사위가 여자의 집에 이르러 문밖에서 자신의 이름을 말하고 꿇어
> 앉아 절하면서 여자와 동숙하게 해줄 것을 애걸한다. 이렇게 두세 차례 하면 여자의 부모가 듣고는 소
> 옥에 나아가 자게 한다. 그리고 옆에는 전백(錢帛)을 놓아둔다.
>
> — 「삼국지」 동이전 —

① 고국천왕 사후, 왕비인 우씨와 왕의 동생인 산상왕과의 결합은 취수혼의 실례를 보여준다.

② 계루부 고씨의 왕위계승권이 확립된 이후 연나부 명림씨 출신의 왕비를 맞이하는 관례가 있었다.

③ 관나부인(貫那夫人)이 왕비를 모함하여 죽이려다가 도리어 자기가 질투죄로 사형을 받았다.

④ 김흠운의 딸을 왕비로 맞이하는 과정은 국왕이 중국식 혼인 제도를 수용했다는 사실을 알려주고
있다.

TIP ④ 신라와 관련된 내용으로 옳지 않다.
①②③ 고구려와 관련된 내용으로 위의 제시문(고구려의 데릴사위제)에 나와 있는 국가의 사회 모습과 일치한다.

Answer 1.④

2 다음 글을 남긴 국왕의 재위 기간에 일어난 사실로 옳은 것은?

> 보잘 것 없는 나, 소자가 어린 나이로 어렵고 큰 유업을 계승하여 지금 12년이나 되었다. 그러나 나는 덕이 부족하여 위로는 천명(天命)을 두려워하지 못하고 아래로는 민심에 답하지 못하였으므로, 밤낮으로 잊지 못하고 근심하며 두렵게 여기면서 혹시라도 선대왕께서 물려주신 소중한 유업이 잘못되지 않을까 걱정하였다. 그런데 지난번 가산(嘉山)의 토적(土賊)이 변란을 일으켜 청천강 이북의 수많은 생령이 도탄에 빠지고 어육(魚肉)이 되었으니 나의 죄이다.
>
> ─ 「비변사등록」 ─

① 최제우가 동학을 창도하였다.
② 공노비 6만 6천여 명을 양인으로 해방시켰다.
③ 미국 상선 제너럴셔먼호가 격침되었다.
④ 삼정 문제를 해결하기 위해 삼정이정청을 설치하였다.

···

TIP ② 위의 글은 1811년(순조 12) 12월부터 이듬해 4월까지 약 5개월 동안 일어난 홍경래의 난에 대한 내용으로 순조는 1801년(순조 1)에 궁방과 관아에 예속되어 있던 공노비를 혁파하였다.

3 다음의 자료에 나타난 나라에 대한 설명으로 옳은 것은?

> 큰 산과 깊은 골짜기가 많고 평원과 연못이 없어서 계곡을 따라 살며 골짜기 물을 식수로 마셨다. 좋은 밭이 없어서 힘들여 일구어도 배를 채우기는 부족하였다.
>
> ─ 「삼국지」 동이전 ─

① 국동대혈에서 제사를 지내는 의례가 있었다.
② 가족 공동의 무덤인 목곽에 쌀을 부장하였다.
③ 특산물로는 단궁·과하마·반어피 등이 유명하였다.
④ 남의 물건을 훔쳤을 때에는 50만 전을 배상토록 하였다.

···

TIP ① 고구려 ② 옥저 ③ 동예 ④ 고조선

Answer 2.② 3.①

4 조선 전기의 상업 활동에 대한 설명으로 옳은 것은?

① 공인(貢人)의 활동이 활발해졌다.

② 시전이 도성 내 특정 상품 판매의 독점권을 보장받기도 하였다.

③ 개성의 손상, 의주의 만상은 대외 무역을 통해 대상인으로 성장하였다.

④ 경강상인들은 경강을 중심으로 매점 활동을 통해 부유한 상업 자본가로 성장하였다.

TIP ①③④ 조선 후기의 상업 활동에 대한 설명이다.

※ 조선 전기의 상업 활동
  ㉠ 통제 경제와 시장 경제를 혼합한 형태로 장시의 전국적 확산과 대외무역에서 사무역이 발달하였다.
  ㉡ 지주제의 발달, 군역의 포납화, 농민층의 분화와 상인 증가, 방납의 성행 등으로 장시와 장문이 발달하게 되었다.
  ㉢ 시정세, 궁중과 부중의 관수품조달 등의 국역을 담당하는 대가로 90여종의 전문적인 특정 상품에 대한 독점적 특권을 차지한
     어용상인인 시전이 발달하였다.
  ㉣ 5일 마다 열리는 장시에서 농산물, 수공업제품, 수산물, 약제 같은 것을 종·횡적으로 유통시키는 보부상이 등장하였다.

5 다음의 내용과 관련있는 것은?

> 향촌의 덕망있는 인사들로 구성되어 지방민의 자치를 허용하고 자율적인 규약을 만들었고, 중집권과
> 지방자치는 효율적으로 운영하였다.

㉠ 승정원	㉡ 유향소
㉢ 홍문관	㉣ 경재소

① ㉠㉡   ② ㉡㉣

③ ㉠㉢   ④ ㉠㉣

TIP ㉡ 유향소 : 수령을 보좌하고 향리를 감찰하며, 향촌사회의 풍속을 교정하기 위한 기구이다.
㉣ 경재소 : 중앙정부가 현직 관료로 하여금 연고지의 유향소를 통제하게 하는 제도로서, 중앙과 지방의 연락업무를 맡거나 수령
         을 견제하는 역할을 하였다.

Answer 4.② 5.②

6 다음에 해당하는 세력에 대한 설명으로 옳은 것은?

> 경제력을 토대로 과거를 통해 관계에 진출한 향리출신자들이다. 이들은 사전의 폐단을 지적하고, 권문세족과 대립하였으며 구질서와 여러 가지 모순을 비판하고 전반적인 사회개혁과 문화혁신을 추구하였다. 이들은 온건파와 급진파로 나뉘는데 조선건국을 도운 급진파가 조선의 지배층이 되었다.

① 자기 근거지에 성을 쌓고 군대를 보유하여 스스로 성주 혹은 장군이라 칭하면서, 그 지방의 행정권과 군사권을 장악하였을 뿐 아니라 경제적 지배력도 행사하였다.

② 원간섭기 이후 중류층 이하에서 전공을 세우거나 몽고귀족과의 혼인을 통해서 정계의 요직을 장악하고, 음서로서 신분을 유지하고 광범위한 농장을 소유하였다.

③ 6두품과 호족들이 중앙으로 진출하여 결혼을 통하여 거대한 가문을 이루고 관직을 독점하며 각종 특권을 누렸다.

④ 하급 관리나 향리의 자제 중 과거를 통해 벼슬에 진출하고 성리학을 공부하고 유교적 소양을 갖추고 행정 실무에도 밝은 학자 출신 관료이다.

....

TIP 신진사대부 … 경제력을 토대로 과거를 통해 관계에 진출한 향리출신자들이다. 사전의 폐단을 지적하고, 권문세족과 대립하였으며 구질서와 여러 가지 모순을 비판하고 전반적인 사회개혁과 문화혁신을 추구하였다.
① 호족
② 권문세족
③ 문벌귀족
④ 신진사대부

Answer 6.④

7 다음 조직에 대한 설명으로 옳지 않은 것은?

> 국가가 필요로 하는 인재를 육성하려는 목적으로 조직되어 조직 내에서 일체감을 갖고 활동하면서 교육적·수양적·사교적·군사적·종교적 기능도 가지고 있다.

① 귀족들로 구성되어 국왕과 귀족 간의 권력을 중재하는 기능을 담당하였다.
② 계층 간의 대립과 갈등을 조절·완화하는 기능을 하였다.
③ 진흥왕은 보기의 활동을 장려하여 조직이 확대되었다.
④ 제천의식을 통하여 협동과 단결 정신을 기르고 심신을 연마하였다.

....

TIP 화랑도는 귀족 출신의 화랑과 평민 출신의 낭도로 구성되어 계급 간의 대립과 갈등을 조절하고 완화하는 기능을 하였다.

8 다음 중 신라 하대의 6두품의 성향으로 옳은 것은?

① 각 지방에서 반란을 일으켰다.
② 새로운 정치 질서의 수립을 시도하지만 탄압과 배척을 당하자 점차 반신라적 경향으로 바뀌었다.
③ 화백회의의 기능을 강화시켰다.
④ 진골에 대항하여 광권과 결탁하였다.

....

TIP 6두품의 성향

신라 중대	신라 하대
• 진골귀족에 대항하여 왕권과 결탁	• 중앙권력에서 배제
• 학문적 식견과 실무능력을 바탕으로 국왕 보좌	• 호족과 연결
• 집사부 시중 등 관직을 맡으며 정치적으로 진출	• 합리적인 유교이념을 내세움
• 행정실무 담당	• 개혁이 거부되자 반신라적 경향으로 바뀜
	• 선종의 등장에 주된 역할을 함

Answer 7.① 8.②

9 다음 중 조선시대의 신분제도에 대한 설명으로 옳은 것은?

① 양반은 과거가 아니면 관직에 진출할 수 없었다.

② 농민은 법제적으로는 관직에 진출하는 것이 가능하였다.

③ 향리는 과거를 통하여 문반직에 오를 수 있었고, 지방의 행정실무를 담당하였다.

④ 서얼도 문과에 응시할 수 있었다.

TIP 조선의 신분제 … 법제적으로 양천제를 채택하였지만, 실제로는 양반, 중인, 상민, 노비의 네 계층으로 분화되어 있었다. 양인은 직업에 따른 권리와 의무에 차등이 있었다. 농민은 과거응시권이 있었으나, 공인과 상인은 불가능 하였다. 과거의 응시제한계층은 공인, 상인, 승려, 천민, 재가녀의 자, 탐관오리의 자손, 국사범의 자손, 전과자 등이었다.

10 다음으로 인하여 나타난 변화로 옳은 것은?

> • 조선 후기 이앙법이 전국적으로 시행되면서 광작이 가능해졌으며, 경영형 부농이 등장하였다.
> • 대동법의 시행으로 도고가 성장하였으며, 상업자본이 축적되었다.

① 정부의 산업 주도

② 양반의 지위 하락

③ 신분구조의 동요

④ 국가 재정의 확보

TIP 조선 후기에 이르러 경제상황의 변동으로 부를 축적한 상민들이 신분을 매매하여 양반이 되는 등 신분제의 동요가 발생하였다.

05 민족문화의 발달

01 고대의 문화

❶ 학문과 사상 · 종교

(1) 한자의 보급과 교육

① **한자의 전래** … 한자는 철기시대부터 지배층을 중심으로 사용되었다가 삼국시대에는 이두 · 향찰이 사용되었다.

② **교육기관의 설립과 한자의 보급**
- ㉠ **고구려** : 태학(수도)에서는 유교경전과 역사서를 가르쳤으며 경당(지방)에서는 청소년에게 한학과 무술을 가르쳤다.
- ㉡ **백제** : 5경 박사 · 의박사 · 역박사에서는 유교경전과 기술학 등을 가르쳤으며, 사택지적 비문에는 불당을 세운 내력을 기록하고 있다.
- ㉢ **신라** : 임신서기석을 통해 청소년들이 유교경전을 공부하였던 사실을 알 수 있다.

③ **유학의 교육**
- ㉠ **삼국시대** : 학문적으로 깊이 있게 연구된 것이 아니라, 충 · 효 · 신 등의 도덕규범을 장려하는 정도였다.
- ㉡ **통일신라** : 신문왕 때 국학이라는 유학교육기관을 설립하였고, 경덕왕 때는 국학을 태학이라고 고치고 박사와 조교를 두어 논어와 효경 등 유교경전을 가르쳤으며, 원성왕 때 학문과 유학의 보급을 위해 독서삼품과를 마련하였다.
- ㉢ **발해** : 주자감을 설립하여 귀족 자제들에게 유교경전을 교육하였다.

(2) 역사서 편찬과 유학의 보급

① **삼국시대** … 학문이 점차 발달되고 중앙집권적 체제가 정비됨에 따라 왕실의 권위를 높이고 백성들의 충성심을 모으기 위해 편찬하였으며 고구려에는 유기, 이문진의 신집 5권, 백제에는 고흥의 서기, 신라에는 거칠부의 국사가 있다.

② 통일신라

　　㉠ 김대문 : 화랑세기, 고승전, 한산기를 저술하여 주체적인 문화의식을 드높였다.

　　㉡ 6두품 유학자 : 강수(외교문서를 잘 지은 문장가)나 설총(화왕계 저술)이 활약하여 도덕적 합리주의를 제시하였다.

　　㉢ 도당 유학생 : 골품제에 한계를 느끼고 당의 숙위학생으로 진출한 6두품 출신이 대부분이었으며, 김운경, 최치원 등은 다양한 개혁안을 제시하였다. 특히 최치원은 당에서 빈공과에 급제하고 계원필경 등 뛰어난 문장과 저술을 남겼으며, 유학자이면서도 불교와 도교에 조예가 깊었다.

③ 발해 … 당에 유학생을 파견하였고 당의 빈공과에 급제한 사람도 여러 명 나왔다.

(3) 불교의 수용

① 수용 … 고구려는 소수림왕(372, 전진의 순도), 백제는 침류왕(384, 동진의 마라난타), 신라는 법흥왕(527, 이차돈 순교) 때 수용되었다.

② 불교의 영향

　　㉠ 새로운 국가정신의 확립과 왕권 강화의 결과를 가져왔다.

　　㉡ 신라 시대의 불교는 업설, 미륵불신앙이 중심교리로 발전하였다.

(4) 불교사상의 발달

① 원효 … 불교의 사상적 이해기준을 확립시켰고(금강삼매경론, 대승기신론소), 종파 간의 사상적인 대립을 극복하고 조화시키려 애썼으며, 불교의 대중화에 이바지하였다(아미타신앙).

② 의상 … 화엄일승법계도를 통해 화엄사상을 정립하였고, 현세에서 고난을 구제한다는 관음사상을 외치기도 하였다.

③ 혜초 … 인도에 가서 불교를 공부하였으며, 왕오천축국전을 저술하기도 하였다.

(5) 선종과 풍수지리설

① 선종 … 참선을 중시했고 실천적 경향이 강하였으며, 호족세력과 결합하였고 전국에 9산 선문을 형성하였다 (9산 선문 : 가지산문, 실상산문, 동리산문, 희양산문, 봉림산문, 성주산문, 사굴산문, 사자산문, 수미산문).

② 풍수지리설 … 신라말기의 도선과 같은 선종 승려들이 중국에서 풍수지리설을 들여왔다.

　　㉠ 성격 : 도읍, 주택, 묘지 등을 선정하는 인문지리적 학설을 말하며, 도참사상과 결합하기도 하였다.

　　㉡ 국토를 지방 중심으로 재편성하자는 주장으로 발전하였다.

② 과학기술의 발달

(1) 천문학과 수학

① **천문학의 발달** ··· 농경과 밀접한 관련이 있었으며, 고구려의 천문도·고분벽화, 신라의 천문대를 통해 천문학이 발달했음을 알 수 있다.

② **수학의 발달** ··· 수학적 지식을 활용한 조형물을 통해 높은 수준으로 발달했음을 알 수 있다.
    ㉠ 고구려 : 고분의 석실과 천장의 구조
    ㉡ 백제 : 정림사지 5층 석탑
    ㉢ 신라 : 황룡사지 9층 목탑, 석굴암의 석굴구조, 불국사 3층 석탑, 다보탑

(2) 목판인쇄술과 제지술의 발달

① **배경** ··· 불교의 발달로 불경의 대량인쇄를 위해 목판인쇄술과 제지술이 발달하였다.

② **무구정광대다라니경** ··· 세계에서 가장 오래된 목판인쇄물이며, 닥나무 종이를 사용하였다. 불국사 3층 석탑에서 발견되었다.

(3) 금속기술의 발달

① **고구려** ··· 철의 생산이 중요한 국가적 산업이었으며, 우수한 철제 무기와 도구가 출토되었다. 고분벽화에는 철을 단련하고 수레바퀴를 제작하는 기술자의 모습이 묘사되어 있다.

② **백제** ··· 금속공예기술이 발달하였다(칠지도, 백제 금동대향로).

③ **신라** ··· 금세공기술(금관)과 금속주조기술(성덕대왕 신종)이 발달하였다.

(4) 농업기술의 혁신

① 철제 농기구의 보급으로 농업생산력이 증가하였다.

② **삼국의 농업기술** ··· 쟁기, 호미, 괭이 등의 농기구가 보급되어 농업 생산이 증가되었다.

③ 고대인의 자취와 멋

(1) 고분과 고분벽화

① **고구려** ··· 초기에는 돌무지무덤으로 장군총이 대표적이며, 후기에는 굴식 돌방무덤으로 무용총(사냥그림), 강서대묘(사신도), 쌍영총, 각저총(씨름도) 등이 대표적이다.

② **백제** … 한성시대에는 계단식 돌무지무덤으로서 서울 석촌동에 있는 무덤은 고구려 초기의 고분과 유사하며, 웅진시대에는 굴식 돌방무덤과 중국 남조의 영향을 받은 벽돌무덤이 유행하였다. 사비시대에는 규모는 작지만 세련된 굴식 돌방무덤을 만들었다.

③ **신라** … 거대한 돌무지 덧널무덤을 만들었으며, 삼국통일 직전에는 굴식 돌방무덤도 만들었다.

④ **통일신라** … 굴식 돌방무덤과 화장이 유행하였으며, 둘레돌에 12지 신상을 조각하였다.

⑤ **발해** … 정혜공주묘(굴식 돌방무덤 · 모줄임 천장구조), 정효공주묘(묘지 · 벽화)가 유명하다.

(2) 건축과 탑

① **삼국시대**
  ㉠ **사원** : 신라의 황룡사는 진흥왕의 팽창의지를 보여주고, 백제의 미륵사는 무왕이 추진한 백제의 중흥을 반영하는 것이다.
  ㉡ **탑** : 불교의 전파와 함께 부처의 사리를 봉안하여 예배의 주대상으로 삼았다.
    • 고구려 : 주로 목탑 건립(현존하는 것은 없음)
    • 백제 : 목탑형식의 석탑인 익산 미륵사지 석탑, 부여 정림사지 5층 석탑
    • 신라 : 몽고의 침입 때 소실된 황룡사 9층 목탑과 벽돌모양의 석탑인 분황사탑

② **통일신라**
  ㉠ **건축** : 불국토의 이상을 조화와 균형감각으로 표현한 사원인 불국사, 석굴암 및 인공 연못인 안압지는 화려한 귀족생활을 보여 준다.
  ㉡ **탑** : 감은사지 3층 석탑, 불국사 석가탑, 양양 진전사지 3층 석탑이 있다.
  ㉢ **승탑과 승비** : 신라 말기에 선종이 유행하면서 승려들의 사리를 봉안하는 승탑과 승비가 유행하였다.

③ **발해** … 외성을 쌓고, 주작대로를 내고, 그 안에 궁궐과 사원을 세웠다.

(3) 불상 조각과 공예

① **삼국시대** … 불상으로는 미륵보살반가상을 많이 제작하였다. 그 중에서도 금동미륵보살반가상은 날씬한 몸매와 자애로운 미소로 유명하다.

② **통일신라**
  ㉠ **석굴암의 본존불과 보살상** : 사실적 조각으로 불교의 이상세계를 구현하는 것이다.
  ㉡ **조각** : 태종 무열왕릉비의 받침돌, 불국사 석등, 법주사 쌍사자 석등이 유명하다.
  ㉢ **공예** : 상원사 종, 성덕대왕 신종 등이 유명하다.

③ **발해**
  ㉠ **불상** : 흙을 구워 만든 불상과 부처 둘이 앉아 있는 불상이 유명하다.
  ㉡ **조각** : 벽돌과 기와무늬, 석등이 유명하다.
  ㉢ **공예** : 자기공예가 독특하게 발전하였고 당에 수출하기도 했다.

(4) 글씨 · 그림과 음악

① 서예 … 광개토대왕릉 비문(웅건한 서체), 김생(독자적인 서체)이 유명하다.

② 그림 … 천마도(신라의 힘찬 화풍), 황룡사 벽에 그린 소나무 그림(솔거)이 유명하다.

③ 음악과 무용 … 신라의 백결선생(방아타령), 고구려의 왕산악(거문고), 가야의 우륵(가야금)이 유명하다.

❹ 일본으로 건너간 우리 문화

(1) 삼국문화의 일본 전파

① 백제 … 아직기는 한자 교육, 왕인은 천자문과 논어 보급, 노리사치계는 불경과 불상 전래를 하였다.

② 고구려 : 담징(종이 먹의 제조방법을 전달, 호류사 벽화), 혜자(쇼토쿠 태자의 스승), 혜관(불교 전파)을 통해 문화가 전파되었다.

③ 신라 … 축제술과 조선술을 전해주었다.

④ 삼국의 문화는 야마토 정권과 아스카 문화의 형성에 큰 영향을 주었다.

(2) 일본으로 건너간 통일신라 문화

① 원효, 강수, 설총이 발전시킨 유교와 불교문화는 일본 하쿠호 문화의 성립에 기여하였다.

② 심상에 의하여 전해진 화엄사상은 일본 화엄종의 토대가 되었다.

02 중세의 문화

❶ 유학의 발달과 역사서의 편찬

(1) 유학의 발달

① 고려 초기의 유학 … 유교주의적 정치와 교육의 기틀이 마련되었다.
  ㉠ 태조 때 : 신라 6두품 계열의 유학자들이 활약하였다.
  ㉡ 광종 때 : 쌍기의 건의에 따라 유학에 능숙한 관료를 등용하는 과거제도를 실시하였다.
  ㉢ 성종 때 : 최승로의 시무 28조를 통해 유교적 정치사상이 확립되고 유학교육기관이 정비되었다.

② **고려 중기** … 문벌귀족사회의 발달과 함께 유교사상이 점차 보수적 성격을 띠게 되었다.

ⓐ **최충** : 9재학당 설립, 훈고학적 유학에 철학적 경향을 가미하기도 하였다.

ⓑ **김부식** : 보수적이고 현실적인 성격의 유학을 대표하였다.

(2) 교육기관

① **초기(성종)** … 지방에는 지방관리와 서민의 자제를 교육시키는 향교, 중앙에는 국립대학인 국자감이 설치되었다.

② **중기**

ⓐ 최충의 9재 학당 등의 사학 12도가 융성하여 관학이 위축되었다.

ⓑ **관학진흥책** : 7재 개설 및 서적포, 양현고, 청연각을 설치하였고, 개경에서는 경사 6학과 향교를 중심으로 지방교육을 강화시켰다.

③ **후기** … 교육재단인 섬학전을 설치하고, 국자감을 성균관으로 개칭하였으며, 공민왕 때에는 성균관을 순수 유교교육기관으로 개편하였다.

(3) 역사서의 편찬

① **삼국사기(김부식)** … 기전체로 서술되었고, 신라 계승의식과 유교적 합리주의 사관이 짙게 깔려 있다.

② **해동고승전(각훈)** … 삼국시대의 승려 30여명의 전기를 수록하였다.

③ **동명왕편(이규보)** … 고구려 동명왕의 업적을 칭송한 영웅 서사시로서, 고구려 계승의식을 반영하고 고구려의 전통을 노래하였다.

④ **삼국유사(일연)** … 단군의 건국 이야기를 수록하였고, 불교사를 중심으로 서술되었다.

⑤ **제왕운기(이승휴)** … 우리나라 역사를 단군으로부터 서술하면서 우리 역사를 중국사와 대등하게 파악하려 하였다.

(4) 성리학의 전래

① **성리학** … 송의 주희가 집대성한 성리학은 인간의 심성과 우주의 원리문제를 철학적으로 탐구하는 신유학이었다.

② **영향**

ⓐ 현실 사회의 모순을 시정하기 위한 개혁사상으로 신진사대부들은 성리학을 수용하게 되었다.

ⓑ 권문세족과 불교의 폐단을 비판하였다(정도전의 불씨잡변).

ⓒ 국가사회의 지도이념이 불교에서 성리학으로 바뀌게 되었다.

❷ 불교사상과 신앙

(1) 불교정책

① **태조** … 훈요 10조에서 불교를 숭상하고, 연등회와 팔관회 등 불교행사를 개최하였다.

② **광종** … 승과제도, 국사 · 왕사제도를 실시하였다.

③ **사원** … 국가가 토지를 지급했으며, 승려에게 면역의 혜택을 부여하였다.

(2) 불교통합운동과 천태종

① **화엄종, 법상종 발달** … 왕실과 귀족의 지원을 받았다.

② **천태종** … 대각국사 의천이 창시하였다.
   ㉠ **교단통합운동** : 화엄종 중심으로 교종통합, 선종의 통합을 위해 국청사를 창건하여 천태종을 창시하였다.
   ㉡ **교관겸수 제창** : 이론의 연마와 실천을 강조하였다.

③ **무신집권 이후의 종교운동**
   ㉠ **지눌** : 당시 불교계의 타락을 비판하고, 조계종 중심의 선 · 교 통합, 돈오점수 · 정혜쌍수를 제창하였다.
   ㉡ **혜심** : 유불일치설을 주장하고 심성의 도야를 강조하였다.

(3) 대장경 간행

① **초조대장경** … 현종 때 거란의 퇴치를 염원하며 간행하였으나 몽고의 침입으로 소실되었다.

② **속장경(의천)** … 교장도감을 설치하여 속장경을 간행하였는데, 몽고 침입 시 소실되었다.

③ **팔만대장경(재조대장경)** … 대장도감을 설치하여 부처의 힘으로 몽고의 침입을 극복하고자 하였다(호국불교 적 성격을 보여줌).

(4) 도교와 풍수지리설

① **도교** … 국가의 안녕과 왕실의 번영을 기원하였는데 교단이 성립되지 못하여 민간신앙으로 전개되었다.

② **풍수지리설** … 서경천도와 북진정책 추진의 이론적 근거가 되었으며, 개경세력과 서경세력의 정치적 투쟁에 이용되어 묘청의 서경천도운동을 뒷받침하기도 하였다.

❸ 과학기술의 발달

(1) 천문학과 의학

① **천문학** … 사천대를 설치하여 관측업무를 수행하였고, 당의 선명력이나 원의 수시력 등 역법을 수용하였다.

② **의학** … 태의감에서 의학을 교육하였고, 의과를 시행하였으며, 향약구급방과 같은 자주적 의서를 편찬하였다.

(2) 인쇄술의 발달

① **목판인쇄술** … 대장경을 간행하였다.

② **금속활자인쇄술** … 직지심체요절(1377)은 현존하는 세계 최고(最古)의 금속 활자본이다.

③ **제지술의 발달** … 닥나무의 재배를 장려하고, 종이 제조의 전담관서를 설치하여 우수한 종이를 제조하여 중국에 수출하기도 하였다.

(3) 농업기술의 발달

① **권농정책** … 농민생활의 안정과 국가재정의 확보를 위해 실시하였다.

② **농업기술의 발달**
  ㉠ **토지의 개간과 간척**: 묵은땅, 황무지, 산지 등을 개간하였으며 해안지방의 저습지를 간척하였다.
  ㉡ **수리시설의 개선**: 김제의 벽골제와 밀양의 수산제를 개축하였다.
  ㉢ **농업기술의 발달**: 1년 1작이 기본이었으며 논농사의 경우는 직파법을 실시하였으나, 말기에 남부 일부 지방에 이앙법이 보급되어 실시되기도 하였다. 밭농사는 2년 3작의 윤작법과 우경에 의한 깊이갈이가 보급되어 휴경기간의 단축과 생산력의 증대를 가져왔다.
  ㉣ **농서의 도입**: 이암은 원의 농상집요를 소개·보급하였다.

(4) 화약무기의 제조와 조선기술

① 최무선은 화통도감을 설치하여 화약과 화포를 제작하였고 진포싸움에서 왜구를 격퇴하였다.

② 대형 범선이 제조되었고 대형 조운선이 등장하였다.

❹ 귀족문화의 발달

(1) 문학의 성장

① 전기
> ㉠ 한문학 : 광종 때부터 실시한 과거제로 한문학이 크게 발달하였고, 성종 이후 문치주의가 성행함에 따라 한문학은 관리들의 필수교양이 되었다.
> ㉡ 향가 : 균여의 보현십원가가 대표적이며, 향가는 점차 한시에 밀려 사라지게 되었다.

② 중기 ⋯ 당의 시나 송의 산문을 숭상하는 풍조가 나타났다.

③ 무신집권기 ⋯ 현실도피적 경향의 수필문학(임춘의 국순전, 이인로의 파한집)이 유행하였다.

④ 후기 ⋯ 신진사대부와 민중을 주축으로 수필문학, 패관문학, 한시가 발달하였으며, 사대부문학인 경기체가 및 서민의 감정을 자유분방하게 표현한 속요가 유행하였다.

(2) 건축과 조각

① 건축 ⋯ 궁궐과 사원이 중심이 되었으며, 주심포식 건물(안동 봉정사 극락전, 영주 부석사 무량수전, 예산 수덕사 대웅전)과 다포식 건물(사리원 성불사 응진전)이 건축되었다.

② 석탑 ⋯ 신라 양식을 계승하였으나 독자적인 조형감각을 가미하여 다양한 형태로 제작되었다(불일사 5층 석탑, 월정사 팔각 9층 석탑, 경천사 10층 석탑).

③ 승탑 ⋯ 선종의 유행과 관련이 있다(고달사지 승탑, 법천사 지광국사 현묘탑).

④ 불상 ⋯ 균형을 이루지 못하여 조형미가 다소 부족한 것이 많았으며, 한편으로 각 지역만의 독특한 특색을 보여주기도 하였다(광주 춘궁리 철불, 관촉사 석조 미륵보살 입상, 안동 이천동 석불, 부석사 소조아미타여래 좌상).

(3) 청자와 공예

① 자기공예 ⋯ 상감청자가 발달하였다.

② 금속공예 ⋯ 은입사 기술이 발달하였다(청동 은입사 포류수금문 정병, 청동향로).

③ 나전칠기 ⋯ 경함, 화장품갑, 문방구 등이 현재까지 전해진다.

(4) 글씨 · 그림과 음악

① 서예 ⋯ 전기에는 구양순체가 유행했으며 탄연의 글씨가 뛰어났고, 후기에는 송설체가 유행했으며 이암이 뛰어났다.

② 회화 ⋯ 전기에는 예성강도, 후기에는 사군자 중심의 문인화가 유행하였다.

③ 음악

    ㉠ **아악** : 송에서 수입된 대성악이 궁중음악으로 발전된 것이다.

    ㉡ **향악**(속악) : 우리 고유의 음악이 당악의 영향을 받아 발달한 것으로 동동 · 대동강 · 한림별곡이 유명하다.

03 근세의 문화

❶ 민족문화의 융성

(1) 한글의 창제

① **배경** ⋯ 한자음의 혼란 방지와 피지배층에 대한 도덕적인 교화에 목적이 있었다.

② **보급** ⋯ 용비어천가 · 월인천강지곡 등을 제작하고, 불경, 농서, 윤리서, 병서 등을 간행하였다.

(2) 역사서의 편찬

① **건국 초기** ⋯ 왕조의 정통성을 확보하고 성리학적 통치규범을 정착시키기 위한 것이었다. 정도전의 고려국사와 권근의 동국사략이 대표적이다.

② **15세기 중엽** ⋯ 고려역사를 자주적 입장에서 재정리하였고 고려사, 고려사절요(문종. 김종서, 정인지 등), 동국통감(세조. 서거정 등)이 간행되었다.

③ **16세기** ⋯ 사림의 정치 · 문화 의식을 반영하였고, 박상의 동국사략이 편찬되었다.

④ **실록의 편찬** ⋯ 국왕 사후에 실록청을 설치하여 편찬하였다.

(3) 지리서의 편찬

① **목적** ⋯ 중앙 집권과 국방 강화를 위하여 지리지와 지도의 편찬에 힘썼다.

② **지도** ⋯ 혼일강리역대국도지도, 팔도도, 동국지도, 조선방역지도 등이 있다.

③ **지리지** ⋯ 신찬팔도지리지, 동국여지승람, 신증동국여지승람, 해동제국기 등이 있다.

(4) 윤리 · 의례서와 법전의 편찬

① **윤리 · 의례서** ⋯ 유교적인 사회질서 확립을 위해 편찬하였으며, 윤리서인 삼강행실도, 이륜행실도, 동몽수지 등과 의례서인 국조오례의가 있다.

② 법전의 편찬

    ㉠ **초기 법전** : 정도전의 조선경국전, 경제문감, 조준의 경제육전이 편찬되었다.

    ㉡ **경국대전** : 〈경제육전〉의 원전과 속전, 법령을 종합해 만든 기본 법전으로 유교적 통치 질서와 문물제도
가 완성되었음을 의미한다. 세조 대 편찬하기 시작하여 성종 대 완성되었다.

② 성리학의 발달

(1) 조선 초의 성리학

① **관학파**(훈구파) ⋯ 정도전, 권근 등의 관학파는 다양한 사상과 종교를 포용하고, 주례를 중시하였다.

② **사학파**(사림파) ⋯ 길재 등은 고려말의 온건개혁파를 계승하여 교화에 의한 통치를 강조하였고, 성리학적 명
분론을 중시하였다.

(2) 성리학의 융성

① **이기론의 발달**

    ㉠ **주리론** : 기(氣)보다는 이(理)를 중심으로 이론을 전개하였다.

    ㉡ **주기론** : 이(理)보다는 기(氣)를 중심으로 세계를 이해하였다.

② **성리학의 정착**

    ㉠ **이황**

      • 인간의 심성을 중시하였고, 근본적이며 이상주의적 성격이 강하였다.

      • 주자서절요, 성학십도 등을 저술하여 이기이원론을 더욱 발전시켜 주리철학을 확립하였다.

    ㉡ **이이**

      • 기를 강조하여 일원론적 이기이원론을 주장하였으며 현실적이고 개혁적인 성격이 강하였다.

      • 동호문답, 성학집요 등을 저술하였다.

(3) 학파의 형성과 대립

① **동인**

    ㉠ **남인** : 이황학파, 서인과 함께 인조반정에 성공하였다.

    ㉡ **북인** : 서경덕학파, 조식학파, 광해군 때 사회개혁을 추진하였다.

② **서인** ⋯ 이이학파, 성혼학파로 나뉘고, 인조반정으로 집권하였으며, 송시열 이후 척화론과 의리명분론을 강
조하였다.

(4) 예학의 발달

① **성격** ⋯ 유교적 질서를 유지하였고, 예치를 강조하였다.

② **영향** ⋯ 각 학파 간 예학의 차이가 예송논쟁을 통해 표출되었다.

❸ 불교와 민간신앙

(1) 불교의 정비

① **불교 정책** ⋯ 사원의 토지와 노비를 회수하고, 사찰 및 승려 수를 제한하였으며, 도첩제를 실시하였다.

② **정비과정** ⋯ 선 · 교 양종에 모두 36개 절만 인정하였고, 사람들의 적극적인 불교비판으로 불교는 산속으로 들어가게 되었다.

(2) 도교와 민간신앙

① **도교** ⋯ 소격서를 설치하고 참성단에서 일월성신에 대해 제사를 지내는 초제를 시행하였다.

② **풍수지리설과 도참사상** ⋯ 한양 천도에 반영되었고, 산송문제를 야기하기도 하였다.

③ **민간신앙** ⋯ 무격신앙, 산신신앙, 삼신숭배, 촌락제가 성행하게 되었다.

❹ 과학기술의 발달

(1) 천문 · 역법과 의학

① **각종 기구의 발명 · 제작**
   - ⑤ **천체관측기구** : 혼의, 간의
   - ⑥ **시간측정기구** : 해시계(앙부일구), 물시계(자격루)
   - ⑥ **강우량측정기구** : 측우기(세계 최초)
   - ⑥ **토지측량기구** : 인지의, 규형(토지 측량과 지도 제작에 활용)

② **역법** ⋯ 중국의 수시력과 아라비아의 회회력을 참고한 칠정산을 발달시켰다.

③ **의학분야** ⋯ 향약집성방과 의방유취가 편찬되었다.

(2) 농서의 편찬과 농업기술의 발달

① 농서의 편찬

  ㉠ **농사직설** : 최초의 농서로서 독자적인 농법을 정리(씨앗의 저장법·토질의 개량법·모내기법)하였다.

  ㉡ **금양잡록** : 금양(시흥)지방을 중심으로 경기지방의 농사법을 정리하였다.

② **농업기술의 발달** … 2년 3작(밭농사), 이모작·모내기법(논농사), 시비법, 가을갈이가 실시되었다.

(3) 병서 편찬과 무기 제조

① **병서의 편찬** … 총통등록, 병장도설이 편찬되었다.

② **무기 제조** … 최해산은 화약무기를 제조하였고, 화포가 만들어졌다.

③ **병선 제조** … 태종 때에는 거북선과 비거도선을 제조하여 수군의 전투력을 향상시켰다.

❺ 문학과 예술

(1) 다양한 문학

① **15세기** … 격식을 존중하고, 질서와 조화를 내세웠다.

  ㉠ **악장과 한문학** : 용비어천가, 월인천강지곡, 동문선

  ㉡ **시조문학** : 김종서·남이(패기 넘침)

  ㉢ **설화문학** : 관리들의 기이한 행적, 서민들의 풍속·감정·역사의식을 담았다(서거정의 필원잡기, 김사습의 금오신화).

② **16세기** … 사림문학이 주류를 이루었다.

  ㉠ **시조문학** : 황진이, 윤선도(오우기·어부사시사)

  ㉡ **가사문학** : 송순, 정철(관동별곡·사미인곡·속미인곡)

(2) 왕실과 양반의 건축

① **15세기** … 궁궐·관아·성곽·성문·학교건축이 중심이 되었고, 건물은 건물주의 신분에 따라 일정한 제한을 두었다.

② **16세기** … 서원건축은 가람배치양식과 주택양식이 실용적으로 결합된 독특한 아름다움을 지녔으며, 옥산서원(경주)·도산서원(안동)이 대표적이다.

(3) 분청사기 · 백자와 공예

① 분청사기 … 안정된 그릇모양이었으며 소박하였다.

② 백자 … 깨끗하고 담백하며 선비취향이었다.

③ 공예 … 목공예, 화각공예, 자개공예가 주류를 이루었다.

(4) 그림과 글씨

① 그림
　　㉠ 15세기 : 안견(몽유도원도), 강희안(고사관수도), 강희맹 등이 있다.
　　㉡ 16세기 : 산수화와 사군자가 유행하였으며, 이암, 이정, 황집중, 어몽룡, 신사임당 등이 있다.

② 글씨 … 안평대군(송설체), 양사언(초서), 한호(석봉체)가 유명하였다.

04 문화의 새 기운

❶ 성리학의 변화

(1) 성리학의 교조화 경향

① 서인의 의리명분론 강화 … 송시열은 주자중심의 성리학을 절대화 하였다.

② 성리학 비판
　　㉠ 윤휴 : 유교경전에 대한 독자적으로 해석하였다.
　　㉡ 박세당 : 양명학과 노장사상의 영향을 받아 주자의 학설을 비판하였으나 사문난적으로 몰렸다.

③ 성리학의 발달
　　㉠ 이기론 중심 : 이황학파의 영남 남인과 이이학파인 노론 사이에 성리학의 이기론을 둘러싼 논쟁이 치열하게 전개되었다.
　　㉡ 심성론 중심 : 인간과 사물의 본성이 같은가 다른가 등의 문제를 둘러싸고 충청도 지역의 호론과 서울 지역의 낙론이 대립하였다(호락논쟁).

(2) **양명학의 수용**

① 성리학의 교조화와 형식화를 비판하였고, 실천성을 강조하였다.

② **강화학파의 형성** ⋯ 18세기 초 정제두가 양명학 연구와 제자 양성에 힘써 강화학파라 불리는 하나의 학파를 이루었으나 제자들이 정권에서 소외된 소론이었기 때문에 그의 학문은 집안의 후손들과 인척을 중심으로 가학(家學)의 형태로 계승되었다.

❷ 실학의 발달

(1) **실학의 등장**

    ① **배경** ⋯ 사회모순의 해결이 필요했으며, 성리학의 한계가 나타났다.

    ② **새로운 문화운동** ⋯ 현실적 문제를 연구했으며, 이수광의 지봉유설, 한백겸의 동국지리지가 편찬되었다.

    ③ **성격** ⋯ 민생안정과 부국강병이 목표였고, 비판적·실증적 논리로 사회개혁론을 제시하였다.

(2) **농업 중심의 개혁론(경세치용학파)**

① **특징** ⋯ 농민의 입장에서 토지제도의 개혁과 자영농 육성을 추구하였다.

② **주요 학자와 사상**

    ㉠ **유형원** : 반계수록을 저술, 균전론 주장, 양반문벌제도·과거제도·노비제도의 모순을 비판하였다.

    ㉡ **이익** : 이익학파를 형성하고 한전론을 주장, 6종의 폐단을 지적하였다.

    ㉢ **정약용** : 실학을 집대성, 목민심서·경세유표를 저술, 여전론을 주장하였다.

(3) **상공업 중심의 개혁론(이용후생학파, 북학파)**

① **특징** ⋯ 청나라 문물을 적극적으로 수용하여 부국강병과 이용후생에 힘쓰자고 주장하였다.

② **주요 학자와 사상**

    ㉠ **유수원** : 우서를 저술, 상공업 진흥·기술혁신을 강조, 사농공상의 직업평등과 전문화를 주장하였다.

    ㉡ **홍대용** : 임하경륜·의산문답을 저술, 기술혁신과 문벌제도를 철폐, 성리학 극복을 주장하였다.

    ㉢ **박지원** : 열하일기를 저술, 상공업의 진흥 강조(수레와 선박의 이용·화폐유통의 필요성 주장), 양반문벌 제도의 비생산성 비판, 농업 생산력 증대에 관심(영농방법의 혁신·상업적 농업의 장려·수리시설의 확충)을 가졌다.

    ㉣ **박제가** : 북학의를 저술, 청과의 통상 강화, 수레와 선박 이용, 소비권장을 주장하였다.

(4) 국학 연구의 확대

① 국사

    ㉠ **이익** : 실증적 · 비판적 역사서술, 중국 중심의 역사관을 비판하였다.

    ㉡ **안정복** : 동사강목을 저술하였고 고증사학의 토대를 닦았다.

    ㉢ **이긍익** : 조선시대의 정치와 문화를 정리하여 연려실기술을 저술하였다.

    ㉣ **이종휘와 유득공** : 이종휘의 동사와 유득공의 발해고는 각각 고구려사와 발해사 연구를 중심으로 연구 시야를 만주지방까지 확대하여 한반도 중심의 협소한 사관을 극복하고자 했다.

    ㉤ **김정희** : 금석과안록을 지어 북한산비가 진흥왕순수비임을 고증하였다.

③ 국토에 대한 연구

    ㉠ **지리서** : 한백겸의 동국지리지, 정약용의 아방강역고, 이중환의 택리지가 편찬되었다.

    ㉡ **지도** : 동국지도(정상기), 대동여지도(김정호)가 유명하다.

④ **언어에 대한 연구** … 신경준의 훈민정음운해, 유희의 언문지, 이의봉의 고금석림이 편찬되었다.

⑤ **백과사전의 편찬** … 이수광의 지봉유설, 이익의 성호사설, 서유구의 임원경제지, 홍봉한의 동국문헌비고가 편찬되었다.

❸ 과학기술의 발달

(1) 천문학과 지도제작기술의 발달

① **천문학** … 김석문 · 홍대용의 지전설은 근대적 우주관으로 성리학적 세계관을 비판하였다.

② **역법과 수학** … 시헌력(김육)과 유클리드 기하학을 도입하였다.

③ **지리학** … 곤여만국전도(세계지도)가 전래되어 세계관이 확대되었다.

(2) 의학의 발달과 기술의 개발

① **의학** … 허준은 동의보감, 허임은 침구경험방, 정약용은 마과회통, 이제마는 동의수세보원을 저술하였다.

② **정약용의 기술관** … 한강에 배다리를 설계하고, 수원 화성을 설계 및 축조하였다(거중기 사용).

(3) 농서의 편찬과 농업기술의 발달

① 농서의 편찬

    ㉠ **신속의 농가집성** : 벼농사 중심의 농법이 소개되고, 이앙법 보급에 기여하였다.

    ㉡ **박세당의 색경** : 곡물재배법, 채소, 과수, 원예, 축산, 양잠 등의 농업기술을 소개하였다.

ⓒ **홍만선의 산림경제** : 농예, 의학, 구황 등에 관한 농서이다.

ⓔ **서유구** : 해동농서와 농촌생활 백과사전인 임원경제지를 편찬하였다.

② **농업기술의 발달**

　ⓐ 이앙법, 견종법의 보급으로 노동력이 절감되고 생산량이 증대되었다.

　ⓑ 쟁기를 개선하여 소를 이용한 쟁기를 사용하기 시작하였다.

　ⓒ 시비법이 발전되어 여러 종류의 거름이 사용됨으로써 토지의 생산력이 증대되었다.

　ⓓ 수리시설의 개선으로 저수지를 축조하였다(당진의 합덕지, 연안의 남대지 등).

　ⓔ 황무지 개간(내륙 산간지방)과 간척사업(해안지방)으로 경지면적을 확대시켰다.

❹ 문학과 예술의 새 경향

(1) 서민문화의 발달

① **배경** … 서당교육이 보급되고, 서민의 경제적 · 신분적 지위가 향상되었다.

② **서민문화의 대두** … 중인층(역관 · 서리), 상공업 계층, 부농층의 문예활동과 상민, 광대들의 활동이 활발하였다.

③ **문학상의 특징** … 인간감정을 적나라하게 표현하고 양반들의 위선적인 모습을 비판하며, 사회의 부정과 비리를 풍자 · 고발하였다. 서민적 주인공이 등장했으며, 현실세계를 배경으로 설정하였다.

(2) 판소리와 탈놀이

① **판소리** … 서민문화의 중심이 되었으며, 직접적이고 솔직하게 감정을 표현하였다. 다섯마당(춘향가 · 심청가 · 흥보가 · 적벽가 · 수궁가)이 대표적이며, 신재효는 판소리 사설을 창작하고 정리하였다.

② **탈놀이 · 산대놀이** … 승려들의 부패와 위선을 풍자하고, 양반의 허구를 폭로하였다.

(3) 한글소설과 사설시조

① **한글소설** … 홍길동전, 춘향전, 별주부전, 심청전, 장화홍련전 등이 유명하였다.

② **사설시조** … 남녀 간의 사랑, 현실에 대한 비판을 거리낌없이 표현하였다.

③ **한문학** … 정약용은 삼정의 문란을 폭로하는 한시를 썼고, 박지원은 양반전, 허생전, 호질을 통해 양반사회의 허구성을 지적하며 실용적 태도를 강조하였다.

(4) 진경산수화와 풍속화

① **진경산수화** … 우리나라의 고유한 자연을 표현하였고, 정선의 인왕제색도 · 금강전도가 대표적이다.

② **풍속화** … 김홍도는 서민생활을 묘사하였고, 신윤복은 양반 및 부녀자의 생활과 남녀 사이의 애정을 표현하였다.

③ **민화** … 민중의 미적 감각과 소박한 정서를 표현하였다.

④ **서예** … 이광사(동국진체), 김정희(추사체)가 대표적이었다.

(5) 백자 · 생활공예와 음악

① **자기공예** … 백자가 민간에까지 널리 사용되었고, 청화백자가 유행하였으며 서민들은 옹기를 많이 사용하였다.

② **생활공예** … 목공예와 화각공예가 발전하였다.

③ **음악** … 음악의 향유층이 확대되어 다양한 음악이 출현하였다. 양반층은 가곡 · 시조, 서민들은 민요를 애창하였다.

≡ 최근 기출문제 분석 ≡

2022 지방직 간호8급

1 ㈎에 들어갈 문화유산의 명칭으로 옳은 것은?

> 원 간섭기에 만들어진 불탑으로서 현재 국립중앙박물관에 보관 중인 ㈎ 은 라마교의 영향을 받았고, 화강암이 아닌 대리석으로 만들어졌다.

① 익산 미륵사지 석탑　　　　　② 경주 불국사 3층 석탑

③ 개성 경천사지 10층 석탑　　　④ 평창 월정사 8각 9층 석탑

> **TIP** 제시문의 탑은 고려 충목왕 때 세워진 개성 경천사지 10층 석탑이다. 당시 고려는 원 간섭기였기에 원의 라마교가 전래되기도 하는 등 이전의 석탑과 달리 원의 영향을 받아 세워진 석탑이 경천사지 10층 석탑이다. 일제 강점기에 일본으로 유출되었다가 반환되었다.

2022 지방직 간호8급

2 밑줄 친 '왕'의 업적으로 옳은 것은?

> 왕은 6조 직계제를 시행하여 6조에서 의정부를 거치지 않고 곧바로 왕에게 재가를 받도록 함으로써 의정부의 힘을 약화시켰다. 또한 사간원을 독립시켜 대신들을 견제하였으며, 사병을 없애고 사원이 소유한 토지를 몰수하였다.

① 「정간보」를 창안하였다.

② 계미자를 주조하였다.

③ 『동국병감』을 간행하였다.

④ 「천상열차분야지도」를 돌에 새겼다.

> **TIP** 제시문의 왕은 조선 태종이다. 태종은 6조 직계제를 시행하여 의정부의 권한을 약화시키고, 사간원을 독립시켜 강력한 왕권 중심 체제의 기반을 마련하였다. 또한 사병을 혁파하고 호패법을 시행하였으며, 주자소를 설치해 계미자를 주조하여 서적 간행 및 출판을 담당하게 하였다.
> ① 세종　③ 문종　④ 태조

Answer 1.③ 2.②

2022 지방직 간호8급

3 다음 글을 쓴 인물에 대한 설명으로 옳지 않은 것은?

> 하루는 같이 공부하는 사람 10여 인과 약속하였다. 마땅히 명예와 이익을 버리고 산림에 은둔하여 같은 모임을 맺자. 항상 선을 익히고 지혜를 고르는 데 힘쓰고, 예불하고 경전을 읽으며 힘들여 일하는 것에 이르기까지 각자 맡은 바 임무에 따라 경영한다.
>
> ─「권수정혜결사문」─

① 선종 중심으로 교종을 통합하려는 사상 체계를 정립하였다.

② 단박에 깨달음을 얻고 깨달은 후에도 꾸준히 수행해야 한다고 주장하였다.

③ 깨달음을 얻기 위해 참선을 하되 교리 공부를 함께할 것을 제안하였다.

④ 교단을 통합, 정리하는 것이 불교계의 폐단을 바로잡는 우선 과제라고 생각하였다.

> **TIP** 「권수정혜결사문」은 고려시대 승려 지눌이 저술한 불교서로, 승려들에게 선정과 지혜를 함께 닦을 것을 권하는 내용이다.
> ④ 보우
> ① 선교일치
> ② 돈오점수
> ③ 정혜상수

2022 국가직 9급

4 우리나라 유네스코 세계유산에 대한 설명으로 옳지 않은 것은?

① 미륵사지에는 목탑 양식의 석탑이 있다.

② 정림사지에는 백제의 5층 석탑이 남아 있다.

③ 능산리 고분군에는 계단식 돌무지무덤이 있다.

④ 무령왕릉에는 무덤 주인공을 알려주는 지석이 있었다.

> **TIP** 한국의 유네스코 세계유산으로는 경주 역사유적 지구, 남한산성, 수원 화성, 고인돌 유적지(강화, 고창, 화순), 종묘 및 창덕궁, 역사마을(안동 하회마을, 경주 양동마을), 백제 역사유적 지구 등이 있다. 백제 역사유적 지구는 2015년에 등재되었고 공주, 부여, 익산 등지의 역사 유적들이 등재되었다. 익산 미륵사지 석탑, 부여 정림사지 5층 석탑 및 능산리 고분군, 공주 송산리 고분군 등 다양한 유적 및 유물이 세계유산으로 등재되었다.
> ③ 부여 능산리 고분군은 굴식 돌방무덤의 형태를 지니고 있다. 계단식 돌무지 무덤은 백제 초기 무덤 양식으로 고구려의 돌무지 무덤 양식과 동일하며 한성(서울 석촌동 고분군)에 위치하고 있다.

Answer 3.④ 4.③

5 다음 (가), (나) 승려에 대한 설명으로 옳은 것은?

> (가) 중국 유학에서 돌아와 부석사를 비롯한 여러 사원을 건립하였으며, 문무왕이 경주에 성곽을 쌓으려 할 때 만류한 일화로 유명하다.
>
> (나) 진골 귀족 출신으로 대국통을 역임하였으며, 선덕여왕에게 황룡사 9층탑의 건립을 건의하였다.

① (가)는 모든 것이 한마음에서 나온다는 일심사상을 제시하였다.

② (가)는 「화엄일승법계도」를 만들었다.

③ (나)는 『왕오천축국전』이라는 여행기를 남겼다.

④ (나)는 이론과 실천을 같이 강조하는 교관겸수를 제시하였다.

> **TIP** 제시문의 (가)는 의상, (나)는 자장이다. 의상은 화엄사상을 정립한 승려로 당 유학을 마치고 귀국하여 〈화엄일승법계도〉를 저술하였다. 자장은 선덕여왕에게 황룡사 9층 목탑 창건을 건의하여 설립을 주도하였고, 이후 통도사 건립도 주도하였다.
> ① 원효 ③ 혜초 ④ 의천

6 다음 설명에 해당하는 문화유산은?

> 이 건물은 주심포 양식에 맞배지붕 건물로 기둥은 배흘림 양식이다. 1972년 보수 공사 중에 공민왕 때 중창하였다는 상량문이 나와 우리나라에서 가장 오래된 목조 건물로 보고 있다.

① 서울 흥인지문

② 안동 봉정사 극락전

③ 영주 부석사 무량수전

④ 합천 해인사 장경판전

> **TIP** 제시문은 안동 봉정사 극락전이다. 고려 시대 건축물인 봉정사 극락전은 주심포 양식에 맞배 지붕 건축물로 현존하는 목조 건축물 중 가장 오래되었다. 특히 주심포 양식은 고려 전기에 유행한 양식으로 해당 건축물로 예산 수덕사 대웅전, 영주 부석사 무량수전이 있지만 부석사 무량수전은 맞배 지붕이 아닌 팔작 지붕 양식이다.
> ① 조선 태조 대 건립된 사대문 중 하나이다.
> ③ 부석사 무량수전은 주심포 양식은 맞지만 지붕은 팔작 지붕이다.
> ④ 해인사 장경판전은 조선시대에 세워진 건축물이다.

Answer 5.② 6.②

7 (가), (나)에 대한 설명으로 옳은 것은?

> (가) 역사서의 저자는 다음과 같은 글을 지어 왕에게 바쳤다. "성상 전하께서 옛 사서를 널리 열람하시고, '지금의 학사 대부는 모두 오경과 제자의 책과 진한(秦漢) 역대의 사서에는 널리 통하여 상세히 말하는 이는 있으나, 도리어 우리나라의 사실에 대하여서는 망연하고 그 시말(始末)을 알지 못하니 심히 통탄할 일이다. 하물며 신라·고구려·백제가 나라를 세우고 정립하여 능히 예의로써 중국과 통교한 까닭으로 범엽의 『한서』나 송기의 『당서』에는 모두 열전이 있으나 국내는 상세하고 국외는 소략하게 써서 자세히 실리지 않았다. … (중략) … 일관된 역사를 완성하고 만대에 물려주어 해와 별처럼 빛나게 해야 하겠다.'라고 하셨다."
>
> (나) 역사서에는 다음과 같은 서문이 실려 있다. "부여씨와 고씨가 망한 다음에 김씨의 신라가 남에 있고, 대씨의 발해가 북에 있으니 이것이 남북국이다. 여기에는 마땅히 남북국사가 있어야 할 터인데, 고려가 그것을 편찬하지 않은 것은 잘못이다."

① (가)는 동명왕의 업적을 칭송한 영웅 서사시이다.
② (가)는 불교를 중심으로 고대 설화를 수록하였다.
③ (나)는 만주 지역까지 우리 역사의 범위를 확장하였다.
④ (나)는 고조선부터 고려에 이르는 역사를 체계적으로 정리하였다.

> **TIP** 제시문의 (가)는 김부식이 저술한 〈삼국사기〉, (나)는 유득공이 저술한 〈발해고〉이다. 〈삼국사기〉는 기전체 사서로 유교 사관이 반영된 역사서이며, 〈발해고〉는 신라와 발해의 역사를 남북국 시대라 칭하며 발해를 우리 민족 역사로 인식하고, 발해의 영토인 만주 지역 일대를 우리의 역사적 공간으로 확장하였다.
> ① 고구려 건국 시조인 동명왕의 업적을 칭송한 영웅 서사시는 이규보의 〈동명왕편〉이다.
> ② 불교사를 중심으로 고대 설화를 수록한 역사서는 일연의 〈삼국유사〉이다.
> ④ 고조선~고려에 이르는 역사를 기록한 사서는 서거정 등이 편찬한 〈동국통감〉이다.

Answer 7.③

8 (가) 인물에 대한 설명으로 옳은 것은?

> [(가)] 가/이 귀산 등에게 말하기를 "세속에도 5계가 있으니, 첫째는 충성으로써 임금을 섬기는 것, 둘째는 효도로써 어버이를 섬기는 것, 셋째는 신의로써 벗을 사귀는 것, 넷째는 싸움에 임하여 물러서지 않는 것, 다섯째는 생명 있는 것을 죽이되 가려서 한다는 것이다. 그대들은 이를 실행함에 소홀하지 말라."라고 하였다.
>
> ─ 『삼국사기』 ─

① 모든 것이 한마음에서 나온다는 일심 사상을 제시하였다.
② 화엄 사상을 연구하여 「화엄일승법계도」를 작성하였다.
③ 왕에게 수나라에 군사를 청하는 글을 지어 바쳤다.
④ 인도를 여행하여 『왕오천축국전』을 썼다.

> **TIP** 제시문의 인물은 신라의 원광이다. 6세기 진흥왕의 대외 영토 확장 과정을 주도한 것은 화랑도이다. 화랑도는 귀족 중심의 화랑과 서민들이 포함된 낭도로 구성된 신라의 군사 세력으로 원광은 화랑이 지켜야 할 계율로 세속오계(世俗五戒)를 제시하였다. 또한 진평왕 30년(608)에는 걸사표(乞師表)를 지어 수나라의 고구려 출병을 이끌기도 하였다.
> ① 원효 ② 의상 ④ 혜초

9 (가), (나)에 들어갈 이름을 바르게 연결한 것은?

> [(가)] 는/은 『북학의』를 저술하여 청의 선진 기술을 적극적으로 수용할 것과 상공업 육성 등을 역설하였다. 한편, [(나)] 는/은 중국 및 일본의 방대한 자료를 참고하여 『해동역사』를 편찬함으로써, 한·중·일 간의 문화 교류를 잘 보여주었다.

	(가)	(나)
①	박지원	한치윤
②	박지원	안정복
③	박제가	한치윤
④	박제가	안정복

> **TIP** (가)는 조선 후기 실학자인 박제가이다. 그는 〈북학의〉에서 수레와 선박을 이용한 상공업 진흥, 청 문물의 수용 및 통상 강화 등을 주장하였다. (나)는 조선 후기 실학자인 한치윤이다. 〈해동역사〉는 단군조선에서부터 고려까지의 역사를 서술한 기전체 사서이다.
> ①② 박지원 : 〈열하일기〉, 〈과농소초〉 〈연암집〉, 〈허생전〉, 〈호질〉 등 저술
> ②④ 안정복 : 〈동사강목〉, 〈순암집〉, 〈희현록〉 등 저술

Answer 8.③ 9.③

10 다음 내용의 역사서에 대한 설명으로 옳은 것은?

> 왕께서는 "우리나라 사람들은 유교 경전과 중국 역사에 대해서는 자세히 말하는 사람이 있으나 우리나라의 사실에 이르러서는 잘 알지 못하니 매우 유감이다. 중국 역사서에 우리 삼국의 열전이 있지만 상세하게 실리지 않았다. 또한, 삼국의 고기(古記)는 문체가 거칠고 졸렬하며 빠진 부분이 많으므로, 이런 까닭에 임금의 선과 악, 신하의 충과 사악, 국가의 안위 등에 관한 것을 다 드러내어 그로써 후세에 권계(勸戒)를 보이지 못했다. 마땅히 일관된 역사를 완성하고 만대에 물려주어 해와 별처럼 빛나도록 해야 하겠다."라고 하셨습니다.

① 불교를 중심으로 신화와 설화를 정리하였다.

② 유교적인 합리주의 사관에 따라 기전체로 서술되었다.

③ 단군조선을 우리 역사의 시작으로 본 통사이다.

④ 진흥왕의 명을 받아 거칠부가 편찬하였다.

> **TIP** 제시문의 역사서는 고려 인종 때 김부식이 편찬한 〈삼국사기〉이다. 〈삼국사기〉는 유교적 합리주의 사관에 따라 삼국의 역사를 서술한 기전체 사서이다.
> ① 일연의 〈삼국유사〉
> ③ 서거정의 〈동국통감〉
> ④ 거칠부의 〈국사〉

11 〈보기〉에서 발해 문화가 고구려를 계승하였음을 보여주는 문화유산을 모두 고른 것은?

> ──────── 〈보기〉 ────────
> ㉠ 온돌 장치　　　　　　　　　㉡ 벽돌무덤
> ㉢ 굴식돌방무덤　　　　　　　　㉣ 주작대로

① ㉠, ㉡　　　　　　　　　　　② ㉠, ㉢

③ ㉡, ㉣　　　　　　　　　　　④ ㉢, ㉣

> **TIP** 발해의 고구려 계승 의식을 보여주는 문화유산으로는 ㉠ 온돌장치와 ㉢ 굴식돌방무덤이 있다. 온돌장치는 겨울철 추위에 대비하기 위해 만들어진 고구려의 난방 장치였으며, 굴식돌방무덤은 고구려 후기 무덤 양식으로 발해 정혜 공주의 묘가 이에 해당한다. 이외에도 발해 왕이 일본에 보낸 국서에 고려 국왕이라는 칭하였다는 점도 발해가 고구려를 계승했음을 알 수 있다.
> ㉡ 벽돌무덤 : 중국의 무덤양식으로 발해 정효 공주의 묘는 이에 해당한다.
> ㉣ 주작대로 : 당의 수도인 장안을 모방해 발해 수도인 상경 용천부에 이를 설치하였다.

Answer　10.②　11.②

12 〈보기〉에서 고려시대 회화 작품을 모두 고른 것은?

─── 〈보기〉 ───

㉠ 고사관수도　　　　　　　　㉡ 부석사 조사당 벽화
㉢ 예성강도　　　　　　　　　㉣ 송하보월도

① ㉠, ㉢
② ㉠, ㉣
③ ㉡, ㉢
④ ㉡, ㉣

TIP ㉡ 부석사 조사당 벽화 : 화엄종의 시조인 의상대사를 모신 조사당 안에 그려진 고려 사찰 벽화
㉢ 예성강도 : 고려 전기 화가인 이령이 그린 실경산수화
㉠ 고사관수도 : 조선 전기 강희안의 그림
㉣ 송하보월도 : 조선 중기 이상좌의 그림

13 밑줄 친 '유학자'에 대한 설명으로 옳은 것은?

풍기군수 주세붕은 고려시대 유학자의 고향인 경상도 순흥면 백운동에 회헌사(晦軒祠)를 세우고, 1543년에 교육시설을 더해서 백운동 서원을 건립하였다.

① 해주향약을 보급하였다.
② 원 간섭기에 성리학을 국내로 소개하였다.
③ 『성학십도』를 저술하여 경연에서 강의하였다.
④ 일본의 동정을 담은 『해동제국기』를 저술하였다.

TIP 밑줄 친 '유학자'는 안향이다.
② 안향은 고려 후기 원나라에서 유행하던 성리학을 국내로 소개하였다.
① 이이　③ 이황　④ 신숙주

Answer 12.③ 13.②

14 시기별 대외 교류에 관한 설명으로 옳지 않은 것은?

① 백제 : 노리사치계가 일본에 불경과 불상을 전하였다.

② 통일신라 : 장보고가 청해진을 설치하여 해상권을 장악하였다.

③ 고려 : 예성강 하구의 벽란도가 국제항으로 번성하였다.

④ 조선 : 명과의 교류에서 중강개시와 책문후시가 전개되었다.

TIP ④ 중강개시 : 중강에서 열리던 조선과 청나라와의 무역
책문후시 : 책문에서 열렸던 조선과 청나라와의 밀무역

※ 조선 후기의 상업과 무역 활동

15 다음은 발해 수도에 대한 답사 계획이다. 각 수도에 소재하는 유적에 대한 탐구 내용으로 옳은 것만을 모두 고르면?

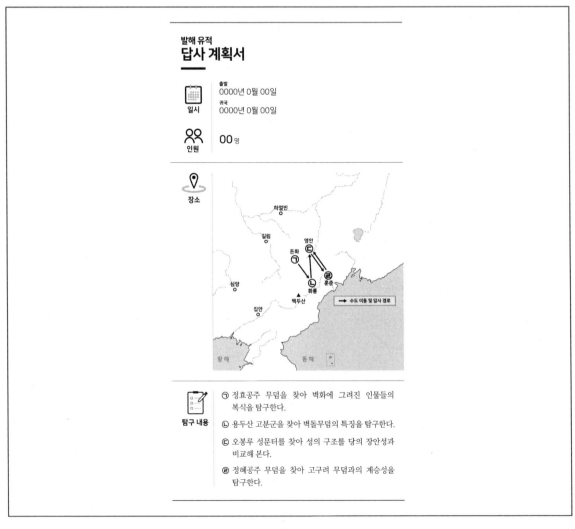

발해 유적
답사 계획서

일시
출발
0000년 0월 00일
귀국
0000년 0월 00일

인원
00명

장소

탐구 내용

㉠ 정효공주 무덤을 찾아 벽화에 그려진 인물들의 복식을 탐구한다.

㉡ 용두산 고분군을 찾아 벽돌무덤의 특징을 탐구한다.

㉢ 오봉루 성문터를 찾아 성의 구조를 당의 장안성과 비교해 본다.

㉣ 정혜공주 무덤을 찾아 고구려 무덤과의 계승성을 탐구한다.

① ㉠, ㉡   ② ㉠, ㉣

③ ㉡, ㉢   ④ ㉢, ㉣

> **TIP** 발해는 첫 도읍지인 동모산 기슭(㉠)에서 중경현덕부(㉡) → 상경용천부(㉢) → 동경용원부(㉣) → 상경용천부(㉢)로 옮겨졌다.
> ㉠ 정효공주 무덤은 길림성 화룡현에 위치한 용두산에 있다. → ㉡ 지역
> ㉣ 정혜공주 무덤은 길림성 돈화현에 위치한 육정산에 있다. → ㉠ 지역

Answer 15.③

16 우리나라 세계유산과 세계기록유산에 대한 설명으로 옳은 것만을 모두 고르면?

> ㉠ 공주 송산리 고분군에는 전축분인 6호분과 무령왕릉이 있다.
> ㉡ 양산 통도사는 금강계단 불사리탑이 있는 삼보 사찰이다.
> ㉢ 남한산성은 병자호란 때 인조가 피난했던 산성이다.
> ㉣ 『승정원일기』는 역대 왕의 훌륭한 언행을 『실록』에서 뽑아 만든 사서이다.

① ㉠, ㉡

② ㉡, ㉢

③ ㉠, ㉡, ㉢

④ ㉠, ㉢, ㉣

> **TIP** ㉣ 『승정원일기』는 조선시대에 왕명의 출납을 관장하던 승정원에서 매일매일 취급한 문서와 사건을 기록한 일기이다. 역대 왕의 훌륭한 언행을 『실록』에서 뽑아 만든 편년체 사서는 『국조보감』이다.

17 밑줄 친 '그'의 저술로 옳은 것은?

> 서울의 노론 집안에서 태어난 그는 『양반전』을 지어 양반사회의 허위를 고발하였다. 그는 또한 한전론을 주장하였으며, 상공업 진흥에도 관심을 기울여 수레와 선박의 이용 등에 대해서도 주목하였다.

① 『북학의』　　　　　　　　　② 『과농소초』

③ 『의산문답』　　　　　　　　④ 『지봉유설』

> **TIP** 조선 후기 북학파 실학자 박지원이다. 실용적, 실제적인 철학 사상을 가진 대표적인 실학자로 여러 분야에 걸쳐 학문에 관심을 가졌을뿐만 아니라 당시 양반 사회를 비판하고 풍자하는 작품을 남겼다. 그를 대표하는 저서로는 〈열하일기〉, 〈허생전〉, 〈광문자전〉, 〈양반전〉 등이 있으며 〈과농소초〉는 중국의 농학과 우리나라의 농학을 비교 연구한 것으로 농법과 토지제도의 개혁 등을 주장하였다.
> ① 북학의는 조선 후기 실학자 박제가의 저서이다.
> ③ 의산문답은 조선 후기 실학자 홍대용의 저서이다.
> ④ 지봉유설은 조선 후기 실학자 이수광의 저서이다.

Answer　16.③　17.②

2019 서울시 9급

18 고려시대 불교계의 동향과 관련된 설명으로 가장 옳지 않은 것은?

① 백련결사를 제창한 요세는 참회와 수행에 중점을 두는 등 복잡한 이론보다 종교적 실천을 강조했다.

② 재조대장경은 고려 전기에 만들어졌던 대장경 판목이 거란의 침입으로 불타버렸기 때문에 무신집권기에 다시 만든 것이다.

③ 각훈은 삼국시대 이래 승려들의 전기를 정리하여 해동고승전을 지었다.

④ 지눌은 깨달음과 더불어 실천을 강조하는 돈오점수를 주장했다.

> **TIP** 재조대장경은 무신집권기인 고려 고종 때 최우가 대장도감을 설치하여 완성하였다. 당시 몽고의 침입으로 전기에 제작된 초조대장경이 불타자 불교의 힘으로 외세의 침입을 막아내고자 만들었다. 초조대장경의 소실은 거란이 아닌 몽고의 침입으로 발생했다.

2019 서울시 9급

19 〈보기〉의 의서(醫書)를 편찬된 순서대로 바르게 나열한 것은?

┌─────────────── 〈보기〉 ───────────────┐

㉠ 동의보감(東醫寶鑑)   ㉡ 마과회통(麻科會通)

㉢ 의방유취(醫方類聚)   ㉣ 향약구급방(鄕藥救急方)

└───────────────────────────────────┘

① ㉠ - ㉡ - ㉢ - ㉣   ② ㉢ - ㉣ - ㉡ - ㉠

③ ㉣ - ㉢ - ㉠ - ㉡   ④ ㉣ - ㉢ - ㉡ - ㉠

> **TIP** ㉠ 동의보감 : 조선 광해군(1610)
> ㉡ 마과회통 : 조선 정조(1798)
> ㉢ 의방유취 : 조선 세종(1445)
> ㉣ 향약구급방 : 고려 고종(1236)

Answer 18.② 19.③

20 다음과 같은 불교 사상의 영향을 받아 만들어진 문화재는?

> 이 불교 사상은 개인적 정신 세계를 추구하는 경향이 강하였기 때문에 지방에서 독자적인 세력을 이루어 성주나 장군을 자처했던 자들로부터 큰 호응을 받았다.

① 성덕대왕신종
② 쌍봉사 철감선사탑
③ 경천사지 십층 석탑
④ 금동미륵보살 반가사유상

> **TIP** 제시된 내용은 신라 말기에 유행한 선종에 대한 설명이다.
> ② 쌍봉사 철감선사탑은 신라 말 선종의 영향을 받아 나타난 팔각 원당형의 승탑(부도)이다.
> ① 성덕대왕신종은 신라 경덕왕이 아버지인 성덕왕의 공덕을 널리 알리기 위해 종을 만들려 했으나 뜻을 이루지 못하고, 그 뒤를 이어 혜공왕이 771년에 완성하였다.
> ③ 경천사지 십층 석탑은 새로운 양식의 석탑이 많이 출현했던 고려시대의 것으로 그 중에서도 특수한 형태를 자랑하고 있으며, 대리석으로 만들어졌다.
> ④ 금동미륵보살 반가사유상은 삼국시대의 불상이다.

21 다음에서 설명하는 인물의 저서로 옳은 것은?

> • 종래의 조선 농학과 박물학을 집대성하였다.
> • 전국 주요 지역에 국가 시범 농장인 둔전을 설치하여 혁신적 농법과 경영 방법으로 수익을 올려서 국가 재정을 보충할 것을 제안했다.

① 색경
② 산림경제
③ 과농소초
④ 임원경제지

> **TIP** 제시된 내용에서 설명하고 있는 인물은 서유구이다. 서유구는 해동농서와 농촌생활 백과사전인 임원경제지를 편찬하였다.
> ① 색경은 조선 숙종 때 박세당이 지은 농서로, 지방의 농경법을 연구하여 꾸민 농업기술서이다.
> ② 산림경제는 조선 숙종 때의 실학자 홍만선이 엮은 농서 겸 가정생활서이다.
> ③ 과농소초는 조선 후기 실학자 박지원이 편찬한 농서이다.

Answer 20.② 21.④

출제 예상 문제

1 신라 하대 불교계의 새로운 경향을 알려주는 다음의 사상에 대한 설명으로 옳은 것은?

> 불립문자(不立文字)라 하여 문자를 세워 말하지 않는다고 주장하고, 복잡한 교리를 떠나서 심성(心性)을 도야하는 데 치중하였다. 그러므로 이 사상에서 주장하는 바는 인간의 타고난 본성이 곧 불성(佛性)임을 알면 그것이 불교의 도리를 깨닫는 것이라는 견성오도(見性悟道)에 있었다.

① 전제왕권을 강화해주는 이념적 도구로 크게 작용하였다.
② 지방에서 새로이 대두한 호족들의 사상으로 받아들여졌다.
③ 왕실은 이 사상을 포섭하려는 노력에 관심을 기울이지 않았다.
④ 인도에까지 가서 공부해 온 승려들에 의해 전파되었다.

....

TIP 위에 설명된 사상은 신라 하대에 유행한 선종(禪宗)에 관한 것으로 선종은 문자에 의존하지 않고 오직 좌선만을 통해 부처의 깨달음에 이르려는 종파이다. 6세기 초에 인도에서 중국으로 건너 온 보리달마를 초조(初祖)로 한다. 선종사상은 절대적인 존재인 부처에 귀의하려는 것이 아니라 각자가 가지고 있는 불성(佛性)의 개발을 중요시하는 성향을 지녔기에 신라 하대 당시 중앙정부의 간섭을 배제하면서 지방에서 독자적인 세력을 구축하려 한 호족들의 의식구조와 부합하였다. 이로 인해 신라 말 지방호족의 도움으로 선종은 크게 세력을 떨치며 새로운 사회의 사상적 토대를 마련하였다.

2 조선 후기 천주교와 관련된 설명으로 옳지 않은 것은?

① 기해사옥 때 흑산도로 유배를 간 정약전은 그 지역의 어류를 조사한 「자산어보」를 저술하였다.
② 안정복은 성리학의 입장에서 천주교를 비판하는 「천학문답」을 저술하였다.
③ 1791년 윤지충은 어머니 상(喪)에 유교 의식을 거부하여 신주를 없애고 제사를 지내 권상연과 함께 처형을 당하였다.
④ 신유사옥 때 황사영은 군대를 동원하여 조선에서 신앙의 자유를 보장받게 해달라는 서신을 북경에 있는 주교에게 보내려다 발각되었다.

....

TIP ① 정약전은 신유사옥(1801)으로 인해 흑산도로 귀양을 간 후 그 곳에서 자산어보를 지었다.

Answer   1.② 2.①

3 다음 내용의 (가)와 관련된 내용으로 틀린 것은?

> 보장왕 2년 그가 왕에게 아뢰기를 "삼교(三敎)는 비유하자면 솥의 발과 같아서 하나라도 없어서는 안 됩니다. 엎드려 청하오니 당(唐)나라에 사신을 보내 (가)를 구하여 와서 나라 사람들을 가르치게 하소서."라고 하였다. 대왕이 매우 그러하다고 여기고 표(表)를 올려서 요청하였다. 태종(太宗)이 도사(道士) 숙달(叔達) 등 8명을 보내고…
>
> −「삼국사기」−

① 대표적인 유물로 백제 금동대향로가 있다.
② 신라 임신서기석에도 사상이 반영되어 있다.
③ 박세당이 사문난적으로 몰린 이유이기도 하다.
④ 조선 시대에는 소격서를 설치하여 제천행사를 지냈다.

TIP 제시문은 고구려 연개소문이 (가)도교를 수용할 것을 건의하는 내용이다. 삼국시대에 전래된 도교는 조선 시대까지 이어졌고, 백제의 금동대향로, 산수무늬벽돌 등을 통해 도교가 유행했음을 알 수 있다. 조선 시대에는 소격서를 설치해 제천행사를 지냈으나, 조광조의 개혁정치에서 소격서가 폐지되었다. 박세당은 노장사상을 중시하였으나 이로 인하여 사문난적으로 몰리기도 하였다.
② 임신서기석에는 유교 사상이 반영되었다.

4 다음 역사서 저자들의 정치적 입장에 관한 설명으로 옳지 않은 것은?

① 「여사제강」 − 서인의 입장에서 북벌운동을 지지하였다.
② 「동사(東事)」 − 붕당정치를 비판하였다.
③ 「동사강목」 − 성리학적 명분론을 비판하였다.
④ 「동국통감제강」 − 남인의 입장에서 왕권 강화를 주장하였다.

TIP 동사강목 ⋯ 17세기 이후 축적된 국사연구의 성과를 계승 발전시켜 역사인식과 서술내용 면에서 가장 완성도가 높은 저술로서 정통론인식과 문헌고증방식의 양면을 집대성한 대표적인 통사이다. 단군 → 기자 → 마한 → 통일신라 → 고려까지의 유교적 정통론을 완성하였으며 위만조선을 찬탈왕조로 다루고 발해를 말갈왕조로 보아 우리 역사에서 제외시켰는데 이는 조선의 성리학자로서의 명분론에 입각한 것이었다.

Answer   3.②   4.③

5 밑줄 친 '이 농서'가 처음 편찬된 시기의 문화에 대한 설명으로 옳은 것은?

> 「농상집요」는 중국 화북 지방의 농사 경험을 정리한 것으로서 기후와 토질이 다른 조선에는 도움이 될 수 없었다. 이에 농사 경험이 풍부한 각 도의 농민들에게 물어서 조선의 실정에 맞는 농법을 소개한 <u>이 농서</u>가 편찬되었다.

① 현실 세계와 이상 세계를 표현한 「몽유도원도」가 그려졌다.
② 선종의 입장에서 교종을 통합한 조계종이 성립되었다.
③ 윤휴는 주자의 사상과 다른 모습을 보여 사문난적으로 몰렸다.
④ 진경산수화와 풍속화가 유행하였다.

TIP 농사직설(農事直說)은 조선 세종 때 지어진 농서(農書)로 서문에서 밝히는 바와 같이 당시 까지 간행된 중국의 농서가 우리나라의 풍토와 맞지 않아 농사를 짓는 데 있어 어려움이 있다는 이유로 세종이 각 도 감사에게 명해 각 지역의 농군들에게 직접 물어 땅에 따라 이미 경험한 바를 자세히 듣고 이를 수집하여 편찬, 인쇄, 보급한 것이다. 이 책은 지역에 따라 적절한 농법을 수록하여 우리 실정과 거리가 먼 중국의 농법에서 벗어나는 좋은 계기를 마련했다고 볼 수 있다.
① 안견의 몽유도원도는 1447년(세종 29)에 안평대군이 도원을 거닐며 놀았던 꿈 내용을 당시 도화서 화가였던 안견에게 말해 안견이 그린 것으로 현재 일본 덴리대학(天理大學) 중앙도서관에 소장되어 있다.

6 보기의 내용과 관련있는 사실로 옳은 것은?

> • 일본의 다카마스   • 호류사 금당벽화   • 정효공주묘의 모줄임 구조

① 활발한 정복활동과 불교전파
② 고구려 문화의 대외전파
③ 백제 문화의 대외전파
④ 신라 문화의 대외전파

TIP ② 고구려는 일본에 주로 의학과 약학을 전해 주었으며 혜자는 쇼토쿠 태자의 스승이 되었다. 또한 담징은 호류사의 금당벽화를 그렸으며, 다카마쓰고분에서도 고구려의 흔적이 나타난다. 정효공주묘의 천장이 모줄임 구조도 고구려적 요소라고 할 수 있다.

Answer 5.① 6.②

7 다음은 고려시대의 목조건축물이다. 이 중 다포양식의 건축물은?

① 봉정사 극락전

② 수덕사 대웅전

③ 성불사 응진전

④ 부석사 무량수전

TIP ①②④ 기둥 위에만 공포를 짜 올리는 주심포 양식으로 하중이 기둥에만 전달되어 기둥은 굵으며 배흘림 양식이다.

③ 기둥과 기둥 사이에 공포를 짜 올리는 다포 양식으로 하중이 고르게 분산되어 지붕이 더욱 커졌다. 이는 중후하고 장엄한 느낌을 준다.

8 다음 보기의 내용들을 시대순으로 바르게 나열한 것은?

> ⊙ 충청도 지방의 호론과 서울 지방의 낙론 사이에 성리학의 심성논쟁이 벌어졌다.
> ⓒ 붕당 사이에 예론을 둘러싼 논쟁이 전개되었다.
> ⓒ 이황과 이이 사이에 성리학의 이기론을 둘러싼 논쟁이 전개되었다.

① ⊙ – ⓒ – ⓒ

② ⓒ – ⊙ – ⓒ

③ ⓒ – ⊙ – ⓒ

④ ⓒ – ⓒ – ⊙

TIP ⊙ 제시된 글은 노론 내부에서 펼쳐진 호락논쟁으로 서울지역의 인물성동론은 북학파에, 충청지역의 인물성이론은 위정척사에 영향을 주었다.

ⓒ 예송 논쟁이란 예법에 대한 송사와 논쟁으로 제1차는 1659년에 기해 예송, 제2차는 1674년 갑인 예송으로 나타났다.

ⓒ 이황은 주리론의 입장에서 학문의 본원적 연구에 치중하였고, 이이는 주기론의 입장에서 현실세계의 개혁에 깊이 관여하였다. 그러나 두 학파 모두 도덕세계의 구현이라는 점에서는 입장이 같다.

Answer 7.③ 8.④

9 다음의 사상에 관한 설명으로 옳은 것은?

> (개) 인간과 사물의 본성은 동일하다.
> (내) 인간과 사물의 본성은 동일하지 않다.

① (개)는 구한말 위정척사 사상으로 계승되었다.
② (내)는 실학파의 이론적 토대가 되었다.
③ (내)는 사문난적으로 학계에서 배척당했다.
④ (개)와 (내)는 노론 인사들을 중심으로 이루어졌다.

- -

TIP 제시된 글은 노론 내부에서 펼쳐진 호락논쟁으로 (개)는 서울지역의 인물성동론으로 북학파에, (내)는 충청지역의 인물성이론으로 위정척사에 영향을 주었다.

10 고려 말 성리학에 대한 설명으로 옳지 않은 것은?

① 충렬왕 때 안향이 처음으로 소개하였다.
② 정몽주는 '동방이학의 조'라는 칭호를 들을 정도로 뛰어난 성리학자였다.
③ 고려 말에 사림파가 새롭게 등장하였다.
④ 정도전은 불씨잡변을 저술하여 불교를 비판하였다.

- -

TIP ③ 사림파는 고려 말 은거하고 있던 길재가 양성한 세력으로 조선 성종을 전후로 정계에 등장하였다.

Answer 9.④ 10.③

11 조선 후기 화풍에 관한 설명으로 옳지 않은 것은?

① 중국의 화풍을 수용하여 독자적으로 재구성하였다.

② 민중의 기복적 염원과 미의식을 표현한 민화가 발달하였다.

③ 강세황의 작품에서는 서양화법의 영향이 드러난다.

④ 뚜렷한 자아의식을 바탕으로 우리의 자연을 직접 눈으로 보고 사실적으로 그리려는 화풍의 변화가 나타났다.

TIP ① 조선 전기 화풍의 특징이다.

12 다음과 관련된 인물로 옳은 것은?

> 지금의 불교계를 보면, 아침저녁으로 행하는 일들이 비록 부처의 법에 의지하였다고 하나, 자신을 내세우고 이익을 구하는 데 열중하며, 세속의 일에 골몰한다. 도덕을 닦지 않고 옷과 밥만 허비하니, 비록 출가하였다고 하나 무슨 덕이 있겠는가? …… 하루는 같이 공부하는 사람 10여 인과 약속하였다. 마땅히 명예와 이익을 버리고 산림에 은둔하여 같은 모임을 맺자. 항상 선을 익히고 지혜를 고르는 데 힘쓰고, 예불하고 경전을 읽으며 힘들여 일하는 것에 이르기까지 각자 맡은 바 임무에 따라 경영한다.

① 일심사상과 화쟁사상을 주장하였다.

② 교관겸수를 주장하며 개혁을 주장하였다.

③ 금강삼매경론, 대승기신론소 등을 저술하였다.

④ 선종 중심의 교선 통합을 시도하며 개혁을 주도하였다.

TIP 제시문은 지눌의 권수정혜결사문이다. 지눌은 고려 후기 불교계의 타락과 종파 대립을 비판하며 이를 개혁하기 위하여 수선사 결사운동을 주도하였다. 승려들의 수양 방법으로 정혜쌍수(定慧雙修), 돈오점수(頓悟漸修)를 강조하였고, 조계종을 창시하여 교선 통합을 시도하였다.
①③ 원효 ② 의천

Answer 11.① 12.④

13 다음 중 조선 후기에 유행한 사상에 관한 설명으로 옳지 않은 것은?

① 굿과 같은 현세구복적인 무속신앙이 유행하였다.

② 말세도래와 왕조교체 등의 내용이 실린 정감록과 같은 비기 · 도참서가 유행하였다.

③ 인내천, 보국안민, 후천개벽을 내세운 동학이 창시되었다.

④ 서학(천주교)은 종교로 수용되어 점차 학문적 연구대상으로 변하였다.

TIP ④ 서학은 사신들에 의해 전래되어 문인들의 학문적 호기심에 의해 자발적으로 수용되었다.

14 다음 중 강서고분, 무용총, 각저총 등 벽화가 남아있는 고분의 형태는?

① 굴식벽돌무덤   ② 굴식돌방무덤

③ 돌무지무덤   ④ 돌무지덧널무덤

TIP **굴식돌방무덤** … 판 모양의 돌을 이용하여 널을 안치하는 방을 만들고 널방벽의 한쪽에 외부로 통하는 출입구를 만든 뒤 봉토를 씌운 무덤으로 횡혈식 석실묘라고도 한다. 고대의 예술수준을 알 수 있는 고분벽화는 널방벽에 그려진 것이다.

15 다음 중 실학자와 그의 주장이 바르게 연결된 것은?

① 이익 – 중상주의 실학자로 상공업의 발달을 강조하였다.

② 박제가 – 절약과 저축의 중요성을 강조하였다.

③ 박지원 – 우서에서 우리나라와 중국의 문물을 비교 · 분석하여 개혁안을 제시하였다.

④ 정약용 – 토지의 공동소유 및 공동경작 등을 통한 집단 농장체제를 주장하였다.

TIP ① 이익은 중농주의 실학자로 토지소유의 상한선을 정하여 대토지소유를 막는 한전론을 주장하였다.
② 박제가는 소비와 생산의 관계를 우물물에 비교하면서 검약보다 소비를 권장하였다.
③ 유수원에 관한 설명이다.

Answer   13.④ 14.② 15.④

06 근현대사의 이해

01 국제 질서의 변동과 근대 국가 수립 운동

❶ 제국주의 열강의 침략과 조선의 대응

(1) 흥선대원군의 개혁 정치

① 흥선 대원군 집권 당시 국내외 정세
- ㉠ **국내 정세** : 세도 정치의 폐단→삼정의 문란으로 인한 전국적 농민 봉기 발생, 평등사상 확산(천주교, 동학)
- ㉡ **국외 정세** : 제국주의 열강의 침략적 접근→이양선 출몰, 프랑스, 미국 등 서구열강의 통상 요구

② 흥선 대원군의 내정 개혁
- ㉠ **목표** : 세도정치 폐단 시정→전제 왕권 강화, 민생 안정
- ㉡ **정치 개혁**
  - 세도 정치 타파 : 안동 김씨 세력의 영향력 축소, 당파와 신분을 가리지 않고 능력별 인재 등용
  - 관제 개혁 : 비변사 기능 축소(이후 철폐)→의정부와 삼군부의 기능 부활
  - 법전 편찬 : 통치 체제 재정비→'대전회통', '육전조례'
- ㉢ **경복궁 중건**
  - 목적 : 왕실의 존엄과 권위 회복
  - 재원 조달을 위해 원납전 강제 징수, 당백전 발행, 부역 노동 강화, 양반 묘지림 벌목
  - 결과 : 물가 폭등(당백전 남발), 부역 노동 강화로 인한 민심 악화 등으로 양반과 백성 반발 초래

③ 민생 안정을 위한 노력
- ㉠ **서원 철폐**
  - 원인 : 지방 양반세력의 근거지로서 면세 혜택 부여→국가 재정 악화 문제 초래, 백성 수탈 심화
  - 결과 : 전국의 서원 중 47개소만 남기고 모두 철폐→양반층 반발, 국가 재정 확충에 기여
- ㉡ **수취 체제의 개편** : 삼정의 문란 시정
  - 전정 : 양전 사업 시행→은결을 찾아내어 조세 부과, 불법적 토지 겸병 금지
  - 군정 : 호포제(호 단위로 군포 징수) 실시→양반에게 군포 징수
  - 환곡 : 사창제 실시, 마을(里) 단위로 사창 설치→지방관과 아전의 횡포 방지

(2) 통상 수교 거부 정책과 양요

① 배경 … 서구 열강의 통상 요구, 러시아가 청으로부터 연해주 획득, 천주교 교세 확장 → 열강에 대한 경계심 고조

② 병인양요(1866)
    ㉠ 배경 : 프랑스 선교사의 국내 활동(천주교 확산), 흥선 대원군이 프랑스를 이용하여 러시아를 견제하려 하였으나 실패 → 병인박해(1866)로 천주교 탄압
    ㉡ 전개 : 병인박해를 계기로 로즈 제독이 이끄는 프랑스 함대가 강화도 침략 → 문수산성(한성근), 정족산성(양헌수) 전투에서 프랑스군에 항전
    ㉢ 결과 : 프랑스군은 외규장각 도서를 비롯한 각종 문화재 약탈

③ 오페르트 도굴 사건(1868)
    ㉠ 배경 : 독일 상인 오페르트의 통상 요구를 조선이 거절
    ㉡ 전개 : 오페르트 일행이 흥선 대원군 아버지 묘인 남연군 묘 도굴을 시도하였으나 실패
    ㉢ 결과 : 서양에 대한 반감 고조, 조선의 통상 수교 거부 정책 강화

④ 신미양요(1871)
    ㉠ 배경 : 평양(대동강)에서 미국 상선 제너럴셔먼호의 통상 요구 → 평안도 관찰사 박규수의 통상 거부 → 미국 선원들의 약탈 및 살상 발생 → 평양 군민들이 제너럴셔먼호를 불태움
    ㉡ 전개 : 미국이 제너럴셔먼호 사건을 계기로 배상금 지불, 통상 수교 요구 → 조선 정부 거부 → 미국 함대의 강화도 침략 → 초지진, 덕진진 점령 → 광성보 전투(어재연) → 미군 퇴각(어재연 수(帥)자기 약탈)
    ㉢ 결과 : 흥선 대원군은 전국에 척화비 건립(통상 수교 거부 의지 강화)

❷ 문호 개방과 근대적 개화 정책의 추진

(1) 조선의 문호 개방과 불평등 조약 체결

① 통상 개화론의 대두와 흥선 대원군의 하야
    ㉠ 통상 개화론 : 북학파 실학 사상 계승 → 박규수, 오경석, 유홍기 등이 문호 개방과 서양과의 교류 주장 → 개화파에 영향 : 통상 개화론의 영향을 받아 급진 개화파(김옥균, 박영효, 홍영식, 서광범 등), 온건 개화파(김홍집, 김윤식, 어윤중 등)로 분화
      – 온건개화파 : 점진적 개혁 추구(청의 양무운동 모방) → 동도서기론 주장
      – 급진개화파 : 급진적 개혁 추구(일본의 메이지유신 모방) → 문명개화론 주장, 갑신정변을 일으킴
    ㉡ 흥선 대원군 하야 : 고종이 친정을 실시하며 통상 수교 거부 정책 완화

② **강화도 조약**(조·일수호 조규, 1876)

  ㉠ **배경** : 일본의 정한론(조선 침략론) 대두와 운요호 사건(1875)

  ㉡ **내용** : 외국과 체결한 최초의 근대적 조약, 불평등 조약

  • 조선은 자주국 : 조선에 대한 청의 종주권 부정, 일본의 영향력 강화

  • 부산 이외에 2개 항구 개항 : 경제적, 군사적, 정치적 목적을 위해 각각 부산, 원산, 인천항 개항

  • 해안 측량권 허용 및 영사 재판권(치외법권) 인정 : 불평등 조약

  ㉢ **부속 조약**

  • 조·일 수호 조규 부록 : 개항장에서 일본 화폐 사용, 일본인 거류지 설정(간행이정 10리)을 규정

  • 조·일 무역 규칙 : 양곡의 무제한 유출 허용, 일본 상품에 대한 무관세 적용

③ **서구 열강과의 조약 체결**

  ㉠ **조·미 수호 통상 조약**(1882) : 제2차 수신사로 파견된 김홍집이 황준헌의 〈조선책략〉을 유입·유포, 청의 알선

  • 내용 : 치외 법권(영사 재판권)과 최혜국 대우 인정, 수출입 상품에 대한 관세 부과, 거중 조정

  • 성격 : 서양과 맺은 최초의 조약이자 불평등 조약

  • 영향 : 미국에 보빙사 파견, 다른 서구 열강과 조약 체결에 영향

  ㉡ **다른 서구 열강과의 조약 체결** : 영국(1882), 독일(1882), 러시아(1884), 프랑스(1886)

  • 성격 : 최혜국 대우 등을 인정한 불평등 조약

(2) 개화 정책의 추진

① **외교 사절단 파견**

  ㉠ **수신사** : 일본에 외교 사절단 파견 → 제1차 김기수(1876), 제2차 김홍집(1880) 파견

  ㉡ **조사시찰단**(1881) : 일본의 근대 문물 시찰, 개화 정책에 대한 정보 수집을 목적으로 비밀리에 파견(박정양, 어윤중, 홍영식)

  ㉢ **영선사**(1881) : 청의 근대 무기 제조술 습득을 목적으로 파견(김윤식) → 귀국 후 기기창 설치

  ㉣ **보빙사**(1883) : 조미수호통상조약 체결 후 미국 시찰 → 민영익, 홍영식, 유길준 등

② **정부의 개화 정책**

  ㉠ **통리기무아문**(1880) 및 12사 설치 : 개화 정책 총괄

  ㉡ **군제 개편** : 신식 군대인 별기군 창설(일본인 교관 초빙), 구식 군대인 5군영은 2영(무위영, 장어영)으로 개편

  ㉢ **근대 시설** : 기기창(근대 신식 무기 제조), 박문국(한성순보 발행), 전환국(화폐 발행), 우정총국(우편)

(3) 개화 정책에 대한 반발

① 위정척사 운동의 전개 ··· 성리학적 질서를 회복하고 서양 문물의 유입 반대 → 양반 유생 중심(반외세)

　　㉠ 통상 반대 운동(1860년대) : 서구 열강의 통상 요구 거부 → 이항로, 기정진 등

　　㉡ 개항 반대 운동(1870년대) : 강화도 조약 체결을 전후로 개항 반대 주장 → 최익현(왜양일체론 주장)

　　㉢ 개화 반대 운동(1880년대) : 〈조선책략〉 유포 반대, 미국과의 수교 거부(영남만인소) → 이만손, 홍재학

　　㉣ 항일 의병 운동(1890년대) : 을미사변, 단발령(을미개혁)에 반발 → 유인석, 이소응 등

② 임오군란(1882) ··· 반외세, 반정부 운동

　　㉠ 배경 : 개항 이후 일본으로의 곡물 유출로 물가가 폭등하여 민생 불안정, 구식군인에 대한 차별대우

　　㉡ 전개 : 구식 군인의 봉기, 도시 빈민 합세 → 별기군 일본 교관 살해, 일본 공사관과 궁궐 습격 → 명성 황후 피신 → 흥선대원군의 재집권(신식 군대 및 개화 기구 폐지) → 청군 개입(흥선 대원군을 청으로 납치) → 민씨 정권 재집권(친청 정권 수립)

　　㉢ 결과

　　　• 제물포 조약 체결(1882) : 일본에 배상금 지불, 일본 공사관 경비를 위해 일본군의 조선 주둔 허용

　　　• 청의 내정 간섭 심화 : 청군의 주둔 허용, 청의 고문 파견(마건상과 묄렌도르프)

　　　• 조 · 청 상민 수륙 무역 장정 체결(1882) : 청 상인의 내지 통상권 허용 → 청의 경제적 침투 강화

(4) 갑신정변(1884)

① 배경 ··· 친청 정권 수립과 청의 내정 간섭 심화로 개화 정책 후퇴, 급진 개화파 입지 축소, 청 · 프 전쟁

② 전개 ··· 급진 개화파가 우정총국 개국 축하연에 정변을 일으킴 → 민씨 고관 살해 → 개화당 정부 수립 → 14개조 개혁 정강 발표 → 청군의 개입으로 3일만에 실패 → 김옥균, 박영효는 일본 망명

③ 갑신정변 14개조 개혁 정강 ··· 위로부터의 개혁

　　㉠ 정치적 개혁 : 친청 사대 정책 타파, 내각 중심의 정치 → 입헌 군주제 지향

　　㉡ 경제적 개혁 : 모든 재정의 호조 관할(재정 일원화), 지조법(토지세) 개정, 혜상공국 혁파, 환곡제 개혁

　　㉢ 사회적 개혁 : 문벌 폐지, 인민 평등권 확립, 능력에 따른 인재 등용 → 신분제 타파 주장

④ 결과

　　㉠ 청의 내정 간섭 심화, 개화 세력 약화, 민씨 재집권

　　㉡ 한성 조약(1884) : 일본인 피살에 대한 배상금 지불, 일본 공사관 신축 비용 부담

　　㉢ 텐진 조약(1884) : 한반도에서 청 · 일 양국 군대의 공동 출병 및 공동 철수 규정

⑤ 의의와 한계

　　㉠ 의의 : 근대 국가 수립을 위한 최초의 근대적 정치 · 사회 개혁 운동

　　㉡ 한계 : 급진 개화파의 지나친 일본 의존적 성향과 토지 개혁의 부재 등으로 민중 지지 기반 결여

(5) 갑신정변 이후의 국내외 정세

① **거문도 사건(1885~1887)** ··· 갑신정변 이후 청 견제를 위해 조선이 러시아와 비밀리에 교섭 진행→러시아 견제를 위해 영국이 거문도를 불법 점령→청의 중재로 영국군 철수

② **한반도 중립화론** ··· 한반도를 둘러싼 열강의 대립이 격화되자 이를 막기 위해 조선 중립화론 제시→독일 영사 부들러와 유길준에 의해 제시

❸ 구국 운동과 근대 국가 수립 운동의 전개

(1) 동학 농민 운동

① **농촌 사회의 동요** ··· 지배층의 농민 수탈 심화, 일본의 경제 침탈로 곡가 상승, 수공업 타격(면직물 수입)

② **동학의 교세 확장 및 교조 신원 운동**
  ㉠ **동학의 교세 확장**: 교리 정비(동경대전, 용담유사), 교단 조직(포접제)
  ㉡ **교조 신원 운동**: 교조 최제우의 억울한 누명을 풀고 동학의 합법화 주장
   • 전개: 삼례집회(1892)→서울 복합 상소(1893)→보은 집회(1893)
   • 성격: 종교적 운동→정치적, 사회적 운동으로 발전(외세 배척, 탐관오리 숙청 주장)

③ **동학 농민 운동의 전개**
  ㉠ **고부 농민 봉기**: 고부 군수 조병갑의 횡포(만석보 사건)→전봉준 봉기(사발통문)→고부 관아 점령 및 만석보 파괴→후임 군수 박원명의 회유로 농민 자진 해산→안핵사 이용태 파견
  ㉡ **제1차 봉기**: 안핵사 이용태의 농민 탄압→동학 농민군은 재봉기하여 고부 재점령
   • 백산 집결: 동학 농민군이 보국안민, 제폭구민의 기치를 걸고 격문 발표, 호남 창의소 설치→이후 황토현, 황룡촌 전투에서 관군 격파→전주성 점령(폐정개혁안 12개조 요구)
   • 전주 화약 체결: 정부는 청에 군사 요청→청·일 양군 출병(텐진조약)→전주 화약 체결(집강소 설치)
  ㉢ **제2차 봉기**: 전주 화약 체결 후 정부는 청일 양군의 철수 요구→일본이 거부하고 경복궁 무단 점령(청일전쟁)
   • 삼례 재봉기: 일본군 축출을 위해 동학 농민군 재봉기→남접(전봉준)과 북접(손병희)이 합세하여 서울로 북상
   • 우금치 전투(공주): 관군과 일본군의 화력에 열세→동학 농민군 패배, 전봉준을 비롯한 지도부 체포

④ **동학 농민 운동의 의의와 한계**
  ㉠ **의의**: 반봉건 운동(신분제 폐지, 악습 철폐 요구), 반외세 운동(일본 및 서양 침략 반대)→이후 동학 농민군의 일부 요구가 갑오개혁에 반영, 잔여 세력 일부는 항일 의병 운동에 가담
  ㉡ **한계**: 근대 사회 건설을 위한 구체적인 방안을 제시하지 못함

⑵ 갑오 · 을미개혁

① 배경 … 갑신정변 및 동학 농민 운동 이후 내정 개혁의 필요성 대두→교정청(자주적 개혁) 설치(1894. 6.)

② 제1차 갑오개혁 … 일본군의 경복궁 무단 점령, 개혁 강요→제1차 김홍집 내각 수립(민씨 정권 붕괴, 흥선 대원군 섭정), 군국기무처 설치

    ㉠ 정치 : 왕실 사무(궁내부)와 국정 사무(의정부) 분리, 6조를 8아문으로 개편, 과거제 폐지 등

    ㉡ 경제 : 탁지아문으로 재정 일원화, 은 본위 화폐제 채택, 도량형 통일, 조세 금납화 시행

    ㉢ 사회 : 신분제 철폐(공사 노비제 혁파), 봉건적 악습 타파(조혼 금지, 과부 재가 허용), 고문 및 연좌제 폐지

③ 제2차 갑오개혁 … 청 · 일 전쟁에서 일본의 승세로 내정 간섭 강화→제2차 김홍집 · 박영효 연립 내각 수립 (흥선대원군 퇴진, 군국기무처 폐지, 홍범 14조 반포)

    ㉠ 정치 : 내각 제도 실시(의정부), 8아문을 7부로 개편, 지방 행정 체계 개편(8도→23부), 지방관 권한 축소, 재판소 설치(사법권을 행정권에서 분리)

    ㉡ 군사 : 훈련대와 시위대 설치

    ㉢ 교육 : 교육입국 조서 반포, 신학제(한성 사범 학교 관제, 소학교 관제, 외국어 학교 관제) 마련

④ 을미개혁(제3차 갑오개혁)

    ㉠ 배경 : 청 · 일 전쟁에서 일본이 승리→일본의 랴오둥반도 차지(시모노세키 조약)→러시아 주도의 삼국 간섭→랴오둥반도 반환→조선에서는 친러내각 수립→을미사변(명성황후 시해)→김홍집 내각 수립

    ㉡ 주요 개혁 내용

      • 정치 : '건양' 연호 사용

      • 군사 : 시위대(왕실 호위), 친위대(중앙), 진위대(지방) 설치

      • 사회 : 태양력 사용, 소학교 설치, 우체사 설립(우편 제도), 단발령 실시

    ㉢ 결과 : 아관파천(1896) 직후 개혁 중단→김홍집 체포 및 군중에 피살

⑤ 갑오개혁의 의의와 한계

    ㉠ 의의 : 갑신정변과 동학 농민 운동의 요구 반영(신분제 철폐), 여러 분야에 걸친 근대적 개혁

    ㉡ 한계 : 일본의 강요에 의해 추진, 일본의 조선 침략을 용이하게 함, 국방력 강화 개혁 소홀

(3) 독립협회

① 독립협회의 창립

- ㉠ 배경 : 아관파천 직후 러시아를 비롯한 열강의 이권 침탈 가속화, 러·일의 대립 격화
- ㉡ 과정 : 미국에서 귀국한 서재필이 독립신문 창간→이후 독립문 건립을 명분으로 독립협회 창립(1896)

② 독립협회 활동 … 자주 국권, 자유 민권, 자강 개혁 운동을 통해 민중 계몽→강연회·토론회 개최

- ㉠ 자주 국권 운동 : 고종 환궁 요구, 러시아의 절영도 조차 저지 및 열강 이권 침탈 저지(만민 공동회 개최)
- ㉡ 자유 민권 운동 : 언론·출판·집회·결사의 자유 주장
- ㉢ 자강 개혁 운동 : 헌의 6조 결의(관민 공동회 개최), 의회 설립 운동 전개(중추원 관제 개편)

③ 독립협회 해산 … 보수 세력 반발(독립협회가 공화정을 도모한다고 모함)→고종 해산 명령→황국협회의 만민공동회 습격

④ 의의와 한계 … 열강의 침략으로부터 국권 수호 노력

- ㉠ 의의 : 민중 계몽을 통한 국권 수호와 민권 신장에 기여
- ㉡ 한계 : 열강의 침략적 의도를 제대로 파악하지 못함, 외세 배척이 러시아에 한정

(4) 대한제국(1897~1910)

① 대한제국 수립 … 아관파천으로 국가적 위신 손상→고종의 환궁 요구 여론 고조→고종이 경운궁으로 환궁

- ㉠ 대한제국 선포 : 연호를 '광무'로 제정→환구단에서 황제 즉위식 거행, 국호를 '대한제국'으로 선포
- ㉡ 대한국 국제 반포(1899) : 황제의 무한 군주권(전제 군주제) 규정

② 광무개혁 … 구본신참(舊本新參)의 원칙에 따른 점진적 개혁 추구

- ㉠ 내용
  - 정치 : 황제권 강화(대한국 국제)
  - 군사 : 원수부 설치(황제가 직접 군대 통솔), 시위대·진위대 증강
  - 경제 : 양전 사업 추진(토지 소유자에게 지계 발급), 식산흥업(근대적 공장과 회사 설립), 금본위 화폐제
  - 교육 : 실업 학교 설립(상공 학교, 광무 학교), 기술 교육 강조, 해외에 유학생 파견
  - 사회 : 근대 시설 도입(전차·철도 부설, 전화 가설 등 교통·통신 시설 확충)
- ㉡ 의의와 한계
  - 의의 : 자주독립과 상공업 진흥 등 근대화를 지향한 자주적 개혁
  - 한계 : 집권층의 보수적 성향, 열강의 간섭 등으로 개혁 성과 미흡

❹ 일제의 국권 침탈과 국권 수호 운동

(1) 일제의 침략과 국권 피탈

① 러 · 일 전쟁(1904)과 일본의 침략

　㉠ 한반도를 둘러싼 러 · 일 대립 격화 : 제1차 영 · 일동맹(1902), 러시아의 용암포 조차 사건(1903)

　㉡ 러 · 일 전쟁(1904. 2.) : 대한제국 국외 중립 선언 → 일본이 러시아를 선제 공격

　㉢ 일본의 한반도 침략

　　• 한 · 일 의정서(1904. 2.) : 한반도의 군사적 요충지를 일본이 임의로 사용 가능

　　• 제1차 한 · 일 협약(1904. 8.) : 고문 정치 실시(외교 고문 美. 스티븐스, 재정 고문 日.메가타 파견)

　㉣ 일본의 한국 지배에 대한 열강의 인정

　　• 가쓰라 · 태프트 밀약(1905. 7.) : 일본은 미국의 필리핀 지배 인정, 미국은 일본의 한국 지배를 인정

　　• 제2차 영 · 일 동맹(1905. 8.) : 일본은 영국의 인도 지배 인정, 영국은 일본의 한국 지배를 인정

　㉤ 포츠머스 조약 체결(1905. 9.) : 러 · 일 전쟁에서 일본 승리 → 일본의 한국 지배권 인정

② 일제의 국권 침탈

　㉠ 을사늑약(제2차 한일협약. 1905. 11.) : 통감 정치 실시

　　• 내용 : 통감부 설치(대한제국 외교권 박탈), 초대 통감으로 이토 히로부미 부임

　　• 고종의 대응 : 조약 무효 선언, 미국에 헐버트 파견, 헤이그 특사 파견(이준, 이상설, 이위종, 1907)

　　• 민족의 저항 : 민영환과 황현의 자결, 장지연의 '시일야방성대곡'(황성신문), 오적 암살단 조직(나철, 오기호), 스티븐스 저격(장인환 · 전명운. 1908), 안중근의 이토 히로부미 처단(1909)

　㉡ 한 · 일 신협약(정미 7조약, 1907. 7.) : 차관 정치 실시

　　• 배경 : 헤이그 특사 파견 → 고종의 강제 퇴위, 순종 즉위

　　• 내용 : 행정 각 부처에 일본인 차관 임명, 대한 제국 군대 해산(부속 각서) → 이후 기유각서(1909) 체결

　㉢ 한국 병합 조약(1910. 8.) : 친일 단체(일진회 등)의 합방 청원 → 병합조약 체결 → 조선 총독부 설치

(2) 항일 의병 운동

① 을미의병 ··· 을미사변, 단발령 실시(1895)를 계기로 발생

　㉠ 중심세력 : 유인석, 이소응 등의 양반 유생층

　㉡ 활동 : 친일 관리 처단, 지방 관청과 일본 거류민, 일본군 공격

　㉢ 결과 : 아관 파천 이후 고종이 단발령 철회, 의병 해산 권고 조칙 발표 → 자진 해산 → 일부는 활빈당 조직

② 을사의병 ··· 을사늑약 체결(1905)에 반발하며 발생, 평민 출신 의병장 등장

　㉠ 중심세력 : 최익현 · 민종식(양반 유생), 신돌석(평민 출신) 등

　㉡ 활동 : 전북 태인에서 거병(최익현), 홍주성 점령(민종식), 울진 등 태백산 일대에서 활약(신돌석)

③ **정미의병** … 고종의 강제 퇴위, 대한 제국의 군대 해산(1907)을 계기로 발생

　㉠ **특징** : 해산 군인의 가담으로 의병의 전투력 강화(의병 전쟁), 각국 영사관에 국제법상 교전 단체로 인정할 것 요구

　㉡ **13도 창의군 결성**(총대장 이인영, 군사장 허위) : 서울 진공 작전 전개(1908) → 일본군에 패배

③ **호남 의병** … 13도 창의군 해산 이후 호남 지역이 의병 중심지로 부상 → 일제의 '남한 대토벌 작전(1909)'으로 위축

④ **의병 운동의 의의와 한계**

　㉠ **의의** : '남한 대토벌 작전' 이후 만주와 연해주 등지로 이동하여 무장 독립 투쟁 계승

　㉡ **한계** : 양반 유생 출신 의병장의 봉건적 신분 의식의 잔존으로 세력 약화

(3) 애국 계몽 운동

① **성격** … 사회진화론의 영향(약육강식) → 점진적 실력 양성(교육, 식산흥업)을 통한 국권 수호 추구

② **애국 계몽 운동 단체**

　㉠ **보안회**(1904) : 일제의 황무지 개간권 요구 반대 운동 전개 → 성공

　㉡ **헌정 연구회**(1905) : 의회 설립을 통한 입헌 군주제 수립 추구 → 일제의 탄압

　㉢ **대한 자강회**(1906) : 헌정 연구회 계승, 전국에 지회 설치 → 고종 강제 퇴위 반대 운동 전개

　㉣ **신민회**(1907)

　　• **조직** : 안창호, 양기탁 등을 중심으로 공화정에 입각한 근대 국가 설립을 목표로 비밀 결사 형태로 조직

　　• **활동** : 학교 설립(오산 학교, 대성 학교), 민족 산업 육성(태극 서관, 자기 회사 운영), 국외 독립운동 기지 건설(남만주 삼원보에 신흥 강습소 설립)

　　• **해체** : 일제가 조작한 105인 사건으로 와해(1911)

　㉤ **언론 활동** : 대한매일신보, 황성신문 등이 일제 침략 비판, 국채 보상 운동 지원

③ **의의와 한계**

　㉠ **의의** : 국민의 애국심 고취와 근대 의식 각성, 식산흥업을 통한 경제 자립 추구, 민족 운동 기반 확대

　㉡ **한계** : 실력 양성(교육, 식산흥업)에만 주력, 의병 투쟁에 비판적인 태도를 취함

(4) 독도와 간도

① **독도**

　㉠ **역사적 연원** : 신라 지증왕 때 이사부가 우산국 복속, 조선 숙종 때 안용복이 우리 영토임을 확인

　㉡ **대한제국 칙령 제41호**(1900) : 울릉도를 울도군으로 승격, 독도가 우리 영토임을 선포

　㉢ **일제의 강탈** : 러·일 전쟁 중 일본이 불법적으로 편입(시네마 현 고시 제40호, 1905)

② 간도 … 백두산정계비문(1712)의 토문강 해석에 대한 조선과 청 사이의 이견 발생으로 영유권 분쟁 발생

　㉠ 대한 제국의 대응 : 이범윤을 간도 관리사로 임명, 간도를 함경도 행정 구역으로 편입

　㉡ 간도 협약(1909) : 남만주 철도 부설권을 얻는 대가로 일제가 간도를 청의 영토로 인정

❺ 개항 이후 경제 · 사회 · 문화의 변화

(1) 열강의 경제 침탈

① 청과 일본의 경제 침탈

　㉠ 개항 초 일본의 무역 독점 : 강화도 조약 및 부속 조약

　　• 치외법권, 일본 화폐 사용, 무관세 무역 등의 특혜 독점

　　• 거류지 무역 : 개항장 10리 이내로 제한→조선 중개 상인 활양(객주, 여각, 보부상 등)

　　• 중계 무역 : 영국산 면제품 수입, 쌀 수출(미면 교환 경제)→곡가 폭등, 조선 가내 수공업 몰락

　㉡ 일본과 청의 무역 경쟁 : 임오군란 이후 청 상인의 조선 진출 본격화→청 · 일 상권 경쟁 심화

　　• 조 · 청 상민 수륙 무역 장정(1882) : 청 상인의 내지 통상권 허용(양화진과 한성에 상점 개설)

　　• 조 · 일 통상 장정(1883) : 조 · 일 무역 규칙 개정, 관세권 설정, 방곡령 규정, 최혜국 대우 인정

② 제국주의 열강의 이권 침탈

　㉠ 배경 : 아관파천 이후 열강이 최혜국 대우 규정을 내세워 각종 분야(삼림, 광산, 철도 등)에서 이권 침탈

　㉡ 일본의 재정 및 금융 지배

　　• 재정 지배 : 차관 강요(시설 개선 등의 명목)를 통한 대한 제국 재정의 예속화 시도

　　• 금융 지배 : 일본 제일 은행 설치(서울, 인천 등)

　　• 화폐 정리 사업(1905) : 백동화를 일본 제일 은행권으로 교환(재정 고문 메가타 주도) → 민족 자본 몰락

　㉢ 일본의 토지 약탈 : 철도 부지와 군용지 확보를 위해 조선의 토지 매입, 동양 척식 주식회사 설립(1908)

(2) 경제적 구국 운동

① 방곡령 선포(1889~1890) … 일본으로의 곡물 유출 심화로 곡가 폭등, 농민 경제 악화

　㉠ 과정 : 함경도, 황해도 등지의 지방관이 방곡령을 선포함(조 · 일 통상 장정 근거)

　㉡ 결과 : 일본이 '1개월 전 통보' 규정 위반을 빌미로 방곡령 철회 요구→방곡령 철회, 일본에 배상금 지불

② **상권 수호 운동** … 열강의 내지 진출 이후 국내 상권 위축

　　㉠ **시전 상인** : 일본과 청 상인의 시전 철수 요구, 황국 중앙 총상회 조직(1898)

　　㉡ **객주, 보부상** : 상회사 설립 → 대동 상회, 장통 상회 등

　　㉢ **민족 자본, 기업 육성** : 민족 은행과 회사를 설립(조선 은행 등) → 1890년대 이후

③ **이권 수호 운동**

　　㉠ **독립협회** : 만민 공동회 개최 → 러시아의 절영도 조차 요구 저지, 한·러 은행 폐쇄

　　㉡ **황무지 개간권 요구 반대 운동**(1904) : 일제의 황무지 개간권 요구 압력에 반대 → 농광 회사, 보안회 설립

④ **국채 보상 운동**(1907) … 일본의 차관 강요에 의한 대한 제국 재정의 일본 예속 심화

　　㉠ **과정** : 대구에서 시작(서상돈 중심) → 국채 보상 기성회 설립(서울) → 대한매일신보 후원

　　㉡ **결과** : 전국적인 금주, 금연, 가락지 모으기 운동으로 확산 → 통감부의 탄압과 방해로 실패

(3) 근대 시설과 문물의 수용

① **근대 시설의 도입**

　　㉠ **교통** : 전차(서대문~청량리. 1889), 경인선(1899)을 시작으로 철도 부설(경부선 1905, 경의선 1906)

　　㉡ **통신** : 우편(우정총국. 1884), 전신(1885), 전화(경운궁. 1898)

　　㉢ **전기** : 경복궁에 전등 설치(1887), 한성 전기 회사 설립(1898)

　　㉣ **의료** : 광혜원(제중원으로 개칭. 1885), 세브란스 병원(1904), 대한의원(1907)

　　㉤ **서양식 건축물** : 독립문(1896), 명동성당(1898), 덕수궁 석조전(1910) 등

② **언론 활동** … 일제의 신문지법(1907) 제정 이전까지 활발한 활동

　　㉠ **한성순보**(1883) : 최초의 신문으로 관보의 성격(정부 정책 홍보)을 지님 → 순한문, 박문국에서 발행

　　㉡ **독립신문**(1896) : 독립협회가 발간한 최초의 민간 사설 신문 → 한글판, 영문판 발행

　　㉢ **제국신문**(1898) : 서민층과 부녀자 대상으로 한 계몽적 성격의 신문 → 순한글

　　㉣ **황성신문**(1898) : 양반 지식인을 대상으로 간행, 장지연의 '시일야방성대곡' 게재 → 국한문 혼용

　　㉤ **대한매일신보**(1904) : 영국인 베델과 양기탁의 공동 운영, 일제의 국권 침탈 비판 → 순한글

③ **교육 기관**

　　㉠ **1880년대** : 원산 학사(최초의 근대 학교. 덕원 주민), 동문학(외국어 교육), 육영 공원(근대적 관립 학교)

　　㉡ **1890년대** : 갑오개혁(교육입국조서 반포, 한성사범학교, 소학교 설립), 대한제국(각종 관립학교 설립)

　　㉢ **1900년대** : 사립 학교 설립 → 개신교(배재학당, 이화학당, 숭실학교), 민족지사(대성학교, 오산학교 등)

(4) 문화와 종교의 새 경향

① 문화의 새 경향 ··· 신소설(혈의 누 등), 신체시(해에게서 소년에게) 등장, 창가 및 판소리 유행

② 국학 연구

    ㉠ 국어 : 국문 연구소(지석영 · 주시경, 1907), 조선 광문회(최남선. 1910)

    ㉡ 국사 : 근대 계몽 사학 발달, 민족 의식 고취

    • 위인전 간행(을지문덕전, 이순신전), 외국 역사 소개(월남 망국사 등), 신채호(독사신론, 민족주의 역사학)

③ 종교계의 변화

    ㉠ 유교 : 박은식 '유교 구신론' 저술→성리학의 개혁과 실천 유학 주장(양명학) 개신교 의료 · 교육 활동을
       전개함

    ㉡ 불교 : 한용운 '조선불교 유신론' 저술→조선 불교의 개혁 주장

    ㉢ 천도교 : 손병희가 동학을 천도교로 개칭→'만세보' 간행

    ㉣ 대종교 : 나철, 오기호가 창시→단군 신앙 바탕, 국권 피탈 이후 만주로 이동하여 무장 독립 투쟁 전개

    ㉤ 천주교 : 사회 사업 실시(양로원, 고아원 설립)

    ㉥ 개신교 : 교육 기관 설립, 세브란스 병원 설립

02 일제의 강점과 민족 운동의 전개

❶ 일제의 식민 통치와 경제 수탈

(1) 일제의 무단 통치와 경제 수탈(1910년대)

① 일제의 식민 통치 기관 ··· 조선 총독부(식민통치 최고 기관. 1910), 중추원(조선 총독부 자문 기구)

② 무단 통치 ··· 헌병 경찰제 도입(즉결 처분권 행사), 조선 태형령 제정, 관리 · 교원에게 제복과 착검 강요,
언론 · 집회 · 출판 · 결사의 자유 제한, 한국인의 정치 단체와 학회 해산

③ 제1차 조선 교육령 ··· 한국인에 대한 차별 교육 실시(고등 교육 제한), 보통 교육과 실업 교육 강조, 일본어
교육 강조, 사립학교 · 서당 탄압

④ 경제 수탈

　　㉠ **토지 조사 사업**(1910~1918) : 공정한 지세 부과와 근대적 토지 소유권 확립을 명분으로 시행 → 실제로는 식민 지배에 필요한 재정 확보

　　　• 방법 : 임시 토지 조사국 설치(1910), 토지 조사령 공포(1912) → 기한부 신고제로 운영

　　　• 전개 : 미신고 토지, 왕실 · 관청 소유지(역둔토), 공유지 등을 조선 총독부로 편입 → 동양척식주식회사로 이관

　　　• 결과 : 조선 총독부의 지세 수입 증가, 일본인 이주민 증가, 조선 농민의 관습적 경작권 부정, 많은 농민들이 기한부 소작농으로 전락하거나 만주 · 연해주 등지로 이주

　　㉡ **각종 산업 침탈**

　　　• 회사령 (1910) : 한국인의 회사 설립 및 민족 자본의 성장 억압 → 허가제로 운영

　　　• 자원 침탈 : 삼림령, 어업령, 광업령, 임업령, 임야 조사령 등 제정

(2) 일제의 민족 분열 통치와 경제 수탈(1920년대)

① 문화 통치

　　㉠ 배경 : 3 · 1 운동(1919) 이후 무단 통치에 대한 한계 인식, 국제 여론 악화

　　㉡ 목적 : 소수의 친일파를 양성하여 민족 분열의 획책을 도모한 기만적인 식민 통치

　　㉢ 내용과 실상

　　　• 문관 총독 임명 가능 : 실제로 문관 총독이 임명된 적 없음

　　　• 헌병 경찰제를 보통 경찰제로 전환 : 경찰 수와 관련 시설, 장비 관련 예산 증액

　　　• 언론 · 집회 · 출판 · 결사의 자유 부분적 허용(신문 발간 허용) : 검열 강화, 식민통치 인정하는 범위 내에서 허용

　　　• 보통학교 수업 연한 연장(제2차 조선 교육령), 대학 설립 가능 : 고등교육 기회 부재, 한국인 취학률 낮음

　　　• 도 · 부 · 면 평의회, 협의회 설치 : 일본인, 친일 인사만 참여(친일 자문 기구)

　　㉣ 영향 : 일부 지식인들이 일제와 타협하려 함 → 민족 개조론, 자치론 주장

② 경제 수탈

　　㉠ **산미 증식 계획**(1920~1934)

　　　• 배경 : 일본의 공업화로 자국 내 쌀 부족 현상을 해결하기 위해 시행

　　　• 과정 : 농토 개간(밭 → 논), 수리 시설(수리 조합 설립) 확충, 품종 개량, 개간과 간척 등으로 식량 증산 추진

　　　• 결과 : 수탈량이 증산량 초과(국내 식량 사정 악화) → 한국인의 1인당 쌀 소비량 감소, 만주 잡곡 유입 증가, 식량 증산 비용의 농민 전가 → 소작농으로 전락하는 농민 증가, 소작농의 국외 이주 심화

　　㉡ **회사령 폐지**(허가제 → 신고제. 1920), **일본 상품에 대한 관세 철폐** : 일본 자본의 침투 심화

(3) 일제의 민족 말살 통치(1930년대 이후)

① 민족 말살 통치
- ㉠ 배경 : 대공황(1929) 이후 일제의 침략 전쟁 확대(만주 사변, 중·일 전쟁, 태평양 전쟁)
- ㉡ 목적 : 한국인의 침략 전쟁 동원→한국인의 민족의식 말살, 황국 신민화 정책 강요
  - 내선일체·일선동조론 강조, 창씨 개명, 신차 참배, 궁성 요배, 황국 신민 서사 암송, 국어·국사 교육 금지
  - 병참기지화 정책 : 전쟁 물자 공급을 위해 북부 지방에 중화학 공업 시설 배치
- ㉢ 결과 : 공업 생산이 북부 지역에 편중, 산업 간 불균형 심화(소비재 생산 위축)

② 경제 수탈
- ㉠ 남면북양 정책 : 일본 방직 산업의 원료 확보를 위해 면화 재배와 양 사육 강요
- ㉡ 농촌 진흥 운동(1932~1940) : 식민지 지배 체제의 안정을 위해 소작 조건 개선 제시→성과 미흡
- ㉢ 국가 총동원법 제정(1938) : 중·일 전쟁 이후 부족한 자원 수탈을 위해 제정→인적·물적 자원 수탈 강화
  - 인적 수탈 : 강제 징용 및 징병, 지원병제(학도 지원병제 포함), 징병제, 국민 징용령, 여자 정신 근로령
  - 물적 수탈 : 공출제 시행(미곡, 금속류), 식량 수탈(산미 증식 계획 재개, 식량 배급제 실시 등), 국방 헌금 강요

③ 식민지 억압 통치 강화
- ㉠ 민족 언론 폐간 : 조선일보·동아일보 폐간(1940)
- ㉡ 조선어 학회 사건(1942) : 치안 유지법 위반으로 조선어 학회 회원들 구속 → 우리말 큰사전 편찬 실패

❷ 3·1 운동과 대한민국 임시 정부의 활동

(1) 1910년대 국내/국외 민족 운동

① 국내 민족 운동
- ㉠ 일제 탄압 강화 : 남한 대토벌 작전과 105인 사건 등으로 국내 민족 운동 약화→국외로 이동
- ㉡ 비밀 결사 단체
  - 독립 의군부(1912) : 고종의 밀명을 받아 임병찬이 조직→의병 전쟁 계획, 복벽주의 추구
  - 대한 광복회(1915) : 김좌진, 박상진이 군대식 조직으로 결성→친일파 처단, 군자금 모금, 공화정 추진
  - 기타 : 조선 국권 회복단(단군 숭배, 1915), 송죽회, 기성단, 자립단 등이 조직됨

② 국외 민족 운동

　　㉠ 만주 지역 : 북간도(서전서숙, 명동학교, 중광단), 서간도(삼원보 중심, 경학사·부민단, 신흥강습소 조직)

　　㉡ 중국 관내 : 상하이 신한 청년당→김규식을 파리 강화 회의에 대표로 파견함

　　㉢ 연해주 지역 : 신한촌 건설(블라디보스토크), 권업회 조직→이후 대한 광복군 정부(이상설, 이동휘 중심) 수립

　　㉣ 미주 지역 : 대한인 국민회, 대조선 국민 군단(박용만)

(2) 3·1 운동(1919)

① 배경

　　㉠ 국내 : 일제 무단 통치에 대한 반발 고조, 고종의 사망

　　㉡ 국외 : 월슨의 민족 자결주의 대두, 레닌의 약소민족 해방 운동 지원, 파리강화회의에 김규식 파견(신한 청년당) 동경 유학생들에 의한 2·8 독립 선언, 만주에서 대한 독립 선언 제창

② 과정 … 초기 비폭력 만세 시위 운동→이후 무력 투쟁의 성격으로 전환

　　㉠ 준비 : 고종 황제 독살설 확산, 종교계 및 학생 중심으로 만세 운동 준비

　　㉡ 전개 : 민족 대표가 종로 태화관에서 독립 선언서 낭독→탑골공원에서 학생·시민들 만세 운동 전개

　　㉢ 확산 : 도시에서 농촌으로 확산→농민층이 가담하면서 무력 투쟁으로 전환→일제 탄압(제암리 사건)→ 국외 확산

③ 의의 및 영향

　　㉠ 국내 : 최대 규모의 민족 운동, 대한민국 임시 정부 수립에 영향, 식민 통치 방식 변화(무단 통치→문화 통치), 독립 운동의 분수령 역할→무장 투쟁, 노동·농민 운동 등 다양한 민족 운동 전개

　　㉡ 국외 : 중국의 5·4 운동, 인도의 비폭력·불복종 운동 운동 등에 영향

(3) 대한민국 임시 정부 수립과 활동

① 여러 임시 정부 수립 … 3·1 운동 이후 조직적인 독립운동의 필요성 자각

　　㉠ 대한 국민 의회(1919. 3) : 연해주 블라디보스토크에서 조직→손병희를 대통령으로 선출

　　㉡ 한성 정부(1919. 4) : 서울에서 13도 대표 명의로 조직→집정관 총재로 이승만 선출

　　㉢ 상하이 임시 정부(1919. 4) : 상하이에서 국무총리로 이승만 선출

② 대한민국 임시 정부의 수립

　　㉠ 각지의 임시 정부 통합 : 한성 정부의 정통성 계승, 외교 활동에 유리한 상하이에 임시 정부 수립

　　㉡ 형태 : 삼권 분립에 입각한 민주 공화정→임시 의정원(입법), 법원(사법), 국무원(행정)

　　㉢ 구성 : 대통령 이승만, 국무총리 이동휘, 국무위원

③ 대한민국 임시 정부의 활동

    ㉠ **연통제, 교통국 운영** : 국내외를 연결하는 비밀 행정 및 통신 조직

    ㉡ **군사 활동** : 광복군 사령부, 국무원 산하에 군무부 설치하고 직할 군단 편성(서로 군정서·북로 군정서)

    ㉢ **외교 활동** : 파리 강화 회의에 독립 청원서 제출(김규식), 미국에 구미 위원부를 설치(이승만)

    ㉣ **독립 자금 모금** : 독립 공채(애국 공채) 발행, 국민 의연금을 모금

    ㉤ **기타** : 독립신문 발간

④ **국민 대표 회의**(1923)

    ㉠ **배경** : 연통제와 교통국 해체 후 자금 조달 곤란, 외교 활동 성과 미흡

    • 독립운동 방법론을 둘러싼 갈등 발생 : 외교 독립론과 무장 독립론의 갈등

    • 이승만의 국제 연맹 위임 통치 청원(1919)에 대한 내부 반발

    ㉡ **과정** : 임시 정부의 방향을 둘러싼 창조파와 개조파의 대립 심화

    • 개조파 : 현 임시 정부를 유지하며 드러난 문제점 개선 주장

    • 창조파 : 현 임시 정부의 역할 부정, 임시 정부의 위치를 연해주로 옮겨야 한다고 주장

    ㉢ **결과** : 회의가 결렬 및 독립운동가 다수 이탈

⑤ **대한민국 임시 정부의 개편**

    ㉠ **배경** : 국민 대표 회의 결렬 이후 독립 운동가들의 임시 정부 이탈 심화→이승만 탄핵→제2대 대통령으로 박은식 선출 후 체제 개편 추진

    ㉡ **체제 개편** : 대통령제(1919)→국무령 중심 내각 책임제(1925)→국무위원 중심의 집단 지도 체제(1927)→주석 중심제(1940)→주석·부주석제(1944)

    ㉢ **임시정부 이동** : 상하이(1932)→충칭에 정착(1940)

❸ 국내 민족 운동의 전개

(1) 실력 양성 운동

① 실력 양성 운동의 대두…사회 진화론의 영향→식산흥업, 교육을 통해 독립을 위한 실력 양성

② 물산 장려 운동

    ㉠ **배경** : 회사령 폐지(1920), 일본 상품에 대한 관세 철폐(1923)로 일본 자본의 한국 침투 심화→민족 기업 육성을 통해 경제적 자립 실현하고자 함

    ㉡ **과정** : 평양에서 조선 물산 장려회 설립(조만식, 1920)→전국적으로 확산

    ㉢ **활동** : 일본 상품 배격, '내 살림 내 것으로, 조선 사람 조선 것'을 기치로 토산품 애용 장려, 금주·단연 운동 전개

    ㉣ **결과** : 토산품 가격 상승, 사회주의 계열 비판(자본가와 일부 상인에게만 이익), 일제의 탄압으로 실패

③ 민립 대학 설립 운동

    ㉠ 배경 : 일제의 식민지 우민화 교육(보통 교육, 실업 교육 중심)→고등 교육의 필요성 제기

    ㉡ 과정 : 조선 민립 대학 기성회 조직(이상재. 1920)→모금 운동('한민족 1천만이 한 사람이 1원씩')

    ㉢ 결과 : 일제의 방해로 성과 저조→일제는 한국인들의 불만을 무마하기 위해 경성 제국 대학 설립

④ **문맹 퇴치 운동** … 문자 보급을 통한 민중 계몽 추구

    ㉠ 야학 운동(주로 노동자, 농민 대상), 한글 강습회

    ㉡ 문자 보급 운동 : 조선일보 주도→"한글 원본" 발간('아는 것이 힘, 배워야 산다')

    ㉢ 브나로드 운동 : 동아일보 주도→학생들이 참여하여 농촌 계몽 운동 전개

(2) 민족 협동 전선 운동의 전개

① **사회주의 사상 수용**

    ㉠ 배경 : 러시아 혁명 이후 약소국가에서 사회주의 사상 확산(레닌의 지원 선언)

    ㉡ 전개 : 3·1 운동 이후 청년·지식인층을 중심 사회주의 사상 수용→조선 공산당 결성(1925)

    ㉢ 영향 : 이념적 차이로 인하여 민족 운동 세력이 민족주의 계열과 사회주의 계열로 분화→이후 일제는 사회주의 세력을 탄압하기 위해 치안 유지법 제정(1925)

② **6·10 만세 운동**(1926)

    ㉠ 배경 : 일제의 수탈과 차별적인 식민지 교육에 대한 불만 고조, 사회주의 운동 확대, 순종 서거

    ㉡ 전개 : 학생과 사회주의 계열, 천도교 계열이 순종 인산일을 계기로 대규모 만세 시위 계획→시민 가담

    ㉢ 의의 : 학생들이 독립 운동의 주체 세력으로 부상, 민족주의 계열과 사회주의 계열의 연대 계기(민족유일당)

③ **신간회 결성**(1927~1931)

    ㉠ 배경

        • 국내 : 친일 세력의 자치론 등장, 치안 유지법→민족주의와 사회주의 세력 연대의 필요성 공감

        • 국외 : 중국에서 제1차 국·공 합작 실현

    ㉡ 활동 : 정우회 선언을 계기로 비타협적 민족주의 세력과 사회주의 세력 연대→신간회 결성

        • 이상재를 회장으로 선출하고 전국 각지에 지회 설치

        • 강령 : 정치적·경제적 각성, 민족의 단결 강화, 기회주의 일체 배격

        • 전국적 연회·연설회 개최, 학생·농민·노동·여성 등의 운동 지원, 조선 형평 운동 지원

        • 광주 학생 항일 운동에 조사단을 파견하여 지원

    ㉢ 해체 : 일부 지도부가 타협적 민족주의 세력과 연대 시도, 코민테른 노선 변화→사회주의자 이탈→해체

    ㉣ 의의 : 민족 유일당 운동 전개, 국내에서 가장 규모가 큰 합법적 항일 민족 운동 단체

④ 광주 학생 항일 운동(1929)

    ㉠ 배경 : 차별적 식민 교육, 학생 운동의 조직화, 일본인 남학생의 한국인 여학생 희롱이 발단

    ㉡ 전개 : 광주 지역 학생들 궐기 → 신간회 및 여러 사회 단체들의 지원 → 전국적으로 확산

    ㉢ 의의 : 3 · 1 운동 이후 국내 최대 규모의 항일 민족 운동

⑤ 농민 · 노동 운동

    ㉠ 농민 운동 : 고율의 소작료 및 각종 대금의 소작인 전가로 소작농 부담 증대

    • 전개 : 조선 농민 총동맹(1927) 주도 → 소작료 인하, 소작권 이동 반대 주장 → 암태도 소작쟁의(1923)

    ㉡ 노동 운동 : 저임금, 장시간 노동 등 열악한 노동 환경에 대한 노동자 반발

    • 전개 : 조선 노동 총동맹(1927) 주도 → 노동 조건의 개선과 임금 인상 요구 → 원산 노동자 총파업(1929)

    ㉢ 1930년대 농민 · 노동 운동 : 사회주의 세력과 연계하여 정치적 투쟁의 성격 나타남(반제국주의)

⑥ 각계 각층의 민족 운동

    ㉠ 청년 운동 : 조선 청년 총동맹 결성

    ㉡ 소년 운동 : 천도교 소년회 중심(방정환) → 어린이날을 제정, 잡지 "어린이" 발간

    ㉢ 여성 운동 : 신간회 자매 단체로 근우회 조직 → 여성 계몽 활동 전개

    ㉣ 형평 운동 : 조선 형평사 조직 → 백정 출신에 대한 사회적 차별 반대, 평등 사회 추구

(3) 민족 문화 수호 운동

① 한글 연구

    ㉠ 조선어 연구회(1921) : 가갸날 제정, 잡지 "한글" 간행

    ㉡ 조선어 학회(1931) : 조선어 연구회 계승, 한글 맞춤법 통일안과 표준어 제정, 우리말 큰사전 편찬 시도
      → 일제에 의한 조선어 학회 사건(1942)으로 강제 해산

② 국사 연구

    ㉠ 식민 사관 : 식민 통치의 정당화를 위해 우리 역사 왜곡 → 조선사 편수회 → 정체성론, 당파성론, 타율성론

    ㉡ 민족주의 사학 : 한국사의 독자성과 주체성 강조

    • 박은식 : 근대사 연구, 민족혼을 강조 → '한국통사', '한국독립운동지혈사' 저술

    • 신채호 : 고대사 연구, 낭가사상 강조 → '조선사연구초', '조선상고사' 저술

    • 정인보 : 조선 얼 강조, 조선학 운동 전개

    ㉢ 사회 경제 사학 : 마르크스의 유물 사관 수용

    • 백남운 : 식민 사관인 정체성론 비판 → '조선 사회 경제사' 저술, 세계사의 보편적 발전 법칙에 따라 한국사 이해

    ㉢ 실증 사학 : 객관적 사실 중시

    • 진단 학회 : 이병도, 손진태 등이 결성 → '진단 학보' 발간

③ **종교 활동**
  ㉠ **불교** : 일제의 사찰령으로 탄압→한용운이 중심이 되어 조선 불교 유신회 조직
  ㉡ **원불교** : 박중빈이 창시→개간 사업, 미신 타파, 저축 운동 등 새생활 운동 전개
  ㉢ **천도교** : 소년 운동 주도, 잡지 '개벽' 발행
  ㉣ **대종교** : 단군 숭배, 중광단 결성(북간도)함→이후 북로 군정서로 확대 · 개편→항일 무장 투쟁 전개
  ㉤ **개신교** : 교육 운동, 계몽 운동을 전개→신사 참배 거부
  ㉥ **천주교** : 사회 사업 전개(고아원, 양로원 설립), 항일 무장 투쟁 단체인 의민단 조직

④ **문화 활동**
  ㉠ **문학** : 동인지 발간 및 신경향파 문학 등장(1920년대) → 저항 문학(이육사, 윤동주) · 순수 문학(1930년대)
  ㉡ **영화** : 나운규의 아리랑(1926)

❹ 국외 민족 운동의 전개

(1) 1920년대 무장 독립 투쟁

① **봉오동 전투와 청산리 대첩**
  ㉠ **봉오동 전투**(1920. 6.) : 대한 독립군(홍범도), 군무 도독부군(최진동), 국민회군(안무) 연합부대가 봉오동에서 일본군 격파
  ㉡ **청산리 대첩**(1920. 10.) : 봉오동 전투에서 패배한 일본이 만주에 대규모로 일본군 파견(훈춘사건)
    - 북로 군정서(김좌진), 대한 독립군(홍범도) 등 연합 부대 청산리 일대에서 일본군에게 크게 승리

② **독립군의 시련**
  ㉠ **간도 참변**(1920. 경신참변) : 봉오동 전투, 청산리 대첩에서 패배한 일본군의 복수→간도 이주민 학살
  ㉡ **독립군 이동** : 일본군을 피해 독립군은 밀산에 모여 대한독립군단 결성(총재 서일)→소련령 자유시로 이동
  ㉢ **자유시 참변**(1921) : 독립군 내부 분열, 러시아 적군과의 갈등→적군에 의해 강제 무장 해제 당함

③ **독립군 재정비** ⋯ 간도 참변, 자유시 참변으로 약화된 독립군 재정비 필요성 대두
  ㉠ **3부 성립**
    • 참의부(대한민국 임시 정부 직속), 정의부, 신민부
    • 자치 정부의 성격→민정 기능과 군정 기능 수행
  ㉡ **미쓰야 협정**(1925) : 조선 총독부와 만주 군벌 장작림 사이에 체결→독립군 체포 · 인도 합의, 독립군 위축
  ㉢ **3부 통합** : 국내외에서 민족 협동 전선 형성(민족 유일당 운동)
    • 국민부(남만주) : 조선 혁명당, 조선 혁명군(양세봉) 결성
    • 혁신의회(북만주) : 한국 독립당, 한국 독립군(지청천) 결성

(2) 1930년대 무장 독립 투쟁

① 한 · 중 연합 작전
  ㉠ 배경 : 일제가 만주 사변(1931) 후 만주국을 수립하자 중국 내 항일 감정 고조→한 · 중 연합 전선 형성
  ㉡ 전개
    • 남만주 : 조선 혁명군(양세봉)이 중국 의용군과 연합→흥경성 · 영릉가 전투 등에서 승리
    • 북만주 : 한국 독립군(지청천)이 중국 호로군과 연합→쌍성보 · 사도하자 · 대전자령 전투 등에서 승리
  ㉢ 결과 : 한중 연합군의 의견 대립, 일본군의 공격 등으로 세력 약화→일부 독립군 부대는 중국 관내로 이동

② 만주 항일 유격 투쟁
  ㉠ 사회주의 사상 확산 : 1930년대부터 조선인 사회주의자들이 중국 공산당과 연합하여 항일 운동 전개→동북 항일 연군 조직(1936)
  ㉡ 조국 광복회 : 동북 항일 연군 일부와 민족주의 세력이 연합→국내 진입(1937. 보천보 전투)

③ 중국 관내의 항일 투쟁
  ㉠ 민족 혁명당(1935) : 민족 협동 전선 아래 독립군 통합을 목표로 조직→한국독립당, 조선혁명군 등 참여
    • 김원봉, 지청천, 조소앙 중심(좌우 합작)→이후 김원봉이 주도하면서 지청천, 조소앙 이탈
    • 이후 조선 민족 혁명당으로 개편→조선 민족 전선 연맹 결성(1937)→조선 의용대 결성(1938)
  ㉡ 조선 의용대(1938. 한커우) : 김원봉 등이 중국 국민당 정부의 지원을 받아 조직
    • 중국 관내에서 조직된 최초의 한인 독립군 부대→이후 한국 광복군에 합류(1942)
    • 분화 : 일부 세력이 중국 화북 지방으로 이동→조선 의용군으로 개편됨(조선 독립 동맹의 군사 기반)
  ㉢ 조선 의용군(1942) : 조선 의용대 일부와 화북 사회주의자들이 연합하여 옌안에서 조직
    • 중국 공산당과 연합하여 항일 투쟁 전개, 해방 이후에는 북한 인민군으로 편입

(3) 의열 투쟁과 해외 이주 동포 시련

① 의열단(1919) … 김원봉을 중심으로 만주 지린에서 비밀 결사로 조직
  ㉠ 목표 : 민중의 직접 혁명을 통한 독립 추구(신채호 '조선 혁명 선언')
  ㉡ 활동 : 조선 총독부의 주요 인사 · 친일파 처단, 식민 통치 기구 파괴→김익상, 김상옥, 나석주 등의 의거
  ㉢ 변화 : 개별적인 무장 활동의 한계 인식→체계적 군사 훈련을 위해 김원봉을 중심으로 황푸 군관 학교 입교→이후 조선 혁명 간부 학교 설립함(독립군 간부 양성)→민족 혁명당 결성 주도

② 한인 애국단(1931) … 김구가 주도

　　㉠ 활동 : 일왕 암살 시도(이봉창), 상하이 훙커우 공원 의거(1932. 윤봉길)

　　㉡ 의의 : 대한민국 임시 정부와 독립군에 대한 중국 국민당 정부의 지원 약속→한중 연합작전의 계기

③ 해외 이주 동포의 시련

　　㉠ 만주 : 한인 무장 투쟁의 중심지→일본군의 간도 참변으로 시련

　　㉡ 연해주 : 중·일 전쟁 발발 이후 소련에 의해 중앙아시아로 강제 이주(1937)

　　㉢ 일본 : 관동 대지진 사건(1923)으로 많은 한국인들 학살

　　㉣ 미주 : 하와이로 노동 이민 시작(1900년대 초)→독립운동의 재정을 지원함

(4) 대한민국 임시정부 재정비와 건국 준비 활동

① 충칭 임시 정부 … 주석 중심제로 개헌, 전시 체제 준비

　　㉠ 한국 독립당(1940) : 김구, 지청천, 조소앙의 중심으로 결성

　　㉡ 대한민국 건국 강령 발표(1941) : 민주 공화국 수립→조소앙의 삼균주의 반영

　　㉢ 민족 협동 전선 성립 : 김원봉의 조선 의용대를 비롯한 민족혁명당 세력 합류→항일 투쟁 역량 강화

② 한국 광복군(1940)

　　㉠ 조직 : 중국 국민당 정부의 지원으로 조직된 정규군으로 조선 의용대 흡수, 총사령관에 지청천 임명

　　㉡ 활동

　　　• 대일 선전 포고, 연합 작전 전개(인도, 미얀마에서 선전 활동, 포로 심문 활동 전개)

　　　• 국내 진공 작전 준비 : 미국 전략 정보국(OSS)의 지원으로 국내 정진군 편성→일제 패망으로 작전 실패

③ 조선 독립 동맹(1942)

　　㉠ 조직 : 화북 지역의 사회주의자들 중심으로 조직→김두봉 주도

　　㉡ 활동 : 항일 무장 투쟁 전개(조선 의용군), 건국 강령 발표(민주 공화국 수립, 토지 분배 등의 원칙 수립)

④ 조선 건국 동맹(1944)

　　㉠ 조직 : 국내 좌우 세력을 통합하여 비밀리에 조직 → 여운형이 주도

　　㉡ 활동 : 국외 독립운동 세력과 연합 모색, 민주 공화국 수립 표방 → 광복 직후 조선 건국 준비 위원회로 발전

03 대한민국의 발전과 현대 세계의 변화

❶ 대한민국 정부 수립과 6·25 전쟁

(1) 광복 직후 국내 상황

① 광복 ··· 우리 민족의 지속적 독립운동 전재, 국제 사회의 독립 약속(카이로 회담, 얄타 회담, 포츠담 회담)

② 38도선의 확정 ··· 광복 후 북위 38도선을 기준으로 미군과 소련군의 한반도 주둔
  ㉠ 미군 : 38도선 이남에서 미군정 체제 실시→대한민국 임시 정부 부정, 조선 총독부 체제 답습
  ㉡ 소련군 : 북위 38도선 이북에서 군정 실시→김일성 집권 체제를 간접적으로 지원

③ 자주적 정부 수립 노력
  ㉠ 조선 건국 준비 위원회 : 조선 건국 동맹 계승·발전→여운형, 안재홍 중심의 좌우 합작 단체
    • 활동 : 전국에 지부를 설치하고 치안, 행정 담당
    • 해체 : 좌익 세력 중심으로 운영되면서 우익 세력 이탈→조선 인민 공화국 선포(1945. 9.) 후 해체
  ㉡ 한국 민주당 : 송진우·김성수를 비롯한 보수 세력이 결성→미 군정과 협력
  ㉢ 독립 촉성 중앙 협의회 : 이승만 중심
  ㉣ 임시 정부 요인 : 개인 자격으로 귀국→한국 독립당을 중심으로 김구를 비롯한 임시 정부 요인 활동

(2) 통일 정부 수립을 위한 노력

① 모스크바 3국 외상 회의(1945. 12.)
  ㉠ 결정 사항 : 민주주의 임시 정부 수립, 미·소 공동 위원회 설치, 최대 5년간 한반도 신탁 통치 결의
  ㉡ 국내 반응 : 신탁 통치를 둘러싼 좌·우익의 대립 심화로 국내 상황 혼란
    • 좌익 세력 : 초기에는 반탁 주장→이후 찬탁 운동으로 변화
    • 우익 세력 : 반탁 운동 전개(김구, 이승만 등)

② 제1차 미·소 공동 위원회(1946. 3) ··· 임시 정부 수립에 참여할 단체 선정을 위해 개최 → 미·소 의견 대립으로 결렬

③ 좌우 합작 운동(1946)
  ㉠ 배경 : 제1차 미·소 공동 위원회 결렬, 이승만의 정읍 발언(남한 만의 단독 정부 수립 주장)
  ㉡ 좌우 합작 위원회 결성 : 미 군정의 지원 하에 여운형과 김규식(중도 세력) 등이 주도하여 결성
    • 좌우 합작 7원칙 발표 : 토지제도 개혁, 반민족 행위자 처벌 등을 규정
    • 결과 : 토지 개혁에 대한 좌익과 우익의 입장 차이, 여운형의 암살, 제2차 미소 공동 위원회 성과 미흡으로 실패

④ 남한 만의 단독 총선거와 남북 협상

　㉠ 한국 문제의 유엔 상정 : 미국이 한반도 문제를 유엔에 상정

　• 유엔 총회 : 인구 비례에 따른 총선거 실시안 통과→유엔 한국 임시 위원단 파견→소련은 위원단의 입북 거절

　• 유엔 소총회 : '위원단이 접근 가능한 지역의 총선거' 결의→남한만의 단독 총선거 실시

　㉡ 남북 협상(1948) : 김구와 김규식이 남한만의 단독 총선거에 반대하며 남북 정치 회담 제안

　• 과정 : 김구와 김규식이 평양 방문→남북 협상 공동 성명 발표(단독 정부 수립 반대, 미 · 소 양군 공동 철수)

　• 결과 : 성과를 거두지 못함, 김구 암살(1949. 6.)→통일 정부 수립 노력 실패

(3) 대한민국 정부 수립

① 정부 수립을 둘러싼 갈등

　㉠ 제주 4 · 3 사건(1948) : 제주도 좌익 세력 등이 단독 선거 반대, 통일 정부 수립을 내세우며 무장봉기→제주 일부 지역에서 선거 무산, 진압 과정에서 무고한 양민 학살

　㉡ 여수 · 순천 10 · 19 사건(1948) : 제주 4 · 3 사건 진압을 여수 주둔 군대에 출동 명령→군대 내 좌익 세력이 반발하며 봉기

② 대한민국 정부 수립

　㉠ 5 · 10 총선거(1948) : 우리나라 최초의 민주적 보통 선거→2년 임기의 제헌 국회의원 선출(198명)

　• 과정 : 제헌 국회에서 국호를 '대한민국'으로 결정, 제헌 헌법 제정

　• 한계 : 김구, 김규식 등의 남북 협상파와 좌익 세력이 선거에 불참

　㉡ 제헌 헌법 공포(1948. 7. 17.) : 3 · 1 운동 정신과 대한민국 임시 정부의 법통을 계승한 민주 공화국 규정

　• 국회에서 정 · 부통령을 선출, 삼권 분립과 대통령 중심제 채택

　㉢ 정부 수립(1948. 8. 15.) : 대통령에 이승만, 부통령에 이시영 선출

③ 북한 정부 수립

　㉠ 북조선 임시 인민 위원회 수립(1946) : 토지 개혁과 주요 산업 국유화 추진

　㉡ 북조선 인민 위원회 조직(1947) : 최고 인민 회의 구성과 헌법 제정→조선 민주주의 인민 공화국 선포(1948. 9. 9.)

(4) 제헌 국회 활동

① 친일파 청산을 위한 노력

　㉠ 반민족 행위 처벌법 제정(1948. 9.) : 반민족 행위자(친일파) 처단 및 재산 몰수

　㉡ 반민족 행위 특별 조사 위원회 활동 : 이승만 정부의 비협조와 방해로 친일파 청산 노력 실패

② 농지 개혁(1949) … 유상매수, 유상분배를 원칙으로 농지 개혁 시행→가구당 농지 소유 상한을 3정보로 제한

(5) 6 · 25 전쟁과 그 영향

① 6 · 25 전쟁 배경
- ㉠ 한반도 정세 : 미 · 소 양군 철수 후 38도선 일대에서 소규모 군사 충돌 발생, 미국이 애치슨 선언 선포 (1950)
- ㉡ 북한의 전쟁 준비 : 소련과 중국의 지원을 받음
- ㉢ 남한의 상황 : 좌익 세력 탄압, 국군 창설, 한 · 미 상호 방위 원조 협정 체결(1950. 1.)

② 전쟁 과정
- ㉠ 전개 : 북한의 무력 남침(1950. 6. 25.)→서울 함락→유엔 안전 보장 이사회의 유엔군 파견 결정→낙동강 전투→인천 상륙 작전(서울 수복)→38도선 돌파→압록강 유역까지 진격→중국군 참전(1950. 10. 25.)→1 · 4 후퇴→서울 재탈환(1951. 3.)→38도선 일대에서 전선 고착
- ㉡ 정전 협정 : 소련이 유엔에서 휴전 제의→포로 교환 방식, 군사 분계선 설정 문제로 협상 지연→이승만 정부가 휴전 반대 성명을 발표하고 반공 포로 석방→협청 체결(군사 분계선 설정)
- ㉢ 전쟁 피해 : 인명 피해 및 이산가족 문제 발생, 산업 시설 및 경제 기반 붕괴로 열악한 환경 초래

③ 영향…한 · 미 상호 방위 조약 체결(1953. 10.), 남북한의 독재 체제 강화

❷ 자유 민주주의 시련과 발전

(1) 이승만 정부

① 발췌 개헌(1952)
- ㉠ 배경 : 제2대 국회의원 선거(1950. 5.) 결과 이승만 반대 성향의 무소속 의원 대거 당선→국회의원에 의한 간선제 방식으로 이승만의 대통령 재선 가능성이 희박
- ㉡ 과정 : 6 · 25 전쟁 중 임시 수도인 부산에서 자유당 창당 후 계엄령 선포→야당 국회의원 연행 · 협박
- ㉢ 내용 및 결과 : 대통령 직선제 개헌안 통과→이승만이 제2대 대통령에 당선

② 사사오입 개헌(1954)
- ㉠ 배경 : 이승만과 자유당의 장기 집권 추구를 위해 대통령 중임 제한 규정의 개정 필요
- ㉡ 과정 : 개헌 통과 정족수에 1표 부족하여 개헌안 부결→사사오입 논리를 내세워 통과
- ㉢ 내용 및 결과 : 초대 대통령에 한해 중임 제한 규정 철폐→이승만이 제3대 대통령에 당선

③ 독재 체제의 강화…1956년 정 · 부통령 선거에서 민주당의 장면이 부통령에 당선, 무소속 조봉암의 선전 →진보당 사건(조봉암 탄압), 정부에 비판적인 경향신문 폐간, 국가 보안법 개정(1958)

④ 전후 복구와 원조 경제
    ㉠ 전후 복구 : 산업 시설과 사회 기반 시설 복구, 귀속 재산 처리 등
    ㉡ 원조 경제 : 미국이 잉여 농산물 제공 → 삼백 산업(밀, 사탕수수, 면화) 발달

⑤ 북한의 변화
    ㉠ 김일성 1인 독재 체제 강화 : 반대 세력 숙청, 주체사상 강조
    ㉡ 사회주의 경제 체제 확립 : 소련·중국의 원조, 협동 농장 체제 수립, 모든 생산 수단 국유화

(2) 4·19 혁명과 장면 내각

① 4·19 혁명(1960)
    ㉠ 배경 : 1960년 정·부통령 선거에서 이승만과 이기붕을 당선시키기 위해 3·15 부정 선거 실행
    ㉡ 전개 : 부정 선거 규탄 시위 발생→마산에서 김주열 학생의 시신 발견→전국으로 시위 확산→비상 계엄령 선포→대학 교수들의 시국 선언 발표 및 시위 참여→이승만 하야
    ㉢ 결과 : 허정 과도 정부 구성→내각 책임제와 양원제 국회 구성을 골자로 한 개헌 성립
    ㉣ 의의 : 학생과 시민 주도로 독재 정권을 붕괴시킨 민주 혁명

② 장면 내각(1960)
    ㉠ 성립 : 새 헌법에 따라 치른 7·29총선에서 민주당 압승→대통령 윤보선 선출, 국무총리 장면 지정
    ㉡ 정책 : 경제 개발 계획 마련, 정부 규제 완화
    ㉢ 한계 : 부정 선거 책임자 처벌에 소극적, 민주당 구파와 신파의 대립으로 인한 정치 불안 초래

(3) 5·16 군사 정변과 박정희 정부

① 5·16 군사 정변(1961) … 박정희를 중심으로 군부 세력이 정변 일으킴 → 국가 재건 최고회의 설치(군정 실시)
    ㉠ 정치 : 부패한 공직자 처벌, 구정치인의 활동 금지
    ㉡ 경제 : 경제 개발 5개년 계획을 추진
    ㉢ 개헌 : 대통령 중심제와 단원제 국회 구성을 주요 내용으로 하는 개헌 단행

② 박정희 정부
    ㉠ 성립 : 민주 공화당 창당→박정희가 대통령에 당선(1963)
    ㉡ 한·일 국교 정상화(1965) : 한·미·일 안보 체제 강화, 경제 개발에 필요한 자금을 확보 목적
    • 과정 : 김종필·오히라 비밀 각서 체결→한·일 회담 반대 시위(6·3 시위. 1964)→계엄령 선포
    • 결과 : 한·일 협정 체결
    ㉢ 베트남 전쟁 파병(1964~1973) : 미국의 요청으로 브라운 각서 체결(경제·군사적 지원 약속)→경제 성장
    ㉣ 3선 개헌(1969) : 박정희가 재선 성공 후에 3선 개헌안 통과→개정 헌법에 따라 박정희의 3선 성공 (1971)

③ 유신 체제

  ㉠ 유신 체제 성립 : 1970년대 냉전 완화(닉슨 독트린), 경제 불황
  • 과정 : 비상 계엄령 선포, 국회 해산, 정당·정치 활동 금지→유신 헌법 의결·공고(1972)→통일 주체 국민 회의에서 박정희를 대통령으로 선출
  • 내용 : 대통령 간선제(통일 주체 국민 회의에서 선출), 대통령 중임 제한 조항 삭제, 대통령 임기 6년, 대통령에게 긴급 조치권, 국회 해산권, 국회의원 1/3 추천권 부여
  ㉡ 유신 체제 반대 투쟁 : 개헌 청원 100만인 서명 운동 전개, 3·1 민주 구국 선언
    →긴급 조치 발표, 민청학련 사건과 인혁당 사건 조작
  ㉢ 유신 체제 붕괴
  • 배경 : 국회의원 선거에서 야당 득표율 증가(1978), 경제위기 고조(제2차 석유 파동), YH 무역 사건 과정에서 김영삼의 국회의원 자격 박탈→부·마 항쟁 발생
  • 결과 : 박정희 대통령 피살(1979. 10·26 사태)로 유신 체제 붕괴

(4) 5·18 민주화 운동과 자유 민주주의의 발전

① 민주화 열망의 고조

  ㉠ 12·12 사태(1979) : 10·26 사태 직후 전두환 중심의 신군부 세력이 권력 장악
  ㉡ 서울의 봄(1980) : 시민과 학생들이 신군부 퇴진, 유신 헌법 폐지를 요구하며 시위 전개
    →비상계엄령 선포 및 전국 확대

② 5·18 민주화 운동(1980)

  ㉠ 배경 : 신군부 세력 집권과 비상계엄 확대에 반대하는 광주 시민들을 계엄군이 과잉 무력 진압
  ㉡ 의의 : 1980년대 민주화 운동의 기반이 됨.

③ 전두환 정부

  ㉠ 신군부 집권 과정 : 국가 보위 비상 대책 위원회(국보위) 설치→삼청교육대 설치, 언론 통폐합 등
  ㉡ 전두환 집권 : 통일주체 국민회의에서 전두환을 11대 대통령으로 선출(1980. 8.)
  • 개헌 : 대통령을 선거인단에 의해 선출, 대통령 임기는 7년 단임제 적용
  • 개헌 이후 : 대통령 선거인단에서 전두환을 12대 대통령으로 선출(1981. 2.)
  ㉢ 전두환 정부 정책
  • 강압책 : 언론 통제, 민주화 운동 탄압
  • 유화책 : 두발과 교복 자율화, 야간 통행금지 해제, 프로야구단 창단, 해외여행 자유화

④ 6월 민주 항쟁(1987)

  ㉠ 배경 : 대통령 직선제 개헌 운동 고조, 박종철 고문 치사 사건 발생
  ㉡ 4·13 호헌 조치 : 전두환 정부는 대통령 직선제 개헌안 요구를 거부하고 간선제 유지를 발표
    →시민들의 반발 확산, 이한열 사망→호헌 철폐 요구하며 시위 확산

ⓒ 6 · 29 민주화 선언 : 민주 정의당 대통령 후보인 노태우가 대통령 직선제 개헌 요구 수용

ⓔ 결과 : 대통령 직선제, 5년 단임제의 개헌 실현

(5) 민주화 진전

① **노태우 정부**

ㄱ **성립** : 야권 분열 과정에서 노태우가 대통령에 당선 → 이후 3당 합당(노태우, 김영삼, 김종필)

ㄴ **성과** : 북방 외교 추진(공산권 국가들과 수교), 서울 올림픽 개최, 5공 청문회, 남북한 유엔 동시 가입

② **김영삼 정부** … 지방 자치제 전면 실시, 금융 실명제 시행, OECD(경제 협력 개발 기구) 가입, 외환위기 (IMF) 초래

③ **김대중 정부**

ㄱ **성립** : 선거를 통한 최초의 평화적 여야 정권 교체가 이루어짐

ㄴ **성과** : 국제 통화 기금(IMF) 지원금 조기 상환, 국민 기초 생활 보장법 제정, 대북 화해 협력 정책(햇볕 정책) → 제1차 남북 정상 회담 개최, 6 · 15 남북 공동 선언 채택(2000)

④ **노무현 정부** … 권위주의 청산 지향, 제2차 남북 정상 회담 개최, 10 · 4 남북 공동 선언 채택(2007)

⑤ **이명박 정부** … 한 · 미 FTA 추진, 기업 활동 규제 완화

❸ 경제 발전과 사회 · 문화의 변화

(1) 경제 발전 과정

① **경제 개발 5개년 계획**

ㄱ **제1차, 2차 경제 개발 5개년 계획(1962~1971)**

• 노동집약적 경공업 육성, 수출 주도형 산업 육성 정책 추진

• 베트남 경제 특수 효과, 사회 간접 자본 확충(경부 고속 국도 건설. 1970)

• 외채 상환 부담 증가, 노동자의 저임금, 정경 유착 등의 문제가 나타남

ㄴ **제3차, 4차 경제 개발 5개년 계획(1972~1911)**

• 자본집약적 중화학 공업 육성, 수출액 100억 달러 달성(1977)

• 정경 유착, 저임금 · 저곡가 정책으로 농민 · 노동자 소외, 빈부 격차 확대, 2차례에 걸친 석유 파동으로 경제 위기

② **1980년대 경제 변화** … '3저 호황'(저유가, 저금리, 저달러) 상황 속에서 자동차, 철강 산업 등이 발전

③ 1990년대 이후 경제 변화

　　㉠ 김영삼 정부 : 경제 협력 개발 기구(OECD) 가입, 외환 위기 발생→국제 통화 기금(IMF)의 긴급 금융 지원

　　㉡ 김대중 정부 : 금융 기관과 대기업 구조 조정(실업률 증가), 국제 통화 기금(IMF) 지원금 조기 상환

(2) 사회 · 문화의 변화

① 급속한 산업화 · 도시화 ⋯ 주택 부족, 교통 혼잡, 도시 빈민 등의 사회적 문제 발생

② 농촌의 변화 ⋯ 이촌향도 현상으로 농촌 인구 감소, 고령화 문제 출현, 도농 간 소득 격차 확대

③ 새마을 운동(1970) ⋯ 농촌 환경 개선과 소득 증대 목표(근면 · 자조 · 협동)

④ 노동 문제 ⋯ 산업화로 노동자 급증, 열악한 노동 환경(저임금 · 장시간 노동)→전태일 분신 사건(1970)→6월 민주 항쟁 이후 노동 운동 활발

(3) 통일을 위한 노력

① 7 · 4 남북 공동 성명(1972) ⋯ 평화 통일 3대 원칙 합의(자주 통일, 평화 통일, 민족적 대단결)

　　→남북 조절 위원회 설치

② 전두환 정부 ⋯ 이산가족 고향 방문단과 예술 공연단 교환(1985)

③ 노태우 정부(1991) ⋯ 남북한 유엔 동시 가입, 남북 기본 합의서 채택(남북 사이 화해와 불가침, 교류와 협력)

④ 김영삼 정부 ⋯ 북한에 경수로 원자력 발전소 건설 사업 지원

⑤ 김대중 정부 ⋯ 대북 화해 협력 정책(햇볕 정책), 금강산 관광 사업 시작, 남북 정상 회담 개최(6 · 15 남북 공동 선언)

　　㉠ 6 · 15 남북 공동 선언(2000) : 남측의 연합제 통일안과 북측의 연방제 통일안의 공통성 인정

　　㉡ 개성 공단 건설, 이산가족 상봉, 경의선 복구 사업 진행

⑥ 노무현 정부 ⋯ 제2차 남북 정상 회담(2007)→10 · 4 남북 공동 선언

≣ 최근 기출문제 분석 ≣

2022 지방직 간호8급

1 **밑줄 친 '나'에 대한 설명으로 옳은 것은?**

> 미군정 아래에서 육성된 그들은 경찰을 시켜 선거를 독점하도록 배치하고 인민의 자유를 유린하고 있다. … (중략) … 나는 통일된 조국을 건설하려다 38선을 베고 쓰러질지언정, 일신의 구차한 안일을 위하여 단독정부를 세우는 데는 협력하지 않겠다.

① 한인 애국단을 조직하였다.

② 민족 혁명당 창당을 주도하였다.

③ 대한민국 임시 정부의 대통령을 역임하였다.

④ 좌우 합작위원회에서 임시 정부 수립을 합의하였다.

> **TIP** 제시문의 인물은 UN소총회의에서 결의한 남한만의 단독 총선거에 반대하며 '삼천만 동포에게 고함'이라는 글을 쓴 김구이다. 그는 1931년 일본 수뇌 암살을 목적으로 한인애국단을 조직하였고, 이봉창 의거, 윤봉길 홍커우 공원 의거 등의 활동을 주도하였다.
> ② 김원봉
> ③ 이승만(초대 대통령), 박은식(2대 대통령)
> ④ 여운형, 김규식

Answer 1.①

2 다음 사건에 대한 설명으로 옳은 것은?

> 아시아함대 사령관 로저스 제독이 군함을 이끌고 강화도에 상륙하여 덕진진을 점령하고 광성보를 공격하였다. 어재연 등이 이끄는 조선의 수비대는 광성보에서 격렬하게 항전하였으나 결국 패배하였다. 광성보를 점령한 외국 부대는 조선 정부에 통상을 요구하였으나 조선 정부가 수교 협상에 응하지 않고 맞서자 철수하였다.

① 병인박해 사건이 일어난 계기가 되었다.
② 운요호 사건이 일어난 직후에 발생하였다.
③ 미국이 제너럴셔먼호 사건을 구실로 일으켰다.
④ 독일 상인 오페르트의 남연군 묘 도굴 사건으로 이어졌다.

TIP 제시문의 사건은 신미양요(1871)이다. 신미양요는 대동강 하구에 정박해 있던 미국 상선 제너럴셔먼호를 평양 관민의 화공으로 발생한 제너럴셔먼호 사건(1866)을 구실로 미국이 강화도에 침입한 사건이다. 당시 어재연이 이끄는 관군이 광성보 전투에서 활약하였다.
① 병인양요(1866)
② 강화도조약(1876)
④ 남연군 묘 도굴 사건(1866)

3 을미개혁의 내용에 해당하지 않는 것은?

① 별기군 창설
② 태양력 사용
③ 단발령 실시
④ 소학교 설립

TIP 을미개혁(1895)은 명성황후 시해 사건 이후 김홍집 내각이 중심이 되어 추진한 개혁이다. 개혁의 주요 내용은 단발령 실시, 태양력 사용, 종두법 실시, 소학교 설립, 군제개혁(친위대, 진위대) 등이다. 명성황후 시해와 단발령 시행에 반발하여 최초의 의병 운동인 을미의병으로 이어졌다.
① 강화도조약 체결(1876) 이후 조선은 통리기무아문을 설치해 개화 정책을 추진하고 신식 군대인 별기군을 창설하였다(1881).

Answer 2.③ 3.①

4 다음 글을 쓴 인물에 대한 설명으로 옳은 것은?

> 유교의 3대 문제는 무엇인가. 첫째, 유교파의 정신이 오로지 제왕의 편에 있고 인민 사회에 보급할 정
> 신이 부족한 것이다. … (중략) … 셋째, 우리 대한의 유가에서는 쉽고 정확한 가르침[양명학]을 구하
> 지 않고 지루하고 산만한 공부[주자학]만을 전적으로 숭상하는 것이다.
>
> ─『서북학회월보』─

① 단군 신앙을 발전시켜 대종교를 창시하였다.

② 민족의 혼을 강조하며 『한국통사』를 저술하였다.

③ 『조선사연구초』와 『조선상고사』 등을 저술하였다.

④ 『조선 불교 유신론』을 지어 불교의 쇄신과 근대 개혁 운동을 추진하였다.

> **TIP** 제시문의 인물은 민족주의 역사학자인 박은식이다. 박은식은 1909년 서북학회월보에 〈유교구신론〉을 게재하여 보수적인 성
> 리학을 비판하며 실천적 유교인 양명학에 힘쓸 것을 주장하였다. 또한 일제강점기에는 〈한국통사〉, 〈한국독립운동지혈사〉를
> 저술하여 역사의식을 고취하고자 하였다.
> ① 나철, 오기호 ③ 신채호 ④ 한용운

5 다음 선언이 발표된 이후 시작된 남북간 협력 내용으로 옳은 것은?

> 남과 북은 나라의 통일 문제를 서로 힘을 합쳐 자주적으로 해결해 나가기로 하였다. 남과 북은 나라의
> 통일을 위한 남측의 연합제 안과 북측의 낮은 단계의 연방제 안이 서로 공통성이 있다고 인정하고, 앞
> 으로 이 방향에서 통일을 지향해 나가기로 하였다.

① 유엔 동시 가입   ② 금강산 해로 관광

③ 개성공단 건설 사업   ④ 제1차 이산가족 고향 방문

> **TIP** 제시문은 2000년에 체결된 〈6.15 남북 공동 선언〉이다. 당시 김대중 대통령은 우리나라 대통령으로서 최초로 평양을 방문
> 하여 김정일과 함께 남측의 연합제와 북측의 연방제 통일안의 공통성을 인정한 〈6.15 남북 공동 선언〉을 발표하였다. 이
> 선언을 계기로 개성공단 건설 사업이 진행되는 등 남북 경제 협력 사업이 추진되었다.
> ① 노태우 정권(1991)
> ② 김대중 정권(1998)
> ④ 전두환 정권(1985)

Answer 4.② 5.③

6 (개) 정책의 결과로 옳은 것은?

> 조선 총독부는 1920년부터 일본본토의 긴급한 쌀 부족 문제를 해결하고자 비료 사용, 경지 정리, 개
> 간, 간척, 품종 개량 등을 내용으로 한 ___(개)___ 을/를 시행하였고 1934년에 중단하였다.

① 삼백 산업이 발달하였다.

② 원산 총파업이 발생하였다.

③ 조선인의 1인당 쌀 소비량이 감소하였다.

④ 총독의 허가를 받아야 회사 설립이 가능하였다.

> **TIP** 제시문의 (개)는 1921년에 일제가 시행한 산미증식계획이다. 일본의 산업화와 급격한 인구증가로 일본 내에 쌀이 부족해지자
> 일제는 식민지였던 조선에서 산미증식계획을 시행하여 일본에서의 부족한 쌀 문제를 해결하고자 하였다. 그 결과 농지 개
> 량 및 품종 개량을 통해 미곡 생산량이 증가했음에도 불구하고 일제의 수탈량이 증산량 보다 많아 조선인의 1인당 쌀 소비
> 량은 이전 보다 감소하여 더욱 궁핍한 생활을 하였다.
> ① 삼백 산업(밀가루, 설탕, 면직물)은 6.25전쟁 이후 미국의 원조로 성장한 산업이다(1950년대).
> ② 원산 노동자 총파업(1929)은 경제적 투쟁을 넘어 반일, 반제국주의 성격의 파업으로 이어졌다.
> ④ 회사령(1910)은 회사 설립 시 총독부의 허가를 받아야 하는 제도이다.

7 (개) 시기에 있었던 사실로 옳은 것은?

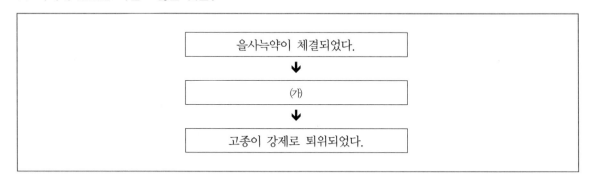

① 러일 전쟁이 발발하였다.

② 한일 의정서가 체결되었다.

③ 안중근이 이토 히로부미를 사살하였다.

④ 이준이 헤이그 만국 평화회의에 파견되었다.

Answer 6.③ 7.④

2022 지방직 간호8급

8 다음 선언을 지침으로 활동한 단체에 대한 설명으로 옳지 않은 것은?

> 민중은 우리 혁명의 대본영이다. 폭력은 우리 혁명의 유일한 무기이다. 우리는 민중 속으로 가서 민중과 손을 맞잡아 끊임없는 폭력 – 암살, 파괴, 폭동으로써 강도 일본의 통치를 타도하고, 우리 생활에 불합리한 일체의 제도를 개조하여, 인류로써 압박하지 못하며, 사회로써 사회를 박탈하지 못하는 이상적 조선을 건설할지니라.

① 만주에서 김원봉이 주도하여 결성하였다.
② 경성역에서 사이토 총독에게 폭탄을 던졌다.
③ 김상옥을 보내서 종로 경찰서를 폭파하고자 하였다.
④ 일제 요인 암살과 식민 통치기관 파괴에 주력하였다.

TIP 제시문은 신채호가 작성한 의열단 선언문 〈조선혁명선언〉이다. 의열단은 1919년 김원봉을 단장으로 하여 만주에서 조직된 항일무장단체로 일제 요인 암살과 식민 통치 기관 파괴를 위한 투탄 의거 활동을 전개하였다. 박재혁의 부산경찰서 투탄 의거, 김익상의 조선총독부 투탄 의거, 김상옥의 종로경찰서 투탄 의거, 나석주의 동양척식주식회사 투탄 의거 등이 대표적인 활동이다.
② 노인동맹단 소속 강우규 의사의 의거이다.

9 (가)에 대한 설명으로 옳은 것은?

> 3·1 운동 직후에 만들어진 ☐(가)☐은/는 연통제라는 비밀 행정 조직을 만들었으며, 국내 인사와의
> 연락과 이동을 위해 교통국을 두었다. 또 외교 선전물을 간행하여 일제 침략의 부당성을 널리 알리고
> 자 하였다. 그러나 이러한 활동은 뚜렷한 성과를 내지 못하였다. 그러한 가운데 ☐(가)☐의 활동 방
> 향을 두고 외교 운동 노선과 무장투쟁 노선 사이에서 갈등이 빚어지기도 하였다.

① 외교 운동을 위해 미국에 구미 위원부를 설치하였다.
② 비밀결사 운동을 추진하고자 독립 의군부를 만들었다.
③ 이인영, 허위 등을 중심으로 서울 진공 작전을 추진하였다.
④ 영국인 베델을 발행인으로 한 「대한매일신보」를 창간하였다.

> **TIP** 제시문의 (가)는 대한민국 임시정부이다. 대한민국 임시정부는 1919년 국내외 독립운동 단체의 연합으로 상하이에 설립되었
> 고 초대 대통령으로 이승만이 임명되었다. 임시정부는 국내 정세를 살피는 동시에 군자금 마련을 위하여 교통국을 설치하
> 고 연통제를 운영하였다. 또한 외교 활동을 통한 독립을 추진하기 위하여 미국에 구미위원부를 설치하였다.
> ② **독립의군부**(1912) : 고종의 밀명을 받고 유생 출신의 임병찬이 조직한 단체이다. 복벽주의 추구하였다.
> ③ **서울진공작전**(1907) : 정미조약 체결(1907) 이후 이인영, 허위 등을 중심으로 정미의병이 구성되어 추진하였지만 실패하였다.
> ④ **대한매일신보**(1904) : 영국인 베델과 양기탁이 창간한 민족 신문으로, 을사늑약의 부당함을 알리고 국채보상운동을 후원하
> 였으며, 신민회 기관지 역할을 담당하기도 하였다.

10 (가) 시기에 있었던 사실로 옳은 것은?

> 한국을 식민지로 삼은 일제는 헌병에게 경찰 업무를 부여한 헌병 경찰제를 시행했다. 헌병 경찰은 정식
> 재판 없이 한국인에게 벌금 등의 처벌을 가하거나 태형에 처할 수도 있었다. 한국인은 이처럼 강압적인
> 지배에 저항해 3·1 운동을 일으켰으며, 일제는 이를 계기로 지배 정책을 전환했다. 일제가 한국을 병
> 합한 직후부터 3·1 운동이 벌어진 때까지를 ☐(가)☐ 시기라고 부른다.

① 토지 조사령이 공포되었다.
② 창씨개명 조치가 시행되었다.
③ 초등 교육 기관의 명칭이 국민학교로 변경되었다.
④ 전쟁 물자 동원을 내용으로 한 국가총동원법이 적용되었다.

Answer 9.① 10.①

TIP 제시문의 (가) 시기는 헌병 경찰제를 기반으로 강압적인 식민통치 방식을 시행한 1910년대 무단통치 시기이다. 1910년대 무단통치 시기에는 언론, 출판, 집회, 결사의 자유가 박탈되었고, 헌병 경찰에게 즉결처분권을 부여하고 태형령을 시행하면서 강압적인 식민 통치를 시행하였다. 한편 일제는 토지조사령 공포로 기한부 신고제를 원칙으로 하는 토지 조사 사업을 시행하여 미신고 토지 및 공유지 등을 강탈하였다. 그 결과 자작농의 수가 감소하고 소작농의 수가 증가하는 등 민생은 더욱 피폐해졌다.

②③④ 만주사변(1931) 이후 일제의 대륙 침략이 본격화되고 전쟁 양상을 확대하며 조선에 대한 식민통치 방식도 전시 체제 준비와 민족 정신 말살을 토대로 이루어졌다. 그 결과 창씨개명(1940), 소학교의 초등학교로의 전환(1941), 국가 총동원법(1938)을 제정하여 인적, 물적 자원 수탈을 강화하였다.

2022 국가직 9급

11 밑줄 친 '그'에 대한 설명으로 옳은 것은?

> 한국 국민당을 이끌던 그는 독립운동 세력을 통합하고자 한국 독립당을 결성해 항일 운동을 주도하였다. 광복 직후 귀국한 그는 정부 수립을 위한 활동을 이어나갔으며, 남한 단독 선거가 결정되자 김규식과 더불어 남북 협상을 위해 평양을 방문하기도 하였다.

① 좌우 합작 위원회를 구성해 좌우 합작 7원칙을 발표하였다.

② 광복 직후 안재홍 등과 함께 조선 건국 준비 위원회를 만들었다.

③ 무장 항일투쟁을 위해 하와이로 건너가 대조선 국민 군단을 결성하였다.

④ 모스크바 3국 외상 회의의 결정 사항이 알려지자 신탁통치 반대 운동을 펼쳤다.

TIP 제시문의 인물은 김구이다. 대한민국 임시정부 수립 이후 임정 내의 갈등으로 조직이 분열되자 김구는 이를 수습하고 한인애국단을 결성하여 의거활동을 이어갔다. 또한 충칭 임시정부 시기에는 한국독립당을 결성하고 한국광복군을 지휘하여 대일 항전을 전개하였고, 해방 직후 귀국하여 유엔에 결의에 따른 남한만의 단독 총선거 실시 제안에 반대하며 통일 정부 수립을 위해 김규식과 함께 평양을 방문해 남북 협상을 시도하였지만 실패하였다.

① 여운형, 김규식
② 여운형
③ 박용만

12 제헌 국회에 대한 설명으로 옳은 것은?

① 반민족 행위 특별 조사 위원회를 구성하였다.

② 한·일 기본 조약 체결에 반대하는 성명을 내놓았다.

③ 통일 3대 원칙이 언급된 7·4 남북 공동 성명을 발표하였다.

④ 통일 주체 국민 회의에서 대통령을 뽑는다는 내용의 개헌안을 통과시켰다.

> **TIP** 1948년 5·10 총선거가 실시되어 제헌의원을 선출하였고, 이들을 중심으로 제헌의회가 구성되었다. 제헌의회에서는 국호를 대한민국으로 정하고, 대한민국 정부 수립을 위한 헌법을 제정하였다. 또한 해방 이후 해결해야 할 우선 과제인 친일파 처단 문제를 처리하기 위하여 반민족 행위 처벌법을 제정하였다. 해당 법령에 따라 반민족 행위자 특별 조사 위원회가 조직되어 활동을 하였지만 친일파의 반대와 경찰의 방해로 활동을 이어가지 못했다.
> ② 한일 기본 조약(1965)은 박정희 정부 때 체결되었다.
> ③ 7·4남북공동성명(1972)은 1970년대 냉전 완화 분위기 속에서 박정희 정부 때 발표되었다.
> ④ 통일 주체 국민 회의를 통해 대통령을 선출하는 간선제 방식은 박정희 정부 때 제정된 유신헌법(1972)을 통해서 이루어졌다.

13 밑줄 친 '그'에 대한 설명으로 옳은 것은?

> 고종이 즉위한 직후에 실권을 장악한 그는 러시아를 견제하기 위해 천주교 선교사를 통해 프랑스와 교섭하려 했다. 하지만 천주교를 금지해야 한다는 유생의 주장이 높아지자 다수의 천주교도와 선교사를 잡아들여 처형한 병인박해를 일으켰다. 이후 고종의 친정이 시작됨에 따라 물러난 그는 임오군란이 일어났을 때 잠시 권력을 장악했지만, 청군의 개입으로 곧 물러났다.

① 미국에 보빙사라는 사절단을 파견하였다.

② 전국 여러 곳에 척화비를 세우도록 했다.

③ 국경을 획정하고자 백두산정계비를 세웠다.

④ 통리기무아문을 설치하고 그 아래에 12사를 두었다.

> **TIP** 제시문의 인물은 흥선대원군이다. 흥선대원군은 고종이 집권하자 비변사 철폐, 서원 정리, 호포제 실시 등 세도정치의 폐단을 개혁하고 대내적으로 왕권을 강화하고자 하였다. 대외적으로는 러시아 세력의 남하를 견제하고자 프랑스와 교섭하려 했으나 실패한 이후 천주교도를 탄압하였다(병인박해). 이를 빌미로 프랑스 로즈 제독이 이끄는 함대가 강화도를 공략하여 문수산성, 정족산성 전투로 이어졌다. 이후 독일 상인 오페르트의 남연군 묘 도굴사건, 신미양요 등을 거치며 쇄국의 의지를 다지는 척화비를 전국 각지에 건립하였다.
> ① 보빙사는 조미수호통상조약(1882) 체결 이후 미국에 파견한 홍영식, 서광범, 민영익 등으로 구성된 사절단이다.
> ③ 백두산정계비는 숙종 때 조선과 청의 국경 확정을 위해 건립한 비석이다(1712).
> ④ 통리기무아문(1880)은 일본과의 강화도조약 체결(1876) 이후 설립한 개혁, 개화기구이다.

Answer 12.① 13.②

14 (가) 단체에 대한 설명으로 옳은 것은?

> 아관파천 이후 러시아의 영향력이 강화되고 열강의 이권 침탈이 가속화되었다. 이러한 가운데 서재필 등은 [(가)]을/를 만들었다. [(가)]은/는 고종에게 자주독립을 굳건히 하고 내정 개혁을 단행하라는 내용이 담긴 상소문을 제출하였으며, 만민공동회를 개최하여 외국의 간섭과 일부 관리의 부정부패를 비판하였다.

① 「교육 입국 조서」를 작성해 공포하였다.
② 영은문이 있던 자리 부근에 독립문을 세웠다.
③ 개혁의 기본 강령인 「홍범 14조」를 발표하였다.
④ 일본에 진 빚을 갚자는 국채 보상 운동을 일으켰다.

> **TIP** 제시문의 단체는 독립협회이다. 독립협회는 개화기 열강의 이권 침탈이 가속화되자 이를 저지하기 위해 서재필, 윤치호 등을 중심으로 설립되었다(1896). 독립협회는 영은문이 있던 자리에 독립문을 세우고 독립신문을 발간하여 자주국권, 자유민권, 자강개혁 운동을 전개하였다. 또한 만민공동회, 관민공동회를 개최하여 민중 계몽과 더불어 정부에 〈헌의 6조〉를 건의하면서 입헌군주제로의 근대적 정치 개혁 운동을 전개하였지만, 이후 고종 황제의 반대와 황국협회의 탄압으로 해체되었다.
> ①③ 교육 입국 조서(1895)와 홍범 14조(1894)는 모두 2차 갑오개혁과 관련된 내용이다.
> ④ 국채 보상 운동(1907)은 일제의 차관 도입으로 인한 경제적 예속화에 대한 저항 운동이다.

15 (가) 시기에 있었던 일로 옳은 것은?

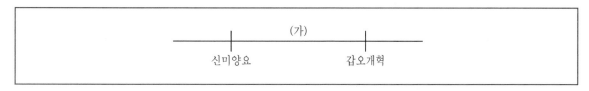

신미양요 ────────── (가) ────────── 갑오개혁

① 을사늑약 체결
② 정미 의병 발생
③ 오페르트 도굴 미수 사건
④ 조·미 수호 통상 조약 체결

> **TIP** 신미양요(1871)는 제너럴셔먼호 사건을 빌미로 미국이 강화도로 침입한 사건이고, 갑오개혁(1894)은 일제의 경복궁 무단 점령 이후 추진되었다.
> ④ 조미수호통상조약(1882)은 2차 수신사로 파견된 김홍집이 황준헌의 〈조선책략〉을 유입하면서 미국과 체결한 조약으로 최혜국 대우 조항을 인정한 불평등 조약이었다.
> ① 을사늑약(1905)은 일제에 의해 강제로 체결된 조약으로 일제는 통감부를 설치하여 대한제국의 외교권을 박탈하였다.
> ② 정비의병(1907)은 고종 황제의 강제 퇴위와 군대 해산에 반발하여 발생하였다.

Answer 14.② 15.④

16 (가) 인물에 대한 설명으로 옳은 것은?

> 철종이 죽고 고종이 어린 나이로 왕이 되자, 고종의 아버지인 [(가)]가/이 실권을 장악하였다.
> [(가)]는/은 임진왜란 때 불탄 후 방치되어 있던 경복궁을 중건하였다. 이때 원납전이라는 기부금을
> 징수하는 일이 벌어졌으며 당백전이라는 화폐도 발행되었다.

① 「대한국국제」를 만들어 공포하였다.
② 서원을 대폭 줄이는 정책을 추진하였다.
③ 우정총국 개국 축하연을 이용해 정변을 일으켰다.
④ 황쭌셴의 『조선책략』을 가져와 널리 유포하였다.

> **TIP** 제시문의 인물은 흥선대원군이다. 흥선대원군은 세도정치의 폐단을 개혁하고 왕권을 강화하기 위하여 비변사의 기능을 축
> 소하고 의정부와 삼군부의 기능을 강화하였다. 또한 지방 양반 세력들이 중심이 되어 면세와 면역의 특권을 누리던 서원
> 중 47개소를 제외한 나머지 서원을 모두 철폐하였으며, 삼정의 문란을 시정하고자 호포제, 양전사업, 사창제를 실시하였다.
> 하지만 경복궁 중건을 위하여 당백전을 발행하고 원납전을 징수하여 백성들의 반발을 초래하였다.
> ① 대한제국 선포 직후에 반포(1899)
> ③ 김옥균, 박영효 등 급진개화파를 중심으로 한 갑신정변(1884)
> ④ 2차 수신사로 파견된 김홍집이 유입(1880)

17 (가) 단체의 활동에 대한 설명으로 옳은 것은?

> 탑골공원에 모인 수많은 학생과 시민이 독립 선언식을 거행하고 만세를 부르며 거리를 행진하였다. 이
> 후 만세 시위는 전국으로 확산하였다. 이 운동을 계기로 독립운동가 사이에는 독립운동을 더욱 조직적
> 으로 전개하자는 공감대가 형성되어 [(가)]가/이 만들어졌다. [(가)]는/은 구미 위원부를 설치하는
> 등 적극적으로 독립운동을 펼쳐 나갔다.

① 「대동단결선언」을 발표하였다.
② 국내와의 연락을 위해 교통국을 두었다.
③ 독립군을 양성하기 위해 신흥무관학교를 설립하였다.
④ 「조선혁명선언」을 강령으로 삼아 의열투쟁을 전개하였다.

Answer 16.② 17.②

TIP 3.1 운동(1919)을 계기로 상하이에서 결성된 대한민국 임시정부에 관한 내용이다. 대한민국 임시정부는 민족 독립 운동의 주체적 역할을 담당하기 위해 민족 지사들을 중심으로 조직되었고 초대 대통령으로 이승만이 선출되었다. 독립 군자금을 마련하기 위하여 연통제와 교통국을 운영하였고 외교 활동을 통한 독립 방향을 모색하기 위하여 구미위원부를 설치하였다. 하지만 독립 운동 노선을 놓고 무장투쟁론과 외교독립론자들의 대립이 심화되면서 창조파와 개조파의 대립으로 이어지기도 하였다.

① 신채호, 조소앙, 이상설 등이 중심이 되어 상하이에서 발표한 것으로 공화정체를 강조하였으며 이후 신한청년당, 대한민국 임시정부 수립에 영향을 주었다(1917).

③ 신민회가 중심이 되어 남만주 삼원보에 설립하였다(1911).

④ 의열단 선언문으로 신채호가 작성하였다(1923).

2021 지방직 9급

18 (가) 시기에 있었던 사실로 옳은 것은?

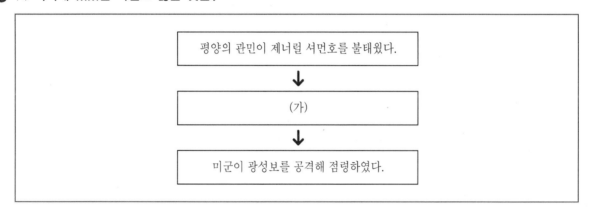

① 고종이 홍범 14조를 발표하였다.

② 일본의 운요호가 초지진을 포격하였다.

③ 오페르트가 남연군의 묘 도굴을 시도하였다.

④ 차별 대우에 불만을 품은 군인이 임오군란을 일으켰다.

TIP 제너럴셔먼호 사건(1866)을 빌미로 미국이 강화도에 침략한 사건은 신미양요(1871)이다. 당시 독일 상인이었던 오페르트는 조선에 통상을 요구하였지만 거절당하였고 이에 오페르트는 흥선대원군의 아버지인 남연군 묘를 도굴하였다(1868). 이 사건을 계기로 흥선대원군은 외국과의 통상 수교를 거부하고 쇄국의 의지를 다지며 이후 전국에 척화비를 건립하였다.

① 제2차 갑오개혁(1894)

② 운요호 사건(1875)

④ 임오군란(1882)

Answer 18.③

19 밑줄 친 '이 단체'에 대한 설명으로 옳은 것은?

> 1920년대 국내에서는 일본과 타협해 실익을 찾자는 자치 운동이 대두하였다. 비타협적인 민족주의자들은 이를 경계하면서 사회주의 세력과 연대하고자 하였다. 사회주의 세력도 정우회 선언을 발표해 비타협적 민족주의 세력과 제휴를 주장하였다. 그 결과 비타협적 민족주의 세력과 사회주의 세력은 1927년 2월에 이 단체를 창립하고 이상재를 회장으로 추대하였다.

① 조선물산장려회를 조직해 물산장려운동을 펼쳤다.

② 고등 교육 기관을 설립하기 위해 민립대학설립운동을 시작하였다.

③ 문맹 퇴치와 미신 타파를 목적으로 브나로드 운동을 전개하였다.

④ 광주학생항일운동의 진상을 조사하고 이를 알리는 대회를 개최하고자 하였다.

> **TIP** 제시문의 단체는 신간회(1927~1931)이다. 1920년대를 전후로 사회주의 사상이 국내로 유입되면서 국내 민족 독립 운동은 비타협적 민족주의 세력과 사회주의 세력의 이원화 체제로 전개되었다. 하지만 친일 세력인 타협적 민족주의의 회유와 일제의 사회주의 탄압 정책(치안 유지법 제정 등)으로 인하여 독립 운동 세력이 위축되자 정우회 선언을 계기로 비타협적 민족주의 세력과 사회주의 세력이 연대하여 민족 유일당 운동을 전개하였다. 그 결과 신간회와 자매 단체인 근우회가 결성되었고 광주 학생 항일 운동(1929)에 진상 조사단을 파견하는 등의 활동을 수행하고 이를 알리는 민중 대회를 개최하고자 하였으나 실패하였다.
> ① 조만식이 중심이 되어 평양에서 조선 물산 장려회를 조직해 전개한 국산품 애용 운동(1920)
> ② 이상재 등이 중심이 되어 전개한 고등 교육 기관 설립 운동(1923)
> ③ 동아일보가 중심이 되어 전개한 계몽운동(1931)

20 다음과 같은 내용이 담긴 조약에 대한 설명으로 옳은 것은?

> 일본 정부는 그 대표자로 한국 황제 밑에 1명의 통감을 두되, 통감은 전적으로 외교에 관한 사항을 관리하기 위하여 경성에 주재하고 친히 한국 황제를 만날 수 있는 권리를 가진다. 또한, 일본 정부는 한국의 개항장 및 일본 정부가 필요하다고 인정하는 지역에 이사관을 설치할 권리를 가지며, 이사관은 통감의 지휘하에 종래 재(在)한국 일본 영사에게 속하였던 모든 권리를 집행한다.

① 조선총독부를 설치한다는 조항이 포함되어 있다.

② 헤이그 특사 사건 직후 일제의 강요로 체결되었다.

③ 방곡령 시행 전에 미리 통보해야 한다는 합의가 실려 있다.

④ 일본의 중재 없이 국제적 성격을 가진 조약을 체결할 수 없다는 내용이 담겨 있다.

Answer 19.④ 20.④

21 ㈎에 대한 설명으로 옳은 것은?

> 1945년 12월 모스크바에서 미국, 소련, 영국의 외무장관들은 한국 문제를 논의하였다. 이 회의에서 미국, 소련, 영국, 중국이 최장 5년간 신탁통치를 시행한다는 합의가 이루어졌다. 또 미국과 소련이 ㈎ 를/을 개최해 민주주의 임시정부 수립 문제에 대해 논의하기로 했다. 이 합의에 따라 1946년 3월 서울에서 ㈎ 가/이 시작되었다.

① 미·소 양측의 의견 차이로 결렬되었다.
② 조선건국준비위원회를 조직하는 성과를 냈다.
③ 민주 공화제를 핵심으로 한 제헌헌법을 만들었다.
④ 유엔 감시하의 총선거로 정부를 수립한다는 결정을 내렸다.

TIP 제시문은 개최된 제1차 미·소 공동위원회이다. 광복 직후 제2차 세계대전의 전후 처리 문제를 논의하고자 미국과 소련, 영국은 모스크바 3상 회의를 개최하였다(1945. 12). 회담의 결과 한반도 문제에 대하여 임시 정부 수립 및 미국, 영국, 소련, 중국에 의한 5개년 간 신탁통치안이 결의되었고, 미·소 공동위원회를 설치하기로 합의하였다. 신탁통치안을 놓고 한반도 내에서 찬탁과 반탁의 대립이 심해지자 미국과 소련은 제1차 미·소 공동위원회를 개최하였다(1946. 3). 그러나 소련은 찬탁 세력만 위원회에 참여시키고자 하였고, 미국은 찬탁과 반탁 모두를 참여시키고자 하는 등 미소 간 의견 대립으로 결렬되었다.
② 조선 건국 준비 위원회는 여운형을 중심으로 조직되었다(1945. 8).
③ 제헌 헌법은 5.10 총선거 이후 제정되었다(1948. 7).

22 (가) 시기에 있었던 사실로 옳은 것은?

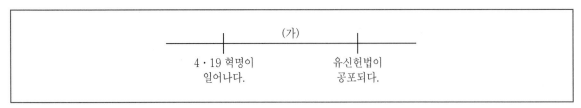

① 「반민족행위처벌법」이 제정되다.

② 7·4 남북 공동 성명이 발표되다.

③ 남북한이 유엔에 동시 가입하다.

④ 5·18 민주화 운동이 일어나다.

> **TIP** 4·19 혁명(1960)은 이승만 독재와 자유당 정권의 3.15 부정선거가 계기가 되어 발생하였다. 유신헌법(1972. 10. 17.)은 박정희 장기 집권을 위한 헌법 개정이었다. 1970년대 초 냉전체제가 완화되어가는 시점에 박정희 대통령은 7·4 남북 공동 성명을 발표하였다(1972).
> ① 제헌 국회에서 제정(1948. 9)
> ③ 노태우 정부 때 남북한 유엔 동시 가입(1991)
> ④ 신군부 세력의 집권에 저항한 운동(1980)

23 〈보기〉는 대한민국 헌법 개정을 시기순으로 나열한 것이다. (가)와 (나)에 들어갈 내용으로 옳은 것은?

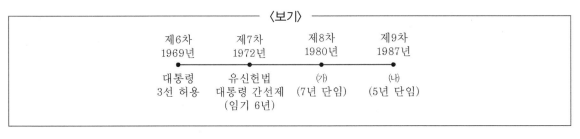

	(가)	(나)
①	대통령 간선제	대통령 직선제
②	대통령 직선제	대통령 직선제
③	대통령 간선제	대통령 간선제
④	대통령 직선제	대통령 간선제

Answer 22.② 23.①

TIP 8차 개헌(1980)은 전두환을 중심으로 한 신군부 세력이 주도한 것으로 대통령 선거인단을 통한 대통령 간선제와 대통령 임기 7년 단임제를 주요 내용으로 하고 있다. 이후 1987년 국민들은 대통령 직접 선거를 요구하였지만 전두환 대통령이 4.13 호헌조치를 통해 이를 거부하자 시민들은 6월 민주항쟁을 전개하였다. 그 결과 민주정의당 대표인 노태우는 국민들의 요구를 수용하여 대통령 직선제와 5년 단임제를 골자로 하는 6.29 민주화 선언을 발표했고 이를 통해 9차 개헌(1987)이 이루어졌다.

2021 서울시 9급

24 〈보기〉는 동학농민전쟁에 관련된 주요 사건을 표로 나타낸 것이다. 청일전쟁이 발발된 시기는?

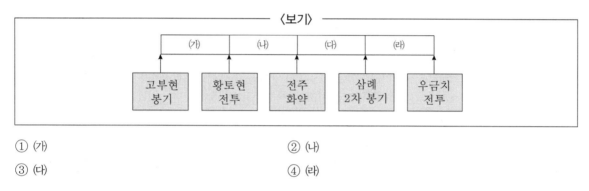

① (가)

② (나)

③ (다)

④ (라)

TIP 동학농민운동(1894)은 교조신원운동 이후 동학교세가 확장되면서 발생하였다. 고부군수 조병갑의 횡포에 저항하여 전봉준을 중심으로 고부민란(1894. 2)이 발생했지만 사태 수습을 위해 부임한 안핵사 이용태의 폭정으로 동학농민군은 백산에서 재봉기(1차 봉기)하였다. 이후 황토현, 황룡촌(1894. 5) 전투에서 동학농민군이 승리하며 전주성까지 진격하여 전주성을 점령하였다. 이에 위협을 느낀 정부는 청에 원군을 요청했고 갑신정변 이후 체결된 톈진조약에 의거하여 일본도 동시에 군대를 파견했다. 하지만 정부와 동학농민군 사이에 전주화약이 체결(1894. 6)되고 집강소가 설치되었다. 그 해 7월 일본군이 청일전쟁을 일으키며 경복궁을 무단점령하였고, 이에 손병희를 중심으로 한 북접과 전봉준의 남접이 충남 논산에서 집결하여 일본군을 몰아내기 위해 서울로 진격하였다. 하지만 충남 공주 우금치 전투에서 일본군에 패배하며 동학농민운동은 실패하였다.

Answer 24.③

25 〈보기〉의 (가)~(라)에 대한 설명으로 가장 옳은 것은?

┌─────────────────────── 〈보기〉 ───────────────────────┐
│ (가) 한국 광복군   (나) 한인 애국단   │
│ (다) 한국 독립군   (라) 조선 혁명군   │
└───┘

① (가) - 미 전략 사무국(OSS)과 협력하여 국내 진공작전을 계획하였다.

② (나) - 중국 관내 최초의 한인 무장 부대로, 중국 국민당정부의 지원을 받았다.

③ (다) - 양세봉이 이끄는 군대로, 영릉가 전투와 흥경성 전투에서 일본군을 격퇴하였다.

④ (라) - 지청천이 이끄는 군대로, 항일 중국군과 함께 쌍성보 전투, 동경성 전투 등에서 일본군을 격퇴하였다.

> **TIP** (가) 한국광복군은 1940년 충칭 임시정부에서 창설된 군대로 총사령에 지청천을 임명하였다. 이후 김원봉이 이끄는 조선의용 대가 합류하면서 세력이 확대되고 연합군의 일원으로 전쟁에 참여하였다. 또한 미국의 OSS와 협력하여 국내 정진군을 편 성해 국내 진공 작전을 계획하였지만 일본의 항복으로 실행에 옮기지는 못했다.
> ② 한인 애국단(1931)은 김구가 조직한 비밀결사 단체로 이봉창, 윤봉길 의사의 의거를 주도하였다. 중국 관내 최초의 한인 무장 부대는 김원봉이 중심이 된 조선의용대이다.
> ③④ 1930년대 초반 일제의 만주사변 이후 한국과 중국 사이에 한중 연합작전이 이루어졌다. 당시 양세봉이 이끌던 조선혁 명군은 흥경성, 영릉가 전투에서 일본군을 격퇴하였고, 지청천이 이끌던 한국독립군은 쌍성보, 동경성 전투 등에서 일 본군을 격퇴하였다.

26 〈보기〉의 법령이 실시된 시기에 일어난 민주화운동으로 가장 옳은 것은?

┌─────────────────────── 〈보기〉 ───────────────────────┐
│ 모두 9차례 발표된 법령으로 마지막으로 선포된 9호에 따르면 헌법을 부정·반대 또는 개정을 요구하 │
│ 거나 이를 보도하면 영장 없이 체포할 수 있었다. 이로 인해 많은 학생, 지식인, 야당 정치인, 기자 등 │
│ 이 구속되었다.   │
└───┘

① 3선 개헌 반대운동이 일어났다.

② 「3·1민주구국선언」이 발표되었다.

③ 민주헌법쟁취 국민운동본부가 결성되었다.

④ 신민당이 직선제 개헌을 위한 서명운동을 전개하였다.

Answer 25.① 26.②

TIP 제시문은 1972년 개헌된 유신헌법에 근거하여 대통령이 발령한 긴급조치이다. 긴급조치는 유신헌법을 부정하는 행위에 대하여 국민의 자유와 권리를 잠정적으로 정지할 수 있었으며, 9차례에 걸쳐 공포되었다. 당시 유신헌법 개헌에 반발하여 재야 인사들은 '3·1민주구국선언'(1976)을 발표하였고, 이후 부산과 마산 지역에서 대규모 반정부 시위가 전개되었다(부마항쟁, 1979).
① 3선 개헌 반대운동은 박정희 대통령이 재선(1967) 이후 장기 집권을 위해 3선 개헌을 시도하자 이에 반대하여 일어난 운동이다.
③ 민주헌법쟁취 국민운동본부는 전두환 정부가 국민들의 대통령 직선제 요구에 대하여 4.13 호헌 조치를 통해 반대하자 이에 저항하기 위해 조직되었다.
④ 전두환 정부 시기 대통령 직선제 개헌을 위한 서명운동을 신민당이 주도하였다.

2021 서울시 9급

27 〈보기〉의 (개), (내) 문서에 대한 설명으로 가장 옳지 않은 것은?

─────── 〈보기〉 ───────

(개) 대한제국의 정치는 이전으로 보면 500년 전래하시고 이후로 보면 만세에 걸쳐 불변하오실 전제정치니라.

(내) 외국인에게 의부 아니하고 관민이 동심합력하여 전제황권을 견고케 할 것.

① (개)에서는 입법·사법·행정의 모든 권력이 황제에게 있음을 천명하였다.

② (내)에서는 정부의 예산과 결산을 인민에게 공표할 것을 주장하였다.

③ (내)를 수용한 고종은 「조칙 5조」를 반포하였다.

④ (개)에 따른 전제정치 선포에 반발하며 독립협회는 의회개설운동을 전개하였다.

TIP 제시문의 (개)는 대한제국 '대한국 국제 9조'(1899), (내)는 독립협회 '헌의 6조'(1898)의 일부이다. 고종은 '대한국 국제'를 통해 황권 중심의 전제 정치를 중심으로 구본신참의 원칙에 따라 개혁 정책을 시행하였다. 반면 독립협회는 열강의 이권 침탈에 반대하면서 근대적 입헌군주제를 추구하였고, 만민공동회와 관민공동회를 통해 이를 알리고자 하였다.
① 대한제국은 입법·사법·행정의 모든 권력이 황제에게 있음을 천명하여 전제 정치를 실현하고자 하였다.
② '헌의 6조' 중 3조에 규정되어 있다.
③ 고종은 '헌의 6조'를 수용하고 보완하면서 「조칙 5조」를 반포하였다.
④ 독립협회는 대한제국 이전에 고종의 명으로 탄압, 해산되었다(1898).

Answer 27.④

28 〈보기〉의 사건들을 일어난 순서대로 바르게 나열한 것은?

─────────── 〈보기〉 ───────────

⊙ 동아일보와 조선일보가 창간되었다.

ⓒ 동경 유학생들이 2 · 8 독립선언을 하였다.

ⓒ 순종의 국장일에 만세 시위 사건이 일어났다.

ⓔ 조선어학회가 한글 맞춤법 통일안을 발표하였다.

① ⊙ - ⓒ - ⓒ - ⓔ   ② ⓒ - ⊙ - ⓒ - ⓔ

③ ⓒ - ⓔ - ⓒ - ⊙   ④ ⓔ - ⊙ - ⓒ - ⓒ

> **TIP** ⓒ 2 · 8 독립선언(1919) : 동경 유학생이 중심이 된 조선 청년 독립단이 발표하였고 이후 3.1 운동에 영향을 주었다.
> ⊙ 동아일보와 조선일보는 모두 1920년에 창간되었다.
> ⓒ 6 · 10 만세 운동(1926) : 일제 식민통치에 저항하며 순종의 국장일에 일어났다.
> ⓔ 한글 맞춤법 통일안 발표(1933) : 조선어학회 주도

29 〈보기〉의 자료와 관련된 개혁의 내용으로 가장 옳은 것은?

─────────── 〈보기〉 ───────────

• 청나라에 의존하는 생각을 끊어버리고 자주 독립의 터전을 튼튼히 세운다.

• 왕실에 관한 사무와 나라 정사에 관한 사무는 반드시 분리시키고 서로 뒤섞지 않는다.

• 조세나 세금을 부과하는 것과 경비를 지출하는 것은 모두 탁지아문에서 관할한다.

• 의정부와 각 아문의 직무와 권한을 명백히 제정한다.

• 지방 관제를 빨리 개정하여 지방 관리의 직권을 제한한다.

① 지방에 진위대를 설치하고, 건양이라는 연호를 제정하였다.

② 내각 제도를 수립하고, 인민평등권 확립과 조세 개혁 등을 추진하였다.

③ 의정부를 내각으로 개편하고, 지방제도를 8도에서 23부로 바꾸었다.

④ 전라도 53군에 자치적 민정 기구인 집강소가 설치되었다.

> **TIP** 제시문은 갑오 2차 개혁(1894) 때 반포된 〈홍범 14조〉이다. 갑오 2차 개혁에서는 군국기무처를 폐지하고 김홍집, 박영효 연립 내각이 구성되어 개혁을 단행했다. 정치적으로는 의정부를 내각으로 개편하고, 8아문을 7부, 지방 8도체제를 23부로 개편하고 재판소를 설치하여 지방관의 권한을 제한하였다. 또한 교육 입국 조서가 반포되었으며 군제 개혁을 시도했지만 성과는 미비하였다.
> ① 을미개혁(1895) ② 갑신정변(1884) ④ 동학농민운동 전주화약(1894)

Answer 28.② 29.③

30 이승만 정부의 경제 정책으로 옳지 않은 것은?

① 한미 원조 협정을 체결하였다.

② 농지개혁에 따른 지가증권을 발행하였다.

③ 제분, 제당, 면방직 등 삼백 산업을 적극 지원하였다.

④ 제1차 경제개발 5개년 계획을 추진하였다.

> **TIP** 이승만 정부(제1공화국)는 1948년 8월 15일부터 1960년 4 · 19 혁명으로 이승만이 하야하기 전까지의 시기를 말한다.
> ④ 제1차 경제개발 5개년 계획은 1962~1966년까지로 박정희 정부 때 추진되었다.
> ① 한미 원조 협정 체결 1948년
> ② 농지개혁 1949년
> ③ 삼백 산업 지원 1950년대

31 밑줄 친 '조약'에 대한 설명으로 옳지 않은 것은?

> 1905년 8월 4일 오후 3시, 우리가 앉아있는 곳은 새거모어 힐의 대기실. 루스벨트의 저택이다. 새거모어 힐은 루스벨트의 여름용 대통령 관저로 3층짜리 저택이다. … (중략) … 대통령과 마주하자 나는 말했다. "감사합니다. 각하. 저는 대한제국 황제의 친필 밀서를 품고 지난 2월에 헤이 장관을 만난 사람입니다. 그 밀서에서 우리 황제는 1882년에 맺은 조약의 거중조정 조항에 따른 귀국의 지원을 간곡히 부탁했습니다."

① 영사재판권이 인정되었다.

② 임오군란을 계기로 체결되었다.

③ 최혜국 대우 조항이 포함되었다.

④ 『조선책략』의 영향을 받았다.

> **TIP** 밑줄 친 '조약'은 조 · 미수호통상조약이다. 조선 정부는 이홍장의 주선으로 1882년 5월 제물포에서 조선 측 전권대신 신헌과 미국 측 전권공사 슈펠트 간에 전문 14관으로 이루어진 조미수호통상조약을 체결하였다.
> ② 임오군란이 발생한 것은 1882년 6월이다. 임오군란을 계기로 맺은 조약으로 제물포조약, 조 · 청상민수륙무역장정이 있다.

Answer   30.④ 31.②

32 중일전쟁 이후 조선총독부가 시행한 민족 말살 정책이 아닌 것은?

① 아침마다 궁성요배를 강요하였다.

② 일본에 충성하자는 황국 신민 서사를 암송하게 하였다.

③ 공업 자원의 확보를 위하여 남면북양 정책을 시행하였다.

④ 황국 신민 의식을 강화하고자 소학교를 국민학교로 개칭하였다.

> **TIP** 중일 전쟁은 1937년 7월 노구교 사건을 계기로 시작되어 일본이 패망한 1945년 9월까지 이어졌다.
> ③ 남면 북양 정책은 1930년대에 이르러 1920년대에 강요한 산미증식계획이 어려움에 부딪히자 공업원료 증산정책으로 방향을 전환하여 한반도의 남쪽에서는 목화재배를, 북쪽에서는 양 사육을 강요한 식민정책이다.

33 밑줄 친 '헌법'이 시행 중인 시기에 일어난 사건은?

> 이 <u>헌법</u>은 한 사람의 집권자가 긴급조치라는 형식적인 법 절차와 권력 남용으로 양보할 수 없는 국민의 기본 인권과 존엄성을 억압하였다. 그리고 이러한 권력 남용에 형식적인 합법성을 부여하고자 … (중략) … 입법, 사법, 행정 3권을 한 사람의 집권자에게 집중시키고 있다.

① 부·마 민주 항쟁이 일어났다.

② 국민교육헌장을 선포하였다.

③ 7·4 남북공동성명이 발표되었다.

④ 한일 협정 체결을 반대하는 6·3 시위가 있었다.

> **TIP** 밑줄 친 '헌법'은 유신 헌법으로 1972년 10월에 선포되고 11월에 국민투표로 확정되었다. 유신 헌법은 1980년 10월 제8차 개헌 전까지 유효하였다.
> ① 부마 민주 항쟁(1979년) : 부산 및 마산 지역을 중심으로 벌어진 박정희 유신 독재에 반대한 시위 사건
> ② 국민교육헌장 선포 1968년
> ③ 7·4 남북공동성명 1972년
> ④ 6·3 시위 1964년

Answer 32.③ 33.①

34 밑줄 친 '회의'에서 있었던 사실은?

> 본 회의는 2천만 민중의 공정한 뜻에 바탕을 둔 국민적 대화합으로 최고의 권위를 가지고 국민의 완전한 통일을 공고하게 하며, 광복 대업의 근본 방침을 수립하여 우리 민족의 자유를 만회하며 독립을 완성하기를 기도하고 이에 선언하노라. … (중략) … 본 대표 등은 국민이 위탁한 사명을 받들어 국민적 대단결에 힘쓰며 독립운동이 나아갈 방향을 확립하여 통일적 기관 아래에서 대업을 완성하고자 하노라.

① 대한민국 건국 강령이 상정되었다.
② 박은식이 임시대통령으로 선출되었다.
③ 민족유일당운동 차원에서 조선혁명당이 참가하였다.
④ 임시정부를 대체할 새로운 조직을 만들자는 주장이 나왔다.

> **TIP** 밑줄 친 '회의'는 대한민국 임시정부 국민대표회의(1923)이다. 국내외의 지역과 단체를 대표하는 지도자들이 한자리에 모여 임시정부 내부의 갈등을 해결하기 위해 논의하였으나, 창조파와 개조파 간의 이견을 좁히지 못하고 결렬되었다.
> ④ 신채호, 박용만, 신숙 등이 속한 창조파에서는 임시정부를 해체하고 새로운 정부를 수립하자는 주장이 나왔다.

35 다음 법령에 따라 시행된 사업에 대한 설명으로 옳은 것은?

> 제1조 토지의 조사 및 측량은 본령에 따른다.
> 제4조 토지 소유자는 조선 총독이 정한 기간 내에 주소, 성명 또는 명칭 및 소유지의 소재, 지목, 자번호, 사표, 등급, 지적, 결수를 임시토지조사국장에게 신고해야 한다. 단 국유지는 보관 관청이 임시토지 조사국장에게 통지해야 한다.

① 농상공부를 주무 기관으로 하였다.
② 역둔토, 궁장토를 총독부 소유로 만들었다.
③ 토지약탈을 위해 동양척식회사를 설립하였다.
④ 춘궁 퇴치, 농가 부채 근절을 목표로 내세웠다.

> **TIP** 제시된 법령은 토지조사령(1912)의 일부로, 일제는 이 법에 따라 토지조사사업을 시행하였다.
> ② 총독부는 토지조사사업을 통해 확인된 역둔토, 궁장토 등의 국유지 및 미신고지를 탈취하여 국책회사인 동양척식주식회사를 비롯한 일본의 토지회사에 무상 또는 싼값으로 불하하여 일본인 대지주가 출현하게 되었다.
> ① 농상공부는 1895년 을미개혁 때 농상아문과 공무아문을 합하여 설치한 것으로, 농·상·공 행정을 관장하던 중앙 행정 기관이다.
> ③ 동양척식주식회사는 1908년에 설립되었다.
> ④ 1932년 일제가 수립·추진한 식민지 농업정책인 농촌진흥운동에 대한 설명이다.

Answer 34.④ 35.②

36 개항기 무역에 대한 설명으로 옳지 않은 것은?

① 개항장에서 조선인 객주가 중개 활동을 하였다.

② 조·청 무역장정으로 청국에서의 수입액이 일본을 앞질렀다.

③ 일본 상인은 면제품을 팔고, 쇠가죽·쌀·콩 등을 구입하였다.

④ 조·일 통상장정의 개정으로 곡물 수출이 금지되기도 하였다.

TIP ② 조·청상민수륙무역장정이 체결되면서 청국 상인의 경제적 침투가 본격화되었다. 이로써 조선에서의 일본 상인과 청국 상인 간의 경쟁이 가속되었지만, 수입액이 일본을 앞지르지는 못하였다.

37 밑줄 친 '그'에 대한 설명으로 옳은 것은?

> 군역에 뽑힌 장정에게 군포를 거두었는데, 그 폐단이 많아서 백성들이 뼈를 깎는 원한을 가졌다. 그런데 사족들은 한평생 한가하게 놀며 신역(身役)이 없었다. … (중략) … 그러나 유속(流俗)에 끌려 이행되지 못하였으나 갑자년 초에 그가 강력히 나서서 귀천이 동일하게 장정 한 사람마다 세납전(歲納錢) 2민(緡)을 바치게 하니, 이를 동포전(洞布錢)이라고 하였다.
>
> — 『매천야록』 —

① 만동묘 건립을 주도하였다.

② 군국기무처 총재를 역임하였다.

③ 통리기무아문을 폐지하고 5군영을 부활하였다.

④ 탕평 정치를 정리한 『만기요람』을 편찬하였다.

TIP 밑줄 친 '그'는 흥선대원군이다. 임오군란을 계기로 흥선대원군이 재집권하면서 통리기무아문을 폐지하고 5군영을 부활하였다.
① 흥선대원군은 만동묘와 서원을 철폐하였다.
② 김홍집에 대한 설명이다.
④ 『만기요람』은 1808년 순조때에 서영보·심상규 등이 왕명에 의해 찬진한 책이다.

Answer 36.② 37.③

38 다음과 같은 활동을 펼친 인물에 대한 설명으로 옳은 것은?

> • 대한매일신보에 애국적인 논설을 썼다.
> • 유교 개혁의 뜻을 담은 「유교구신론」을 집필하였다.

① 적극적인 의열 활동을 위해 한인애국단을 만들었다.

② 일본의 침략상을 폭로하는 『한국통사』를 저술하였다.

③ 실증사학의 입장에서 연구하는 진단학회를 조직하였다.

④ 김원봉의 요청을 받아들여 「조선혁명선언」을 작성하였다.

> **TIP** 구한 말 역사학자인 박은식이다. 박은식은 기존의 관념적 성격의 성리학 체제를 비판하면서 실천적 유학인 양명학을 강조하는 〈유교구신론〉을 주장하였다. 또한 민족 혼을 강조하면서 〈한국통사〉, 〈한국독립운동지혈사〉를 남겼다.
> ① 김구가 조직한 단체로 이봉창, 윤봉길 의사 등이 애국활동을 전개하였다.
> ③ 랑케의 실증주의 사학의 영향을 받아 조직한 단체로 이병도, 조윤제, 손진태가 주도하였다.
> ④ 〈조선혁명선언〉은 의열단 선언문으로 신채호가 작성하였다.

39 (가) 단체로 옳은 것은?

> ┌─────┐
> │ (가) │ 발기취지(發起趣旨)
> └─────┘
> 인간 사회는 많은 불합리를 산출한 동시에 그 해결을 우리에게 요구하고 있다. 여성 문제는 그중의 하나이다. …… 과거의 조선 여성운동은 분산되어 있었다. 그것에는 통일된 조직이 없었고 통일된 지도 정신도 없었고 통일된 항쟁이 없었다. …… 우리는 우선 조선 자매 전체의 역량을 공고히 단결하여 운동을 전반적으로 전개하지 아니하면 아니 된다.
>
> ─『동아일보』, 1927. 5. 11. ─

① 근우회 ② 신간회

③ 신민회 ④ 정우회

> **TIP** 1927년에 조직된 여성 단체 근우회이다. 근우회는 1920년대 민족 독립 운동이 사회주의 계열과 민족주의 계열로 분열된 상태에서 독립 달성이라는 동일한 목표를 위해 민족유일당 운동이 전개되면서 설립되었다. 그 결과 신간회가 설립되고 자매 단체로 근우회가 설립되었으며 여성 인권 운동에 앞장섰다.
> ② 신간회(1927) : 민족유일당 운동의 결과 설립된 단체이지만 여성 단체는 아니다.
> ③ 신민회(1907) : 애국 계몽 운동을 전개한 단체로 교육 및 식산흥업, 해외 독립군 기지 건설에 앞장섰다.
> ④ 정우회(1926) : 사회주의 계열 사상 단체로 정우회 선언문이 계기가 되어 민족유일당 운동이 가능했다.

Answer 38.② 39.①

40 (개) 시기에 있었던 일로 옳은 것은?

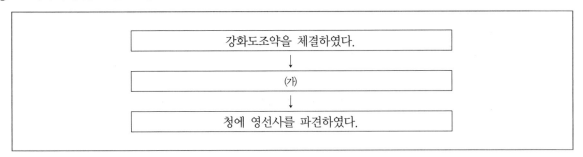

① 군국기무처를 두고 여러 건의 개혁안을 처리하였다.

② 개화 정책을 추진할 기구로 통리기무아문을 설치하였다.

③ 국정 개혁의 기본 방향을 담은 홍범 14조를 공포하였다.

④ 구본신참의 개혁 원칙을 정하고 대한국국제를 선포하였다.

> **TIP** 강화도 조약(1876)은 운요호 사건을 계기로 체결된 우리나라 최초의 근대적 조약이자 영사재판권(치외법권), 해안 측량의
> 자유권 등을 인정한 불평등 조약이었다. 영선사(1881)는 김윤식을 중심으로 청에 파견된 사절단으로 청의 군사시설을 시찰
> 하기 위한 목적으로 파견되었으며, 귀국 후 기기창 설립에 영향을 주었다. 통리기무아문(1880)은 강화도 조약 체결 이후 개
> 화 정책을 추진하기 위해 설치한 기구이다.
> ① 1차 갑오개혁을 추진하기 위한 기구로 설치되었다(1894).
> ③ 2차 갑오개혁을 위한 국정 개혁의 기본 방향을 제시하였다(1894).
> ④ 대한제국 선포 이후 황제권의 강화를 담은 내용이다(1899).

41 다음의 사건을 시기순으로 바르게 나열한 것은?

> (가) 제헌국회가 구성되어 헌법을 제정하였다.
> (나) 여운형과 김규식은 좌우합작위원회를 조직하였다.
> (다) 조선건국동맹을 기반으로 조선건국준비위원회가 조직되었다.
> (라) 민주주의 임시정부 수립을 논의하기 위해 제1차 미·소공동위원회가 열렸다.

① (가) − (다) − (나) − (라) 　　② (나) − (다) − (라) − (가)

③ (다) − (라) − (나) − (가) 　　④ (라) − (나) − (가) − (다)

Answer 40.② 41.③

TIP ⒟ 조선건국준비위원회는 여운형과 안재홍을 중심으로 해방 직후 조직된 좌우합작 성격의 건국 준비 단체이다(1945. 8.).
⒭ 모스크바 3상 회의에서 결정된 신탁통치안에 대해 국내좌우익의 대립이 심해지자 이를 해결하고자 제1차 미·소공동위원회가 열렸다(1946. 3.).
⒩ 제1차 미소공동위원회 결렬 이후 좌우 대립의 문제를 해소하기 위해여운형과 김규식이 좌우합작위원회를 조직하였다(1946. 7.).
⒢ UN 소총회에서 남한만의 단독 총선거가 결정되고, 1948년 5월 10일 제헌의원을 선출하는 총선거가 실시되었다.

2020 지방직 / 서울시 9급

42 밑줄 친 '새 헌법'에 대한 설명으로 옳은 것은?

> 정부에서는 6월 15일 국회에서 통과된 개헌안을 이송받자 이날 긴급 국무회의를 소집하고 정식으로 이를 공포하였다. 이로써 개정된 <u>새 헌법</u>은 16일 0시를 기해 효력을 발생케 되었다. <u>새 헌법</u>이 공포됨으로써 16일부터는 실질적인 내각책임체제의 정부를 갖게 되었으며 허정 수석국무위원은 자동으로 국무총리가 된다.
>
> ─『경향신문』, 1960. 6. 16. ─

① 임시수도 부산에서 개정되었다.

② '사사오입'의 논리로 통과되었다.

③ 통일주체국민회의 설치를 규정한 조항이 있다.

④ 민의원과 참의원으로 구성된 국회 조항이 있다.

TIP 1960년에 개정된 3차 개헌이다. 4·19 혁명으로 이승만 정부와 자유당 정권이 붕괴되고 허정 과도 정부가 수립되면서 양원제(민의원, 참의원)와 내각책임제를 규정한 헌법 개정안을 통과시켰다. 이후 윤보선을 대통령, 장면을 내각 총리로 하는 새로운 정부가 수립되었다.
① 대통령 직선제 개헌을 담은 발췌개헌안이다(1952).
② 대통령의 중임 제한을 폐지하는 내용을 담은 개헌안이다(1954).
③ 박정희 정부 때 개정된 7차 개헌안으로 유신 헌법을 지칭한다(1972).

Answer 42.④

43 〈보기〉의 밑줄 친 ㈎국가에 대한 설명으로 가장 옳은 것은?

――――――――― 〈보기〉 ―――――――――

정부는 ㈎ 공사의 서울 부임에 답례할 겸 서구의 근대 문물을 시찰하기 위해 1883년 ㈎에 보빙사를 파견하였다. 보빙사의 구성원은 민영익, 홍영식, 서광범 등 11명이었다.

① 삼국 간섭에 참여하였다.

② 용암포를 강제 점령하고 조차를 요구하였다.

③ 거문도를 불법으로 점령하였다.

④ 운산 금광 채굴권을 차지하였다.

TIP 보빙사(1883)는 조미수호통상조약 체결 이후 미국을 시찰하기 위해 파견된 사절단이다. 조미수호통상조약 체결 이후 조선은 다른 서구 열강들과 불평등 조약을 연이어 체결하였다. 이후 열강들은 불평등 조약을 빌미로 각종 이권을 강탈하였다. 미국은 평안북도 운산·수안 금광 채굴권을 강탈했다.
① 청일전쟁에서 승리한 일본이 청으로부터 라오둥 반도를 할양받자 이에 러시아, 독일, 프랑스가 반대한 사건
② 러시아
③ 영국

44 〈보기〉에서 일제강점기의 사건을 발생한 순서대로 바르게 나열한 것은?

――――――――― 〈보기〉 ―――――――――

㉠ 물산장려운동   ㉡ 3·1 운동
㉢ 광주학생항일운동   ㉣ 6·10 만세운동

① ㉠ → ㉡ → ㉢ → ㉣   ② ㉠ → ㉢ → ㉡ → ㉣
③ ㉡ → ㉠ → ㉣ → ㉢   ④ ㉡ → ㉣ → ㉢ → ㉠

TIP ㉠ 물산장려운동 : 1923
㉡ 3·1 운동 : 1919
㉢ 광주학생항일운동 : 1929
㉣ 6·10 만세운동 : 1926

Answer 43.④ 44.③

45 〈보기〉의 협약 이후 일어난 사실로 가장 옳지 않은 것은?

─────────── 〈보기〉 ───────────

제1조 한국정부는 시정 개선에 관하여 통감의 지도를 받는다.

제2조 한국의 법령 제정 및 중요한 행정상의 처분은 미리 통감의 승인을 거친다.

제4조 한국 고등 관리의 임면은 통감의 동의로써 이를 시행한다.

제5조 한국정부는 통감이 추천하는 일본인을 한국 관리에 임명한다.

① 각 부의 차관에 일본인이 임명되어 이른바 차관정치가 시작되었다.

② 대한제국 군대가 해산되었다.

③ 사법권과 경찰권을 빼앗겼다.

④ 만국평화회의에 이상설 등이 파견되었다.

> **TIP** 1907년에 체결된 한일신협약(정미 7조약)이다. 초대 통감이었던 이토 히로부미는 을사늑약 체결 이후 정미조약을 체결하면
> 서 대한제국의 외교권과 행정권을 장악하고 차관 정치를 시행하였다. 당시 헤이그 특사 파견을 빌미로 일제는 고종을 강제
> 퇴위시키고, 군대를 해산하였다.
> ④ 헤이그 만국평화회의에 특사를 파견한 것은 정미조약 체결 이전이다.

46 〈보기〉 선언문의 발표 후에 있었던 사건으로 가장 적합하지 않은 것은?

─────────── 〈보기〉 ───────────

상아의 진리탑을 박차고 거리에 나선 우리는 질풍과 같은 역사의 조류에 자신을 참여시킴으로써 이성과
진리, 그리고 자유의 대학정신을 현실의 참담한 박토에 뿌리려 하는 바이다. 〈중략〉 무릇 모든 민주주의
정치사는 자유의 투쟁사다. 그것은 또한 여하한 형태의 전제로 민중 앞에 군림하든 '종이로 만든 호랑이'
같이 헤슬픈 것임을 교시한다. 〈중략〉 근대적 민주주의의 근간은 자유다. 〈하략〉

−서울대학교 문리과대학 학생 일동−

① 이승만 대통령이 하야하였다.　　　② 장면 정권이 수립되었다.

③ 민족자주통일중앙협의회가 조직되었다.　　　④ 조봉암이 진보당을 결성하였다.

> **TIP** 1960년에 발생한 4·19혁명이다. 4·19혁명은 자유당의 3·15 부정선거를 계기로 일어난 민주화 운동으로 그 결과 이승만
> 대통령이 하야하고, 자유당 정권을 무너뜨렸다. 이후 허정 과도 정부를 거쳐 윤보선을 대통령, 장면을 총리로 하는 장면 정
> 부가 수립되었다.
> ④ 진보당 사건 : 1958

Answer 45.④ 46.④

47 〈보기〉와 같은 내용의 헌법으로 개정된 이후 발생한 사건으로 가장 옳은 것은?

─── 〈보기〉 ───

제39조 대통령은 통일주체국민회의에서 토론 없이 무기명 투표로 선거한다.

제40조 통일주체국민회의는 국회의원 정수의 1/3에 해당하는 수의 국회의원을 선거한다.

제43조 대통령은 조국의 평화적 통일을 위한 성실한 의무를 진다.

① 굴욕적인 한일회담에 반대하는 학생 시위가 전개되었다.

② 재야 인사들이 명동성당에 모여 '3 · 1 민주구국선언'을 발표하였다.

③ 친일파 청산을 위해 반민족행위특별조사위원회를 설치하였다.

④ 민생안정을 위해 농가 부채 탕감, 화폐 개혁 등을 실시하였다.

TIP 박정희 정권의 유신헌법(1972)이다. 박정희는 영구 집권을 위해 헌법을 개정하는 유신체제를 단행하였고 이 과정에서 대통령 선출 방식을 직선제에서 간선제로 바꾸었다. 당시 재야 인사들이 명동성당에 모여 '3 · 1 민주구국선언'을 발표하는 등 유신 독재 체제를 반대하는 운동이 전국적으로 일어났다.

① 한일협정(1965) 체결 반대

③ 반민족행위특별조사위원회 설치 : 1948

④ 민생안정을 위해 농가 부채 탕감, 화폐 개혁 등 실시 : 5 · 16 군사 정변(1961) 직후

48 다음과 같은 강령을 발표한 조직의 활동으로 옳은 것은?

건국 시기의 헌법상 경제체계는 국민 각개의 균등생활 확보 및 민족 전체의 발전 그리고 국가를 건립 보위함과 연환(連環)관계를 가진다. 그러므로 다음에 나오는 기본 원칙에 따라서 경제 정책을 집행하고자 한다.

가. 규모가 큰 생산기관의 공구와 수단 … (중략) … 은행 · 전신 · 교통 등과 대규모 농 · 공 · 상 기업 및 성시(城市)공업 구역의 주요한 공용 방산(房産)은 국유로 한다.

나. 적이 침략하여 점령 혹은 시설한 일체 사유자본과 부역자의 일체 소유자본 및 부동산은 몰수하여 국유로 한다.

① 이승만을 대통령, 이시영을 부통령으로 선출하였다.

② 자유시 참변을 겪고 러시아 적군에 무장해제를 당하였다.

③ 좌우합작위원회를 구성하고 좌우합작 7원칙을 발표하였다.

④ 미군전략정보국(OSS) 지원 아래 국내 진공작전을 준비하였다.

Answer 47.② 48.④

대한민국 임시정부는 조소앙의 삼균주의를 건국 강령으로 채택하였다. 조소앙의 삼균주의 정치, 경제, 교육의 균등을 실현하고자 하였다. 대한민국 임시정부는 한국광복군을 조직하여 연합군에 가담하여 대일 항쟁에 나섰고, 동시에 미국 정보기관인 OSS로부터 훈련을 받으며 국내 진공 작전을 준비하였다.
① 대한민국 정부 수립(1948)
② 대한독립군단(1921)
③ 좌우합작위원회(1946)

2019 지방직 9급

49 다음 선언문의 강령에 따라 활동한 단체에 대한 설명으로 옳은 것은?

민중은 우리 혁명의 대본영(大本營)이다. 폭력은 우리 혁명의 유일한 무기이다. 우리는 민중 속으로 가서 민중과 손을 맞잡아 끊임없는 폭력-암살, 파괴, 폭동-으로써 강도 일본의 통치를 타도하고 우리 생활에 불합리한 일체의 제도를 개조하여 인류로써 인류를 압박하지 못하며, 사회로써 사회를 박탈하지 못하는 이상적 조선을 건설할지니라.

① 임시정부 활동에 활기를 불어넣고자 결성하였다.
② 청산리 지역에서 일본군과 접전을 벌여 대승을 거두었다.
③ 한국독립당, 조선혁명당 등과 함께 민족혁명당을 결성하였다.
④ 원산에서 일본인이 한국인 노동자를 구타한 사건을 계기로 총파업을 일으켰다.

TIP 의열단 선언문인 신채호의 '조선독립선언'(1923)이다. 의열단은 1919년 김원봉이 조직하였으며 나석주, 김상옥 등을 중심으로 항일 무장 활동을 전개하였다. 이후 의열 조직 투쟁의 한계를 느낀 김원봉은 중국 황포군관학교에 입학하여 군사 훈련을 받고 조선혁명간부학교를 설립하였다. 1935년에는 민족혁명당을 조직하여 항일 투쟁을 전개하였다.
① 한인 애국단
② 북로군정서
④ 원산노동자 총파업

Answer 49.③

50 밑줄 친 ㉠, ㉡에 대한 설명으로 옳은 것은?

> 신고산이 우르르 함흥차 가는 소리에
> ㉠지원병 보낸 어머니 가슴만 쥐어뜯고요
> … (중략) …
> 신고산이 우르르 함흥차 가는 소리에
> ㉡정신대 보낸 어머니 딸이 가엾어 울고요

① ㉠ – 학생들도 모집 대상이었다.
② ㉠ – 처음에는 징병제에 따라 동원되기 시작하였다.
③ ㉡ – 국민징용령에 근거한 조직이었다.
④ ㉡ – 물자 공출 장려를 목표로 결성하였다.

> **TIP** 일제는 1930년대 전시 체제 대비하고 부족한 전쟁 물자를 보충하기 위해 국가총동원법(1938)을 선포하였다. 이후 강제 징용과 징병, 공출제가 실시되었다. 군대 보충을 위한 징병제는 지원병제도(1938), 징병제도(1943), 학도지원병제도(1943)로 시행되었다. 정신대는 여자정신대근로령(1944)을 제정해 강제 동원하였다.

51 다음 법령과 관련한 설명으로 옳은 것은?

> 제5조 정부는 다음에 의하여 농지를 취득한다.
> 1. 다음의 농지는 정부에 귀속한다.
> (개) 법령 및 조약에 의하여 몰수 또는 국유로 된 토지
> (내) 소유권의 명의가 분명하지 않은 농지

① 농지 이외 임야도 포함되었다.
② 신한공사가 보유하던 토지를 분배하였다.
③ 중앙토지행정처가 분배 업무를 주무하였다.
④ 분배받은 농민은 평년 생산량의 30 %를 5년간 상환하였다.

> **TIP** 대한민국 정부 수립 이후 제정된 농지개혁법(1949)이다. 토지의 유상매입, 유상분배를 원칙으로 정부가 매입한 농경지는 3정보를 상한선으로 농민에 분배하여, 해당 토지 생산략의 30%를 5년 기한으로 곡물이나 금전으로 상환하게 하였다.

Answer 50.① 51.④

52 다음은 1960년대 어느 일간지에 실린 사설이다. 밑줄 친 '파병'에 대한 설명으로 옳은 것만을 모두 고르면?

> 우리는 원했든 원하지 안했든 이미 이 전쟁에 직접적인 관계를 맺었고 <u>파병</u>을 찬반(贊反)하던 국민이 이젠 다 힘과 마음을 합해서 <u>파병</u>된 용사들을 성원하고 있거니와 근대 전쟁이 전투하는 사람만의 전쟁이 아니라 온 국민이 참가하는 '총력전'이라는 것을 알고 이 전쟁의 승리를 위해 모든 국민의 단합을 호소하는 바이다.

> ㉠ 발췌개헌안 통과에 영향을 주었다.
> ㉡ 브라운 각서를 체결하는 이유가 되었다.
> ㉢ 1960년대 경제개발계획의 추진에 기여하였다.
> ㉣ 한 · 미 상호방위원조협정을 체결하는 계기가 되었다.

① ㉠, ㉡　　　　　　　　　　　　　② ㉠, ㉢
③ ㉡, ㉢　　　　　　　　　　　　　④ ㉢, ㉣

TIP 1960년대 박정희 정부는 경제 개발을 위한 자본 마련을 위해 베트남 파병을 결정하였다. 한국과 미국은 국군을 베트남에 파병하는 조건으로 미국의 경제적, 군사적 원조를 약속받는 조건으로 브라운 각서를 체결하였다. 이는 1960년대 경제개발계획을 추진하는데 기여하였다.
　㉠ 발췌개헌안(1952) : 이승만 정권 당시 이루어진 대통령 직선제 개헌안이다.
　㉣ 한 · 미 상호방위원조협정 : 1950년에 체결되었다

Answer　52.③

출제 예상 문제

1 다음 자료를 쓴 역사가의 활동으로 옳은 것은?

> 역사란 무엇이뇨. 인류 사회의 아와 비아의 투쟁이 시간부터 발전하며 공간부터 확대하는 심적 활동의 상태의 기록이니, 세계사라 하면 세계 인류의 그리되어 온 상태의 기록이며, 조선사라하면 조선 민족의 그리되어 온 상태의 기록이니라.

① 「여유당전서」를 발간하여 조선후기 실학자들을 재평가하였다.

② 을지문덕, 최영, 이순신 등 애국명장의 전기를 써서 애국심을 고취하였다.

③ 「조선사회경제」를 저술하여 세계사적 보편성 속에서 한국사를 해석하였다.

④ '5천 년간 조선의 얼'이라는 글을 동아일보에 연재하여 민족정신을 고취하였다.

TIP 제시된 사료는 신채호의 「조선상고사」 총론의 일부이다. 「조선상고사」는 단군시대로부터 백제의 멸망과 그 부흥운동까지를 주체적으로 서술하였다.
② 신채호는 「을지문덕전」, 「최도동전」, 「이순신전」 등을 저술하여 애국심을 고취하였다.
① 정약용
③ 백남운
④ 정인보

Answer 1.②

2 다음 자료에 나타난 사상을 정립한 인물에 대한 설명으로 옳지 않은 것은?

> 우리나라의 건국정신은 삼균제도(三均制度)의 역사적 근거를 두었으니 선조들이 분명히 명한 바 「수미균평위(首尾均平位)하야 흥방보태평(興邦保泰平)하리라」하였다. 이는 사회 각층 각급의 지력과 권력과 부력의 향유를 균평하게 하야 국가를 진흥하며 태평을 보유(保維)하려 함이니 홍익인간(弘益人間)과 이화세계(理化世界)하자는 우리 민족의 지킬 바 최고 공리(公理)임

① 한국독립당을 창당하였다.
② 임시정부의 국무위원이었다.
③ 제헌 국회의원에 당선되었다.
④ 정치 · 경제 · 교육의 균등을 주장하였다.

TIP 제시된 사료는 대한민국 건국강령의 일부로, 삼균제도는 조소앙에 의해 정립되었다.
③ 조소앙은 남한 단독 정부 수립에 반대하여 제헌 국회의원 선거에 불참하였다.

3 대한민국 정부 수립 이후에 일어난 사건을 〈보기〉에서 모두 고른 것은?

> ─────── 〈보기〉 ───────
> ㉠ 반민족 행위 특별 조사 위원회 설치   ㉡ 농지 개혁법 시행
> ㉢ 안두희의 김구 암살   ㉣ 제주 4 · 3 사건 발생
> ㉤ 여수 · 순천 10 · 19 사건 발생

① ㉠, ㉡, ㉤   ② ㉠, ㉡, ㉢, ㉤
③ ㉠, ㉡, ㉣, ㉤   ④ ㉠, ㉡, ㉢, ㉣, ㉤

TIP ㉣ 제주 4 · 3 사건은 1948년에 일어난 사건으로, 대한민국 정부 수립(1948년 8월 15일) 이전이다.
㉠ 1948년 10월
㉡ 1949년 제정, 1950~1957년 시행
㉢ 1949년 6월
㉤ 1948년 10월

Answer   2.③   3.②

4 다음 법령에 대한 설명으로 옳지 않은 것은?

> 제1조 일본 정부와 통모하여 한·일 합병에 적극 협력한 자, 한국의 주권을 침해하는 조약 또는 문서
> 에 조인한 자와 모의한 자는 사형 또는 무기 징역에 처하고, 그 재산과 유산의 전부 혹은 2분의
> 1 이상을 몰수한다.
> 제2조 일본 정부로부터 작위를 받은 자 또는 일본 제국 의회의 의원이 되었던 자는 무기 또는 5년 이
> 상의 징역에 처하고 그 재산과 유산의 전부 혹은 2분의 1 이상을 몰수한다.
> 제3조 일본 치하 독립운동자나 그 가족을 악의로 살상·박해한 자 또는 이를 지휘한 자는 사형, 무기
> 또는 5년 이상의 징역에 처하고 그 재산의 전부 혹은 일부를 몰수한다.

① 이 법령에 따라 특별 재판부가 설치되었다.

② 이 법령의 제정은 제헌헌법에 명시된 사항이었다.

③ 이 법령에 따라 반민족행위자들이 실형을 선고받았다.

④ 이 법령은 여수·순천 10·19 사건 직후에 국회에서 통과되었다.

TIP 제시된 사료는 1948년 9월 제정된 「반민족행위처벌법」이다.
④ 여수·순천 사건은 1948년 10월 19일 전라남도 여수에 주둔하던 국방경비대 제14연대에 소속의 군인들이 제주 4·3 사건 진
압을 거부하며 일으킨 반란 사건이다.

5 다음 내용이 포함된 개혁에 대한 설명으로 옳지 않은 것은?

> • 공·사 노비 제도를 모두 폐지하고, 인신매매를 금지한다.
> • 연좌법을 폐지하여 죄인 자신 외에는 처벌하지 않는다.
> • 과부의 재혼은 귀천을 막론하고 그 자유에 맡긴다.

① 중국 연호의 사용을 폐지하였다.　　② 독립협회 활동의 영향을 받았다.

③ 군국기무처의 주도 하에 추진되었다.　　④ 동학 농민 운동의 요구를 일부 수용하였다.

TIP 제시된 내용이 포함된 개혁은 1894년에 일어난 제1차 갑오개혁이다.
② 독립협회는 1896년에 창립되었다.

Answer　4.④　5.②

6 다음 ㉠의 추진 결과 나타난 현상으로 옳지 않은 것은?

> 일본은 1910년대 이후 자본주의 경제가 급속하게 발전하면서 농민들이 도시에 몰려 식량 조달에 큰 차질이 빚어졌다. 이를 해결하기 위해 ___㉠___ 을 추진하였는데, 이는 토지 개량과 농사 개량을 통해 식량 생산을 대폭 늘려 일본으로 더 많은 쌀을 가져가고 우리나라 농민 생활도 안정시킨다는 목표로 추진되었다.

① 쌀 생산량의 증가보다 일본으로의 수출량 증가가 두드러졌다.
② 만주로부터 조, 수수, 콩 등의 잡곡 수입이 증가하였다.
③ 한국인의 1인당 연간 쌀 소비량이 이전보다 줄어들었다.
④ 많은 수의 소작농이 이를 통해 자작농으로 바뀌었다.

TIP ㉠은 1920년대에 실시한 산미증식계획이다. 산미증식계획으로 증산량보다 많은 양을 수탈해 갔기 때문에 조선의 식량 사정은 악화되어 만주에서 잡곡을 수입하게 되었다. 이 사업의 결과, 수리조합비와 토지개량사업비를 농민에게 전가하여 농민의 몰락이 가속화되었고 많은 수의 자작농이 소작농으로 바뀌었다.

7 다음은 일제 강점기 국외 독립운동에 관한 사실들이다. 이를 시기 순으로 바르게 나열한 것은?

> ㉠ 대한민국 임시 정부가 지청천을 총사령으로 하는 한국광복군을 창설하였다.
> ㉡ 블라디보스토크에서 이상설, 이동휘 등이 중심이 된 대한 광복군 정부가 수립되었다.
> ㉢ 홍범도가 이끄는 대한 독립군을 비롯한 연합 부대는 봉오동 전투에서 대승을 거두었다.
> ㉣ 양세봉이 이끄는 조선 혁명군은 중국 의용군과 연합하여 영릉가 전투에서 일본군을 무찔렀다.

① ㉠→㉣→㉡→㉢
② ㉡→㉢→㉣→㉠
③ ㉢→㉡→㉣→㉠
④ ㉣→㉢→㉠→㉡

TIP ㉠ 한국광복군은 1940년 중국 충칭에서 조직되었다.
㉡ 대한광복군정부는 1914년 러시아 블라디보스토크에 세워졌던 망명 정부이다.
㉢ 봉오동 전투는 1920년 6월 7일 만주 봉오동에서 홍범도의 대한독립군이 일본 정규군을 대패시킨 전투이다.
㉣ 영릉가 전투는 1932년 4월 남만주 일대에서 활동하던 조선혁명군이 중국 요령성 신빈현 영릉가에서 일본 관동군과 만주국군을 물리친 전투이다.

Answer 6.④ 7.②

8 다음은 간도와 관련된 역사적 사실들이다. 옳지 않은 것은?

① 1909년 일제는 청과 간도협약을 체결하여 남만주의 철도 부설권을 얻는 대가로 간도를 청의 영토로 인정하였다.

② 조선과 청은 1712년 "서쪽으로는 압록강, 동쪽으로는 토문강을 국경으로 한다."는 내용의 백두산 정계비를 세웠다.

③ 통감부 설치 후 일제는 1906년 간도에 통감부 출장소를 두어 간도를 한국의 영토로 인정하였다.

④ 1902년 대한제국 정부는 간도관리사로 이범윤을 임명하는 한편, 이를 한국 주재 청국 공사에게 통고하고 간도의 소유권을 주장하였다.

TIP ③ 통감부 설치 후 일제는 1907년 8월 23일에 간도용정에 간도통감부 출장소를 설치하고, 간도는 조선의 영토이며 출장소를 설치한 것은 간도조선인을 보호하기 위한 것이라 천명하고 청과 외교교섭을 시작했다.

9 다음에 제시된 개혁 내용을 공통으로 포함한 것은?

• 청과의 조공 관계 청산	• 인민 평등 실현
• 혜상공국 혁파	• 재정의 일원화

① 갑오개혁의 홍범 14조

② 독립협회의 헌의 6조

③ 동학 농민 운동의 폐정개혁안

④ 갑신정변 때의 14개조 정강

TIP 제시된 지문은 갑신정변 때 개화당 정부의 14개조 혁신 정강의 내용이다.

Answer 8.③ 9.④

10 1919년 3 · 1운동 전후의 국내외 정세에 대한 설명으로 옳지 않은 것은?

① 일본은 시베리아에 출병하여 러시아 영토의 일부를 점령하고 있었다.

② 러시아에서는 볼셰비키가 권력을 장악하여 사회주의 정권을 수립하였다.

③ 미국의 윌슨 대통령이 민족자결주의를 내세워 전후 질서를 세우려 하였다.

④ 산동성의 구 독일 이권에 대한 일본의 계승 요구는 5 · 4 운동으로 인해 파리평화회의에서 승인받지 못하였다.

....

TIP 파리평화회의 ··· 제1차 세계대전 종료 후, 전쟁에 대한 책임과 유럽 각국의 영토 조정, 전후의 평화를 유지하기 위한 조치 등을 협의한 1919 ~ 1920년 동안의 일련의 회의 일체를 말한다. 이 회의에서 국제문제를 풀어나갈 원칙으로 미국의 윌슨 대통령이 14개 조항을 제시하였는데 각 민족은 정치적 운명을 스스로 결정할 권리가 있다는 민족자결주의와 다른 민족의 간섭을 받을 수 없다는 집단안전보장원칙을 핵심으로 주장하였고 이는 3 · 1운동에 영향을 주었다.

11 다음과 관련된 내용으로 옳은 것은?

> 오늘 우리는 전 세계 이목이 우리를 주시하는 가운데 40년 독재정치를 청산하고 희망찬 민주국가를 건설하기 위한 거보를 전 국민과 함께 내딛는다. 국가의 미래요 소망인 꽃다운 젊은이를 야만적인 고문으로 죽여 놓고 그것도 모자라 뻔뻔스럽게 국민을 속이려 했던 현 정권에게 국민의 분노가 무엇인지를 분명히 보여주고, 국민적 여망인 개헌을 일방적으로 파기한 4 · 13폭거를 철회시키기 위한 민주장정을 시작한다.

① 부마항쟁의 도화선이 되었다.

② 대통령 직선제가 확립되는 계기가 되었다.

③ 의회제도가 단원제에서 양원제로 변화하였다.

④ 대통령이 필요한 경우 긴급조치를 시행하게 되었다.

....

TIP 제시문의 사건은 1987년 6월 민주항쟁이다. 전두환을 중심으로 한 신군부세력이 정권을 장악한 이후 독재정치가 지속되자 국민들은 대통령직선제를 요구하였으나, 정부는 4 · 13 호헌조치를 통해 이를 반대하였다. 국민들은 4.13 호헌조치 반대, 박종철 고문치사 사건의 규명을 요구하며 6월 민주항쟁을 일으켰고, 민주정의당 대표인 노태우는 6.29 민주화선언을 통해 대통령 직선제, 5년 단임제 요구안을 수용하였다.
①④ 박정희 정부의 유신체제 ③ 4.19혁명 이후

Answer 10.④ 11.②

12 다음 협정 체결을 주도한 정부에 해당하는 내용으로 옳은 것은?

> 제1조, 남과 북은 서로 상대방의 체제를 인정하고 존중한다.
>
> 제4조, 남과 북은 상대방을 파괴 전복하려는 일체행위를 하지 아니한다.
>
> 제15조, 남과 북은 민족경제의 통일적이며 균형적인 발전과 민족전체의 복리향상을 도모하기 위하여 자원의 공동개발, 민족내부교류로서의 물자교류, 합작투자 등 경제교류의 협력을 실시한다.
>
> 제21조, 남과 북은 국제무대에서 경제와 문화 등 여러 분야에서 서로 협력하며 대외에 공동으로 진출한다.

① 통일주체국민회의 결성

② 금융실명제, OECD 가입

③ 남북한 유엔 동시 가입

④ 금강산 관광 및 개성공단 설립

TIP 제시문은 1991년 남북 간에 체결한 남북기본합의서이다. 1980년대 말 소련을 중심으로 한 공산주의권 국가들이 몰락하는 과정에서 체결된 남북 간 협정으로, 노태우 정부에서 체결되었다. 노태우 정부에서는 북방외교를 비롯하여 남북한 유엔 동시 가입이 성사되었다.
① 박정희 정부
② 김영삼 정부
④ 김대중 정부

13 다음 중 '을사조약' 체결 당시의 사건에 대한 설명으로 옳은 것은?

① 영국은 일본의 한국에 대한 지배권을 인정하였다.

② 구식군대가 차별대우를 받았다.

③ 일본의 한국에 대한 지배권을 인정하며, 미국의 필리핀 지배를 확인하였다.

④ 러시아, 프랑스, 독일이 일본에 압력을 가했다.

TIP 을사조약 체결(1905. 11)…러·일전쟁에서 승리한 일본은 조선의 독점적 지배권을 인정받고 조선의 외교권을 박탈하고 통감부를 설치하였다. 이에 초대 통감으로 이토 히로부미가 부임하였으며 고종황제는 조약의 부당성을 알리기 위해 1907년에 개최된 헤이그 만국평화회의에 밀사를 파견하였다.

Answer 12.③ 13.①

14 다음 〈보기〉의 내용과 같은 시기에 일어난 역사적 사실로 옳은 것은?

〈보기〉

비밀결사조직으로 국권회복과 공화정체의 국민국가 건설을 목표로 하였다. 국내적으로 문화적·경제적 실력양성운동을 펼쳤으며, 국외로 독립군기지 건설에 의한 군사적인 실력양성운동에 힘쓰다가 105인사건으로 해체되었다.

---

① 차관제공에 의한 경제예속화정책에 반대하여 국민들이 국채보상기성회를 조직하여 모금운동을 벌였다.

② 자주제가 강화되고 소작농이 증가하면서, 고율의 소작료로 인하여 농민들이 몰락하였다.

③ 노동자들은 생존권을 지키기 위하여 임금인상이나 노동조건 개선 등을 주장하는 노동운동을 벌였다.

④ 일본 상품을 배격하고 국사품을 애용하자는 운동을 전개하였다.

TIP ① 일제의 화폐 정리 및 금융 지배에 대해 1907년 국채보상운동을 전개하여 일제의 침략정책에 맞섰으나 일제의 방해로 중단되었다.

※ **신민회** … 비밀결사조직으로 국권 회복과 공화정체의 국민국가 건설을 목표로 하였다. 국내적으로 문화적·경제적 실력양성운동을 펼쳤으며, 국외로 독립군기지 건설에 의한 군사적인 실력양성운동에 힘쓰다가 105인사건으로 해체되었다.

15 다음 보기의 기본 강령으로 활동한 사회단체에 대한 설명으로 옳은 것은?

〈보기〉

1. 우리는 정치적·경제적 각성을 촉진한다.
2. 우리는 단결을 공공히 한다.
3. 우리는 기회주의를 일체 거부한다.

---

① 비밀 결사 조직으로 국외 독립 운동 기지 건설에 앞장섰다.

② 실력양성운동을 전개하였다.

③ 입헌정체와 정치의식을 고취시켰다.

④ 노동쟁의, 고각쟁의를 지원하는 등 노동운동과 농민운동을 지도하였다.

TIP **신간회** … 민족주의 진영과 사회주의 진영은 민족유일당, 민족협동전선이라는 표어 아래 이상재, 안재홍 등을 중심으로 신간회를 결성하였다. 노동운동과 농민운동을 지도하였고 광주학생항일운동의 진상단을 파견하였다.

Answer 14.① 15.④

16 다음과 같은 식민 통치의 근본적 목적으로 옳은 것은?

> • 총독은 원래 현역군인으로 임명되는 것이 원칙이었으나, 문관도 임명될 수 있게 하였다.
> • 헌병 경찰이 보통 경찰로 전환되었다.
> • 민족 신문 발행을 허가하였다.
> • 교육은 초급의 학문과 기술교육만 허용되었다.

① 소수의 친일분자를 키워 우리 민족을 이간하여 분열시키려 하였다.
② 한반도를 대륙 침략의 병참기지로 삼고 태평양전쟁을 도발하였다.
③ 한국의 산업을 장악하여 상품시장화 하였다.
④ 1910년대의 무단통치에 대한 반성으로 시행하였다.

TIP 문화통치(1919 ~ 1931)
　㉠ 발단 : 3 · 1운동과 국제 여론의 악화로 제기되었다.
　㉡ 내용
　　• 문관총독의 임명을 약속하였으나 임명되지 않았다.
　　• 헌병경찰제를 보통경찰제로 바꾸었지만 경찰 수나 장비는 증가하였다.
　　• 교육은 초급의 학문과 기술교육만 허용되었다.
　㉢ 본질 : 소수의 친일분자를 키워 우리 민족을 이간질하여 분열시켰다.

17 다음 중 연결이 옳지 않은 것은?
① 한일의정서 – 군사기지 점유
② 제1차 한일협정서 – 사법권, 경찰권박탈
③ 제2차 한일협정서 – 외교권박탈
④ 한일신협약 – 차관정치, 군대해산

TIP 제1차 한 · 일협약 체결(1904. 8) … 러 · 일전쟁 중 체결되었으며 일본 정부가 추천하는 외교와 재정고문을 두는 고문정치가 시작되었다.

Answer 16.① 17.②

18 다음과 관련된 내용으로 옳은 것은?

> "민족주의적 세력에 대하여는 그 부르주아 민주주의적 성질을 분명히 인식함과 동시에 과정상의 동맹자적
> 성질도 충분하게 승인하여, 그것이 타락되지 않는 한 적극적으로 제휴하여 대중의 이익을 위해서도 종래
> 의 소극적인 태도를 버리고 싸워야 할 것이다."

① 민족유일당 운동으로 신간회가 결성되었다.
② 물산장려운동, 민립대학설립 운동의 계기가 되었다.
③ 대외적으로는 중국의 2차 국공합작의 영향을 받았다.
④ 여성 독립운동 단체로는 평양에서 송죽회가 결성되었다.

TIP 제시문은 사회주의 사상 단체인 정우회가 발표한 정우회 선언(1926)이다. 1920년대 일제의 문화통치 하에서 독립운동 세력에 대
한 탄압이 심화되면서 비타협적 민족주의 계열과 사회주의 계열의 통합을 모색하는 움직임이 정우회 선언으로 나타났고, 그 결
과 민족유일당 신간회와 근우회가 조직되었다(1927). 대외적으로는 중국의 1차 국공합작의 영향도 있었다.
② 1920년대 초 민족주의 계열의 독립운동이다.
③ 2차 국공합작(1937)은 중일전쟁을 전후로 이루어졌다.
④ 송죽회는 1913년에 평양에서 조직되었다.

19 다음은 어느 신문의 사설이다. 밑줄 친 것과 관련된 운동으로 옳은 것은?

> 1931년부터 4년간에 걸쳐 벌인 브나로드 운동은 대표적인 계몽운동이었다. 남녀 청년학도들이 계몽대,
> 강연대를 조직하여 삼천리 방방곡곡을 누비며 우리글, 우리 역사를 가르치고 농촌위생, 농촌경제개발
> 에 앞장섰던 이 운동은 지식인과 학생이 이 땅에서 일으킨 최초의 민중운동이었다.

① 언론사 중심의 문맹퇴치운동이 전개되었다.
② 사회운동계열이 주도하였다.
③ 이 운동의 영향으로 민립대학설립운동이 추진되었다.
④ 이 시기에 언론과 지식인과 학생이 주도한 만세시위가 확산되고 있었다.

TIP '브나로드'는 '민중 속으로'라는 러시아 말에서 유래된 것으로, 일제강점기에 동아일보사가 주축이 되어 전국적 문맹퇴치운동으로
전개되었다. 브나로드 운동은 문자교육과 계몽활동(미신 타파, 구습 제거, 근검 절약 등)을 병행한 대표적인 농촌계몽운동이다.

Answer 18.① 19.①

20 다음을 주장한 단체와 관련된 내용으로 옳은 것은?

> 무릇 나라의 독립은 자강(自强)에 달려 있다. 우리나라는 예전부터 자강을 배우지 못하고 인민이 스스로 우둔하여 국력이 쇠퇴하여 마침내 현재의 어려운 지경에 처하여 다른 나라의 보호를 받기에 이르렀다. 이는 모두 자강의 방법을 깨우치지 못했기 때문이다. 이러함에도 불구하고 계속 완고한 마음으로 자강에 힘쓰지 않는다면 끝내 멸망하게 될 뿐이니 어찌 오늘 머뭇거릴 수 있겠는가 … 만약 자강을 위해 분발하여 서로 협력하면 부강하게 되어 국권을 회복할 수 있을 것이다 … 자강의 방법은 다름 아니라 교육진작(敎育振作)과 식산흥업(殖産興業)에 있다.

① 군국기무처가 설치되어 개혁을 주도하였다.
② 헌의 6조를 통해 입헌군주제 실시를 주장하였다.
③ 외교고문 스티븐스, 재정고문 메가타가 임명되었다.
④ 고종의 강제퇴위 반대 운동을 전개하다가 해산되었다.

TIP 제시문의 단체는 애국계몽운동 단체 중 하나인 대한자강회(1906)이다. 헌정연구회를 계승한 대한자강회는 교육과 식산흥업을 통한 실력 양성으로 국권을 회복할 것을 주장하였다. 을사늑약 이후 일제에 의해 고종이 강제 퇴위 당하자 이에 반대하는 운동을 전개하였으나 일제의 탄압으로 해산되었다.
① 갑오개혁
② 독립협회
③ 제1차 한일협약

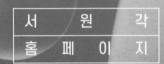